JN101327

は じ め に

日本私立学校振興・共済事業団では、全国の学校法人等からご提出いただいた「学校法人基礎調査」及び「学校法人等基礎調査」のうち、財務関係について集計・分析し、その主要なデータを毎年度『今日の私学財政』として取りまとめています。

『今日の私学財政』を作成した目的は、貴重な時間を費やして「学校法人基礎調査」等にご協力いただいた学校法人等に対し、経営の参考となる財務関係データを提供することにあります。

本冊子は、『今日の私学財政』のうち「専修学校・各種学校編」です。該当する学校法人等において財政運営の参考としてご活用いただければ幸いです。

調査にご協力いただきました各学校法人等には、心から感謝申し上げます。

令和５年８月

日本私立学校振興・共済事業団

私学経営情報センター　私学情報室

目　　　次

Ⅰ　調　査　の　概　要

1. 『今日の私学財政』とは

日本私立学校振興・共済事業団は、大学・短期大学・高等専門学校・高等学校等を設置する学校法人を対象とした「学校法人基礎調査」、幼稚園・特別支援学校・専修学校・各種学校を設置する学校法人・その他の法人及び個人（以下、「学校法人等」という。）を対象とした「学校法人等基礎調査」を毎年度実施している。

本冊子は、そのうち専修学校法人・各種学校法人・専修学校部門・各種学校部門にかかる貸借対照表・事業活動収支計算書等の財務データを集計し、私立学校の収入及び支出の実態並びに資産の状況等を明らかにしたものであり、国又は地方公共団体においては、私立学校に関する諸施策を推進するための基礎資料として、また学校法人等においては、財務運営の参考として広く活用されている。

2. 集 計 方 法

● 使用したデータ

集計に当たっては、次のデータを使用した。

令和３、４年度「学校法人基礎調査」及び「学校法人等基礎調査」から

(1) 令和３年度貸借対照表
(2) 令和３年度事業活動収支計算書
(3) 令和３年度資金収支計算書（その他の法人立・個人立を含む）
(4) 令和３、４年度生徒数
(5) 令和３年度教員・職員数

なお、調査票上不備のあった学校法人等については、除外した。

集計数等は**表１**のとおりである。

表１　集計数・集計率一覧

区分		全法人数	集計法人数	集計率
専修学校法人	年度	法人	法人	%
	平成 29	926	777	83.9
	30	928	791	85.2
	令和 元	932	763	81.9
	2	921	768	83.4
	3	860	765	89.0
各種学校法人	年度	法人	法人	%
	平成 29	189	145	76.7
	30	191	139	72.8
	令和 元	187	139	74.3
	2	199	142	71.4
	3	173	138	79.8

(注) 令和２年度以前の全法人数は「文部科学大臣所轄学校法人一覧」より引用、令和３年度の全法人数は文部科学省による調査データを使用

区分		全部門数	集計部門数	集計率
専修学校部門	年度	校	校	%
	平成 29	2,199 (2,975)	1,933 (2,525)	87.9 (84.9)
	30	2,203 (2,962)	1,981 (2,560)	89.9 (86.4)
	令和 元	2,198 (2,941)	1,861 (2,410)	84.7 (81.9)
	2	2,198 (2,919)	1,869 (2,398)	85.0 (82.2)
	3	2,188 (2,889)	1,862 (2,378)	85.1 (82.3)
各種学校部門	年度	校	校	%
	平成 29	394 (1,177)	298 (630)	75.6 (53.5)
	30	405 (1,158)	292 (605)	72.1 (52.2)
	令和 元	406 (1,113)	307 (600)	75.6 (53.9)
	2	410 (1,096)	296 (580)	72.2 (52.9)
	3	408 (1,064)	297 (559)	72.8 (52.5)

(注) 1. 全部門数は「学校基本調査」より引用
　　 2. （ ）内は学校法人以外が設置する部門を含む

● **法人と部門**

本冊子では「専修学校法人」等、「専修学校部門」等は次のことを意味している。

専修学校法人	専修学校を設置している私立学校法第 64 条第 4 項に規定する法人（以下、「準学校法人」という。）。
各種学校法人	各種学校を設置している準学校法人で、専修学校を設置している法人を除く。
専修学校部門	学校法人会計基準第 13 条（資金収支内訳表の記載方法等）及び第 24 条（事業活動収支内訳表の記載方法等）の規定による会計単位としての専修学校及びその他の法人・個人の設置する専修学校。 したがって、法人部門等の別部門の数値を含まない。
各種学校部門	同上規定による会計単位としての各種学校及びその他の法人・個人の設置する各種学校。 したがって、法人部門等の別部門の数値を含まない。

なお、本冊子において、設置者別の学校部門集計における大学法人～その他の法人及び個人は、次の表のことを意味している。

大学法人	大学を設置している学校法人。短期大学等大学以外の学校を設置している場合を含む。
短期大学法人	短期大学（高等専門学校を含む）を設置している学校法人で、大学を設置している法人を除く。
高等学校法人	高等学校を設置している学校法人で、大学・短期大学・高等専門学校を設置している法人を除く。
中等教育学校法人	中等教育学校を設置している学校法人で、大学・短期大学・高等専門学校・高等学校を設置している法人を除く。
中学校法人	中学校を設置している学校法人で、大学・短期大学・高等専門学校・高等学校・中等教育学校を設置している法人を除く。
義務教育学校法人	義務教育学校を設置している学校法人で、大学・短期大学・高等専門学校・高等学校・中等教育学校・中学校を設置している法人を除く。
小学校法人	小学校を設置している学校法人で、大学・短期大学・高等専門学校・高等学校・中等教育学校・中学校・義務教育学校を設置している法人を除く。
幼稚園法人	幼稚園・認定こども園（幼稚園型、幼保連携型）を設置している学校法人で、大学・短期大学・高等専門学校・高等学校・中等教育学校・中学校・義務教育学校・小学校を設置している法人を除く。
特別支援学校法人	特別支援学校を設置している学校法人で、大学・短期大学・高等専門学校・高等学校・中等教育学校・中学校・義務教育学校・小学校・幼稚園・認定こども園（幼稚園型、幼保連携型）を設置している法人を除く。
その他の法人	専修学校・各種学校を設置している宗教法人、社団法人、医療法人等学校法人以外の法人。
個人	専修学校・各種学校を個人立において設置している者。

設置者＼設置学校部門	大学	短期大学	高等学校	中等教育学校	中学校	義務教育学校	小学校	幼稚園	特別支援学校	専修学校	各種学校
大学法人	◎	○	○	○	○	○	○	○	○	○ 394校	○ 23校
短期大学法人		◎	○	○	○	○	○	○	○	○ 38校	○ 3校
高等学校法人			◎	○	○	○	○	○	○	○ 77校	○ 12校
中等教育学校法人				◎	○	○	○	○	○	○ －	○ －
中学校法人					◎	○	○	○	○	○ 2校	○ －
義務教育学校法人						◎	○	○	○	○ －	○ －
小学校法人							◎	○	○	○ －	○ 1校
幼稚園法人								◎	○	○ 105校	○ 14校
特別支援学校法人									◎	○ －	○ －
専修学校法人（765法人）										◎ 1,246校	○ 57校
各種学校法人（138法人）											◎ 187校
その他の法人								○		○ 447校	○ 141校
個人								○		○ 69校	○ 121校
合計										2,378校	559校

（注）1. ◎は上記設置者が必ず設置している学校部門を指している。
2. ○は上記設置者が設置している可能性のある学校部門を指している。
3. その他の法人・個人については○のある設置学校部門のうちいずれかを有しているものを指している。
4. 専修学校数・各種学校数は本冊子資金収支計算書で集計した部門数である。

「Ⅱ　集計結果の概要」では、専修学校法人について765法人の状況を説明し、専修学校部門は、上の表で設置者が大学法人から専修学校法人までの1,862校の状況を説明している。また、各種学校法人については、138法人の状況を説明し、各種学校部門は、上の表で設置者が大学法人から各種学校法人までの297校の状況を説明している。

3. 利用上の留意点

● 収録データ

一定時点における財政状態を把握するために**「貸借対照表」**を、一定期間の経営状況を把握するために**「事業活動収支計算書」**を、これらの数値を総合的に分析把握するための資料として**「財務比率表」**を掲載した。

また、施設・設備の投資額や借入金及び返済額をより明確に把握することができるように**「資金収支計算書」**も掲載している。

なお、学校部門の資金収支計算書には、その他の法人立及び個人立の専修学校・各種学校のデータが含まれている。

本冊子に収録している集計表は次（○印）のとおりである。

集計区分		合計額（H29～R3）	設置者別（R3）	都道府県別（R3）
法人集計	貸借対照表	○		○
	事業活動収支計算書	○		○
	資金収支計算書	○		
	財務比率表	○		○
部門集計	事業活動収支計算書	○	○	○
	資金収支計算書	○	○	
	財務比率表	○		○

（注）都道府県の集計数は**表2**参照。なお、集計法人（学校）数が、1又は2となる県の集計値は近隣県の集計値と合算の上表示した。

●端数調整

集計表においては小数点以下第二位で四捨五入して表示している。このため合計額の数値と各科目の合算額とは一致しない。

●科目

【資金収支計算書・事業活動収支計算書】

「教育研究（管理）経費」の科目には、管理経費を含めて集計した。

表2　都道府県別集計数一覧

都道府県名	学校法人数	
	専修学校法人	各種学校法人
	法人	法人
北海道	31	5
青森	7	0
岩手	4	0
宮城	14	3
秋田	3	0
山形	4	1
福島	10	1
茨城	19	2
栃木	14	1
群馬	20	2
埼玉	29	4
千葉	19	1
東京	132	30
神奈川	32	3
新潟	12	0
富山	5	8
石川	13	0
福井	3	2
山梨	3	1
長野	14	1
岐阜	11	2
静岡	24	5
愛知	45	5
三重	9	2
滋賀	4	0
京都	16	9
大阪	46	9
兵庫	32	14
奈良	5	1
和歌山	5	0
鳥取	7	4
島根	9	2
岡山	16	5
広島	15	2
山口	6	1
徳島	4	0
香川	2	0
愛媛	7	0
高知	8	2
福岡	39	5
佐賀	11	0
長崎	5	1
熊本	16	1
大分	5	0
宮崎	8	0
鹿児島	6	0
沖縄	16	3
全国	765	138

都道府県名	学校部門数	
	専修学校部門	各種学校部門
	校	校
北海道	120【95】	17【11】
青森	17【12】	5【0】
岩手	27【17】	4【0】
宮城	49【45】	14【7】
秋田	14【8】	3【1】
山形	13【10】	3【1】
福島	34【14】	6【1】
茨城	50【34】	9【4】
栃木	46【33】	8【1】
群馬	55【46】	16【6】
埼玉	88【67】	21【5】
千葉	68【53】	6【1】
東京	353【314】	92【68】
神奈川	92【79】	9【9】
新潟	27【24】	0【0】
富山	13【10】	17【13】
石川	27【24】	7【2】
福井	14【11】	8【8】
山梨	14【9】	2【1】
長野	43【29】	11【2】
岐阜	21【16】	22【5】
静岡	76【68】	9【9】
愛知	152【121】	24【14】
三重	23【16】	23【3】
滋賀	13【5】	1【0】
京都	43【34】	19【16】
大阪	176【145】	29【27】
兵庫	72【56】	33【25】
奈良	14【8】	11【3】
和歌山	14【10】	15【0】
鳥取	14【11】	14【8】
島根	16【14】	5【4】
岡山	43【31】	10【5】
広島	57【44】	15【8】
山口	25【20】	16【4】
徳島	9【4】	4【0】
香川	20【14】	6【0】
愛媛	26【20】	1【0】
高知	19【14】	3【2】
福岡	142【109】	13【11】
佐賀	22【15】	1【1】
長崎	23【14】	3【2】
熊本	42【30】	4【2】
大分	39【31】	9【3】
宮崎	32【22】	4【0】
鹿児島	34【21】	2【0】
沖縄	47【35】	5【4】
全国	2,378【1,862】	559【297】

(注)【 】内は、本冊子で集計した、学校法人が設置する部門数である。

Ⅱ　集計結果の概要

●計算書類

●専修学校

●各種学校

●財務比率等の活用について

● 計算書類

1．資金収支計算書について

（1）資金収支計算書の概要

◆資金収支計算書の目的は、以下の２点である。

①当該会計年度の諸活動に対応するすべての収入及び支出（未収入金、未払金等を含む。）の内容を明らかにすること。

②当該会計年度における支払資金の収入及び支出のてん末（期末資金残高）を明らかにすること。

◆決算の額を予算の額と対比して記載し、予算管理の実務に使用する。

（2）各区分の内容

２．事業活動収支計算書について

（１）事業活動収支計算書の概要

◆事業活動収支計算書の目的は、以下の２点である。

①当該会計年度の次に掲げる活動に対応する事業活動収入及び事業活動支出の内容を明らかにすること。

Ⓐ 教育活動収支 ┐
Ⓑ 教育活動以外の経常的な活動収支 ┘ 経常的
Ⓒ 特別収支（Ⓐ及びⒷ以外の活動収支）・・・・・臨時的

②上記の各区分の合計から基本金組入額を控除した、当該会計年度の諸活動に対応するすべての事業活動収入及び事業活動支出の均衡の状態を明らかにすること。

◆決算の額を予算の額と対比して記載し、予算管理の実務に使用する。

（２）各区分の内容

区　分	内　容
Ⓐ教育活動収支	経常的な収支のうち、本業の教育活動の収支状況を見る。
Ⓑ教育活動外収支	経常的な収支のうち、財務活動による収支状況を見る。
経常収支 ＝Ⓐ＋Ⓑ	経常的な収支バランスを見る。
Ⓒ特別収支	資産売却や処分等の臨時的な収支を見る。
基本金組入前当年度収支差額 ＝Ⓐ＋Ⓑ＋Ⓒ	毎年度の収支バランスを見る。
基本金組入額	学校法人を維持するために必要な資産を継続的に保持するための組入額。
当年度収支差額	短期（当年度）の収支バランスを見る。
前年度繰越収支差額	前年度からの繰越収支差額を見る。
翌年度繰越収支差額	長期（過年度＋当年度）の収支バランスを見る。

※基本金組入前当年度収支差額＝事業活動収入－事業活動支出
事業活動収入＝教育活動収入計＋教育活動外収入計＋特別収入計
事業活動支出＝教育活動支出計＋教育活動外支出計＋特別支出計

3. 貸借対照表について

（1）貸借対照表の概要

◆貸借対照表は、年度末時点の学校法人の財政状態をまとめた計算書であり、資産、負債、純資産（基本金、繰越収支差額）の状態を明らかにするものである。

◆単年度ではなく、学校法人設立以来の累積の残高である。

（2）各区分の内容

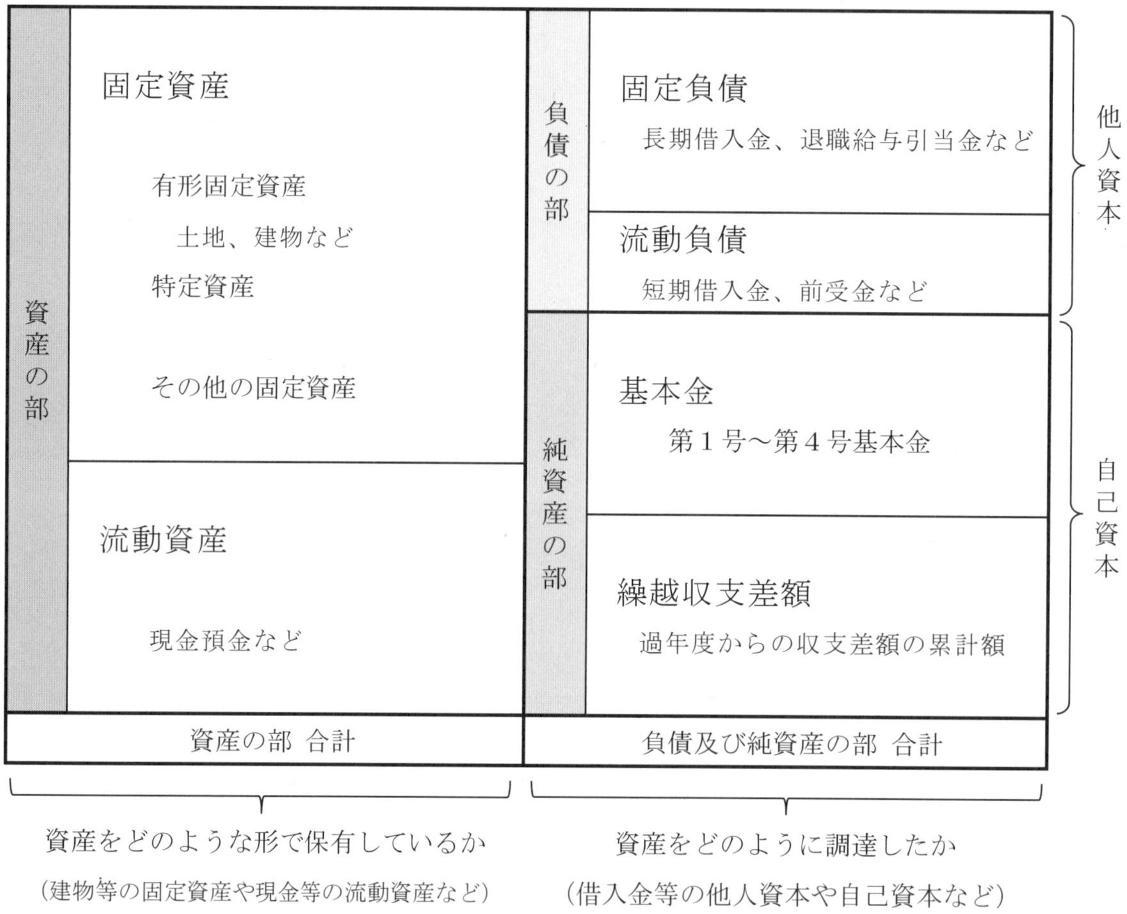

◆左側の資産と右側の負債及び純資産の構成割合を見る。

「資産の部の合計」は「負債の部」、「純資産の部」の合計と常に等しくなることから、「Balance Sheet」、略して「B/S」と呼ばれている。

●専修学校

1．専修学校数・生徒数の状況

○ 学校数

（単位：校）

区　分	合　計	国　立		公　立		私　立		私立のうち本章集計数
			構成比		構成比		構成比	
平成 24 年度	3,249	10	0.3%	199	6.1%	3,040	93.6%	1,855
25 年度	3,216	10	0.3%	196	6.1%	3,010	93.6%	1,875
26 年度	3,206	10	0.3%	195	6.1%	3,001	93.6%	1,904
27 年度	3,201	9	0.3%	193	6.0%	2,999	93.7%	1,928
28 年度	3,183	9	0.3%	189	5.9%	2,985	93.8%	1,929
29 年度	3,172	9	0.3%	188	5.9%	2,975	93.8%	1,933
30 年度	3,160	9	0.3%	189	6.0%	2,962	93.7%	1,981
令和 元 年度	3,137	9	0.3%	187	6.0%	2,941	93.8%	1,861
2 年度	3,115	9	0.3%	187	6.0%	2,919	93.7%	1,869
3 年度	3,083	8	0.3%	186	6.0%	2,889	93.7%	1,862

○ 生徒数

（単位：人）

区　分	合　計	国　立		公　立		私　立		私立のうち本章集計数
			構成比		構成比		構成比	
平成 24 年度	650,501	530	0.1%	26,897	4.1%	623,074	95.8%	470,114
25 年度	660,078	480	0.1%	26,483	4.0%	633,115	95.9%	491,236
26 年度	659,452	450	0.1%	26,255	4.0%	632,747	96.0%	491,054
27 年度	656,106	411	0.1%	25,963	4.0%	629,732	96.0%	488,647
28 年度	656,649	414	0.1%	25,762	3.9%	630,473	96.0%	494,983
29 年度	655,254	383	0.1%	25,240	3.9%	629,631	96.1%	486,258
30 年度	653,132	368	0.1%	24,956	3.8%	627,808	96.1%	505,975
令和 元 年度	659,693	342	0.1%	24,336	3.7%	635,015	96.3%	488,104
2 年度	661,174	305	0.0%	23,734	3.6%	637,135	96.4%	496,333
3 年度	662,135	300	0.0%	22,953	3.5%	638,882	96.5%	509,212

※本章集計数は学校法人が設置する専修学校数・生徒数である。

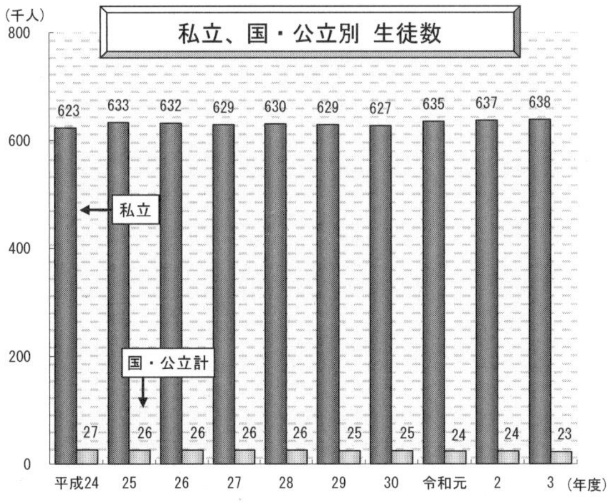

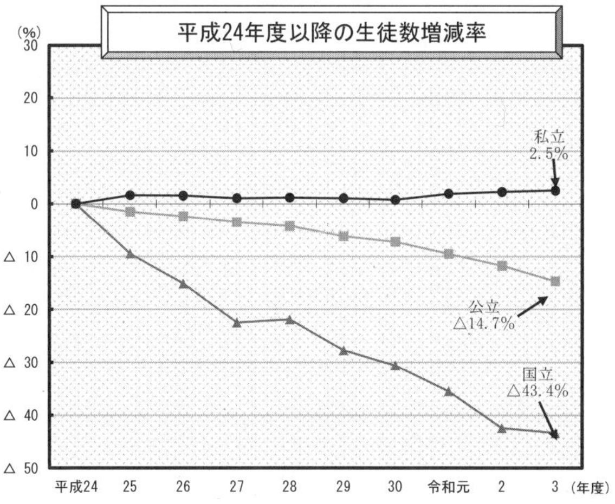

文部科学省「学校基本調査報告書」より

《ポイント》

学校数は10年間で166校減少しているが、全体に占める私立の学校数はほぼ横ばいで推移しており、令和3年度は93.7%と高い水準である。一方、生徒数は10年間で国立、公立が減少したものの、私立が約1万6千人増加したことにより、全体で約1万2千人増加している。

2. 専修学校法人の財政状態

○貸借対照表（１法人当たりの金額）

資産の部

（単位：千円）

年　　度	平成24	25	26	27	28	29	30	令和元	2	3
有形固定資産	2,191,579	2,089,659	2,104,035	2,164,347	2,376,136	2,156,181	2,139,865	2,133,885	2,194,099	2,174,300
特定資産					218,227	193,165	199,603	213,856	202,844	198,587
その他の固定資産	566,575	538,142	598,572	873,525	844,579	647,650	661,513	780,931	778,748	669,037
流動資産	826,329	926,271	906,002	1,082,035	995,915	1,005,578	1,030,489	924,527	1,001,293	1,136,413
（うち現金預金）	641,481	694,638	688,929	745,598	771,040	745,882	772,806	805,581	849,873	868,188
資産の部合計	3,584,483	3,554,072	3,608,609	4,119,906	4,434,858	4,002,575	4,031,470	4,053,199	4,176,984	4,178,337

※学校法人会計基準の改正により、特定資産（使途が特定された預金等）が中科目として設けられた。

負債及び純資産の部

（単位：千円）

年　　度	平成24	25	26	27	28	29	30	令和元	2	3
固定負債	375,363	292,536	289,234	276,431	314,028	318,824	321,476	313,400	322,905	291,559
流動負債	451,344	472,824	460,436	463,838	485,099	435,545	429,640	417,323	416,505	402,118
基本金	2,564,141	2,506,733	2,557,453	2,895,094	3,199,379	2,933,869	2,949,222	2,995,442	3,101,203	3,129,273
繰越収支差額	193,635	281,980	301,486	484,544	436,352	314,337	331,132	327,035	336,371	355,387
負債及び純資産の部計	3,584,483	3,554,072	3,608,609	4,119,906	4,434,858	4,002,575	4,031,470	4,053,199	4,176,984	4,178,337

※会計基準改正以前の繰越収支差額は消費収支差額を掲載している。

○貸借対照表（１法人当たりの金額）の構成割合

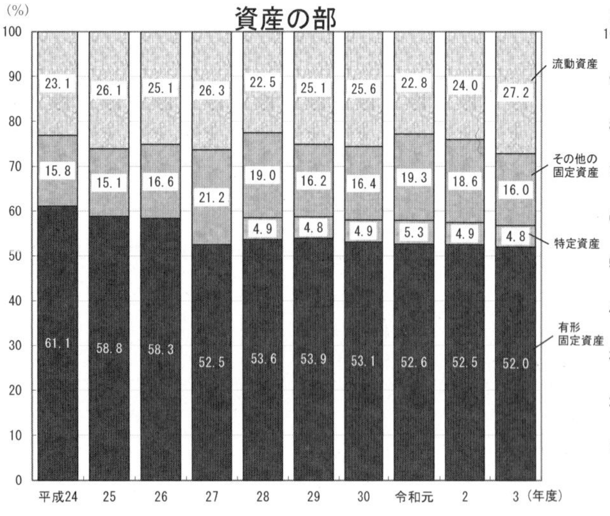

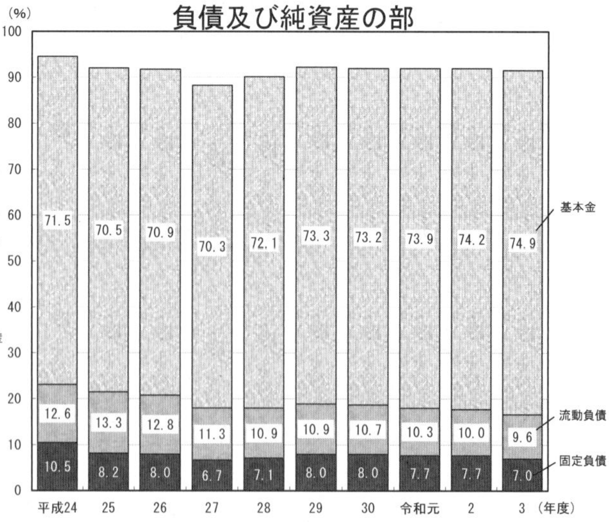

○貸借対照表の構造（令和３年度　１法人当たり）

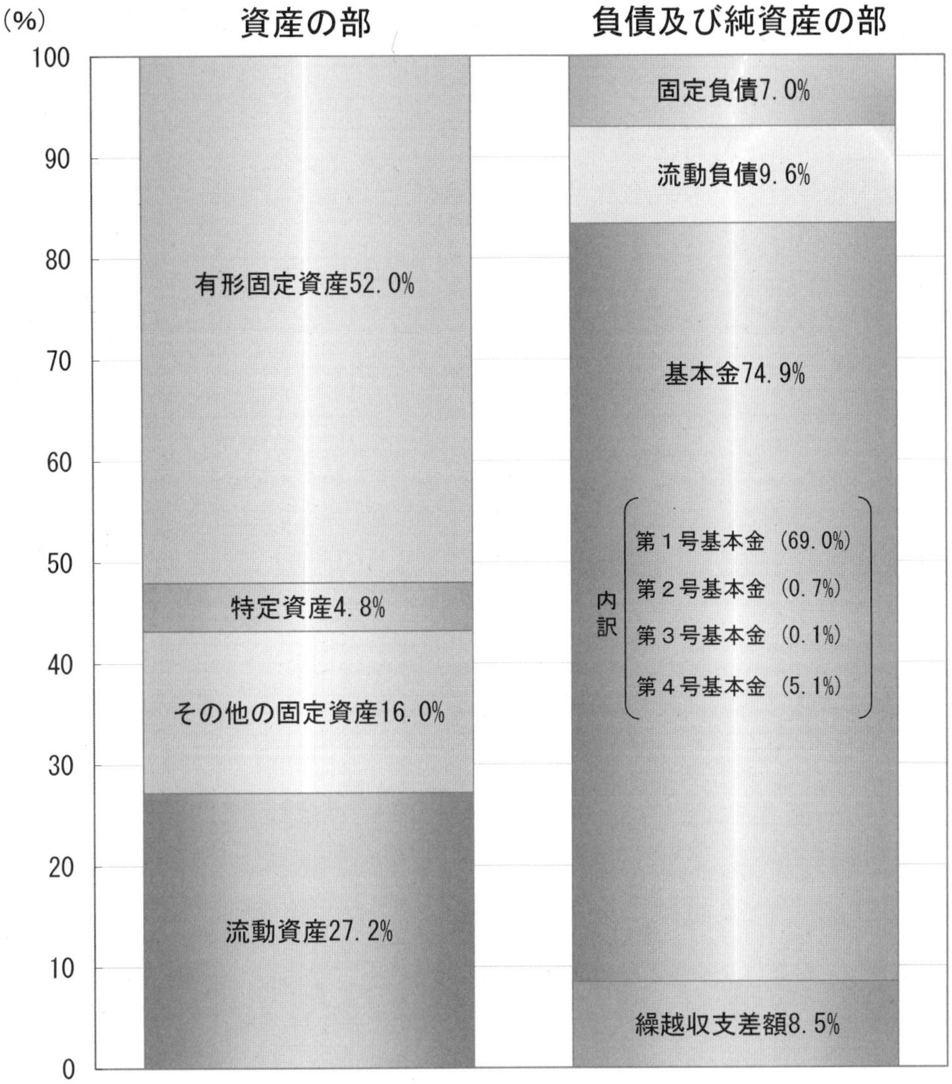

第１号基本金　…　既に取得した固定資産の価額
第２号基本金　…　将来取得する固定資産の取得に充てる金銭その他の資産の額
第３号基本金　…　基金として継続的に保持し、かつ運用する金銭その他の額
第４号基本金　…　恒常的に保持すべき資金の額
なお、高等学校を設置するものを除く都道府県知事を所轄庁とする学校法人は、全部又は一部を組入れないことができる
繰越収支差額　…　事業活動収支計算書の翌年度繰越収支差額と一致する

《ポイント》

資産の部は、有形固定資産、特定資産、その他の固定資産が前年度から減少し、流動資産が増加している。負債及び純資産の部は、前年度から基本金が増加し、固定負債、流動負債は減少している。

資産の構成割合は年度によりばらつきがあるものの、大きな変化はなく、令和３年度は固定資産が全体の72.8%を占めている。

３．専修学校法人の事業活動収支状況

○事業活動収支計算書（１法人当たりの金額）

収入の部

（単位：千円）

年　　度	平成24	25	26	27	28	29	30	令和元	2	3
学生生徒等納付金	488,023	507,437	509,650	505,300	516,769	501,400	508,548	503,572	492,810	499,901
補　助　金	10,995	11,325	10,883	10,961	13,423	11,621	11,124	11,269	25,757	28,263
そ　の　他	114,682	144,153	126,071	136,037	275,982	126,428	135,466	158,510	157,795	148,801
事業活動収入	613,700	662,915	646,605	652,298	806,174	639,449	655,138	673,351	676,363	676,966

※会計基準改正以前の事業活動収入は帰属収入を掲載している。

（単位：人）

生　徒　数	420	439	439	436	444	436	430	434	421	432

支出の部

（単位：千円）

年　　度	平成24	25	26	27	28	29	30	令和元	2	3
人　件　費	254,602	263,782	268,827	275,032	276,157	264,489	267,939	266,888	265,041	262,817
経　　費	277,205	300,281	300,087	334,053	305,586	302,665	308,297	307,852	307,159	317,776
そ　の　他	20,560	32,086	19,239	49,915	37,908	30,732	17,994	26,611	33,460	24,120
事業活動支出	552,367	596,149	588,153	659,000	619,651	597,886	594,231	601,351	605,660	604,714
基本金組入前当年度収支差額	61,333	66,766	58,452	△ 6,701	186,523	41,563	60,908	72,000	70,703	72,252
基本金組入額	△ 57,798	△ 73,027	△ 57,400	△ 67,266	△ 292,283	△ 65,904	△ 64,606	△ 112,987	△ 112,507	△ 84,450
当年度収支差額	3,535	△ 6,261	1,052	△ 73,967	△ 105,760	△ 24,340	△ 3,698	△ 40,987	△ 41,805	△ 12,198

※会計基準改正以前の事業活動支出は消費支出、基本金組入前当年度収支差額は帰属収支差額、当年度収支差額は消費収支差額をそれぞれ掲載している。

○事業活動収支計算書（１法人当たりの金額）の構成割合

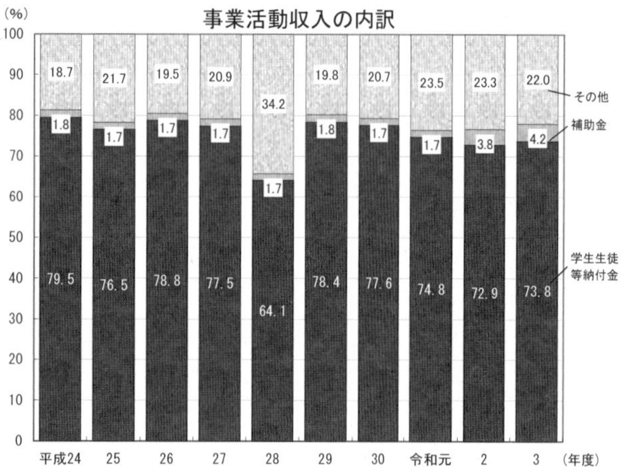

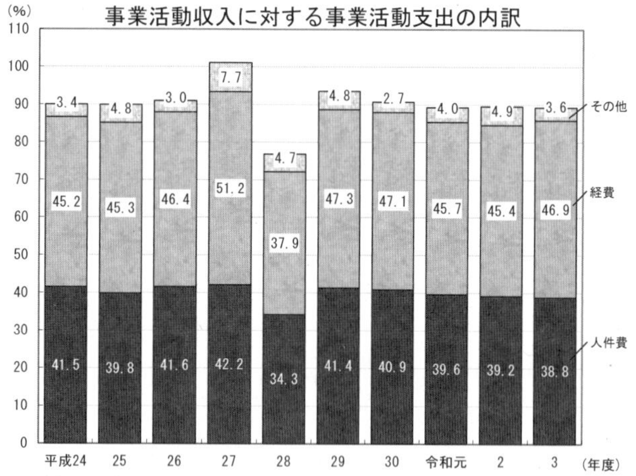

○事業活動収入と生徒数の関係

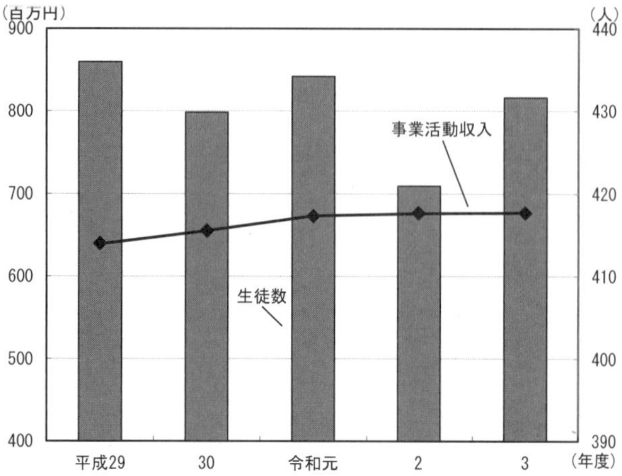

○基本金組入前当年度収支差額の分布状況

年度	集計法人数	基本金組入前当年度収支差額がプラス		基本金組入前当年度収支差額がマイナス	
		法人数	割合	法人数	割合
	（A）	（B）	（B/A）	（C）	（C/A）
平成29	777	445	57.3%	332	42.7%
30	791	438	55.4%	353	44.6%
令和元	763	420	55.0%	343	45.0%
2	768	476	62.0%	292	38.0%
3	765	469	61.3%	296	38.7%

※基本金組入前当年度収支差額が０の場合はプラスに含める。

○地域別状況

地区名	都道府県名	事業活動収支差額比率		生徒1人当たりの学生生徒等納付金		教職員1人当たりの人件費	
		平成29年度	令和3年度	平成29年度	令和3年度	平成29年度	令和3年度
		%	%	千円	千円	千円	千円
全国	—	6.5	10.7	1,149	1,158	7,493	7,516
北海道	北海道	△ 7.8	5.1	985	995	6,318	6,462
東北	青森・岩手・宮城 秋田・山形・福島	4.3	1.3	1,027	1,042	6,511	6,573
北関東	茨城・栃木・群馬	13.5	8.3	1,009	1,013	5,838	6,175
南関東	埼玉・千葉・東京・神奈川	5.8	11.6	1,178	1,189	7,797	7,415
甲信越	新潟・山梨・長野	3.6	2.3	1,036	1,124	7,153	6,563
北陸	富山・石川・福井	4.6	2.8	1,129	1,027	5,077	5,152
東海	岐阜・静岡・愛知・三重	5.5	2.5	1,321	1,387	12,252	11,804
近畿	滋賀・京都・大阪 兵庫・奈良・和歌山	10.1	21.9	1,223	1,266	6,785	7,209
中国	鳥取・島根・岡山 広島・山口	2.8	6.8	1,000	894	6,298	6,479
四国	徳島・香川・愛媛・高知	9.2	△ 0.3	1,169	1,097	6,182	7,690
九州	福岡・佐賀・長崎・熊本 大分・宮崎・鹿児島・沖縄	9.1	9.4	1,033	999	6,247	6,603

※教職員1人当たりの人件費においては、兼務教職員給も含んだ人件費を専任教職員数で除した数値である。

事業活動収支差額比率

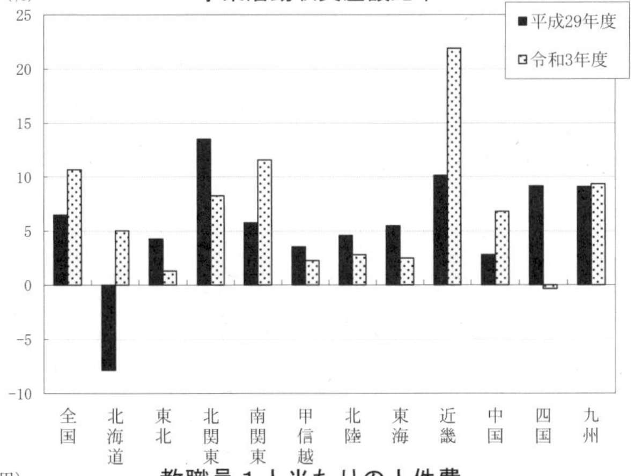

生徒1人当たりの学生生徒等納付金

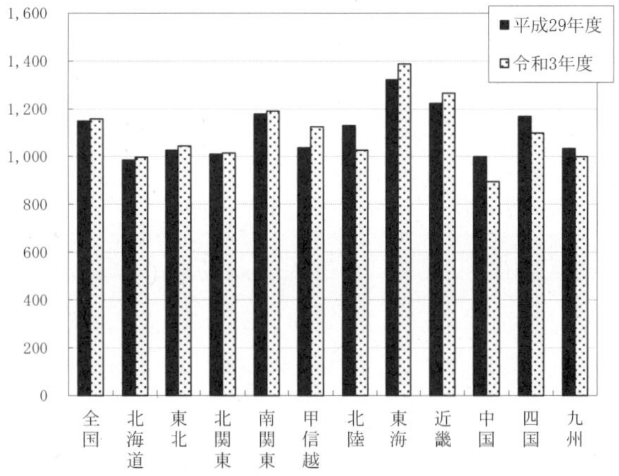

教職員1人当たりの人件費

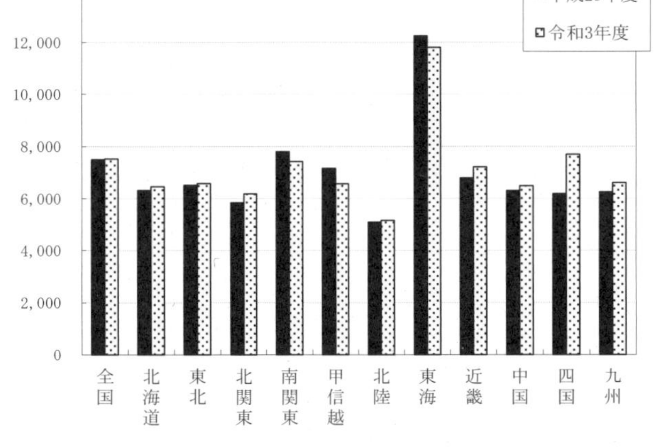

《ポイント》

1法人当たりの事業活動収入は概ね増加傾向にあり、令和3年度は約6億8千万円となっている。1法人当たりの事業活動支出は、平成29年度以降約6億円で推移している。

なお、令和2年度から補助金が増加しているが、高等教育の修学支援等による影響とみられる。

4．専修学校部門の事業活動収支状況

○事業活動収支計算書（１校当たりの金額）

収入の部

（単位：千円）

年　　度	平成24	25	26	27	28	29	30	令和元	2	3
学生生徒等納付金	280,903	289,897	286,380	280,819	287,350	278,033	290,867	296,015	303,725	310,063
補　助　金	7,694	8,107	7,832	7,877	8,130	7,363	7,253	7,056	17,290	20,117
そ　の　他	42,436	50,616	45,175	48,378	48,908	46,022	48,595	59,349	42,760	55,391
事業活動収入	331,033	348,619	339,388	337,074	344,388	331,418	346,715	362,420	363,775	385,571

※会計基準改正以前の事業活動収入は帰属収入を掲載している。

（単位：人）

生　徒　数	253	262	258	254	257	252	255	262	266	273

支出の部

（単位：千円）

年　　度	平成24	25	26	27	28	29	30	令和元	2	3
人　件　費	138,236	142,505	142,414	143,672	145,724	140,095	143,111	143,363	145,576	146,157
経　　　費	139,221	147,932	146,440	152,529	148,380	147,312	152,166	152,963	160,177	166,751
そ　の　他	6,177	13,188	5,928	16,587	14,236	7,177	5,098	8,312	6,723	5,905
事業活動支出	283,634	303,625	294,782	312,788	308,340	294,584	300,375	304,638	312,476	318,813
基本金組入前当年度収支差額	47,398	44,994	44,606	24,286	36,049	36,834	46,339	57,782	51,299	66,759
基本金組入額	△ 22,067	△ 35,468	△ 30,114	△ 31,547	△ 26,810	△ 25,946	△ 26,130	△ 36,797	△ 27,811	△ 42,561
当年度収支差額	25,331	9,526	14,491	△ 7,261	9,239	10,889	20,209	20,985	23,488	24,198

※会計基準改正以前の事業活動支出は消費支出、基本金組入前当年度収支差額は帰属収支差額、当年度収支差額は消費収支差額をそれぞれ掲載している。

○事業活動収支計算書（１校当たりの金額）の構成割合

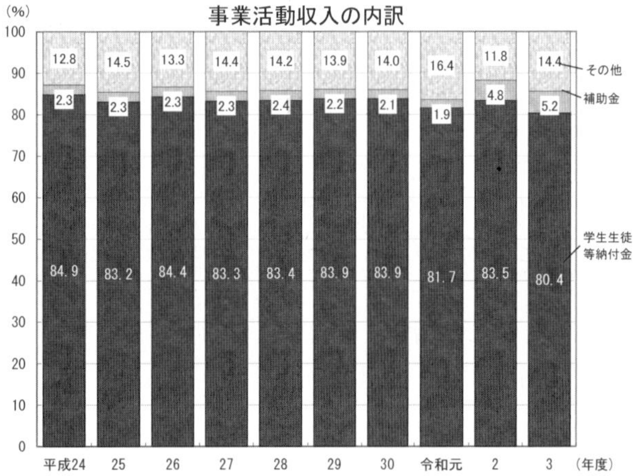

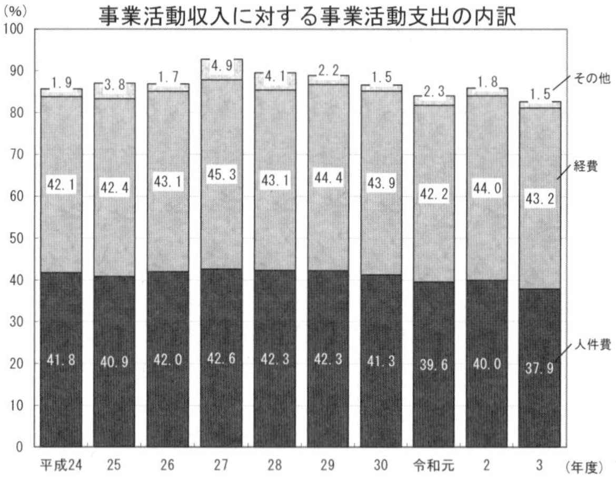

○事業活動収入と生徒数の関係

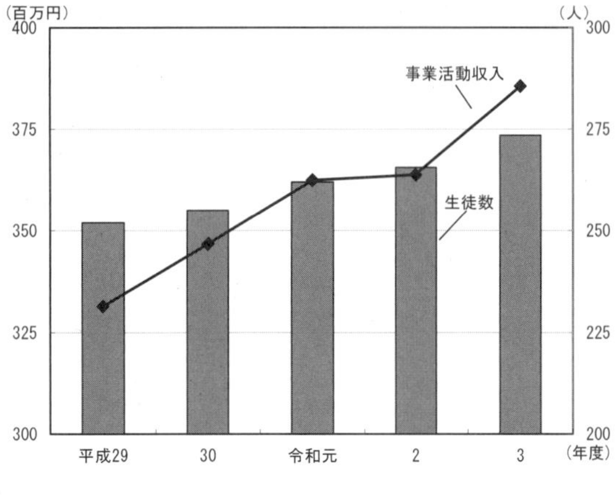

○基本金組入前当年度収支差額の分布状況

年度	集計学校数	基本金組入前当年度収支差額がプラス		基本金組入前当年度収支差額がマイナス	
		学校数	割合	学校数	割合
	（A）	（B）	（B/A）	（C）	（C/A）
平成29	1,933	1,126	58.3%	807	41.7%
30	1,981	1,145	57.8%	836	42.2%
令和元	1,861	1,080	58.0%	781	42.0%
2	1,869	1,165	62.3%	704	37.7%
3	1,862	1,172	62.9%	690	37.1%

※基本金組入前当年度収支差額が０の場合はプラスに含める。

○地域別状況

地区名	都道府県名	事業活動収支差額比率		生徒１人当たりの学生生徒等納付金		教職員１人当たりの人件費	
		平成29年度	令和3年度	平成29年度	令和3年度	平成29年度	令和3年度
		%	%	千円	千円	千円	千円
全国	―	11.1	17.3	1,105	1,134	6,735	6,873
北海道	北海道	△ 9.7	1.9	1,034	1,059	6,001	6,114
東北	青森・岩手・宮城 秋田・山形・福島	7.6	10.0	1,003	1,023	5,759	5,837
北関東	茨城・栃木・群馬	15.8	16.8	1,002	1,014	5,433	5,664
南関東	埼玉・千葉・東京・神奈川	14.6	18.9	1,200	1,206	7,789	7,773
甲信越	新潟・山梨・長野	4.0	△ 0.7	1,013	1,080	6,142	6,318
北陸	富山・石川・福井	7.6	10.9	1,147	1,040	5,275	5,199
東海	岐阜・静岡・愛知・三重	11.2	27.9	976	1,058	6,996	7,182
近畿	滋賀・京都・大阪 兵庫・奈良・和歌山	11.7	18.6	1,148	1,221	6,643	6,865
中国	鳥取・島根・岡山 広島・山口	4.3	10.7	1,003	980	5,909	5,851
四国	徳島・香川・愛媛・高知	15.2	13.3	1,141	1,170	5,713	5,861
九州	福岡・佐賀・長崎・熊本 大分・宮崎・鹿児島・沖縄	8.9	12.8	1,025	1,032	6,044	6,218

※教職員１人当たりの人件費においては、兼務教職員給も含んだ人件費を専任教職員数で除した数値である。

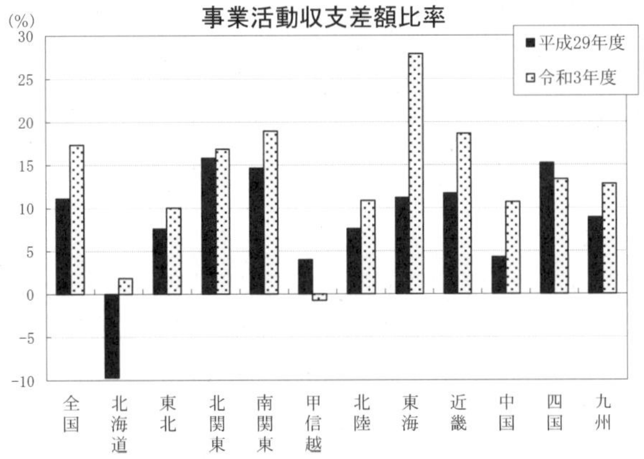

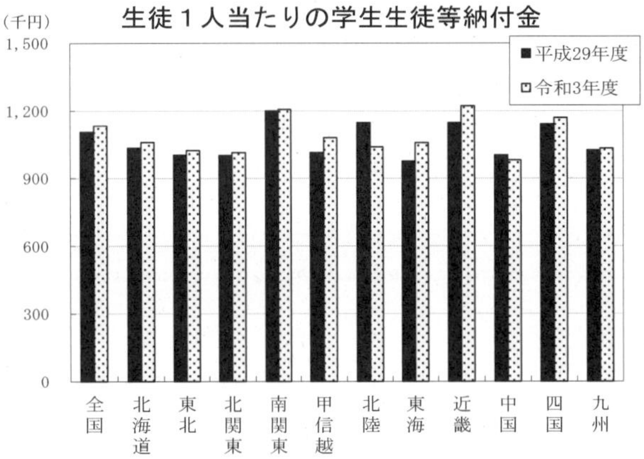

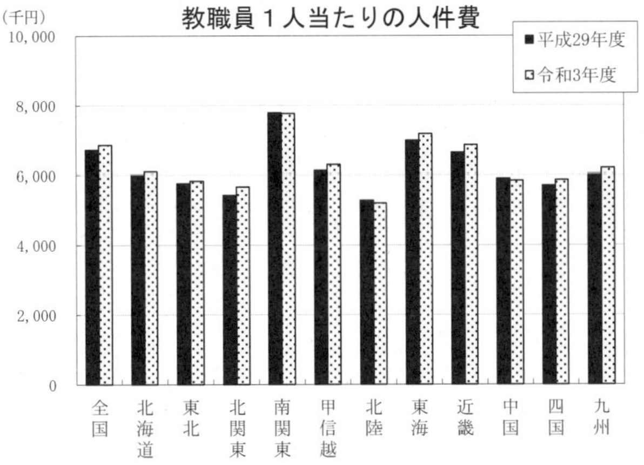

《ポイント》

１校当たりの事業活動収入は、年度毎のばらつきがあるものの平成 29 年度以降増加傾向にあり、令和３年度は約３億９千万円となっている。

１校当たりの事業活動支出も平成 29 年度以降増加傾向にあり、令和３年度は約３億２千万円となっている。

なお、令和２年度から補助金が増加しているが、高等教育の修学支援等による影響とみられる。

都道府県別１校当たりの平均等（令和３年度　事業活動収支計算書より）

都道府県名	学校数	1校当たり			
		学生生徒等納付金	経常費等補助金	事業活動収入	人件費
	校	千円	千円	千円	千円
北海道	95	231,330	25,736	279,585	118,620
青森	12	74,563	9,880	105,370	50,871
岩手	17	154,988	7,405	176,650	83,365
宮城	45	351,620	24,348	419,707	146,613
秋田	8	89,656	19,419	121,327	60,608
山形	10	119,100	13,468	141,634	66,681
福島	14	131,882	7,635	148,071	85,886
茨城	34	157,403	10,111	215,199	78,574
栃木	33	172,550	10,454	234,247	99,281
群馬	46	204,666	13,988	235,565	99,113
埼玉	67	302,525	13,340	434,148	162,412
千葉	53	348,641	18,051	422,619	171,608
東京	314	525,394	18,454	659,606	238,123
神奈川	79	317,004	30,470	419,281	162,761
新潟	24	231,561	12,195	267,820	134,544
富山	10	131,960	14,456	170,872	85,155
石川	24	170,908	12,036	211,440	78,665
福井	11	83,880	8,307	99,561	45,903
山梨	9	145,169	24,220	175,482	95,905
長野	29	150,661	10,144	184,398	78,504
岐阜	16	122,590	10,829	147,038	75,023
静岡	68	180,368	14,162	228,054	97,183
愛知	121	368,626	25,548	518,258	165,424
三重	16	94,679	5,911	129,836	64,061
滋賀	5	51,645	617	90,955	61,128
京都	34	491,511	31,562	586,292	179,788
大阪	145	495,210	34,347	568,665	197,873
兵庫	56	305,310	20,766	359,928	126,308
奈良	8	97,065	7,274	131,909	78,256
和歌山	10	113,887	8,012	135,859	72,311
鳥取	11	111,459	11,808	154,691	83,045
島根	14	156,641	26,195	210,698	95,078
岡山	31	237,726	18,126	276,186	131,160
広島	44	193,997	12,606	230,175	96,336
山口	20	101,356	3,703	133,005	62,933
徳島	4	98,512	10,635	131,040	54,578
香川	14	259,721	14,903	298,793	129,859
愛媛	20	206,047	21,759	252,339	87,881
高知	14	155,735	16,061	189,142	129,259
福岡	109	375,817	25,098	443,756	157,119
佐賀	15	117,565	17,074	148,551	81,483
長崎	14	105,494	5,860	124,470	70,130
熊本	30	165,774	11,954	197,785	91,113
大分	31	115,482	6,900	135,643	76,600
宮崎	22	107,154	12,858	136,111	77,472
鹿児島	21	248,704	18,992	295,476	160,487
沖縄	35	151,379	21,306	193,544	81,807
全国	1,862	310,063	19,467	385,571	146,157

※学校数は本冊子の集計による、学校法人が設置する専修学校数である。

※各比率の解説はP.61以降を参照。

1校当たり			事業活動収支差額比率	人件費比率	教員1人当たりの生徒数
教育研究（管理）経費	事業活動支出	基本金組入前当年度収支差額	基本金組入前当年度収支差額 / 事業活動収入	人件費 / 経常収入	
千円	千円	千円	%	%	人
150,651	274,345	5,240	1.9	42.6	16
42,385	95,297	10,073	9.6	54.9	10
83,098	167,407	9,244	5.2	47.3	15
213,426	361,068	58,639	14.0	35.0	21
63,136	124,004	△ 2,676	△ 2.2	50.0	12
66,572	133,991	7,643	5.4	47.2	13
62,203	162,791	△ 14,720	△ 9.9	58.0	7
72,179	190,068	25,131	11.7	42.5	14
82,566	184,564	49,683	21.2	42.9	13
93,857	195,117	40,449	17.2	42.3	16
163,247	330,321	103,827	23.9	40.8	17
153,456	329,958	92,662	21.9	40.7	22
300,943	546,727	112,879	17.1	37.1	21
154,308	320,300	98,982	23.6	39.7	21
148,365	285,397	△ 17,578	△ 6.6	50.4	13
85,470	175,042	△ 4,170	△ 2.4	49.9	12
92,859	172,541	38,900	18.4	38.6	14
55,763	102,720	△ 3,159	△ 3.2	46.4	10
62,569	161,255	14,227	8.1	54.7	16
75,262	177,673	6,724	3.6	42.6	14
62,972	138,817	8,221	5.6	52.0	12
86,811	191,562	36,492	16.0	44.5	16
176,930	350,419	167,839	32.4	39.1	21
57,427	122,085	7,752	6.0	49.4	12
48,907	110,339	△ 19,384	△ 21.3	67.3	10
257,348	438,131	148,161	25.3	30.8	23
267,176	470,731	97,933	17.2	34.9	21
157,131	285,902	74,026	20.6	35.9	18
37,928	125,021	6,889	5.2	59.3	11
65,852	138,716	△ 2,857	△ 2.1	53.2	13
61,951	146,264	8,426	5.4	54.4	10
104,958	210,533	164	0.1	45.1	11
118,225	253,139	23,048	8.3	47.6	16
98,537	196,014	34,161	14.8	42.0	17
46,644	109,742	23,263	17.5	47.9	11
53,999	109,964	21,076	16.1	41.6	14
113,868	244,551	54,242	18.2	44.3	13
109,349	197,947	54,392	21.6	35.0	13
73,242	209,423	△ 20,281	△ 10.7	69.1	11
204,755	367,567	76,189	17.2	35.5	21
53,159	135,811	12,741	8.6	56.2	13
58,003	129,038	△ 4,568	△ 3.7	56.3	12
79,123	188,038	9,747	4.9	46.6	15
52,792	131,167	4,476	3.3	57.1	11
54,407	132,626	3,485	2.6	56.9	12
111,872	281,888	13,588	4.6	54.6	12
86,535	171,005	22,539	11.6	42.9	15
166,751	318,813	66,759	17.3	39.2	18

都道府県別財務比率一覧
（令和３年度　事業活動収支計算書より）

都道府県名	学校数	学生生徒等納付金比率	経常補助金比率	人件費比率	人件費依存率	教育研究(管理)経費比率	経常収支差額比率	事業活動収支差額比率
	校	%	%	%	%	%	%	%
北海道	95	83.0	9.2	42.6	51.3	54.1	3.2	1.9
青森	12	80.5	10.7	54.9	68.2	45.8	△ 2.3	9.6
岩手	17	87.9	4.2	47.3	53.8	47.1	5.3	5.2
宮城	45	84.0	5.8	35.0	41.7	51.0	13.8	14.0
秋田	8	73.9	16.0	50.0	67.6	52.0	△ 2.2	△ 2.2
山形	10	84.3	9.5	47.2	56.0	47.1	5.2	5.4
福島	14	89.1	5.2	58.0	65.1	42.0	△ 0.4	△ 9.9
茨城	34	85.1	5.5	42.5	49.9	39.0	17.4	11.7
栃木	33	74.5	4.5	42.9	57.5	35.7	20.8	21.2
群馬	46	87.3	6.0	42.3	48.4	40.0	17.0	17.2
埼玉	67	76.1	3.4	40.8	53.7	41.0	17.6	23.9
千葉	53	82.6	4.3	40.7	49.2	36.4	22.4	21.9
東京	314	81.9	2.9	37.1	45.3	46.9	15.6	17.1
神奈川	79	77.3	7.4	39.7	51.3	37.6	22.4	23.6
新潟	24	86.7	4.6	50.4	58.1	55.5	△ 6.6	△ 6.6
富山	10	77.3	8.5	49.9	64.5	50.1	△ 2.6	△ 2.4
石川	24	83.8	5.9	38.6	46.0	45.5	15.5	18.4
福井	11	84.7	8.4	46.4	54.7	56.3	△ 3.5	△ 3.2
山梨	9	82.7	13.8	54.7	66.1	35.7	9.6	8.1
長野	29	81.7	5.5	42.6	52.1	40.8	15.9	3.6
岐阜	16	84.9	7.5	52.0	61.2	43.6	3.9	5.6
静岡	68	82.6	6.5	44.5	53.9	39.7	15.4	16.0
愛知	121	87.1	6.0	39.1	44.9	41.8	18.9	32.4
三重	16	73.0	4.6	49.4	67.7	44.2	6.0	6.0
滋賀	5	56.9	0.7	67.3	118.4	53.8	△ 21.4	△ 21.3
京都	34	84.2	5.4	30.8	36.6	44.1	25.0	25.3
大阪	145	87.4	6.1	34.9	40.0	47.2	17.6	17.2
兵庫	56	86.7	5.9	35.9	41.4	44.6	18.9	20.6
奈良	8	73.6	5.5	59.3	80.6	28.8	5.2	5.2
和歌山	10	83.8	5.9	53.2	63.5	48.5	△ 2.1	△ 2.1
鳥取	11	73.0	7.7	54.4	74.5	40.6	4.3	5.4
島根	14	74.3	12.4	45.1	60.7	49.8	3.4	0.1
岡山	31	86.2	6.6	47.6	55.2	42.9	8.9	8.3
広島	44	84.6	5.5	42.0	49.7	43.0	14.8	14.8
山口	20	77.2	2.8	47.9	62.1	35.5	16.5	17.5
徳島	4	75.2	8.1	41.6	55.4	41.2	16.6	16.1
香川	14	88.7	5.1	44.3	50.0	38.9	16.6	18.2
愛媛	20	82.0	8.7	35.0	42.7	43.5	21.4	21.6
高知	14	83.2	8.6	69.1	83.0	39.2	△ 9.1	△ 10.7
福岡	109	84.9	5.7	35.5	41.8	46.2	17.9	17.2
佐賀	15	81.1	11.8	56.2	69.3	36.7	6.4	8.6
長崎	14	84.8	4.7	56.3	66.5	46.6	△ 3.3	△ 3.7
熊本	30	84.8	6.1	46.6	55.0	40.5	9.4	4.9
大分	31	86.1	5.1	57.1	66.3	39.4	2.6	3.3
宮崎	22	78.8	9.5	56.9	72.3	40.0	2.5	2.6
鹿児島	21	84.6	6.5	54.6	64.5	38.0	5.0	4.6
沖縄	35	79.4	11.2	42.9	54.0	45.4	10.5	11.6
全国	1,862	83.2	5.2	39.2	47.1	44.7	15.6	17.3

※ 学校数は本冊子の集計による、学校法人が設置する専修学校数である。

※ 各比率の計算式・解説はP. 61以降を参照。

●各種学校

1．各種学校数・生徒数の状況

○ 学校数

（単位：校）

区　分	合　計	国　立	構成比	公　立	構成比	私　立	構成比	私立のうち本章集計数
平成 24 年度	1,392	0	0.0%	9	0.6%	1,383	99.4%	277
25 年度	1,330	0	0.0%	9	0.7%	1,321	99.3%	281
26 年度	1,276	0	0.0%	8	0.6%	1,268	99.4%	298
27 年度	1,229	0	0.0%	6	0.5%	1,223	99.5%	288
28 年度	1,200	0	0.0%	6	0.5%	1,194	99.5%	288
29 年度	1,183	0	0.0%	6	0.5%	1,177	99.5%	298
30 年度	1,164	0	0.0%	6	0.5%	1,158	99.5%	292
令和 元 年度	1,119	0	0.0%	6	0.5%	1,113	99.5%	307
2 年度	1,102	0	0.0%	6	0.5%	1,096	99.5%	296
3 年度	1,069	0	0.0%	5	0.5%	1,064	99.5%	297

○ 生徒数

（単位：人）

区　分	合　計	国　立	構成比	公　立	構成比	私　立	構成比	私立のうち本章集計数
平成 24 年度	120,195	0	0.0%	880	0.7%	119,315	99.3%	53,478
25 年度	122,890	0	0.0%	796	0.6%	122,094	99.4%	56,920
26 年度	121,846	0	0.0%	638	0.5%	121,208	99.5%	62,162
27 年度	117,727	0	0.0%	585	0.5%	117,142	99.5%	65,099
28 年度	120,629	0	0.0%	560	0.5%	120,069	99.5%	71,260
29 年度	121,952	0	0.0%	544	0.4%	121,408	99.6%	70,073
30 年度	123,275	0	0.0%	531	0.4%	122,744	99.6%	70,499
令和 元 年度	116,920	0	0.0%	495	0.4%	116,425	99.6%	68,225
2 年度	105,203	0	0.0%	499	0.5%	104,704	99.5%	58,354
3 年度	102,469	0	0.0%	379	0.4%	102,090	99.6%	54,145

※本章集計数は学校法人が設置する各種学校数・生徒数である。

令和3年度　私立設置者別 学校数及び割合

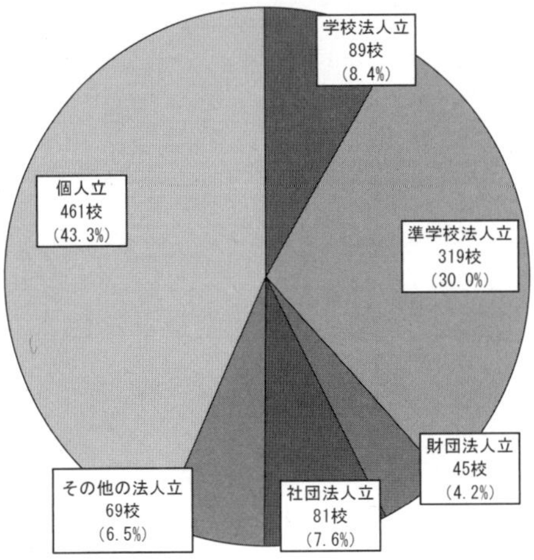

平成24年度以降の生徒数増減率

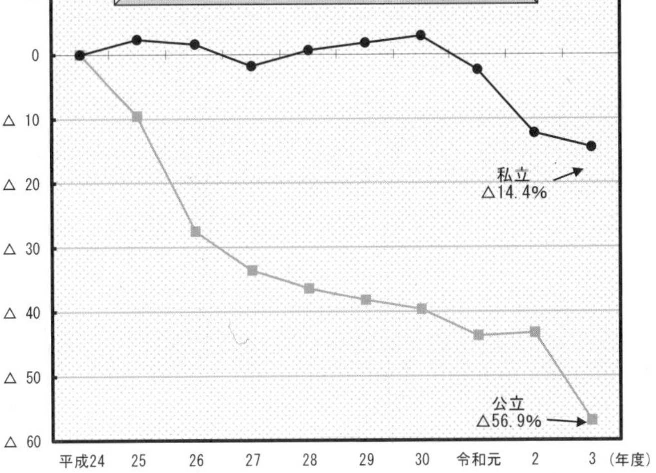

文部科学省「学校基本調査報告書」より

《ポイント》

学校数は10年間で323校減少している。公立は4校、私立は319校減少している。生徒数は10年間で約1万8千人減少しており、公立、私立ともに減少している。

2. 各種学校法人の財政状態

○貸借対照表（１法人当たりの金額）

資産の部

（単位：千円）

年　　度	平成24	25	26	27	28	29	30	令和元	2	3
有形固定資産	1,128,119	1,015,789	1,039,117	989,722	1,116,189	934,384	971,044	1,074,510	1,099,410	1,108,171
特定資産					76,244	128,958	137,166	127,685	139,016	127,342
その他の固定資産	180,202	185,282	239,871	204,190	124,381	102,606	113,487	134,937	151,445	145,894
流動資産	242,224	251,408	264,256	258,525	293,920	281,573	337,563	390,596	408,194	347,699
（うち現金預金）	174,424	187,737	201,632	194,667	236,207	235,530	284,225	328,916	365,128	306,737
資産の部合計	1,550,545	1,452,479	1,543,245	1,452,437	1,610,734	1,447,520	1,559,260	1,727,728	1,798,066	1,729,106

※学校法人会計基準の改正により、特定資産（使途が特定された預金等）が中科目として設けられた。

負債及び純資産の部

（単位：千円）

年　　度	平成24	25	26	27	28	29	30	令和元	2	3
固定負債	179,441	173,374	192,182	192,151	191,842	148,740	192,497	162,230	250,402	182,882
流動負債	77,190	83,885	87,314	88,332	101,764	97,942	105,436	121,194	118,227	123,745
基本金	1,257,932	1,183,271	1,236,389	1,133,428	1,308,573	1,190,495	1,177,452	1,359,803	1,388,892	1,404,378
繰越収支差額	35,982	11,949	27,360	38,526	8,556	10,342	83,875	84,502	40,544	18,101
負債及び純資産の部計	1,550,545	1,452,479	1,543,245	1,452,437	1,610,734	1,447,520	1,559,260	1,727,728	1,798,066	1,729,106

※会計基準改正以前の繰越収支差額は消費収支差額を掲載している。

○貸借対照表（１法人当たりの金額）の構成割合

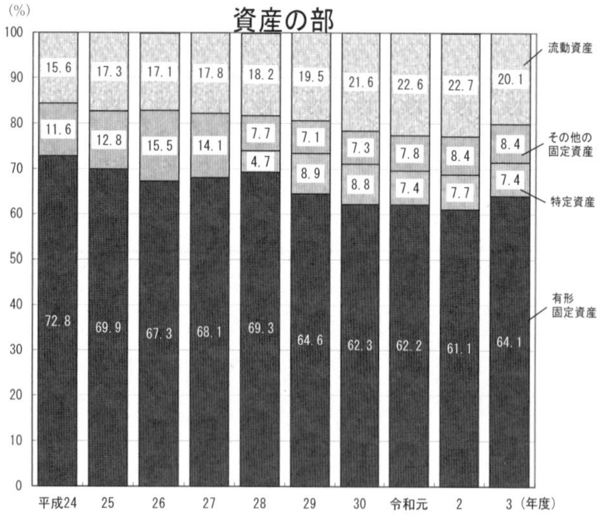

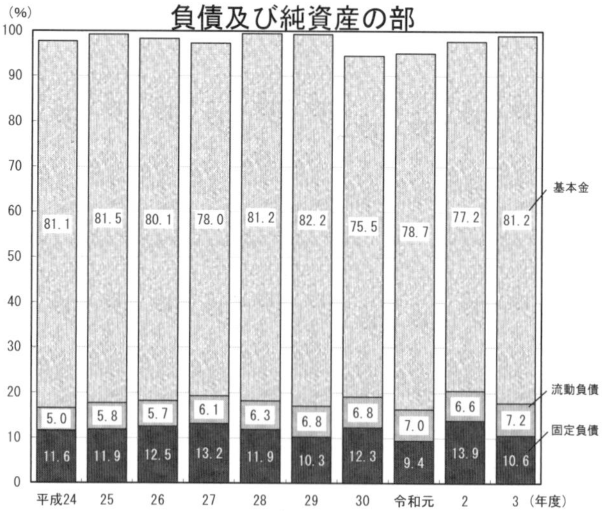

○貸借対照表の構造（令和３年度　１法人当たり）

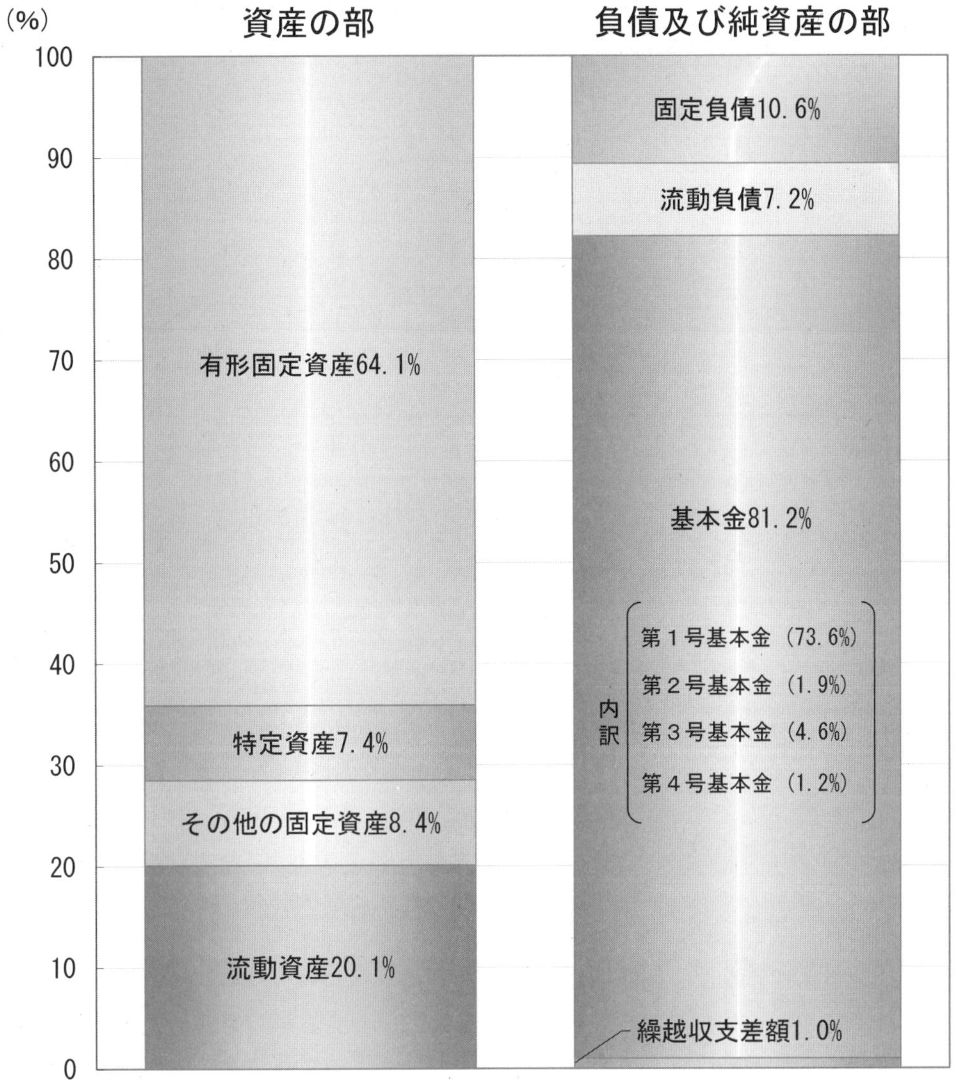

第１号基本金　…　既に取得した固定資産の価額
第２号基本金　…　将来取得する固定資産の取得に充てる金銭その他の資産の額
第３号基本金　…　基金として継続的に保持し、かつ運用する金銭その他の額
第４号基本金　…　恒常的に保持すべき資金の額
　　　　　　　　　なお、高等学校を設置するものを除く都道府県知事を所轄庁とする
　　　　　　　　　学校法人は、全部又は一部を組入れないことができる
繰越収支差額　…　事業活動収支計算書の翌年度繰越収支差額と一致する

《ポイント》

資産の部は、有形固定資産が前年度から増加したが、特定資産、その他の固定資産、流動資産が減少したことにより、資産の部合計が減少している。負債及び純資産の部は、流動負債及び基本金が増加し、固定負債が減少している。

資産の構成割合では固定資産の割合が 79.9%となり前年度より増加している。

３．各種学校法人の事業活動収支状況

○事業活動収支計算書（１法人当たりの金額）

収入の部

（単位：千円）

年　　度	平成24	25	26	27	28	29	30	令和元	2	3
学生生徒等納付金	245,911	256,123	271,043	279,741	299,084	282,686	324,897	326,104	308,642	261,729
補　助　金	10,897	14,764	11,149	9,793	9,591	8,904	9,529	10,147	9,686	9,853
そ　の　他	189,302	78,561	88,803	69,274	74,199	97,576	59,220	122,470	63,954	86,466
事業活動収入	446,110	349,448	370,994	358,808	382,873	389,166	393,646	458,722	382,282	358,047

※会計基準改正以前の事業活動収入は帰属収入を掲載している。　（単位：人）

生　徒　数	213	225	247	254	281	273	283	268	231	211

支出の部

（単位：千円）

年　　度	平成24	25	26	27	28	29	30	令和元	2	3
人　件　費	187,723	189,757	194,744	197,332	201,300	185,131	207,751	219,381	223,184	197,426
経　費	147,713	129,279	147,305	136,049	132,106	122,954	137,759	142,933	131,888	117,244
そ　の　他	8,667	9,994	15,017	7,697	15,194	12,808	6,860	37,931	12,337	23,835
事業活動支出	344,103	329,030	357,067	341,078	348,600	320,893	352,370	400,244	367,410	338,504
基本金組入前当年度収支差額	102,007	20,418	13,928	17,730	34,273	68,273	41,276	58,477	14,873	19,543
基本金組入額	△ 139,163	△ 27,560	△ 16,316	△ 25,327	△ 62,708	△ 71,392	△ 27,382	△ 28,482	△ 30,501	△ 25,226
当年度収支差額	△ 37,156	△ 7,141	△ 2,388	△ 7,598	△ 28,435	△ 3,119	13,894	29,996	△ 15,629	△ 5,683

※会計基準改正以前の事業活動支出は消費支出、基本金組入前当年度収支差額は帰属収支差額、当年度収支差額は消費収支差額をそれぞれ掲載している。

○事業活動収支計算書（１法人当たりの金額）の構成割合

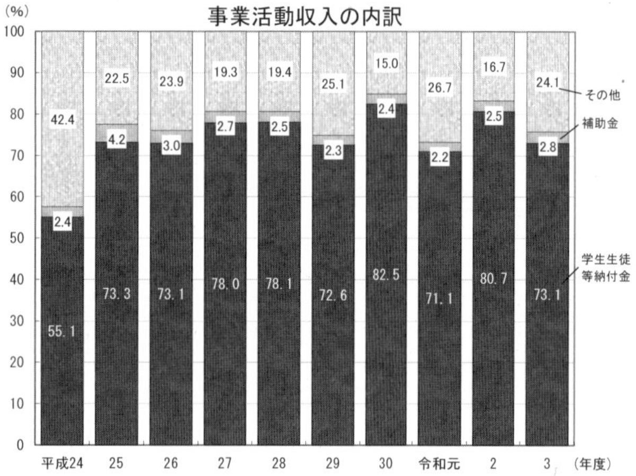

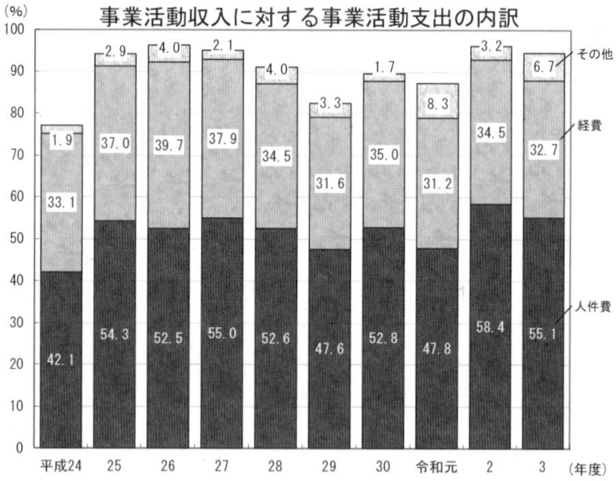

○事業活動収入と生徒数の関係

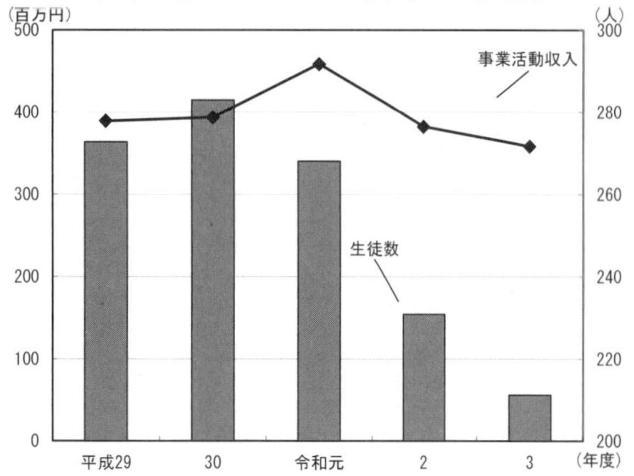

○基本金組入前当年度収支差額の分布状況

年度	集計法人数	基本金組入前当年度収支差額がプラス		基本金組入前当年度収支差額がマイナス	
		法人数	割合	法人数	割合
	（A）	（B）	（B/A）	（C）	（C/A）
平成29	145	96	66.2%	49	33.8%
30	139	90	64.7%	49	35.3%
令和元	139	89	64.0%	50	36.0%
2	142	85	59.9%	57	40.1%
3	138	65	47.1%	73	52.9%

※基本金組入前当年度収支差額が０の場合はプラスに含める。

4．各種学校部門の事業活動収支状況

○事業活動収支計算書（１校当たりの金額）

収入の部

（単位：千円）

年　度	平成24	25	26	27	28	29	30	令和元	2	3
学生生徒等納付金	236,645	247,719	250,260	273,291	270,518	273,986	298,733	275,789	251,264	230,868
補助金	5,525	7,239	5,551	4,937	4,495	4,428	4,944	5,642	4,671	4,741
その他	118,843	66,527	67,640	67,654	70,831	85,569	65,216	78,635	58,672	74,929
事業活動収入	361,013	321,486	323,450	345,882	345,844	363,983	368,893	360,066	314,607	310,538

※会計基準改正以前の事業活動収入は帰属収入を掲載している。

（単位：人）

生徒数	193	203	209	226	231	235	241	222	197	182

支出の部

（単位：千円）

年　度	平成24	25	26	27	28	29	30	令和元	2	3
人件費	155,429	157,222	157,656	170,226	164,252	162,466	174,362	167,425	171,513	160,275
経費	115,940	110,160	111,301	126,581	112,927	118,990	121,358	118,834	109,341	112,277
その他	4,932	5,729	4,281	3,675	3,624	3,750	3,850	19,118	6,235	12,377
事業活動支出	276,301	273,111	273,237	300,482	280,803	285,206	299,570	305,377	287,089	284,929
基本金組入前当年度収支差額	84,712	48,375	50,213	45,400	65,041	78,777	69,323	54,689	27,518	25,609
基本金組入額	△ 69,865	△ 21,483	△ 16,527	△ 20,683	△ 20,936	△ 41,951	△ 24,246	△ 20,244	△ 44,306	△ 25,274
当年度収支差額	14,847	26,892	33,687	24,717	44,105	36,826	45,077	34,445	△ 16,789	336

※会計基準改正以前の事業活動支出は消費支出、基本金組入前当年度収支差額は帰属収支差額、当年度収支差額は消費収支差額をそれぞれ掲載している。

○事業活動収支計算書（１校当たりの金額）の構成割合

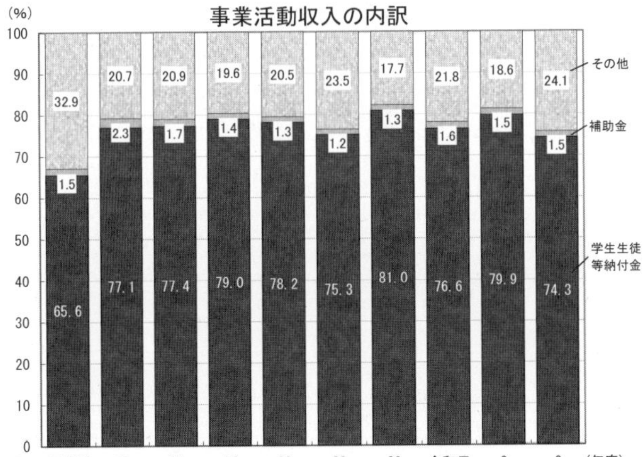

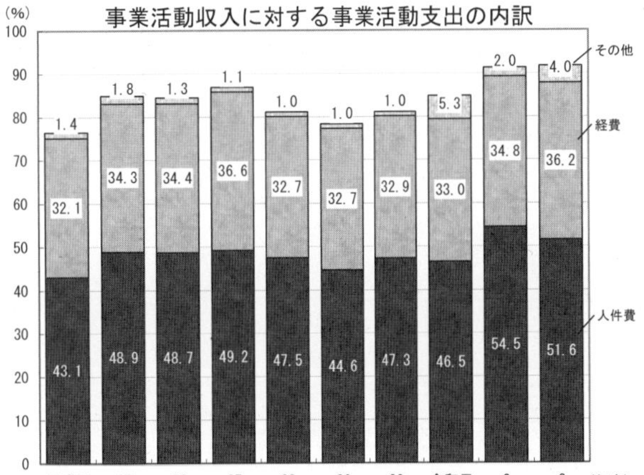

○事業活動収入と生徒数の関係

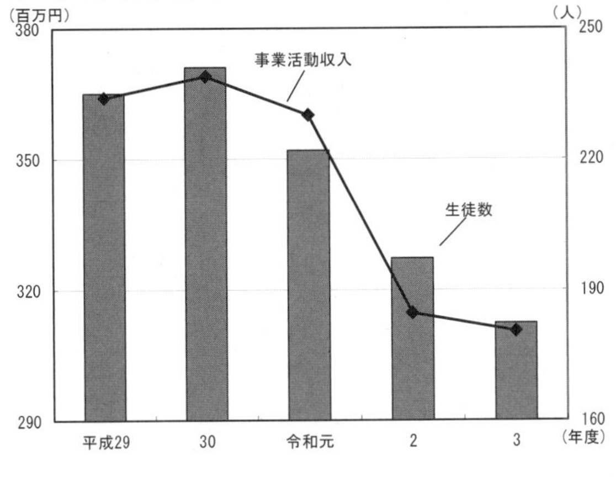

○基本金組入前当年度収支差額の分布状況

年度	集計学校数	基本金組入前当年度収支差額がプラス		基本金組入前当年度収支差額がマイナス	
	（A）	学校数（B）	割合（B/A）	学校数（C）	割合（C/A）
平成29	298	194	65.1%	104	34.9%
30	292	180	61.6%	112	38.4%
令和元	307	180	58.6%	127	41.4%
2	296	158	53.4%	138	46.6%
3	297	125	42.1%	172	57.9%

※基本金組入前当年度収支差額が０の場合はプラスに含める。

都道府県別１校当たりの平均等（令和３年度　事業活動収支計算書より）

都道府県名	学校数	1校当たり			
		学生生徒等納付金	経常費等補助金	事業活動収入	人件費
	校	千円	千円	千円	千円
北海道	11	174,354	2,140	285,657	128,551
青森	0	—	—	—	—
岩手	0	—	—	—	—
宮城	7	114,750	3,338	147,484	77,224
秋田・山形・福島	3	17,305	325	28,755	23,820
茨城・栃木	5	96,935	3,691	140,616	84,426
群馬	6	31,230	2,677	39,992	25,726
埼玉・千葉	6	63,030	2,736	84,310	58,621
東京	68	316,652	7,298	376,360	224,706
神奈川	9	539,742	1,643	950,008	409,111
新潟	0	—	—	—	—
富山・石川	15	150,138	57	183,485	105,039
福井	8	269,988	0	300,006	170,963
山梨・長野	3	77,072	1,739	130,673	100,685
岐阜	5	117,375	2,714	158,977	76,583
静岡	9	34,271	2,006	48,119	49,376
愛知	14	590,868	4,559	793,613	330,266
三重	3	33,386	1,703	40,400	30,638
滋賀	0	—	—	—	—
京都	16	157,399	396	223,160	114,066
大阪	27	279,246	2,763	439,494	186,552
兵庫	25	244,616	13,782	342,148	179,759
奈良	3	7,688	7,229	16,275	13,331
和歌山	0	—	—	—	—
鳥取	8	322,824	3,020	362,390	168,104
島根	4	100,897	0	111,345	63,024
岡山	5	99,114	744	133,053	65,693
広島	8	210,959	4,949	332,617	157,184
山口・高知	6	95,447	0	117,617	67,124
徳島	0	—	—	—	—
香川	0	—	—	—	—
愛媛	0	—	—	—	—
福岡	11	156,023	1,221	181,709	116,617
佐賀・長崎・熊本	5	37,036	2,698	50,316	41,619
大分	3	23,638	0	26,309	26,694
宮崎	0	—	—	—	—
鹿児島	0	—	—	—	—
沖縄	4	133,198	852	157,059	86,106
全国	297	230,868	4,247	310,538	160,275

※学校数は、本冊子の集計による、学校法人が設置する各種学校数である。

※各比率の解説はP. 61以降を参照。

1校当たり			事業活動収支差額比率	人件費比率	教員1人当たりの生徒数
教育研究（管理）経費	事業活動支出	基本金組入前当年度収支差額	基本金組入前当年度収支差額／事業活動収入	人件費／経常収入	
千円	千円	千円	%	%	人
95,847	232,823	52,835	18.5	52.1	16
—	—	—	—	—	—
—	—	—	—	—	—
61,184	138,512	8,972	6.1	52.4	11
26,889	50,791	△ 22,036	△ 76.6	82.8	7
69,329	156,063	△ 15,447	△ 11.0	60.3	6
17,039	43,936	△ 3,944	△ 9.9	64.3	12
38,653	97,656	△ 13,346	△ 15.8	69.5	12
129,875	359,606	16,753	4.5	60.4	9
190,889	719,709	230,299	24.2	65.8	9
—	—	—	—	—	—
67,855	173,749	9,736	5.3	57.3	17
104,023	278,098	21,908	7.3	57.0	8
60,122	161,388	△ 30,715	△ 23.5	77.1	10
56,526	135,385	23,593	14.8	48.2	14
28,867	78,485	△ 30,365	△ 63.1	102.7	11
354,671	720,789	72,824	9.2	42.6	19
13,644	45,695	△ 5,294	△ 13.1	76.2	8
—	—	—	—	—	—
75,027	192,252	30,908	13.9	51.3	14
163,916	351,719	87,776	20.0	43.2	26
121,853	317,412	24,736	7.2	53.7	10
4,849	20,465	△ 4,190	△ 25.7	81.9	21
—	—	—	—	—	—
177,237	355,518	6,872	1.9	46.4	11
34,049	106,621	4,724	4.2	56.6	11
49,099	117,116	15,937	12.0	49.4	13
122,857	349,418	△ 16,800	△ 5.1	47.3	10
47,783	180,527	△ 62,911	△ 53.5	57.2	7
—	—	—	—	—	—
—	—	—	—	—	—
—	—	—	—	—	—
68,802	186,189	△ 4,480	△ 2.5	64.4	10
24,268	66,557	△ 16,241	△ 32.3	82.7	10
15,993	43,020	△ 16,711	△ 63.5	101.5	9
—	—	—	—	—	—
—	—	—	—	—	—
72,836	160,001	△ 2,942	△ 1.9	55.4	10
112,277	284,929	25,609	8.2	54.2	12

都道府県別財務比率一覧
（令和３年度　事業活動収支計算書より）

都道府県名	学校数	学生生徒等納付金比率	経常補助金比率	人件費比率	人件費依存率	教育研究(管理)経費比率	経常収支差額比率	事業活動収支差額比率
	校	%	%	%	%	%	%	%
北海道	11	70.6	0.9	52.1	73.7	38.8	8.8	18.5
青森	0	—	—	—	—	—	—	—
岩手	0	—	—	—	—	—	—	—
宮城	7	77.9	2.3	52.4	67.3	41.5	6.0	6.1
秋田・山形・福島	3	60.2	1.1	82.8	137.6	93.5	△ 76.6	△ 76.6
茨城・栃木	5	69.3	2.6	60.3	87.1	49.5	△ 10.7	△ 11.0
群馬	6	78.1	6.7	64.3	82.4	42.6	△ 9.0	△ 9.9
埼玉・千葉	6	74.8	3.2	69.5	93.0	45.8	△ 15.8	△ 15.8
東京	68	85.1	2.0	60.4	71.0	34.9	4.2	4.5
神奈川	9	86.8	0.3	65.8	75.8	30.7	1.1	24.2
新潟	0	—	—	—	—	—	—	—
富山・石川	15	81.9	0.0	57.3	70.0	37.0	5.6	5.3
福井	8	90.0	0.0	57.0	63.3	34.7	8.3	7.3
山梨・長野	3	59.0	1.3	77.1	130.6	46.0	△ 23.5	△ 23.5
岐阜	5	73.8	1.7	48.2	65.2	35.6	15.0	14.8
静岡	9	71.3	4.2	102.7	144.1	60.0	△ 63.2	△ 63.1
愛知	14	76.2	0.6	42.6	55.9	45.7	10.8	9.2
三重	3	83.0	4.2	76.2	91.8	33.9	△ 13.7	△ 13.1
滋賀	0	—	—	—	—	—	—	—
京都	16	70.8	0.2	51.3	72.5	33.7	13.6	13.9
大阪	27	64.7	0.6	43.2	66.8	38.0	18.8	20.0
兵庫	25	73.0	4.1	53.7	73.5	36.4	9.3	7.2
奈良	3	47.2	44.4	81.9	173.4	29.8	△ 25.7	△ 25.7
和歌山	0	—	—	—	—	—	—	—
鳥取	8	89.1	0.8	46.4	52.1	48.9	3.2	1.9
島根	4	90.7	0.0	56.6	62.5	30.6	12.6	4.2
岡山	5	74.5	0.6	49.4	66.3	36.9	13.1	12.0
広島	8	63.4	1.5	47.3	74.5	36.9	15.7	△ 5.1
山口・高知	6	81.4	0.0	57.2	70.3	40.7	1.3	△ 53.5
徳島	0	—	—	—	—	—	—	—
香川	0	—	—	—	—	—	—	—
愛媛	0	—	—	—	—	—	—	—
福岡	11	86.2	0.7	64.4	74.7	38.0	△ 2.8	△ 2.5
佐賀・長崎・熊本	5	73.6	5.4	82.7	112.4	48.2	△ 32.3	△ 32.3
大分	3	89.8	0.0	101.5	112.9	60.8	△ 63.5	△ 63.5
宮崎	0	—	—	—	—	—	—	—
鹿児島	0	—	—	—	—	—	—	—
沖縄	4	85.7	0.5	55.4	64.6	46.8	△ 2.5	△ 1.9
全国	297	78.0	1.4	54.2	69.4	37.9	7.2	8.2

※ 学校数は本冊子の集計による、学校法人が設置する各種学校数である。

※ 各比率の計算式・解説はP. 61以降を参照。

●財務比率等の活用について

『今日の私学財政』は、皆様よりご協力いただいた「学校法人基礎調査」や「学校法人等基礎調査」の財務データを集計したものです。この集計結果をもとに、経営の現状把握や将来計画作成の参考にしていただければと考えております。ここでは、皆様が今悩んでいること、検討されていることについて、その代表的な問題ごとに財務比率等の活用事例を説明します。

学校法人が抱える財務上の課題

財務比率を見ていく上では、「事業活動収支計算書」と「貸借対照表」が必要です。

専修学校法人１法人当たりの金額（千円単位）から算出したものを、次ページ以降に例示しました。どの科目の金額を使って比率を算出するか、ご確認ください。また、各比率の説明に自己分析欄を設けましたので、自法人の財務諸表（計算書類）から金額を当てはめて、比率を計算してください。

「Ⅲ　利用の手引き」の「１．『今日の私学財政』と財務分析」には、全財務比率について集計値と比較が可能な財務比率比較表（学校法人比較・学校部門比較）も掲載しています。ご活用ください。

1. 現在の経営状況はどうか？

学校法人の活動を永続的に行うためには、各年度の収入の範囲内で支出を賄うことが重要です。

そこで、経営状況を見る財務比率である事業活動収支差額比率を紹介します。この比率がプラスで大きいほど財政面で将来的な余裕につながりますが、マイナスが続く場合は経営悪化の恐れがあります。

事業活動収支計算書（専修学校法人１法人当たり）
〈令和３年４月１日～令和４年３月31日〉

（単位：千円）

		科目	金額
教育活動収支	事業活動収入の部	学生生徒等納付金	499,901
		手数料	4,534
		寄付金	5,291
		経常費等補助金	27,479
		付随事業収入	61,379
		雑収入	14,403
		A 教育活動収入計	612,987
	事業活動支出の部	B 人件費	262,817
		教育研究（管理）経費	317,776
		うち減価償却額	55,516
		徴収不能額等	739
		教育活動支出計	581,333
		教育活動収支差額	31,654
教育活動外収支	事業活動収入の部	受取利息・配当金	18,440
		その他の教育活動外収入	6,908
		C 教育活動外収入計	25,348
	事業活動支出の部	借入金等利息	3,186
		その他の教育活動外支出	1,942
		教育活動外支出計	5,128
		教育活動外収支差額	20,220
経常収支差額			51,874
特別収支	事業活動収入の部	資産売却差額	12,363
		その他の特別収入	26,268
		特別収入計	38,631
	事業活動支出の部	資産処分差額	10,444
		その他の特別支出	7,809
		特別支出計	18,253
		特別収支差額	20,378
D 基本金組入前当年度収支差額			72,252
基本金組入額合計			△ 84,450
当年度収支差額			△ 12,198
前年度繰越収支差額			333,576
基本金取崩額			34,009
翌年度繰越収支差額			355,387

（参考）

E 事業活動収入計	676,966
事業活動支出計	604,714

事業活動収支差額比率

＜計算式＞

D基本金組入前当年度収支差額÷E事業活動収入計×100

72,252÷ 676,966×100＝ 10.7%（全国平均）

　　　÷　　　×100＝　　　%（自己分析）

＜比率の意味＞

プラスが大きくなるほど、自己資本が充実。マイナスが大きくなるほど経営は厳しい。経営に余裕があるかどうかの判断に使用する。

この比率は、単年度の収支状況を見る最も基本となる比率です。プラスが大きくなるほど自己資本が充実しており、経営に余裕があるとみなすことができます。マイナスが大きくなるほど経営は窮迫し、いずれ資金繰りにも困難をきたすことになります。比率が減少したりマイナスが連続している場合等には、原因を探り経営改善を図る必要があります。

2. 教職員の人件費負担は大きくないか？

人事計画を立てずに新規採用を見送り、年齢が高い人が残ると、人件費は年々増加します。逆に早期退職が頻繁にあり新規採用を繰り返すと人件費は抑制されます。しかし、経験豊富な人材が不足し、結果として学校の評判が下がり収入の減少につながるケースもあり、人件費にかかる問題は複雑多岐にわたります。一概に人件費の金額だけでは分析できないこともありますので、収入に対して人件費はどれくらいの割合かを見る人件費比率を紹介します。

人件費比率

＜計算式＞

B 人件費÷経常収入×100

※経常収入：A 教育活動収入計＋C 教育活動外収入計

262,817÷（ 612,987＋ 25,348）×100＝ 41.2%（全国平均）

　　　　÷（　　　　＋　　　　）×100＝　　　%（自己分析）

＜比率の意味＞

人件費は支出のなかで大きな部分を占める。高い人件費を下げるのは容易ではないため、計画的に検討する必要がある。

この比率が高くなると、支出全体が膨張し、収支のバランスを崩しかねません。人件費は教職員の給与水準等によって大きく影響を受けます。一度増加した人件費比率を下げることは容易ではありませんので、計画的に取り組んでいかなければなりません。

3. 施設建替えに必要な資産を保有しているか？

老朽化した施設の建替えは学校法人の活動を永続的に行うために必要な事業であり、現在検討中の法人もいらっしゃるかと思います。しかし、計画をいつ実行すれば良いのか分からないということもあるでしょう。そこで、施設建替えに向けた計画を検討する際のポイントをご説明します。大きくは以下の２つではないでしょうか。

①実行するタイミングはいつか？

②資金計画はどうなっているか？

① 実行するタイミングはいつか？

将来の建替えに備えて計画的に建築資金の積み立てを行っている場合もありますが、建築等に必要な額に対して運用可能な資産の保有割合がどの程度かを見ることで、実行するタイミングの目安を知ることができます。

そこで、学校法人が本来保有すべき金額（要積立額）に対する、実際に保有していて使える金額（運用資産）の割合（積立率）から積み立て状況を確認すると良いでしょう。

貸借対照表（専修学校法人１法人当たり）
〈令和４年３月31日〉

（単位：千円）

資産の部		負債及び純資産の部	
科目	金額	科目	金額
（資産の部）		（負債の部）	
固定資産（ａ）	3,041,924	固定負債（ｃ）	291,559
有形固定資産	2,174,300	長期借入金	232,520
土地	1,240,673	学校債	916
建物	828,062	退職給与引当金	42,999
構築物	12,516	その他	15,123
教育研究用機器備品	46,590	流動負債（ｄ）	402,118
その他	46,458	前受金	280,431
特定資産	198,587	その他	121,688
退職給与引当特定資産	21,126		
その他	177,461	負債の部 合計（総負債）（ｅ） 固定負債（ｃ）＋流動負債（ｄ）	693,677
その他の固定資産	669,037		
有価証券	436,969	（純資産の部）	
収益事業元入金	98,109	基本金	3,129,273
その他	133,959	繰越収支差額	355,387
流動資産（ｂ）	1,136,413	純資産の部 合計（ｆ）	3,484,660
現金預金	868,188		
有価証券	53,557		
その他	214,668		
資産の部 合計（総資産） 固定資産（ａ）＋流動資産（ｂ）	4,178,337	負債及び純資産の部合計 総負債（ｅ）＋純資産（ｆ）	4,178,337

積立率

＜計算式＞

運用資産÷要積立額×100

　　　　÷　　　　×100＝　　　%（自己分析）

※運用資産＝特定資産＋有価証券（固定・流動）＋現金預金
※要積立額＝減価償却累計額（有形固定資産）
　　　　　　＋退職給与引当金＋第２号基本金＋第３号基本金

＜比率の意味＞

学校法人の経営を持続的かつ安定的に継続するために必要となる運用資産の保有状況を表す。

計算した結果、比率が高い場合は、学校法人の経営を持続的かつ安定的に継続するために本来保有すべき金額（要積立額）に対し、一定の運用資産の保有があることになり、比率が 100%以上であれば全額自己資金で建替え資金を賄うことが可能であるといえます。

比率が低い場合は、学校法人が本来保有すべき金額（要積立額）に対し不足していることになります。不足分をどう補っていくのか、建替え資金を何年後までにいくら貯めるといった将来計画を検討した上で、実施時期を決定する必要があります。

※減価償却累計額：有形固定資産のうち時の経過によりその価値を減少する資産で、その資産の減少した価値（減価償却額）の累計額

※第２号基本金：学校法人が新たな学校の設置又は既設の学校の規模の拡大若しくは教育の充実向上のために将来取得する固定資産取得に充てる金銭その他の資産の額

※第３号基本金：基金として継続的に保持し、かつ運用する金銭その他の資産の額

② 資金計画はどうなっているか？

実際に建替えを実施するとなると、手持ちの資金で建替え費用が賄えれば問題は少ないのですが、建築費用は高額になるため、建替え費用の全額を賄うことが難しいこともあり、この場合、建替え費用の不足分を寄付金や金融機関等からの借入金で賄うことになります。借入金が過大になると、利息や元金の返済が負担となり資金繰りに影響するので、金融機関等からの借入をする場合に、現在の負債状況をチェックすることが必要です。そのチェックに使える比率が総負債比率です。

総負債比率

＜計算式＞

総負債÷総資産×100

693,677÷ 4,178,337×100＝ 16.6%（全国平均）

＿＿＿÷＿＿＿×100＝＿＿%（自己分析）

＜比率の意味＞

総資産に対して負債がどの程度あるかを判断する。

この比率は、総資産に対する外部負債の比重を評価する極めて重要な比率です。低い値ほど良いとされていますが、50%を超えると負債総額が純資産（基本金＋繰越収支差額）を上回ることになります。また、100%を超えてしまうと債務超過となります。

学校は土地・建物の割合が大きいため、通常は外部負債が多くてもなかなか債務超過とはなりません。しかし、一度この比率が大きくなるとそれを改善するのは難しくなります。新規借入を行う場合でも比率が高くならないように注意する必要があります。

4. 借入金の返済可能額はどの程度か？

借入れを行った場合、借入金が多額なために、元金の返済額が学校法人の資金繰りを圧迫するケースがあります。このようなことを避けるため、年間の元金返済額が学校法人の諸活動の中で生み出されるかどうか（返済可能額）を検討しておく必要があります。

返済可能額を考える際には、返済金額と返済年数の２つがポイントです。まず返済金額ですが、基本金組入前当年度収支差額がプラスであれば、そのプラス分は返済に充てられると考えられます。また、仮に基本金組入前当年度収支差額がマイナスであっても、減価償却額を除いた後に基本金組入前当年度収支差額がプラスになれば、プラス分は返済に充てられると考えられます。減価償却分を返済財源に充てるという考えです。

返済可能額と毎年度の返済額を比べ、返済可能額が大きいようでしたら、借入れによる資金繰りへの影響は少ないと考えられます。逆に、毎年度の返済額が大きい場合は、学校法人の諸活動で返済財源を生み出すことができないことになります。このような場合、借入総額を見直す、借入期間を見直す等を行う必要があり、そのために資金計画自体を見直すことになります。

次に、返済年数です。長期にわたって借入金の返済が可能であるかどうか見極める必要があります。そのために、学生生徒等数の推移や人件費支出の推移などを作成し、長期にわたって返済財源が生み出されるかどうか検証しなければなりません。長期にわたって返済財源が生み出せない状況であれば、借入総額を見直したり、借入期間を見直す等を行う必要があります。なお、既に借入金がある場合、新規借入分の返済に現在返済している金額も考慮する必要がありますので、注意してください。

返済額のチェック

＜計算式＞

基本金組入前当年度収支差額と毎年度の返済額を比較する。

＜評　価＞

基本金組入前当年度収支差額
　又は、
基本金組入前当年度収支差額
＋減価償却額　≧　毎年度の返済額

→ 学校法人の諸活動から返済財源が生み出せている。
資金繰りへの影響が少ない。

基本金組入前当年度収支差額
　又は、
基本金組入前当年度収支差額
＋減価償却額　＜　毎年度の返済額

→ 学校法人の諸活動から返済財源が生み出せない。
借入金の総額、返済期間、資金計画などの見直し。

Ⅲ　利用の手引き

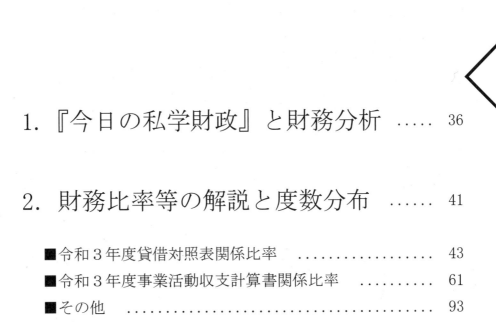

1. 『今日の私学財政』と財務分析

ここでは、『今日の私学財政』を学校法人等の財政運営に活用していただくための方法について、ご案内します。

(1) 中長期経営計画策定の基礎資料に

私立学校は、教育・研究を目的とする恒久的な組織体です。したがって、その組織を維持・発展させるためには、個々の学校法人において、財政及び経営状況を的確に把握した上で、経営基盤の確立を図り、教育研究等の活動に積極的に取り組むことが必要です。経営基盤を確保するためには、長期的構想に基づいて中長期経営計画を策定し、計画的な財政運営を実践していくことが望まれます。特に、就学人口の減少期にある現在、経営計画の必要性が高まっています。

中長期経営計画に基づく計画的な財政運営を実施するためには、自己診断としての財務分析が不可欠です。

一定時点での財政状態を貸借対照表で、一定期間の経営状況や資金の流れを事業活動収支計算書（平成27年度決算までは、旧基準の計算書における消費収支計算書）、資金収支計算書で把握します。これらの数値を分析することによって、学校法人の財政構造が安全かつ健全に維持されているか、収支の内容が妥当であり均衡が保たれているか、さらに資金の調達とその配分に大きな変化がないか、などが検討できます。

現状分析により財政及び経営の状況が把握できれば、その結果を踏まえて将来の課題を見据え、目標値を設定します。そして、目標値に向けて活動を開始することになります。現状分析及び目標値の設定にあたっては、自法人の財務内容を全国的規模における財務数値の動向と比較し、検討することが不可欠といえます。本冊子では、比較や検討を的確に行うために、全国の集計値を提供しています。

(2) 5ヵ年連続表の利用

貸借対照表、事業活動収支計算書及び資金収支計算書の5ヵ年連続表は、集計値とともに、全体に対する割合を百分比で示した構成比率及び5年前の金額を100とした趨勢を掲載しています。さらに、分析を効率的に行うため、ある科目の金額に対する他の科目の金額の割合を財務比率として掲載しています。

構成比率や財務比率の経年変化に着目することで、法人種別や部門別の過去5ヵ年の全体的な動向が把握できます。自法人の財政状態や経営状況の趨勢の変化を、集計値にみる平均値と比較して、その動向が異なる場合には、その原因を解明することが必要です。

また、『今日の私学財政』の過年度版を活用し、10ヵ年の推移を把握することも可能です。10ヵ年の推移をみることで、科目の増減傾向がより明瞭になります。

(3) 比較対象グループの選択

本冊子には、設置者別、都道府県別に区分して集計した結果表を掲載しています。これらの表の数値を利用することによって、自法人と類似のグループとの比較検討が可能となります。法人合計・部門合計の構成比率との比較のほか、それぞれ該当する設置者区分や都道府県との比較が望まれます。

(4) 単位当たりの実数比較

構成比率や財務比率を用いて分析するほか、単位当たりの金額による分析も重要です。

集計数は毎年異なるので、金額及び金額の伸び等を比較するには、1法人当たり・1部門(校)当たり・生徒等1人当たりの金額にすることが必要です。法人の各集計表の上段に集計法人数、また部門(校)の各集計表の上段に、集計部門数・集計生徒等数・専任教員数・専任職員数を記載しています。集計値をこれらの数値で除して単位当たりの実数を算出し、比較検討することができます。

定員増等により生徒等数の増減がある部門(校)の場合は、生徒等1人当たりの金額を算出し、自法人の当該部門(校)と比較するのも一つの方法です。

(5) 財務比率の利用

学校法人の財務状況を把握するために企業の経営分析の手法を応用するケースもありますが、学校法人の財務分析の目的は、長期的にみて財政が健全に維持されているかどうか、施設設備が充実しているか、収支の均衡が保たれているか等の観点から財務分析をし、改善方策を検討することにあります。

本冊子には、貸借対照表に関する比率を17項目、事業活動収支計算書に関する比率を15項目掲載しています。

財務比率の解説は、「2. 財務比率等の解説と度数分布」の各ページに掲載しています。

ただし、これらの財務比率は、標準値あるいは絶対的な目標値ではなく、各集計における平均値です。また、一つの比率だけで財政状態や経営状況を判断せず、複数の財務比率をもとに検討することをお勧めします。

(6) 財務比率比較表の利用

次ページ以降に「財務比率比較表」の様式を掲載しています。比較したいグループの平均値と自法人の数値を記入し、分析にご活用ください。なお、集計数が少ないグループは、平均値が大きく偏る場合もありますので、比較する際は注意が必要です。

令和３年度 財務比率比較表（学校法人比較）

（単位：%）

分類	番号	比率名	算式（×100）	本法人	県内法人平均	全国平均 専修学校法人	全国平均 各種学校法人
貸借対照表関係比率	1	固定資産構成比率	固定資産 / 総資産			72.8	79.9
	2	有形固定資産構成比率	有形固定資産 / 総資産			52.0	64.1
	3	特定資産構成比率	特定資産 / 総資産			4.8	7.4
	4	流動資産構成比率	流動資産 / 総資産			27.2	20.1
	5	固定負債構成比率	固定負債 / 総負債＋純資産			7.0	10.6
	6	流動負債構成比率	流動負債 / 総負債＋純資産			9.6	7.2
	7	内部留保資産比率	運用資産－総負債 / 総資産			20.7	12.1
	8	運用資産余裕比率	運用資産－外部負債 / 経常支出			2.1	0.9
	9	純資産構成比率	純資産 / 総負債＋純資産			83.4	82.3
	10	繰越収支差額構成比率	繰越収支差額 / 総負債＋純資産			8.5	1.0
	11	固定比率	固定資産 / 純資産			87.3	97.1
	12	固定長期適合率	固定資産 / 純資産＋固定負債			80.6	86.0
	13	流動比率	流動資産 / 流動負債			282.6	281.0
	14	総負債比率	総負債 / 総資産			16.6	17.7
	15	負債比率	総負債 / 純資産			19.9	21.6
	16	前受金保有率	現金預金 / 前受金			309.6	556.3
	17	退職給与引当特定資産保有率	退職給与引当特定資産 / 退職給与引当金			49.1	75.1

（注）1. 運用資産＝特定資産＋有価証券（固定資産）＋有価証券（流動資産）＋現金預金
2. 外部負債＝借入金＋学校債＋未払金＋手形債務
3. 運用資産余裕比率の単位は（年）である。
4. 県内法人平均は財務比率表（都道府県別）を参照。

令和３年度 財務比率比較表（学校法人比較）

（単位：%）

分類	番号	比率名	算式（×100）	本法人	県内法人平均	全国平均	
						専修学校法人	各種学校法人
事業活動収支計算書関係比率	1	人件費比率	人件費 / 経常収入			41.2	60.4
	2	人件費依存率	人件費 / 学生生徒等納付金			52.6	75.4
	3	教育研究(管理)経費比率	教育研究(管理)経費 / 経常収入			49.8	35.9
	4	借入金等利息比率	借入金等利息 / 経常収入			0.5	0.5
	5	事業活動収支差額比率	基本金組入前当年度収支差額 / 事業活動収入			10.7	5.5
	6	基本金組入後収支比率	事業活動支出 / 事業活動収入－基本金組入額			102.1	101.7
	7	学生生徒等納付金比率	学生生徒等納付金 / 経常収入			78.3	80.1
	8	寄付金比率	寄付金 / 事業活動収入			0.9	6.1
	9	経常寄付金比率	教育活動収支の寄付金 / 経常収入			0.8	6.3
	10	補助金比率	補助金 / 事業活動収入			4.2	2.8
	11	経常補助金比率	経常費等補助金 / 経常収入			4.3	2.8
	12	基本金組入率	基本金組入額 / 事業活動収入			12.5	7.0
	13	減価償却額比率	減価償却額 / 経常支出			9.5	6.9
	14	経常収支差額比率	経常収支差額 / 経常収入			8.1	2.6
	15	教育活動収支差額比率	教育活動収支差額 / 教育活動収入計			5.2	2.0

（注）1. 寄付金＝教育活動収支の寄付金＋特別収支の寄付金
2. 補助金＝経常費等補助金＋特別収支の補助金

令和３年度 財務比率比較表（学校部門比較）

（単位：%）

分類	番号	比率名	算式（×100）	本部門	県内部門平均	全国平均	
						専修学校部門	各種学校部門
事業活動収支計算書関係比率	1	人件費比率	人件費 / 経常収入			39.2	54.2
	2	人件費依存率	人件費 / 学生生徒等納付金			47.1	69.4
	3	教育研究(管理)経費比率	教育研究(管理)経費 / 経常収入			44.7	37.9
	4	借入金等利息比率	借入金等利息 / 経常収入			0.2	0.3
	5	事業活動収支差額比率	基本金組入前当年度収支差額 / 事業活動収入			17.3	8.2
	6	基本金組入後収支比率	事業活動支出 / 事業活動収入－基本金組入額			92.9	99.9
	7	学生生徒等納付金比率	学生生徒等納付金 / 経常収入			83.2	78.0
	8	寄付金比率	寄付金 / 事業活動収入			0.7	3.2
	9	経常寄付金比率	教育活動収支の寄付金 / 経常収入			0.7	3.1
	10	補助金比率	補助金 / 事業活動収入			5.2	1.5
	11	経常補助金比率	経常費等補助金 / 経常収入			5.2	1.4
	12	基本金組入率	基本金組入額 / 事業活動収入			11.0	8.1
	13	減価償却額比率	減価償却額 / 経常支出			9.4	8.1
	14	経常収支差額比率	経常収支差額 / 経常収入			15.6	7.2
	15	教育活動収支差額比率	教育活動収支差額 / 教育活動収入計			14.1	7.0

（注）1. 寄付金＝教育活動収支の寄付金＋特別収支の寄付金
　　　2. 補助金＝経常費等補助金＋特別収支の補助金

2. 財務比率等の解説と度数分布

(1) 財務比率の解説

学校法人の財政状態及び経営状況を分析するための財務比率について、計算式と比率の解説を掲載しています。

また、財務分析をする際に、併せて確認が必要な比率も紹介しています。

(2) 度数分布の目的

財務比率は、平均値だけではなく、比率がどのように分散しているかを知ることも必要です。度数分布では、比率のバラツキがどの程度なのか、また自法人の比率が全体の中でどの程度の位置にあるかを知ることができます。

さらに、「Ⅳ　集計結果」の集計表に示された財務比率は、金額の集計値を基礎に算出していることから、資金規模の大きな学校法人・部門に左右されます。よって、資金規模の小さな学校法人・部門は度数分布を参考にして、比較検討してください。

(3) 度数分布の利用方法

ここでは、貸借対照表に関する比率を17項目、事業活動収支計算書に関する比率を15項目、及びその他指標 5 項目について度数分布を掲載しています。度数分布表では、これらの財務比率等の度数分布状況を15階級に分け、グラフとともに掲載しています。自法人の該当階級、全体の幅の中の位置の確認にご利用ください。

なお、度数分布表に示した「平均値」は、個別に算出した比率を単純に合計し、集計数で除したものです（単純平均）。一方、「Ⅱ　集計結果の概要」の地域別状況、都道府県別 1 校当たりの平均、都道府県別財務比率一覧、「Ⅲ　利用の手引き」の財務比率比較表及び「Ⅳ　集計結果」の集計表の財務比率は、各科目の集計値を各分母分子として算出した比率です（加重平均）。比較検討にあたっては留意してください。

(4) 代表値等の解説

それぞれの財務比率の母集団の特徴を示すために、7 つの代表値等を挙げました。

最大値……集団の中で最も大きい比率を表しています。

最小値……集団の中で最も小さい比率を表しています。

平均値……比率の総和を集計数で除した単純平均を表しています。

中央値……比率を大きさの順に並べたとき、その中央に位置する値（または中央に位置する 2 つの項目の平均）を表しています。

最頻値……比率の中で最も個数の多い値を表しています。

標準偏差…比率の平均値に対する偏差の大きさを二乗し、その値の平均値を平方平均したものです。この値が、平均値に対して小さいほど比率が分布の中心付近に集中しており、逆に大きいほど広範囲に分散していることを示しています。

変動係数…標準偏差を平均値で割ったものであり、平均値の異なる標準偏差を相互に比較する場合に使われます。変動係数が大きいほど、分布の拡がりが大きいということがわかります。

なお、他の法人と大きく離れている数値（異常値）がある場合には、代表値等が大きく影響を受けることもありますので、集団の上下各 2.5%を削除した代表値等も掲載しています。

財務比率の分類

■貸借対照表関係比率（17 項目）

No.	分類	比率名	計算式	ページ
1	自己資本は充実しているか	純資産構成比率	純資産÷(総負債＋純資産)	52
		繰越収支差額構成比率	繰越収支差額÷(総負債＋純資産)	53
2	長期資金で固定資産は賄われているか	固定比率	固定資産÷純資産	54
		固定長期適合率	固定資産÷(純資産＋固定負債)	55
3	資産構成はどうなっているか	固定資産構成比率	固定資産÷総資産	44
		有形固定資産構成比率	有形固定資産÷総資産	45
		特定資産構成比率	特定資産÷総資産	46
		流動資産構成比率	流動資産÷総資産	47
4	負債に備える資産が蓄積されているか	内部留保資産比率	(運用資産－総負債)÷総資産	50
		運用資産余裕比率	(運用資産－外部負債)÷経常支出	51
		流動比率	流動資産÷流動負債	56
		前受金保有率	現金預金÷前受金	59
		退職給与引当特定資産保有率	退職給与引当特定資産÷退職給与引当金	60
5	負債の割合はどうか	固定負債構成比率	固定負債÷(総負債＋純資産)	48
		流動負債構成比率	流動負債÷(総負債＋純資産)	49
		総負債比率	総負債÷総資産	57
		負債比率	総負債÷純資産	58

(注) 1. 運用資産＝特定資産＋有価証券（固定資産）＋有価証券（流動資産）＋現金預金
2. 外部負債＝借入金＋学校債＋未払金＋手形債務

■事業活動収支計算書関係比率（15 項目）

No.	分類	比率名	計算式	ページ
1	経営状況はどうか	事業活動収支差額比率	基本金組入前当年度収支差額÷事業活動収入	70
2	収入構成はどうなっているか	学生生徒等納付金比率	学生生徒等納付金÷経常収入	74
		寄付金比率	寄付金÷事業活動収入	76
		経常寄付金比率	教育活動収支の寄付金÷経常収入	78
		補助金比率	補助金÷事業活動収入	80
		経常補助金比率	経常費等補助金÷経常収入	82
3	支出構成は適切であるか	人件費比率	人件費÷経常収入	62
		教育研究(管理)経費比率	教育研究（管理）経費÷経常収入	66
		借入金等利息比率	借入金等利息÷経常収人	68
		基本金組入率	基本金組入額÷事業活動収入	84
		減価償却額比率	減価償却額÷経常支出	86
4	収入と支出のバランスはとれているか	人件費依存率	人件費÷学生生徒等納付金	64
		基本金組入後収支比率	事業活動支出÷(事業活動収入－基本金組入額)	72
		経常収支差額比率	経常収支差額÷経常収入	88
		教育活動収支差額比率	教育活動収支差額÷教育活動収入計	90

(注) 1. 寄付金＝教育活動収支の寄付金＋特別収支の寄付金
2. 補助金＝経常費等補助金＋特別収支の補助金

■令和３年度貸借対照表関係比率

1. 固定資産構成比率

【計　算　式】

$$\frac{\text{固　定　資　産}}{\text{総　　資　　産}}$$

【比率の解説】

固定資産の総資産に占める構成割合で、流動資産構成比率とともに資産構成のバランスを全体的に見るための指標である。

固定資産は施設設備等の有形固定資産と各種引当特定資産を内容とする特定資産を中心に構成されている。学校法人が行う教育研究事業には多額の設備投資が必要となるため、一般的にはこの比率が高くなることが学校法人の財務的な特徴である。

この比率が学校法人全体の平均に比して特に高い場合、資産の固定化が進み流動性が乏しくなっていると評価することができる。

しかし、固定資産に占める特定資産の比率が高い学校法人においては必ずしもこの評価は適切ではないため、資産の固定化を測る比率として、有形固定資産に焦点をあてた「有形固定資産構成比率」を利用することも有効である。

なお、固定資産構成比率は、流動資産構成比率と表裏をなす関係にある。

【財務分析上併せて確認が必要な比率】

有形固定資産構成比率、特定資産構成比率、固定比率、固定長期適合率

【度数分布表】

専修学校法人

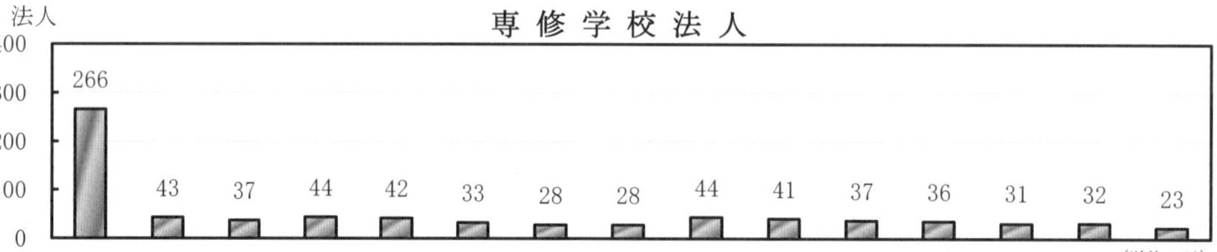

(単位：%)

階級幅 2.5	合計	1	2	3	4	5	6	7	8	9	10	11	12	13	14	15
専修学校法人	0.1 ～ 100.0	～ 64.9	65.0 ～ 67.4	67.5 ～ 69.9	70.0 ～ 72.4	72.5 ～ 74.9	75.0 ～ 77.4	77.5 ～ 79.9	80.0 ～ 82.4	82.5 ～ 84.9	85.0 ～ 87.4	87.5 ～ 89.9	90.0 ～ 92.4	92.5 ～ 94.9	95.0 ～ 97.4	97.5 ～
度　数	765	266	43	37	44	42	33	28	28	44	41	37	36	31	32	23

全体	最大値	100.0	最小値	0.1	平均値	69.6	中央値	71.9	最頻値	70.9	標準偏差	19.85	変動係数	28.52
上下 2.5%削除後	最大値	97.8	最小値	23.8	平均値	70.3	中央値	71.9	最頻値	70.9	標準偏差	17.46	変動係数	24.83

各種学校法人

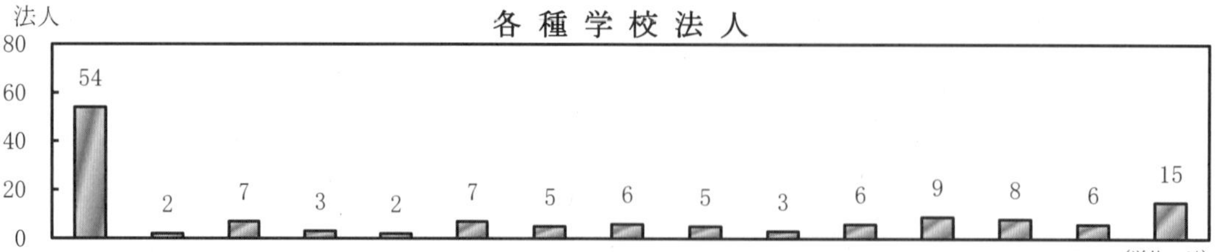

(単位：%)

階級幅 2.5	合計	1	2	3	4	5	6	7	8	9	10	11	12	13	14	15
各種学校法人	7.2 ～ 99.9	～ 64.9	65.0 ～ 67.4	67.5 ～ 69.9	70.0 ～ 72.4	72.5 ～ 74.9	75.0 ～ 77.4	77.5 ～ 79.9	80.0 ～ 82.4	82.5 ～ 84.9	85.0 ～ 87.4	87.5 ～ 89.9	90.0 ～ 92.4	92.5 ～ 94.9	95.0 ～ 97.4	97.5 ～
度　数	138	54	2	7	3	2	7	5	6	5	3	6	9	8	6	15

全体	最大値	99.9	最小値	7.2	平均値	67.5	中央値	75.7	最頻値	68.5	標準偏差	26.37	変動係数	39.06
上下 2.5%削除後	最大値	99.5	最小値	13.8	平均値	68.0	中央値	75.7	最頻値	68.5	標準偏差	25.05	変動係数	36.79

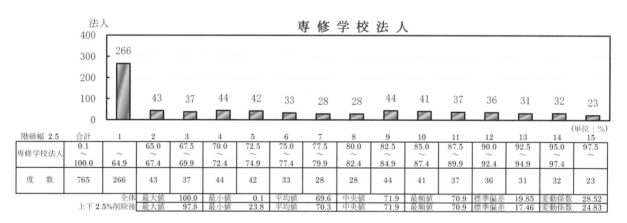

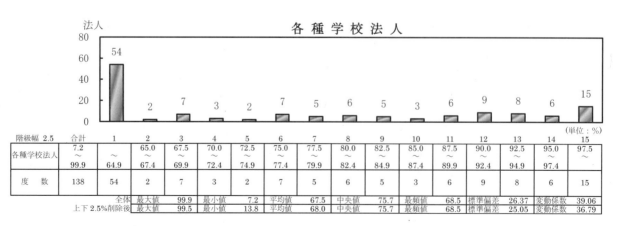

2. 有形固定資産構成比率

【計　算　式】　$\dfrac{\text{有形固定資産}}{\text{総資産}}$

【比率の解説】

有形固定資産の総資産に占める構成割合で、土地・建物等の有形固定資産の構成比が資産構成上バランスがとれているかを評価する指標である。

学校法人では教育研究事業に多額の施設設備投資を必要とするため、この比率が高くなることが財務的な特徴であるが、学校規模に比して設備投資が過剰となる場合は財政を逼迫させる要因ともなるため、注意が必要である。

【財務分析上併せて確認が必要な比率】

固定資産構成比率

【度数分布表】

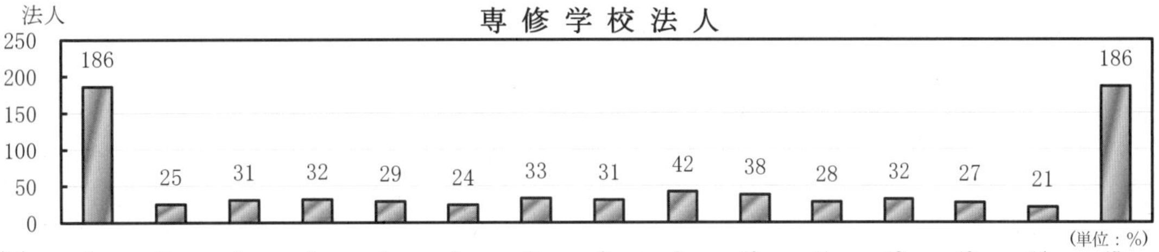

(単位：%)

階級幅 2.5	合計	1	2	3	4	5	6	7	8	9	10	11	12	13	14	15
専修学校法人	0.1 ～ 100.0	～ 44.9	45.0 ～ 47.4	47.5 ～ 49.9	50.0 ～ 52.4	52.5 ～ 54.9	55.0 ～ 57.4	57.5 ～ 59.9	60.0 ～ 62.4	62.5 ～ 64.9	65.0 ～ 67.4	67.5 ～ 69.9	70.0 ～ 72.4	72.5 ～ 74.9	75.0 ～ 77.4	77.5 ～
度　数	765	186	25	31	32	29	24	33	31	42	38	28	32	27	21	186

全体	最大値	100.0	最小値	0.1	平均値	60.0	中央値	61.5	最頻値	59.4	標準偏差	21.89	変動係数	36.48
上下 2.5%削除後	最大値	96.4	最小値	12.7	平均値	60.3	中央値	61.5	最頻値	59.4	標準偏差	19.81	変動係数	32.81

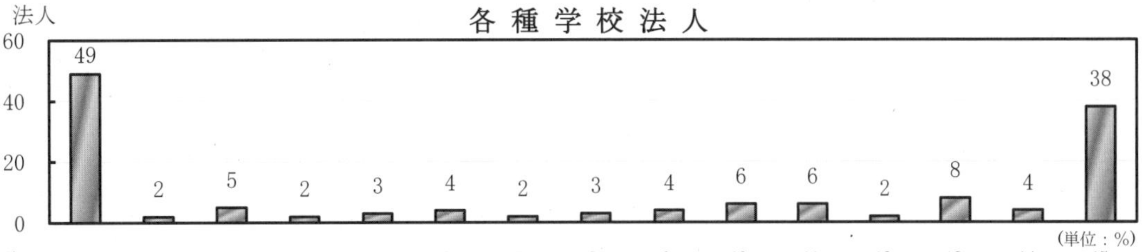

(単位：%)

階級幅 2.5	合計	1	2	3	4	5	6	7	8	9	10	11	12	13	14	15
各種学校法人	0.0 ～ 99.9	～ 44.9	45.0 ～ 47.4	47.5 ～ 49.9	50.0 ～ 52.4	52.5 ～ 54.9	55.0 ～ 57.4	57.5 ～ 59.9	60.0 ～ 62.4	62.5 ～ 64.9	65.0 ～ 67.4	67.5 ～ 69.9	70.0 ～ 72.4	72.5 ～ 74.9	75.0 ～ 77.4	77.5 ～
度　数	138	49	2	5	2	3	4	2	3	4	6	6	2	8	4	38

全体	最大値	99.9	最小値	0.0	平均値	57.0	中央値	62.0	最頻値	68.3	標準偏差	28.95	変動係数	50.78
上下 2.5%削除後	最大値	99.5	最小値	4.9	平均値	57.2	中央値	62.0	最頻値	68.3	標準偏差	27.65	変動係数	48.26

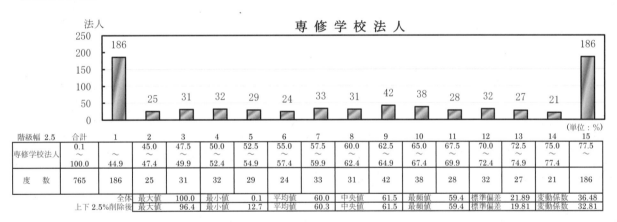

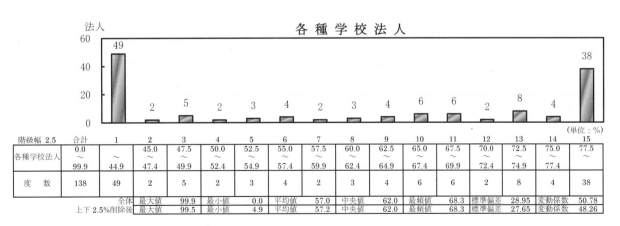

3. 特定資産構成比率

【計　算　式】　$\dfrac{\text{特定資産}}{\text{総資産}}$

【比率の解説】

特定資産の総資産に占める構成割合で、各種引当特定資産などの長期にわたって特定の目的のために保有する金融資産の蓄積状況を評価する指標である。

一般的には、この比率が高い場合は中長期的な財政支出に対する備えが充実しており、計画的な学校法人経営に資するといえる。

この比率が低い場合には主に二通りの評価が考えられる。一つは固定・流動を合わせた金融資産が少ないため特定資産の形成が困難な場合であり、資金の目的化以前に財政基盤の脆弱さ、資金の流動性の問題が懸念される。

もう一つは金融資産は少なからず保有しているが特定資産を形成していない場合で、この場合は直ちに財政基盤が脆弱であるとはいえない。

しかし、近年では中長期的な視点にたった経営計画の策定と、経営計画の下支えとなる特定資産の重要性が高まっており、また保護者をはじめとした利害関係者への説明責任の観点からも計画的な特定資産形成が望ましい。

【財務分析上併せて確認が必要な比率】

流動資産構成比率

【度数分布表】

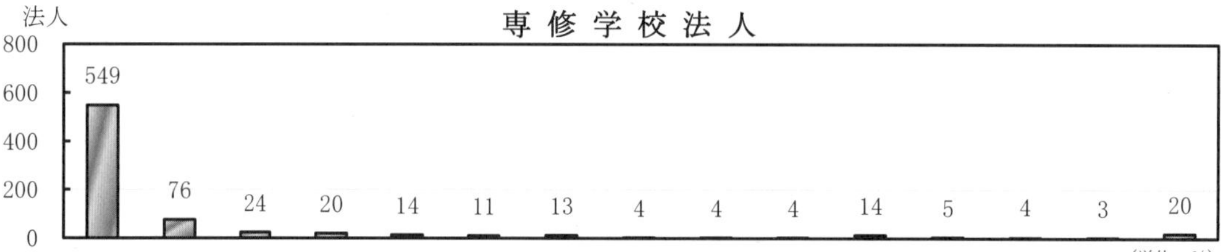

(単位：%)

階級幅 2.5	合計	1	2	3	4	5	6	7	8	9	10	11	12	13	14	15
専修学校法人	0.0～88.3	～0.0	0.1～2.5	2.6～5.0	5.1～7.5	7.6～10.0	10.1～12.5	12.6～15.0	15.1～17.5	17.6～20.0	20.1～22.5	22.6～25.0	25.1～27.5	27.6～30.0	30.1～32.5	32.6～
度　数	765 -	549	76	24	20	14	11	13	4	4	4	14	5	4	3	20

全体	最大値	88.3	最小値	0.0	平均値	3.2	中央値	0.0	最頻値	0.0	標準偏差	8.90	変動係数	274.64
上下 2.5%削除後	最大値	33.2	最小値	0.0	平均値	2.2	中央値	0.0	最頻値	0.0	標準偏差	5.94	変動係数	261.38

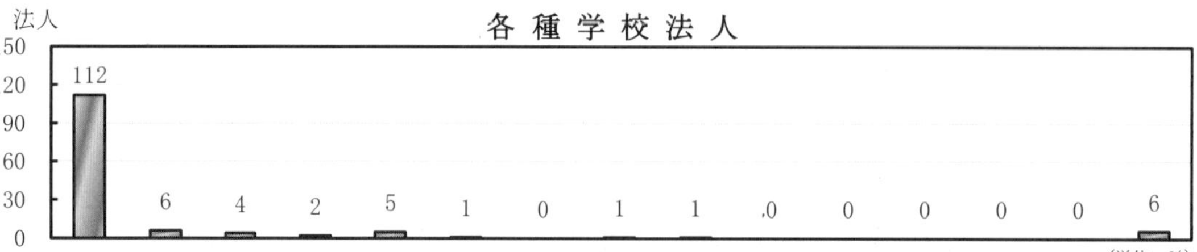

(単位：%)

階級幅 2.5	合計	1	2	3	4	5	6	7	8	9	10	11	12	13	14	15
各種学校法人	0.0～88.2	～0.0	0.1～2.5	2.6～5.0	5.1～7.5	7.6～10.0	10.1～12.5	12.6～15.0	15.1～17.5	17.6～20.0	20.1～22.5	22.6～25.0	25.1～27.5	27.6～30.0	30.1～32.5	32.6～
度　数	138	112	6	4	2	5	1	0	1	1	0	0	0	0	0	6

全体	最大値	88.2	最小値	0.0	平均値	3.4	中央値	0.0	最頻値	0.0	標準偏差	13.08	変動係数	376.79
上下 2.5%削除後	最大値	50.0	最小値	0.0	平均値	1.9	中央値	0.0	最頻値	0.0	標準偏差	7.18	変動係数	373.82

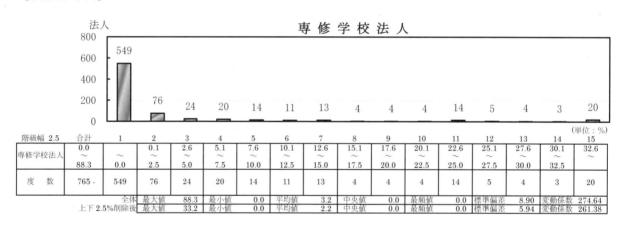

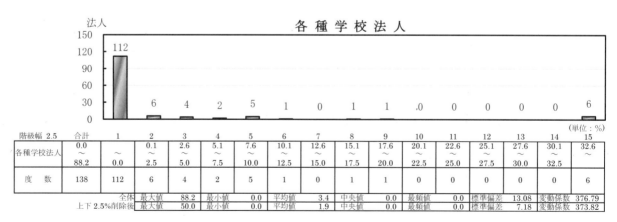

4. 流動資産構成比率

【計 算 式】 $\dfrac{\text{流動資産}}{\text{総資産}}$

【比率の解説】

流動資産の総資産に占める構成割合で、固定資産構成比率とともに資産構成のバランスを全体的に見るための指標となる。

流動資産は現金預金と短期有価証券のほか、未収入金などで構成されている。

一般的にこの比率が高い場合、現金化が可能な資産の割合が大きく、資金流動性に富んでいると評価できる。逆に著しく低い場合は、資金流動性に欠け、資金繰りが苦しい状況にあると評価できる。

この比率が低い場合であっても、低金利下での有利な運用条件を求めて長期預金や長期有価証券を保有している場合や、将来的な財政基盤の安定化のために金融資産を目的化して特定資産化している場合には、必ずしも流動性に乏しいとはいえないため、特定資産や固定資産の有価証券の保有状況も確認して評価を行う必要がある。

なお、流動資産構成比率は固定資産構成比率と表裏をなす関係にある。

【財務分析上併せて確認が必要な比率】

特定資産構成比率

【度数分布表】

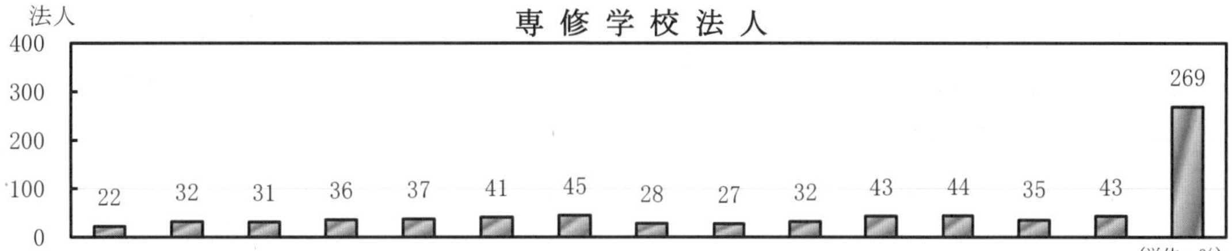

(単位：%)

階級幅 2.5	合計	1	2	3	4	5	6	7	8	9	10	11	12	13	14	15
専修学校法人	0.0 〜 99.9	〜 2.4	2.5 〜 4.9	5.0 〜 7.4	7.5 〜 9.9	10.0 〜 12.4	12.5 〜 14.9	15.0 〜 17.4	17.5 〜 19.9	20.0 〜 22.4	22.5 〜 24.9	25.0 〜 27.4	27.5 〜 29.9	30.0 〜 32.4	32.5 〜 34.9	35.0 〜
度 数	765	22	32	31	36	37	41	45	28	27	32	43	44	35	43	269

全体	最大値	99.9	最小値	0.0	平均値	30.3	中央値	28.0	最頻値	29.1	標準偏差	19.85	変動係数	65.31
上下 2.5%削除後	最大値	76.2	最小値	2.2	平均値	29.6	中央値	28.0	最頻値	29.1	標準偏差	17.46	変動係数	58.87

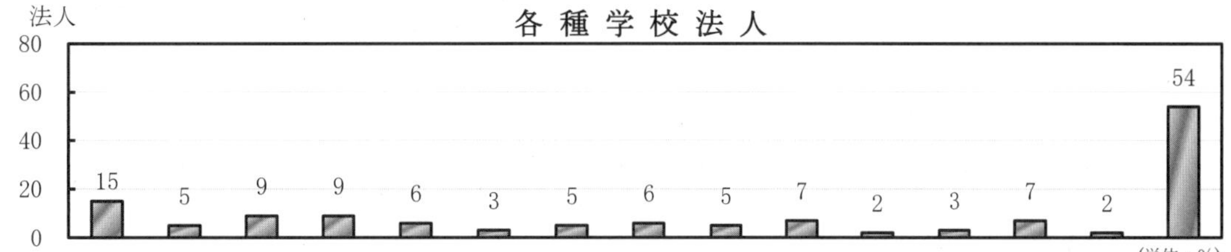

(単位：%)

階級幅 2.5	合計	1	2	3	4	5	6	7	8	9	10	11	12	13	14	15
各種学校法人	0.1 〜 92.8	〜 2.4	2.5 〜 4.9	5.0 〜 7.4	7.5 〜 9.9	10.0 〜 12.4	12.5 〜 14.9	15.0 〜 17.4	17.5 〜 19.9	20.0 〜 22.4	22.5 〜 24.9	25.0 〜 27.4	27.5 〜 29.9	30.0 〜 32.4	32.5 〜 34.9	35.0 〜
度 数	138	15	5	9	9	6	3	5	6	5	7	2	3	7	2	54

全体	最大値	92.8	最小値	0.1	平均値	32.4	中央値	24.2	最頻値	31.5	標準偏差	26.37	変動係数	81.16
上下 2.5%削除後	最大値	86.2	最小値	0.5	平均値	31.9	中央値	24.2	最頻値	31.5	標準偏差	25.05	変動係数	78.46

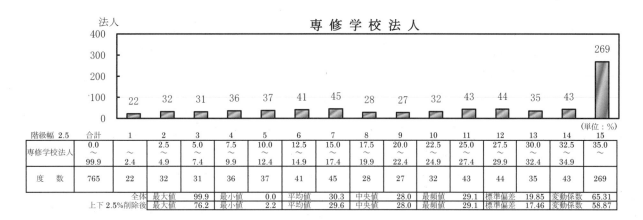

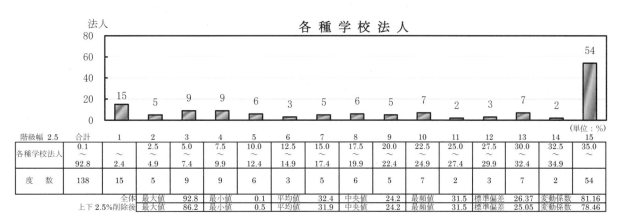

5. 固定負債構成比率

【計　算　式】

$$\frac{\text{固　定　負　債}}{\text{総負債＋純資産}}$$

【比率の解説】

固定負債の「総負債及び純資産の合計額」に占める構成割合で、主に長期的な債務の状況を評価するものであり、流動負債構成比率とともに負債構成のバランスと比重を評価する指標である。

固定負債は主に長期借入金、学校債、退職給与引当金等で構成されており、これらは長期間にわたり償還あるいは支払い義務を負う債務である。

学校の施設設備の拡充や更新の際に、長期借入金を導入した方が財政計画上有利となる場合等もあり、長期借入金が多いことが直ちにネガティブな評価とはならないが、学校法人の施設整備計画や手元資金の状況に比してこの比率が過度に高い場合には、経営上の懸念材料となる点に留意が必要である。

【財務分析上併せて確認が必要な比率】

流動負債構成比率、負債比率、固定資産構成比率

【度数分布表】

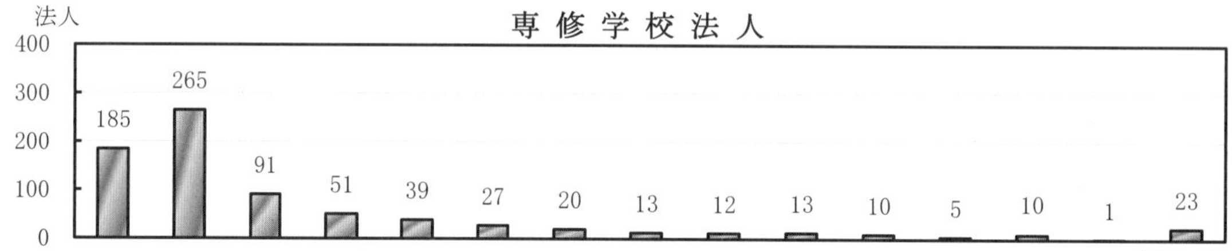

(単位：%)

階級幅 5.0	合計	1	2	3	4	5	6	7	8	9	10	11	12	13	14	15
専修学校法人	0.0 ～ 1,353.3	～ 0.0	0.1 ～ 5.0	5.1 ～ 10.0	10.1 ～ 15.0	15.1 ～ 20.0	20.1 ～ 25.0	25.1 ～ 30.0	30.1 ～ 35.0	35.1 ～ 40.0	40.1 ～ 45.0	45.1 ～ 50.0	50.1 ～ 55.0	55.1 ～ 60.0	60.1 ～ 65.0	65.1 ～
度　数	765	185	265	91	51	39	27	20	13	12	13	10	5	10	1	23

全体	最大値	1,353.3	最小値	0.0	平均値	13.7	中央値	2.8	最頻値	0.0	標準偏差	55.14	変動係数	401.53
上下2.5%削除後	最大値	68.6	最小値	0.0	平均値	9.1	中央値	2.8	最頻値	0.0	標準偏差	13.88	変動係数	151.29

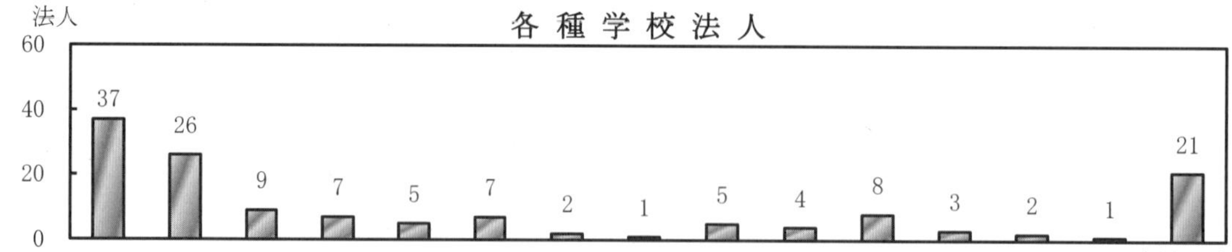

(単位：%)

階級幅 2.5	合計	1	2	3	4	5	6	7	8	9	10	11	12	13	14	15
各種学校法人	0.0 ～ 100.5	～ 0.0	0.1 ～ 2.5	2.6 ～ 5.0	5.1 ～ 7.5	7.6 ～ 10.0	10.1 ～ 12.5	12.6 ～ 15.0	15.1 ～ 17.5	17.6 ～ 20.0	20.1 ～ 22.5	22.6 ～ 25.0	25.1 ～ 27.5	27.6 ～ 30.0	30.1 ～ 32.5	32.6 ～
度　数	138	37	26	9	7	5	7	2	1	5	4	8	3	2	1	21

全体	最大値	100.5	最小値	0.0	平均値	14.5	中央値	4.1	最頻値	0.0	標準偏差	21.17	変動係数	145.67
上下2.5%削除後	最大値	81.5	最小値	0.0	平均値	13.1	中央値	4.1	最頻値	0.0	標準偏差	18.16	変動係数	138.15

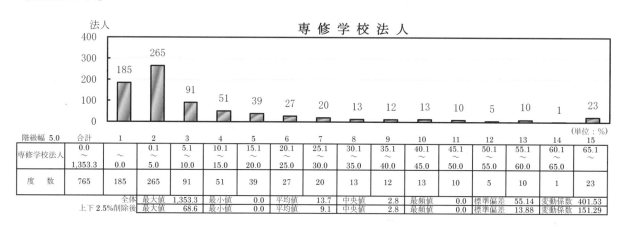

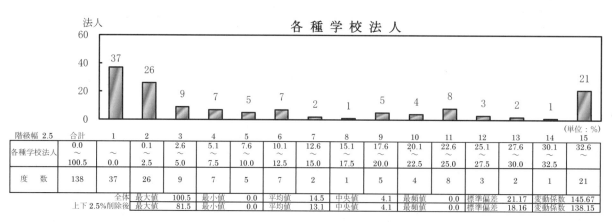

6. 流動負債構成比率

【計　算　式】 $\dfrac{\text{流動負債}}{\text{総負債＋純資産}}$

【比率の解説】

流動負債の「総負債及び純資産の合計額」に占める構成割合で、主に短期的な債務の比重を評価するものであり、固定負債構成比率とともに負債構成のバランスと比重を評価する指標である。

学校法人の財政の安定性を確保するためには、この比率が低い方が好ましいと評価できる。

しかし流動負債のうち、前受金は主として翌年度入学生の納付金がその内容であり、短期借入金とは性格を異にするものであるため、流動負債を分析する上では前受金の状況にも留意する必要がある。

【財務分析上併せて確認が必要な比率】

固定負債構成比率、負債比率、前受金保有率

【度数分布表】

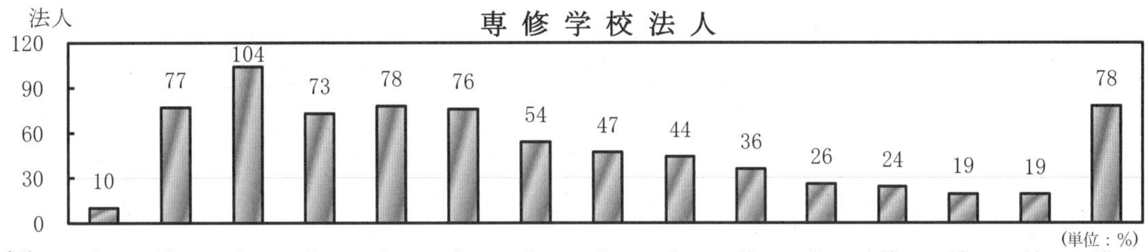

(単位：%)

階級幅 2.5	合計	1	2	3	4	5	6	7	8	9	10	11	12	13	14	15
専修学校法人	0.0 ～ 616.2	～ 0.0	0.1 ～ 2.5	2.6 ～ 5.0	5.1 ～ 7.5	7.6 ～ 10.0	10.1 ～ 12.5	12.6 ～ 15.0	15.1 ～ 17.5	17.6 ～ 20.0	20.1 ～ 22.5	22.6 ～ 25.0	25.1 ～ 27.5	27.6 ～ 30.0	30.1 ～ 32.5	32.6 ～
度　数	765	10	77	104	73	78	76	54	47	44	36	26	24	19	19	78

全体	最大値	616.2	最小値	0.0	平均値	16.7	中央値	11.3	最頻値	0.0	標準偏差	28.73	変動係数 171.41
上下 2.5%削除後	最大値	55.2	最小値	0.4	平均値	14.1	中央値	11.3	最頻値	3.5	標準偏差	10.95	変動係数 77.12

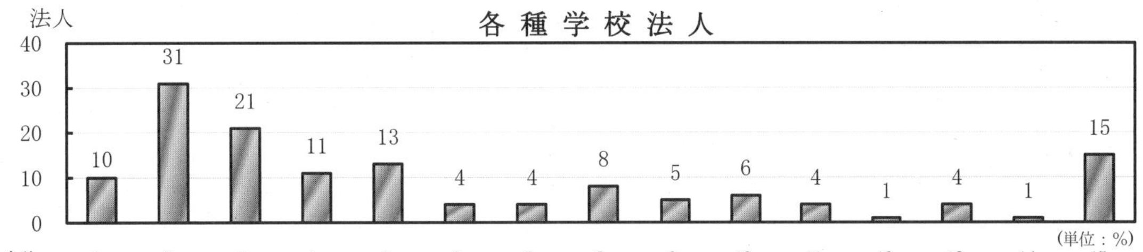

(単位：%)

階級幅 2.5	合計	1	2	3	4	5	6	7	8	9	10	11	12	13	14	15
各種学校法人	0.0 ～ 124.2	～ 0.0	0.1 ～ 2.5	2.6 ～ 5.0	5.1 ～ 7.5	7.6 ～ 10.0	10.1 ～ 12.5	12.6 ～ 15.0	15.1 ～ 17.5	17.6 ～ 20.0	20.1 ～ 22.5	22.6 ～ 25.0	25.1 ～ 27.5	27.6 ～ 30.0	30.1 ～ 32.5	32.6 ～
度　数	138	10	31	21	11	13	4	4	8	5	6	4	1	4	1	15

全体	最大値	124.2	最小値	0.0	平均値	13.3	中央値	7.0	最頻値	0.0	標準偏差	18.40	変動係数 138.28
上下 2.5%削除後	最大値	68.7	最小値	0.0	平均値	11.7	中央値	7.0	最頻値	0.1	標準偏差	13.63	変動係数 115.92

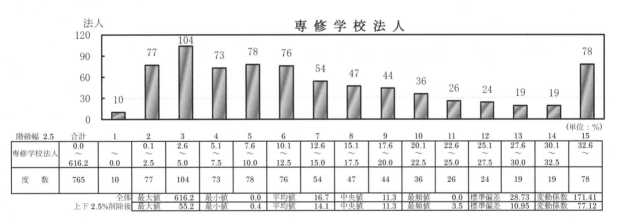

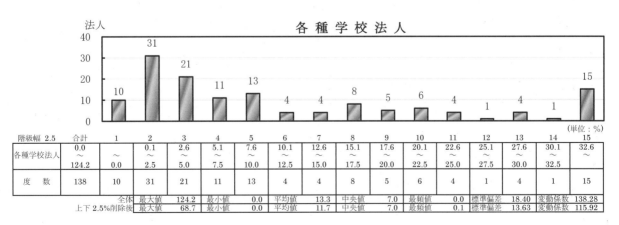

7. 内部留保資産比率

【計　算　式】

$$\frac{\text{運用資産}-\text{総負債}}{\text{総資産}}$$

＊運用資産＝特定資産＋有価証券（固定資産）＋有価証券（流動資産）＋現金預金

【比率の解説】

特定資産（各種引当特定資産）と有価証券（固定資産及び流動資産）と現金預金を合計した「運用資産」から総負債を引いた金額の、総資産に占める割合である。

この比率がプラスとなる場合は運用資産で総負債をすべて充当することができ、結果的に有形固定資産が自己資金で調達されていることを意味している。また、プラス幅が大きいほど運用資産の蓄積度が大きいと評価できる。

一方、この比率がマイナスとなる場合、運用資産より総負債が上回っていることを意味しており、財政上の余裕度が少ないことを表すこととなる。

【財務分析上併せて確認が必要な比率】

運用資産余裕比率、負債比率

【度数分布表】

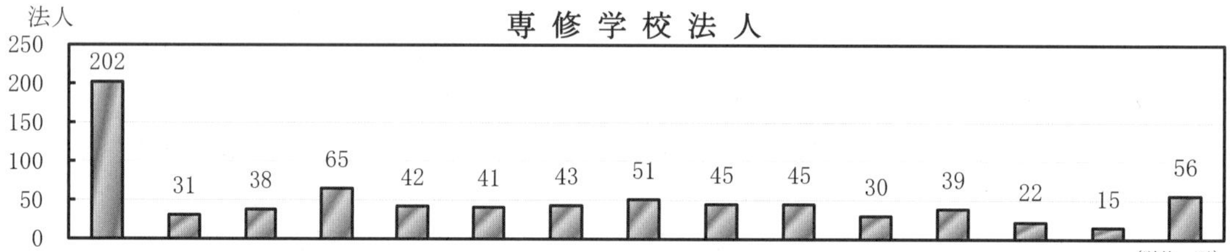

（単位：%）

階級幅 5.0	合計	1	2	3	4	5	6	7	8	9	10	11	12	13	14	15
専修学校法人	−1,276.6 ～ 96.0	～ −10.1	−10.0 ～ −5.1	−5.0 ～ −0.1	0.0 ～ 4.9	5.0 ～ 9.9	10.0 ～ 14.9	15.0 ～ 19.9	20.0 ～ 24.9	25.0 ～ 29.9	30.0 ～ 34.9	35.0 ～ 39.9	40.0 ～ 44.9	45.0 ～ 49.9	50.0 ～ 54.9	55.0 ～
度　数	765	202	31	38	65	42	41	43	51	45	45	30	39	22	15	56

全体	最大値	96.0	最小値	−1,276.6	平均値	2.8	中央値	10.9	最頻値	28.3	標準偏差	68.03	変動係数 2,354.88
上下 2.5%削除後	最大値	68.9	最小値	−90.9	平均値	7.5	中央値	10.9	最頻値	28.3	標準偏差	32.16	変動係数 424.39

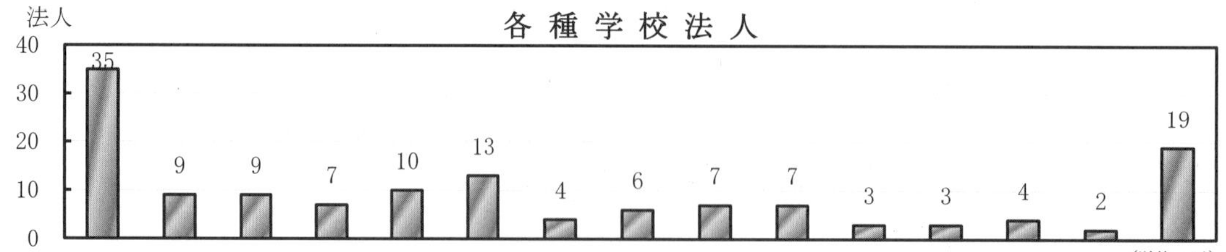

（単位：%）

階級幅 5.0	合計	1	2	3	4	5	6	7	8	9	10	11	12	13	14	15
各種学校法人	−212.0 ～ 87.7	～ −10.1	−10.0 ～ −5.1	−5.0 ～ −0.1	0.0 ～ 4.9	5.0 ～ 9.9	10.0 ～ 14.9	15.0 ～ 19.9	20.0 ～ 24.9	25.0 ～ 29.9	30.0 ～ 34.9	35.0 ～ 39.9	40.0 ～ 44.9	45.0 ～ 49.9	50.0 ～ 54.9	55.0 ～
度　数	138	35	9	9	7	10	13	4	6	7	7	3	3	4	2	19

全体	最大値	87.7	最小値	−212.0	平均値	6.1	中央値	9.6	最頻値	14.1	標準偏差	44.06	変動係数 711.70
上下 2.5%削除後	最大値	80.9	最小値	−98.2	平均値	7.7	中央値	9.6	最頻値	14.1	標準偏差	36.07	変動係数 462.93

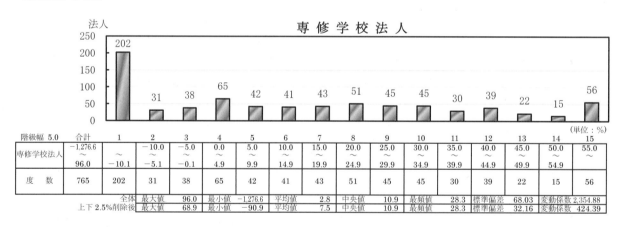

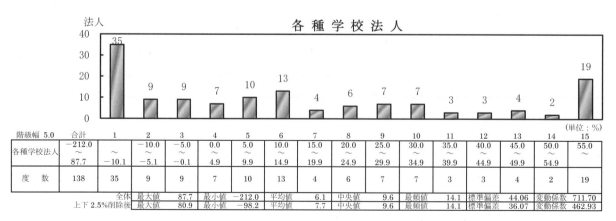

8. 運用資産余裕比率

【計　算　式】

$$\frac{\text{運用資産－外部負債}}{\text{経　常　支　出}}$$

＊運用資産＝特定資産＋有価証券（固定資産）＋有価証券（流動資産）＋現金預金
外部負債＝借入金＋学校債＋未払金＋手形債務

【比率の解説】

「運用資産（特定資産・有価証券・現金預金の換金可能なもの）」から「外部負債（借入金・学校債・未払金等の外部に返済を迫られるもの）」を差し引いた金額が、事業活動収支計算書上の経常支出の何倍にあたるかを示す比率であり、学校法人の一年間の経常的な支出規模に対してどの程度の運用資産が蓄積されているかを表す指標である。

この比率が 1.0 を超えている場合とは、すなわち一年間の学校法人の経常的な支出を賄えるだけの資金を保有していることを示し、一般的にはこの比率が高いほど運用資産の蓄積が良好であり、経常的な収支が安定しているといえる。

なお、この比率の単位は（年）である。

【財務分析上併せて確認が必要な比率】

特定資産構成比率、経常収支差額比率、内部留保資産比率

【度数分布表】

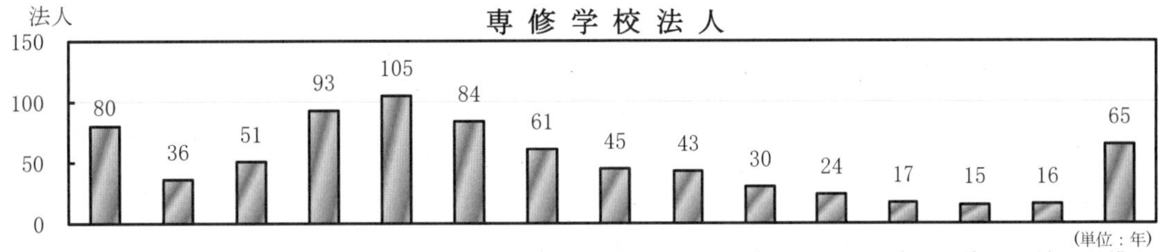

(単位：年)

階級幅 0.5	合計	1	2	3	4	5	6	7	8	9	10	11	12	13	14	15
専修学校法人	−2,517.2 ～ 43.7	～ −1.1	−1.0 ～ −0.6	−0.5 ～ −0.1	0.0 ～ 0.4	0.5 ～ 0.9	1.0 ～ 1.4	1.5 ～ 1.9	2.0 ～ 2.4	2.5 ～ 2.9	3.0 ～ 3.4	3.5 ～ 3.9	4.0 ～ 4.4	4.5 ～ 4.9	5.0 ～ 5.4	5.5 ～
度　数	765	80	36	51	93	105	84	61	45	43	30	24	17	15	16	65

全体	最大値	43.7	最小値	−2,517.2	平均値	−1.5	中央値	1.0	最頻値	0.7	標準偏差	91.17	変動係数 −6,004.25
上下 2.5%削除後	最大値	10.4	最小値	−3.1	平均値	1.5	中央値	1.0	最頻値	0.7	標準偏差	2.20	変動係数 146.10

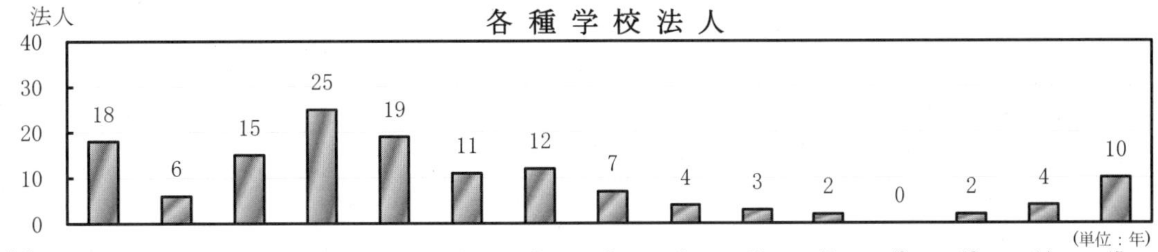

(単位：年)

階級幅 0.5	合計	1	2	3	4	5	6	7	8	9	10	11	12	13	14	15
各種学校法人	−18.5 ～ 53.1	～ −1.1	−1.0 ～ −0.6	−0.5 ～ −0.1	0.0 ～ 0.4	0.5 ～ 0.9	1.0 ～ 1.4	1.5 ～ 1.9	2.0 ～ 2.4	2.5 ～ 2.9	3.0 ～ 3.4	3.5 ～ 3.9	4.0 ～ 4.4	4.5 ～ 4.9	5.0 ～ 5.4	5.5 ～
度　数	138	18	6	15	25	19	11	12	7	4	3	2	0	2	4	10

全体	最大値	53.1	最小値	−18.5	平均値	1.4	中央値	0.6	最頻値	0.2	標準偏差	6.73	変動係数 461.96
上下 2.5%削除後	最大値	22.5	最小値	−8.5	平均値	1.0	中央値	0.6	最頻値	0.2	標準偏差	3.01	変動係数 300.40

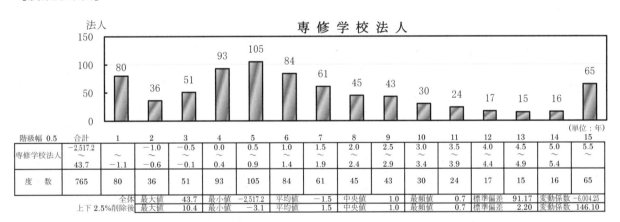

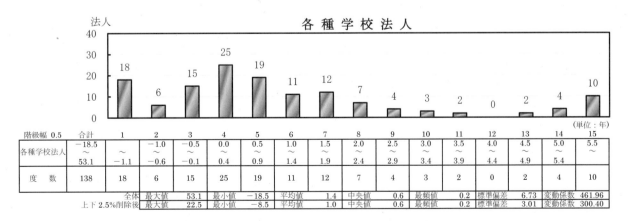

9. 純資産構成比率

【計　算　式】

$$\frac{\text{純　　資　　産}}{\text{総負債＋純資産}}$$

【比率の解説】

純資産の「総負債及び純資産の合計額」に占める構成割合で、学校法人の資金の調達源泉を分析する上で、最も概括的で重要な指標である。

この比率が高い場合は、自己財源が充実していることを示し、財政的には安定していると評価できる。逆に50%を下回る場合は他人資本が自己資本を上回っていることを示している。

【財務分析上併せて確認が必要な比率】

基本金組入後収支比率、負債比率

【度数分布表】

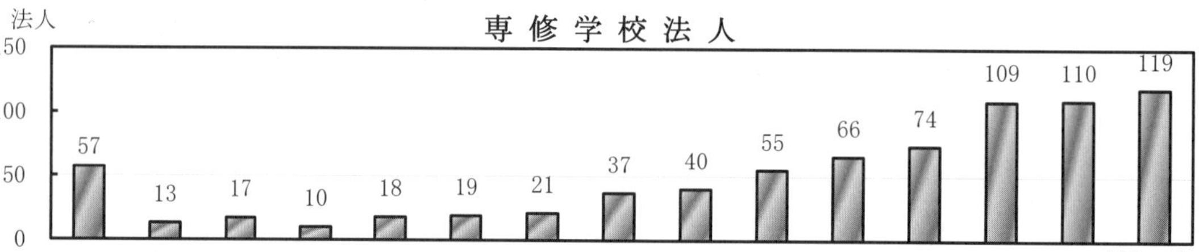

(単位：%)

階級幅 5.0	合計	1	2	3	4	5	6	7	8	9	10	11	12	13	14	15
専修学校法人	−1,260.0 ～ 100.0	～ 29.9	30.0 ～ 34.9	35.0 ～ 39.9	40.0 ～ 44.9	45.0 ～ 49.9	50.0 ～ 54.9	55.0 ～ 59.9	60.0 ～ 64.9	65.0 ～ 69.9	70.0 ～ 74.9	75.0 ～ 79.9	80.0 ～ 84.9	85.0 ～ 89.9	90.0 ～ 94.9	95.0 ～
度　数	765	57	13	17	10	18	19	21	37	40	55	66	74	109	110	119

	最大値		最小値		平均値		中央値		最頻値		標準偏差		変動係数	
全体	最大値	100.0	最小値	−1,260.0	平均値	69.5	中央値	82.1	最頻値	88.4	標準偏差	64.31	変動係数	92.53
上下2.5%削除後	最大値	99.1	最小値	−13.6	平均値	75.3	中央値	82.1	最頻値	88.4	標準偏差	21.60	変動係数	28.66

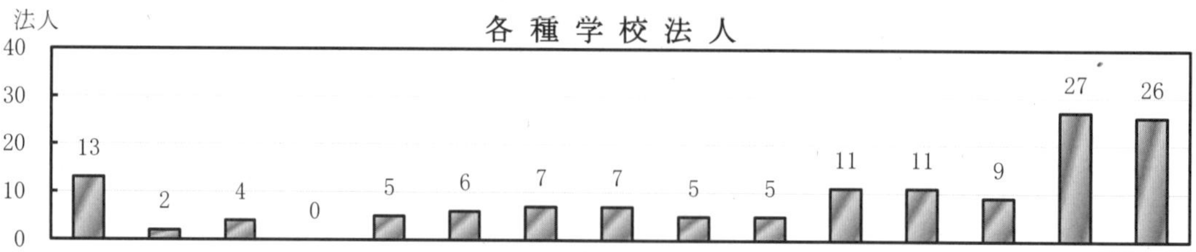

(単位：%)

階級幅 5.0	合計	1	2	3	4	5	6	7	8	9	10	11	12	13	14	15
各種学校法人	−112.1 ～ 100.0	～ 29.9	30.0 ～ 34.9	35.0 ～ 39.9	40.0 ～ 44.9	45.0 ～ 49.9	50.0 ～ 54.9	55.0 ～ 59.9	60.0 ～ 64.9	65.0 ～ 69.9	70.0 ～ 74.9	75.0 ～ 79.9	80.0 ～ 84.9	85.0 ～ 89.9	90.0 ～ 94.9	95.0 ～
度　数	138	13	2	4	0	5	6	7	7	5	5	11	11	9	27	26

	最大値		最小値		平均値		中央値		最頻値		標準偏差		変動係数	
全体	最大値	100.0	最小値	−112.1	平均値	72.1	中央値	82.6	最頻値	100.0	標準偏差	30.45	変動係数	42.19
上下2.5%削除後	最大値	100.0	最小値	1.8	平均値	74.2	中央値	82.6	最頻値	75.5	標準偏差	23.95	変動係数	32.27

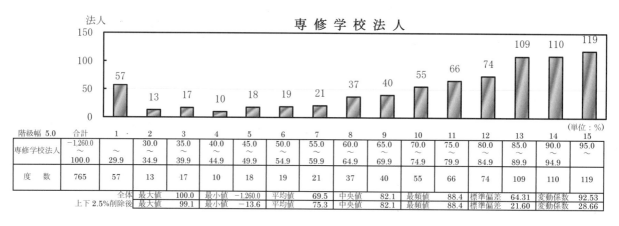

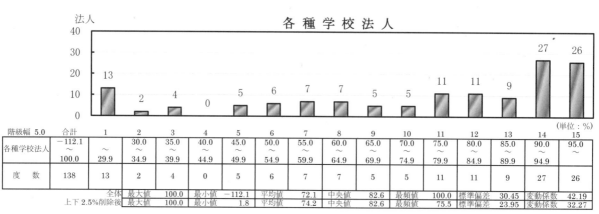

10. 繰越収支差額構成比率

【計　算　式】 $\dfrac{\text{繰越収支差額}}{\text{総負債＋純資産}}$

【比率の解説】

繰越収支差額の「総負債及び純資産の合計額」に占める構成割合である。

繰越収支差額とは、過去の会計年度の事業活動収入超過額又は支出超過額の累計であり、一般的には支出超過（累積赤字）であるよりも収入超過（累積黒字）であることが理想的である。

しかし、単年度の事業活動収支を分析する場合と同様に、事業活動収支差額は各年度の基本金への組入れ状況によって左右される場合もあるため、この比率のみで分析した場合、一面的な評価となるおそれがある。

この比率を用いて評価を行う場合は、基本金の内訳とその構成比率と併せて検討する必要がある。

【財務分析上併せて確認が必要な比率】

基本金組入後収支比率

【度数分布表】

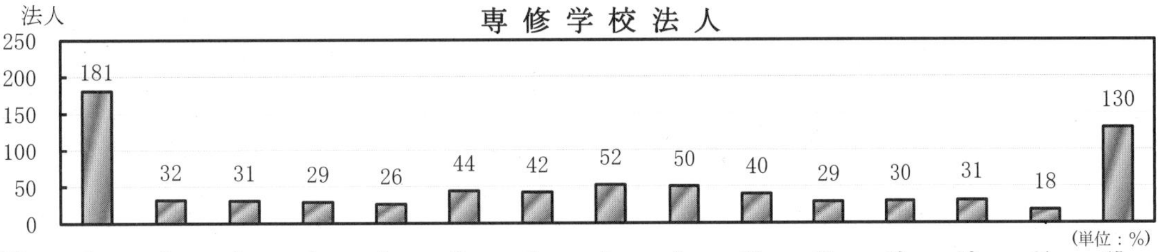

（単位：%）

階級幅 5.0	合計	1	2	3	4	5	6	7	8	9	10	11	12	13	14	15
専修学校法人	−1,277.1 〜 98.7	〜 −35.1	−35.0 〜 −30.1	−30.0 〜 −25.1	−25.0 〜 −20.1	−20.0 〜 −15.1	−15.0 〜 −10.1	−10.0 〜 −5.1	−5.0 〜 −0.1	0.0 〜 4.9	5.0 〜 9.9	10.0 〜 14.9	15.0 〜 19.9	20.0 〜 24.9	25.0 〜 29.9	30.0 〜
度　数	765	181	32	31	29	26	44	42	52	50	40	29	30	31	18	130

全体	最大値	98.7	最小値	−1,277.1	平均値	−16.3	中央値	−5.2	最頻値	−21.6	標準偏差	80.14	変動係数	−490.27
上下 2.5%削除後	最大値	72.0	最小値	−158.5	平均値	−10.5	中央値	−5.2	最頻値	−1.7	標準偏差	42.51	変動係数	−402.78

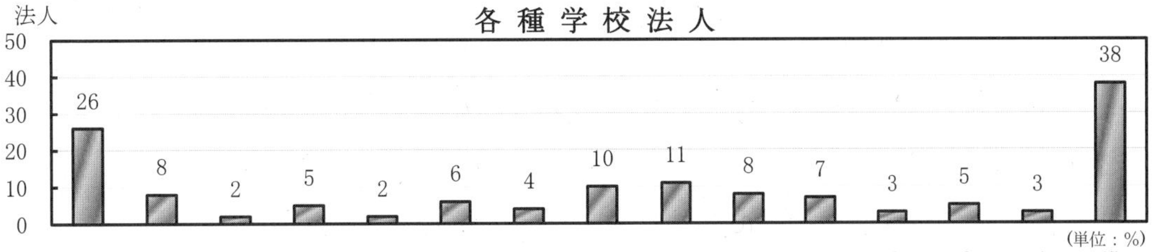

（単位：%）

階級幅 5.0	合計	1	2	3	4	5	6	7	8	9	10	11	12	13	14	15
各種学校法人	−292.4 〜 94.4	〜 −35.1	−35.0 〜 −30.1	−30.0 〜 −25.1	−25.0 〜 −20.1	−20.0 〜 −15.1	−15.0 〜 −10.1	−10.0 〜 −5.1	−5.0 〜 −0.1	0.0 〜 4.9	5.0 〜 9.9	10.0 〜 14.9	15.0 〜 19.9	20.0 〜 24.9	25.0 〜 29.9	30.0 〜
度　数	138	26	8	2	5	2	6	4	10	11	8	7	3	5	3	38

全体	最大値	94.4	最小値	−292.4	平均値	−4.4	中央値	1.7	最頻値	0.3	標準偏差	61.80	変動係数	−1,382.17
上下 2.5%削除後	最大値	85.5	最小値	−174.9	平均値	−1.2	中央値	1.7	最頻値	0.3	標準偏差	49.61	変動係数	−3,927.85

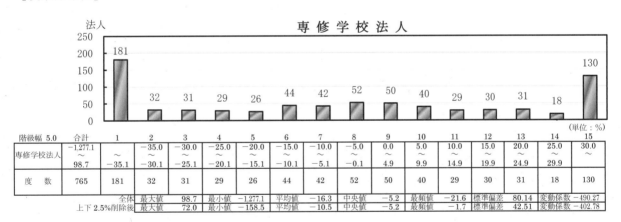

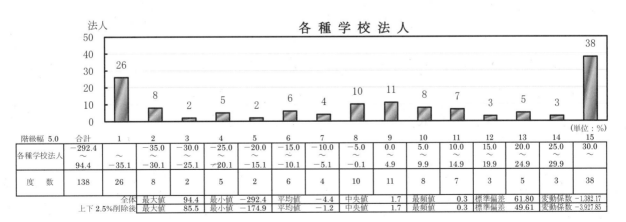

11. 固定比率

【計 算 式】 $\dfrac{\text{固 定 資 産}}{\text{純 資 産}}$

【比率の解説】

固定資産の純資産に対する割合で、土地・建物・施設等の固定資産に対してどの程度純資産が投下されているか、すなわち資金の調達源泉とその使途とを対比させる比率である。

固定資産は学校法人の教育研究事業にとって必要不可欠であり、永続的にこれを維持・更新していく必要がある。

固定資産に投下した資金の回収は長期間にわたるため、本来投下資金は返済する必要のない自己資金を充てることが望ましい。しかし実際に大規模設備投資を行う際は外部資金を導入する場合もあるため、この比率が 100%を超えることは少なくない。このような場合、固定長期適合率も利用して判断することが有効である。

なお、固定資産に占める有形固定資産と特定資産の構成比にも留意が必要である。

【財務分析上併せて確認が必要な比率】

有形固定資産構成比率、特定資産構成比率、固定長期適合率

【度数分布表】

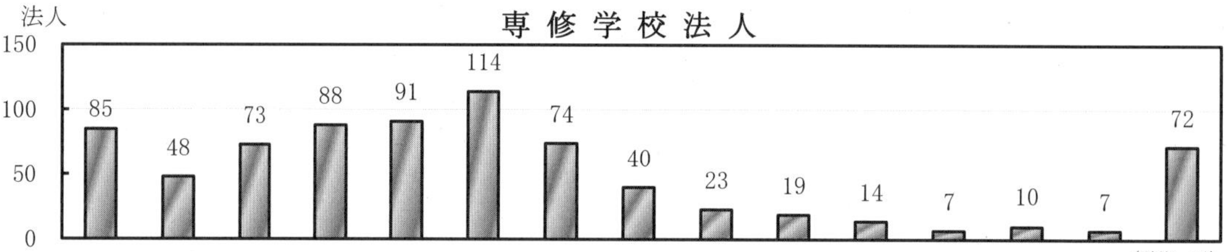

(単位：%)

階級幅 10.0	合計	1	2	3	4	5	6	7	8	9	10	11	12	13	14	15
専修学校法人	−933.0 ～ 10,511.3	～ 49.9	50.0 ～ 59.9	60.0 ～ 69.9	70.0 ～ 79.9	80.0 ～ 89.9	90.0 ～ 99.9	100.0 ～ 109.9	110.0 ～ 119.9	120.0 ～ 129.9	130.0 ～ 139.9	140.0 ～ 149.9	150.0 ～ 159.9	160.0 ～ 169.9	170.0 ～ 179.9	180.0 ～
度 数	765	85	48	73	88	91	114	74	40	23	19	14	7	10	7	72

	最大値		最小値		平均値		中央値		最頻値		標準偏差		変動係数	
全体	最大値	10,511.3	最小値	−933.0	平均値	132.3	中央値	89.6	最頻値	66.6	標準偏差	466.56	変動係数	352.59
上下 2.5%削除後	最大値	381.5	最小値	−4.6	平均値	98.2	中央値	89.6	最頻値	66.6	標準偏差	51.99	変動係数	52.92

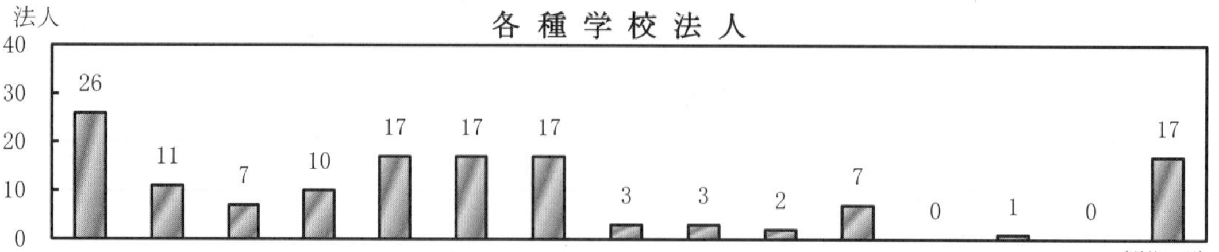

(単位：%)

階級幅 10.0	合計	1	2	3	4	5	6	7	8	9	10	11	12	13	14	15
各種学校法人	−1,085.6 ～ 5,703.8	～ 49.9	50.0 ～ 59.9	60.0 ～ 69.9	70.0 ～ 79.9	80.0 ～ 89.9	90.0 ～ 99.9	100.0 ～ 109.9	110.0 ～ 119.9	120.0 ～ 129.9	130.0 ～ 139.9	140.0 ～ 149.9	150.0 ～ 159.9	160.0 ～ 169.9	170.0 ～ 179.9	180.0 ～
度 数	138	26	11	7	10	17	17	17	3	3	2	7	0	1	0	17

	最大値		最小値		平均値		中央値		最頻値		標準偏差		変動係数	
全体	最大値	5,703.8	最小値	−1,085.6	平均値	134.7	中央値	88.5	最頻値	98.7	標準偏差	498.91	変動係数	370.18
上下 2.5%削除後	最大値	404.5	最小値	9.2	平均値	102.7	中央値	88.5	最頻値	98.7	標準偏差	75.54	変動係数	73.50

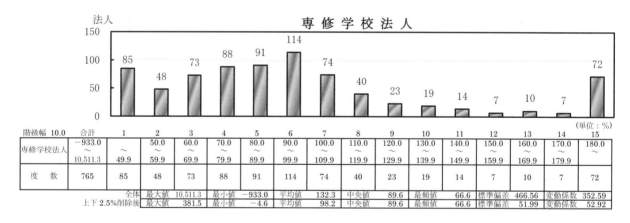

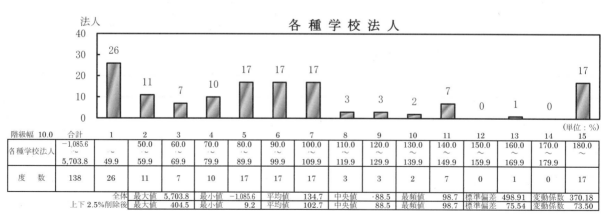

12. 固定長期適合率

【計　算　式】 $\dfrac{\text{固　定　資　産}}{\text{純資産＋固定負債}}$

【比率の解説】

固定資産の、純資産と固定負債の合計値である長期資金に対する割合で、固定比率を補完する役割を担う比率である。

固定資産の取得を行う場合、長期間活用できる安定した資金として、自己資金のほか短期的に返済を迫られない長期借入金でこれを賄うべきであるという原則に対して、どの程度適合しているかを示している。

この比率は100%以下で低いほど理想的とされる。100%を超えた場合、固定資産の調達源泉に短期借入金等の流動負債を導入していると解することができ、財政の安定性に欠け、長期的にみて不安があることを示している。

固定比率が100%以上の法人にあっては、この固定長期適合率を併用するとともに固定資産の内容に注意して分析することが望ましい。

【財務分析上併せて確認が必要な比率】

固定比率、固定負債構成比率、固定資産構成比率

【度数分布表】

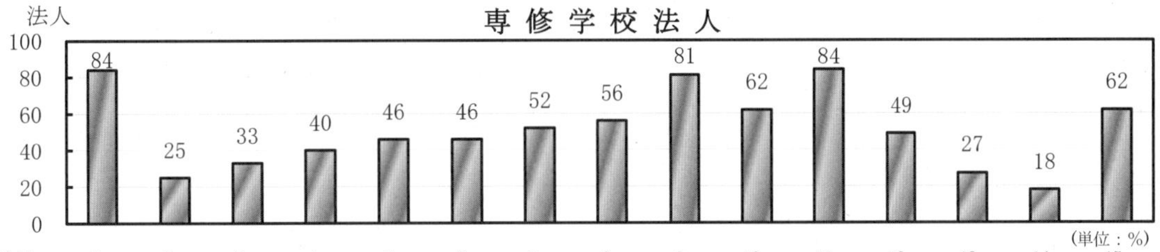

(単位：%)

階級幅 5.0	合計	1	2	3	4	5	6	7	8	9	10	11	12	13	14	15
専修学校法人	−453.4 ～ 1,365.3	～ 49.9	50.0 ～ 54.9	55.0 ～ 59.9	60.0 ～ 64.9	65.0 ～ 69.9	70.0 ～ 74.9	75.0 ～ 79.9	80.0 ～ 84.9	85.0 ～ 89.9	90.0 ～ 94.9	95.0 ～ 99.9	100.0 ～ 104.9	105.0 ～ 109.9	110.0 ～ 114.9	115.0 ～
度　数	765	84	25	33	40	46	46	52	56	81	62	84	49	27	18	62
		全体	最大値	1,365.3	最小値	−453.4	平均値	84.0	中央値	84.9	最頻値	88.9	標準偏差	66.13	変動係数	78.70
		上下2.5%削除後	最大値	141.7	最小値	19.0	平均値	82.2	中央値	84.9	最頻値	88.9	標準偏差	22.32	変動係数	27.15

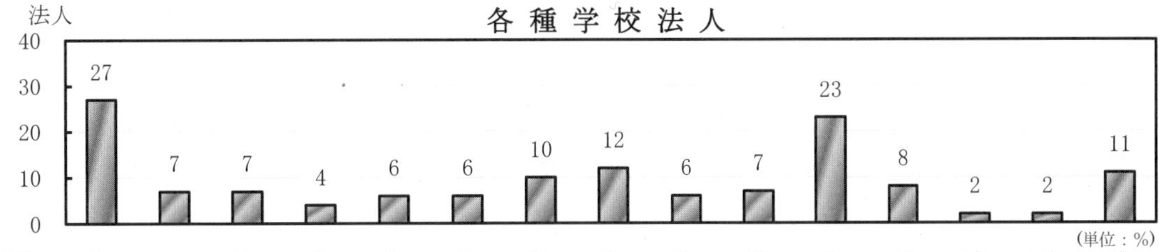

(単位：%)

階級幅 5.0	合計	1	2	3	4	5	6	7	8	9	10	11	12	13	14	15
各種学校法人	−394.5 ～ 403.7	～ 49.9	50.0 ～ 54.9	55.0 ～ 59.9	60.0 ～ 64.9	65.0 ～ 69.9	70.0 ～ 74.9	75.0 ～ 79.9	80.0 ～ 84.9	85.0 ～ 89.9	90.0 ～ 94.9	95.0 ～ 99.9	100.0 ～ 104.9	105.0 ～ 109.9	110.0 ～ 114.9	115.0 ～
度　数	138	27	7	7	4	6	6	10	12	6	7	23	8	2	2	11
		全体	最大値	403.7	最小値	−394.5	平均値	77.5	中央値	80.8	最頻値	84.5	標準偏差	61.73	変動係数	79.61
		上下2.5%削除後	最大値	157.7	最小値	13.2	平均値	76.7	中央値	80.8	最頻値	84.5	標準偏差	28.79	変動係数	37.52

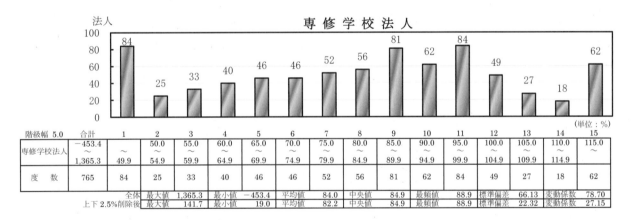

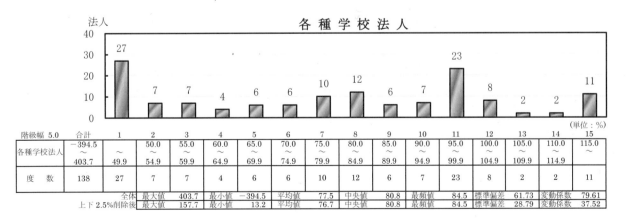

13. 流動比率

【計　算　式】

$$\frac{\text{流　動　資　産}}{\text{流　動　負　債}}$$

【比率の解説】

流動負債に対する流動資産の割合である。

一年以内に償還又は支払わなければならない流動負債に対して、現金預金又は一年以内に現金化が可能な流動資産がどの程度用意されているかという、学校法人の資金流動性すなわち短期的な支払い能力を判断する重要な指標の一つである。

一般に金融機関等では、この比率が 200%以上であれば優良とみなしている。100%を下回っている場合には、流動負債を固定資産に投下していることが多く、資金繰りに窮していると見られる。

ただし、学校法人にあっては、流動負債には外部負債とは性格を異にする前受金の比重が大きいことや、流動資産には企業のように多額の「棚卸資産」がなく、ほとんど当座に必要な現金預金であること、さらに、資金運用の点から、長期有価証券へ運用替えしている場合もあり、また、将来に備えて引当特定資産等に資金を留保している場合もあるため、必ずしもこの比率が低くなると資金繰りに窮しているとは限らないので留意されたい。

【財務分析上併せて確認が必要な比率】

流動資産構成比率、流動負債構成比率、特定資産構成比率

【度数分布表】

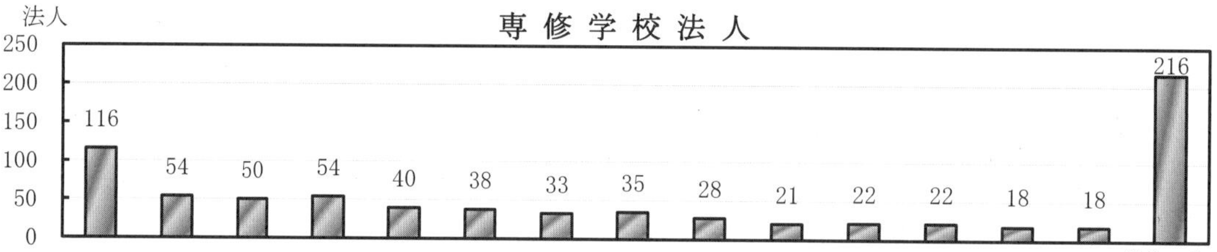

(単位：%)

階級幅 25.0	合計	1	2	3	4	5	6	7	8	9	10	11	12	13	14	15
専修学校法人	0.0 ～ 411,265.2	～ 74.9	75.0 ～ 99.9	100.0 ～ 124.9	125.0 ～ 149.9	150.0 ～ 174.9	175.0 ～ 199.9	200.0 ～ 224.9	225.0 ～ 249.9	250.0 ～ 274.9	275.0 ～ 299.9	300.0 ～ 324.9	325.0 ～ 349.9	350.0 ～ 374.9	375.0 ～ 399.9	400.0 ～
度　数	765	116	54	50	54	40	38	33	35	28	21	22	22	18	18	216

	最大値		最小値		平均値		中央値		最頻値		標準偏差		変動係数	
全体	最大値	411,265.2	最小値	0.0	平均値	1,196.5	中央値	223.4	最頻値	0.0	標準偏差	15,053.26	変動係数	1,258.09
上下 2.5%削除後	最大値	3,398.7	最小値	10.4	平均値	402.6	中央値	223.4	最頻値	266.3	標準偏差	524.92	変動係数	130.37

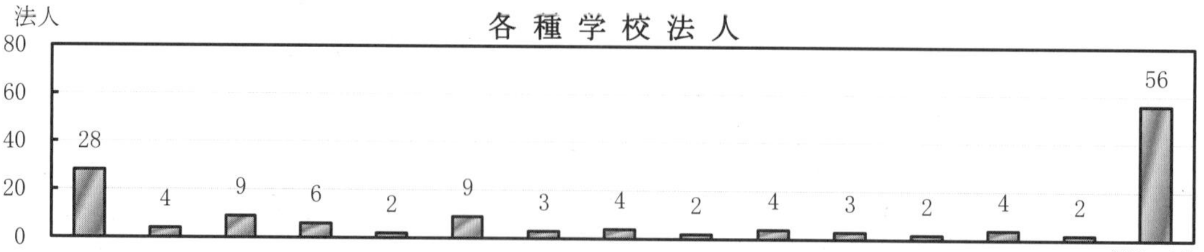

(単位：%)

階級幅 25.0	合計	1	2	3	4	5	6	7	8	9	10	11	12	13	14	15
各種学校法人	0.0 ～ 123,323.8	～ 74.9	75.0 ～ 99.9	100.0 ～ 124.9	125.0 ～ 149.9	150.0 ～ 174.9	175.0 ～ 199.9	200.0 ～ 224.9	225.0 ～ 249.9	250.0 ～ 274.9	275.0 ～ 299.9	300.0 ～ 324.9	325.0 ～ 349.9	350.0 ～ 374.9	375.0 ～ 399.9	400.0 ～
度　数	138	28	4	9	6	2	9	3	4	2	4	3	2	4	2	56

	最大値		最小値		平均値		中央値		最頻値		標準偏差		変動係数	
全体	最大値	123,323.8	最小値	0.0	平均値	3,989.3	中央値	288.2	最頻値	0.0	標準偏差	16,819.89	変動係数	421.62
上下 2.5%削除後	最大値	54,110.6	最小値	0.0	平均値	1,686.8	中央値	288.2	最頻値	0.0	標準偏差	5,759.52	変動係数	341.44

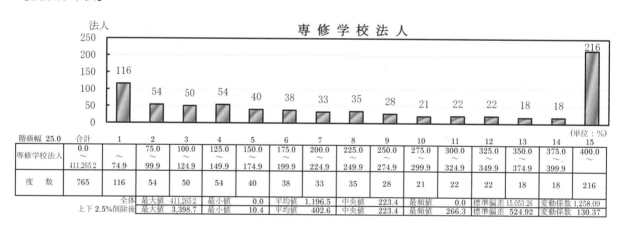

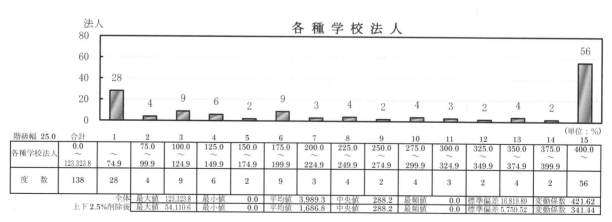

14. 総負債比率

【計　算　式】

$$\frac{\text{総　　負　　債}}{\text{総　　資　　産}}$$

【比率の解説】

固定負債と流動負債を合計した負債総額の総資産に対する割合で、総資産に対する他人資本の比重を評価する極めて重要な比率である。

この比率は一般的に低いほど望ましく、50%を超えると負債総額が純資産を上回ることを示し、さらに100%を超えると負債総額が資産総額を上回る状態、いわゆる債務超過であることを示す。

【財務分析上併せて確認が必要な比率】

純資産構成比率、運用資産余裕比率

【度数分布表】

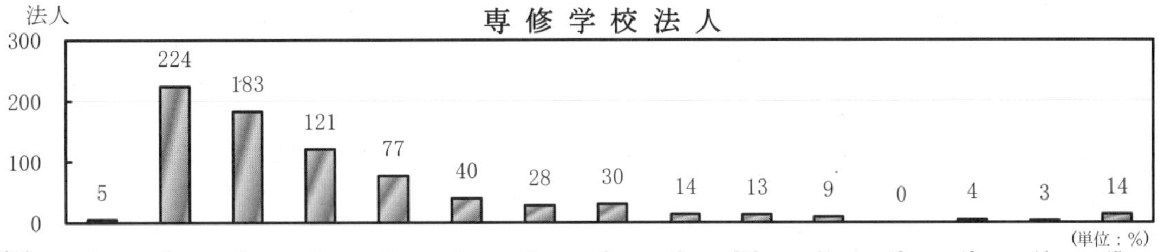

(単位：%)

階級幅 10.0	合計	1	2	3	4	5	6	7	8	9	10	11	12	13	14	15
専修学校法人	0.0 ～ 1,360.0	～ 0.0	0.1 ～ 10.0	10.1 ～ 20.0	20.1 ～ 30.0	30.1 ～ 40.0	40.1 ～ 50.0	50.1 ～ 60.0	60.1 ～ 70.0	70.1 ～ 80.0	80.1 ～ 90.0	90.1 ～ 100.0	100.1 ～ 110.0	110.1 ～ 120.0	120.1 ～ 130.0	130.1 ～
度　数	765	5	224	183	121	77	40	28	30	14	13	9	0	4	3	14

全体	最大値	1,360.0	最小値	0.0	平均値	30.4	中央値	17.8	最頻値	11.6	標準偏差	64.31	変動係数	210.92
上下 2.5%削除後	最大値	113.6	最小値	0.9	平均値	24.6	中央値	17.8	最頻値	11.6	標準偏差	21.60	変動係数	87.77

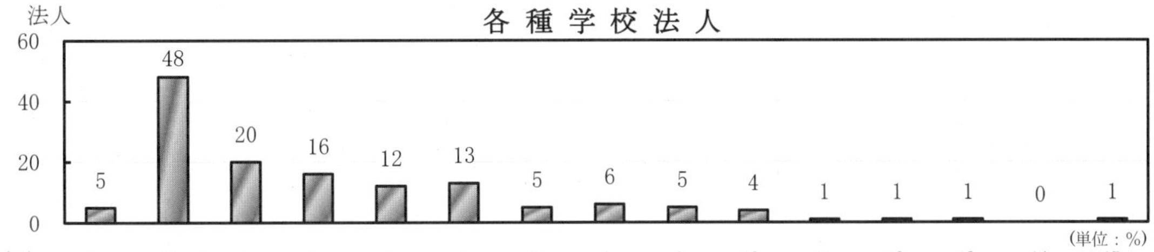

(単位：%)

階級幅 10.0	合計	1	2	3	4	5	6	7	8	9	10	11	12	13	14	15
各種学校法人	0.0 ～ 212.1	～ 0.0	0.1 ～ 10.0	10.1 ～ 20.0	20.1 ～ 30.0	30.1 ～ 40.0	40.1 ～ 50.0	50.1 ～ 60.0	60.1 ～ 70.0	70.1 ～ 80.0	80.1 ～ 90.0	90.1 ～ 100.0	100.1 ～ 110.0	110.1 ～ 120.0	120.1 ～ 130.0	130.1 ～
度　数	138	5	48	20	16	12	13	5	6	5	4	1	1	1	0	1

全体	最大値	212.1	最小値	0.0	平均値	27.8	中央値	17.3	最頻値	0.0	標準偏差	30.45	変動係数	109.38
上下 2.5%削除後	最大値	98.2	最小値	0.0	平均値	25.7	中央値	17.3	最頻値	24.5	標準偏差	23.95	変動係数	92.98

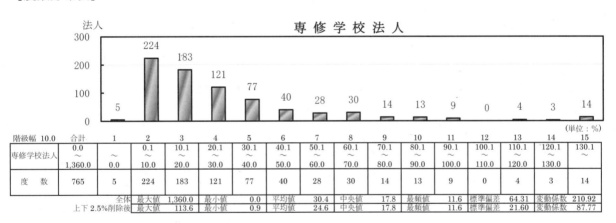

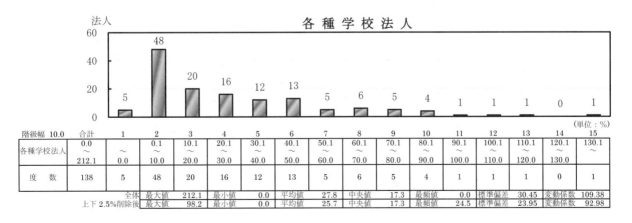

15. 負債比率

【計　算　式】

$$\frac{\text{総　　負　　債}}{\text{純　　資　　産}}$$

【比率の解説】

他人資本と自己資本との割合で、他人資本である総負債が自己資本である純資産を上回っていないかを測る比率であり、100%以下で低い方が望ましい。

この比率は総負債比率、純資産構成比率と相互に関連しているが、これらの比率よりも顕著に差を把握することができる。

【財務分析上併せて確認が必要な比率】

総負債比率、純資産構成比率

【度数分布表】

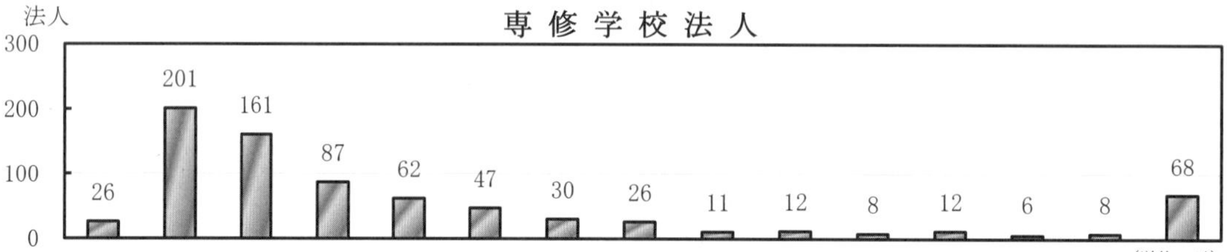

(単位：%)

階級幅 10.0	合計	1	2	3	4	5	6	7	8	9	10	11	12	13	14	15
専修学校法人	−1,034.2 ～ 10,762.5	～ 0.0	0.1 ～ 10.0	10.1 ～ 20.0	20.1 ～ 30.0	30.1 ～ 40.0	40.1 ～ 50.0	50.1 ～ 60.0	60.1 ～ 70.0	70.1 ～ 80.0	80.1 ～ 90.0	90.1 ～ 100.0	100.1 ～ 110.0	110.1 ～ 120.0	120.1 ～ 130.0	130.1 ～
度　数	765	26	201	161	87	62	47	30	26	11	12	8	12	6	8	68

全体	最大値	10,762.5	最小値	−1,034.2	平均値	80.3	中央値	19.6	最頻値	14.6	標準偏差	514.08	変動係数	639.77
上下 2.5%削除後	最大値	440.8	最小値	−119.4	平均値	40.6	中央値	19.6	最頻値	14.6	標準偏差	60.10	変動係数	147.89

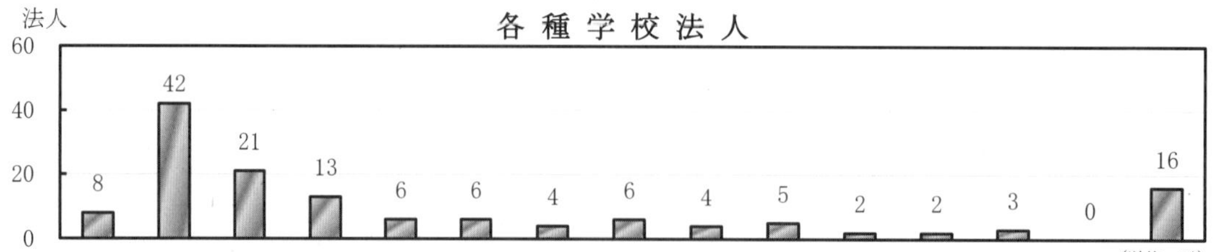

(単位：%)

階級幅 10.0	合計	1	2	3	4	5	6	7	8	9	10	11	12	13	14	15
各種学校法人	−1,243.0 ～ 5,609.6	～ 0.0	0.1 ～ 10.0	10.1 ～ 20.0	20.1 ～ 30.0	30.1 ～ 40.0	40.1 ～ 50.0	50.1 ～ 60.0	60.1 ～ 70.0	70.1 ～ 80.0	80.1 ～ 90.0	90.1 ～ 100.0	100.1 ～ 110.0	110.1 ～ 120.0	120.1 ～ 130.0	130.1 ～
度　数	138	8	42	21	13	6	6	4	6	4	5	2	2	3	0	16

全体	最大値	5,609.6	最小値	−1,243.0	平均値	86.7	中央値	19.3	最頻値	0.0	標準偏差	503.64	変動係数	580.77
上下 2.5%削除後	最大値	447.6	最小値	0.0	平均値	53.1	中央値	19.3	最頻値	0.0	標準偏差	86.69	変動係数	163.17

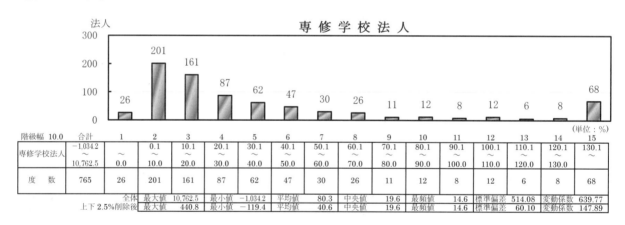

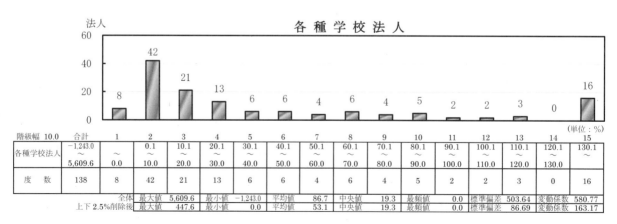

16. 前受金保有率

【計　算　式】

$$\frac{\text{現　金　預　金}}{\text{前　　受　　金}}$$

【比率の解説】

前受金と現金預金との割合で、当該年度に収受している翌年度分の授業料や入学金等が、翌年度繰越支払資金である現金預金の形で当該年度末に適切に保有されているかを測る比率であり、100%を超えることが一般的とされている。

この比率が 100%を下回っている場合、主に 2 つの要因が考えられる。1 つには前受金として収受した資金を現金預金以外の形で保有し、短期的な運用を行っている場合であり、この場合は有価証券の状況を確認することで前もって収受している翌年度分の納付金が保有されていることを確認することとなる。

もう 1 つは、翌年度分の納付金として収受した前受金に前年度のうちから手を付けている場合であり、この状況は資金繰りに苦慮している状態を端的に表しているものと見ることができる。

なお、入学前に前受金を収受していない学校ではこの値が高くなる場合があるため、入学前年度における授業料等の納付条件等も確認する必要がある。

【財務分析上併せて確認が必要な比率】

流動負債構成比率

【度数分布表】

専 修 学 校 法 人

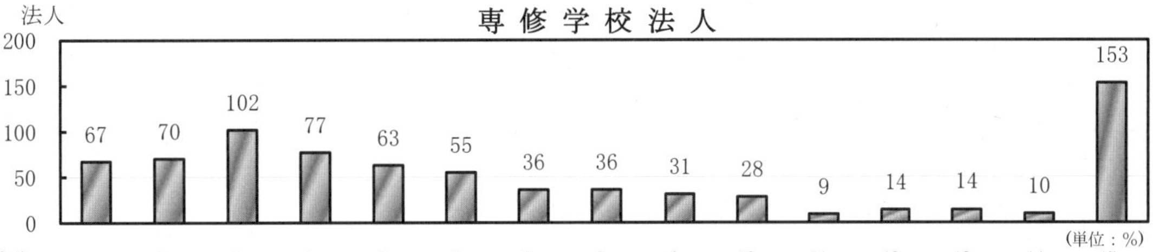

(単位：%)

階級幅 50.0	合計	1	2	3	4	5	6	7	8	9	10	11	12	13	14	15
専修学校法人	0.0 ～ 5,134,612.3	～ 49.9	50.0 ～ 99.9	100.0 ～ 149.9	150.0 ～ 199.9	200.0 ～ 249.9	250.0 ～ 299.9	300.0 ～ 349.9	350.0 ～ 399.9	400.0 ～ 449.9	450.0 ～ 499.9	500.0 ～ 549.9	550.0 ～ 599.9	600.0 ～ 649.9	650.0 ～ 699.9	700.0 ～
度　数	765	67	70	102	77	63	55	36	36	31	28	9	14	14	10	153

全体	最大値	5,134,612.3	最小値	0.0	平均値	7,603.7	中央値	254.2	最頻値	0.0	標準偏差	185,667.01	変動係数	2,441.79
上下 2.5%削除後	最大値	4,691.8	最小値	0.0	平均値	508.3	中央値	254.2	最頻値	0.0	標準偏差	729.11	変動係数	143.43

各 種 学 校 法 人

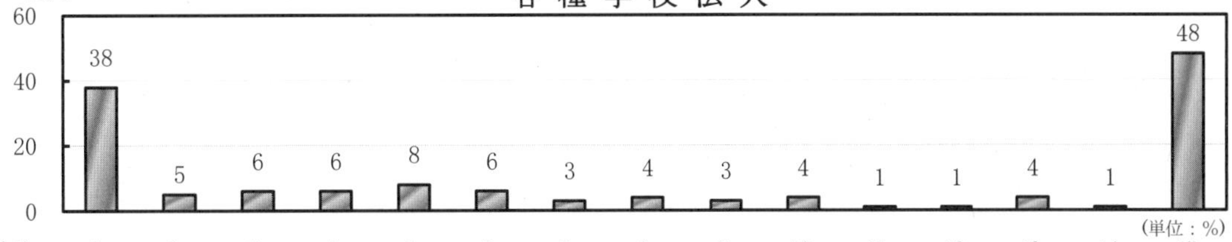

(単位：%)

階級幅 50.0	合計	1	2	3	4	5	6	7	8	9	10	11	12	13	14	15
各種学校法人	0.0 ～ 7,773,727.2	～ 49.9	50.0 ～ 99.9	100.0 ～ 149.9	150.0 ～ 199.9	200.0 ～ 249.9	250.0 ～ 299.9	300.0 ～ 349.9	350.0 ～ 399.9	400.0 ～ 449.9	450.0 ～ 499.9	500.0 ～ 549.9	550.0 ～ 599.9	600.0 ～ 649.9	650.0 ～ 699.9	700.0 ～
度　数	138	38	5	6	6	8	6	3	4	3	4	1	1	4	1	48

全体	最大値	7,773,727.2	最小値	0.0	平均値	59,718.1	中央値	292.5	最頻値	0.0	標準偏差	661,546.53	変動係数	1,107.78
上下 2.5%削除後	最大値	52,734.6	最小値	0.0	平均値	2,461.5	中央値	292.5	最頻値	0.0	標準偏差	7,589.70	変動係数	308.34

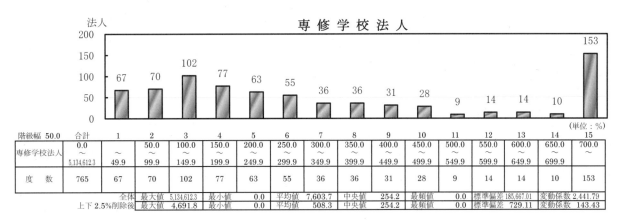

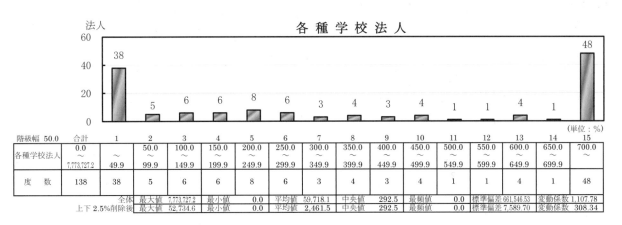

17. 退職給与引当特定資産保有率

【計　算　式】　$\dfrac{\text{退職給与引当特定資産}}{\text{退職給与引当金}}$

【比率の解説】

退職給与引当金と退職給与引当特定資産の充足関係を示す比率で、将来的な支払債務である退職給与引当金に見合う資産を特定資産としてどの程度保有しているかを判断するものであり、一般的には高い方が望ましい。

ただし、学校法人によって退職給与引当率に差異がある場合や、特定資産を形成せず現金預金・有価証券等の形で保有している場合もあり、この比率が低い場合は退職給与引当金の財源をどのように確保しているか、学校法人の状況を念頭に置いて評価する必要がある。

【財務分析上併せて確認が必要な比率】

特定資産構成比率

【度数分布表】

専修学校法人

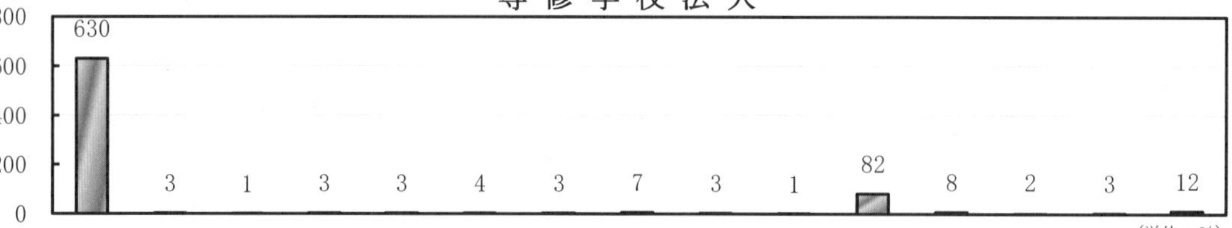

(単位：%)

階級幅 10.0	合計	1	2	3	4	5	6	7	8	9	10	11	12	13	14	15
専修学校法人	0.0 〜 1,498.2	〜 0.0	0.1 〜 10.0	10.1 〜 20.0	20.1 〜 30.0	30.1 〜 40.0	40.1 〜 50.0	50.1 〜 60.0	60.1 〜 70.0	70.1 〜 80.0	80.1 〜 90.0	90.1 〜 100.0	100.1 〜 110.0	110.1 〜 120.0	120.1 〜 130.0	130.1 〜
度　数	765	630	3	1	3	3	4	3	7	3	1	82	8	2	3	12

全体	最大値	1,498.2	最小値	0.0	平均値	19.3	中央値	0.0	最頻値	0.0	標準偏差	68.68	変動係数	354.65
上下2.5%削除後	最大値	102.6	最小値	0.0	平均値	13.8	中央値	0.0	最頻値	0.0	標準偏差	33.49	変動係数	241.22

各種学校法人

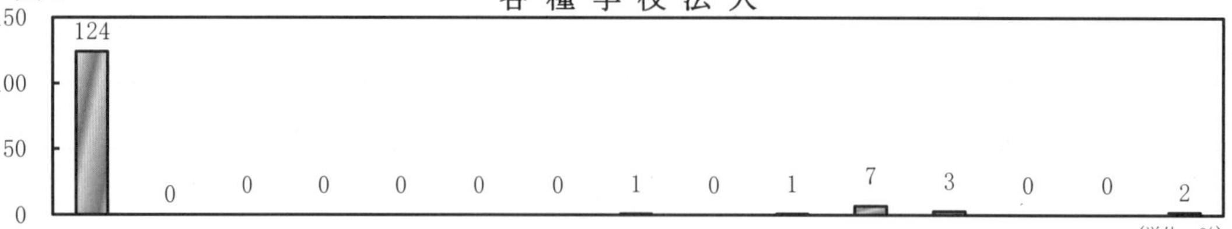

(単位：%)

階級幅 10.0	合計	1	2	3	4	5	6	7	8	9	10	11	12	13	14	15
各種学校法人	0.0 〜 426.6	〜 0.0	0.1 〜 10.0	10.1 〜 20.0	20.1 〜 30.0	30.1 〜 40.0	40.1 〜 50.0	50.1 〜 60.0	60.1 〜 70.0	70.1 〜 80.0	80.1 〜 90.0	90.1 〜 100.0	100.1 〜 110.0	110.1 〜 120.0	120.1 〜 130.0	130.1 〜
度　数	138	124	0	0	0	0	0	0	1	0	1	7	3	0	0	2

全体	最大値	426.6	最小値	0.0	平均値	14.1	中央値	0.0	最頻値	0.0	標準偏差	53.53	変動係数	378.88
上下2.5%削除後	最大値	107.6	最小値	0.0	平均値	8.0	中央値	0.0	最頻値	0.0	標準偏差	27.08	変動係数	335.42

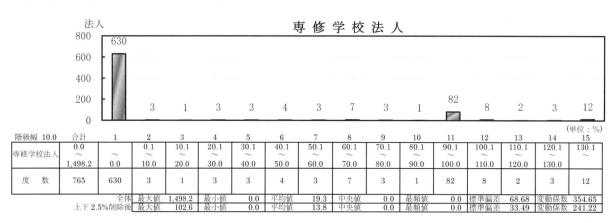

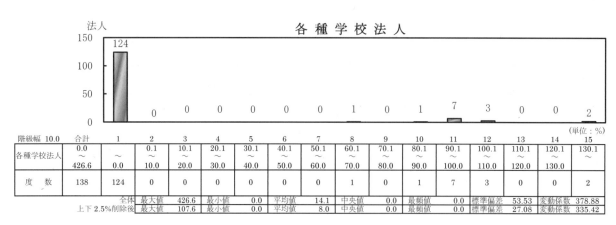

■令和３年度事業活動収支計算書関係比率

1. 人件費比率

【計 算 式】 $\dfrac{\text{人 件 費}}{\text{経 常 収 入}}$

【比率の解説】

人件費の経常収入に占める割合を示す。

人件費は学校における最大の支出要素であることから、この比率が適正水準を超えると経常収支の悪化に繋がる要因ともなる。

教職員1人当たり人件費や生徒等に対する教職員数等の教育研究条件等にも配慮しながら、各学校の実態に適った水準を維持する必要がある。

【財務分析上併せて確認が必要な比率】

人件費依存率、教育研究（管理）経費比率、学生生徒等納付金比率

【度数分布表】

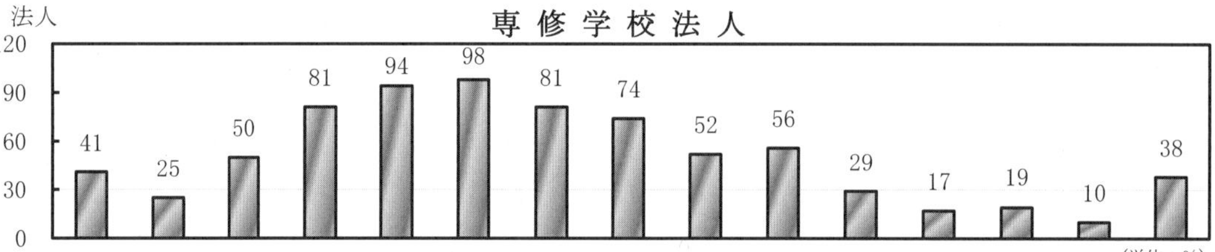

(単位：%)

階級幅 5.0	合計	1	2	3	4	5	6	7	8	9	10	11	12	13	14	15
専修学校法人	0.0 〜 419.9	〜 24.9	25.0 〜 29.9	30.0 〜 34.9	35.0 〜 39.9	40.0 〜 44.9	45.0 〜 49.9	50.0 〜 54.9	55.0 〜 59.9	60.0 〜 64.9	65.0 〜 69.9	70.0 〜 74.9	75.0 〜 79.9	80.0 〜 84.9	85.0 〜 89.9	90.0 〜
度 数	765	41	25	50	81	94	98	81	74	52	56	29	17	19	10	38

全体	最大値	419.9	最小値	0.0	平均値	54.9	中央値	49.8	最頻値	41.8	標準偏差	31.41	変動係数	57.21
上下 2.5%削除後	最大値	122.1	最小値	22.0	平均値	52.0	中央値	49.8	最頻値	41.8	標準偏差	16.83	変動係数	32.32

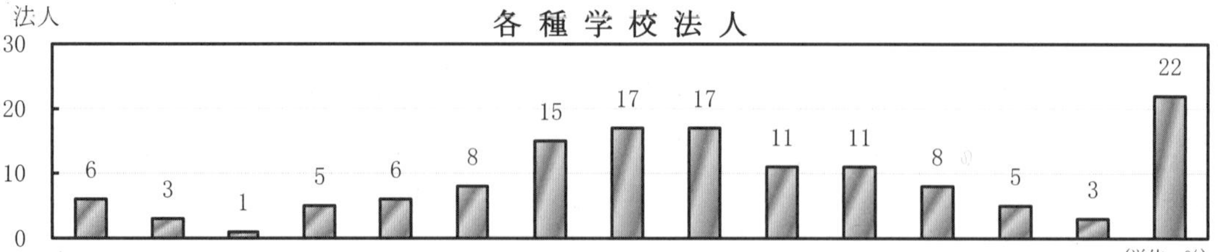

(単位：%)

階級幅 5.0	合計	1	2	3	4	5	6	7	8	9	10	11	12	13	14	15
各種学校法人	15.3 〜 9,935.5	〜 24.9	25.0 〜 29.9	30.0 〜 34.9	35.0 〜 39.9	40.0 〜 44.9	45.0 〜 49.9	50.0 〜 54.9	55.0 〜 59.9	60.0 〜 64.9	65.0 〜 69.9	70.0 〜 74.9	75.0 〜 79.9	80.0 〜 84.9	85.0 〜 89.9	90.0 〜
度 数	138	6	3	1	5	6	8	15	17	17	11	11	8	5	3	22

全体	最大値	9,935.5	最小値	15.3	平均値	142.2	中央値	62.7	最頻値	100.2	標準偏差	840.86	変動係数	591.18
上下 2.5%削除後	最大値	230.4	最小値	18.5	平均値	68.1	中央値	62.7	最頻値	70.1	標準偏差	29.28	変動係数	42.97

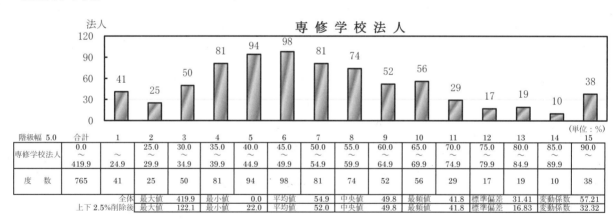

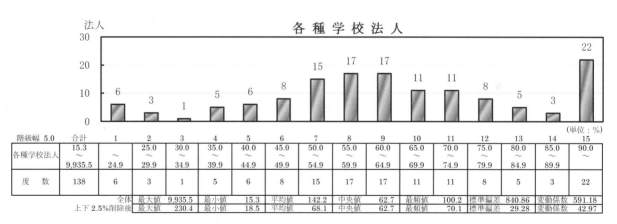

専修学校部門

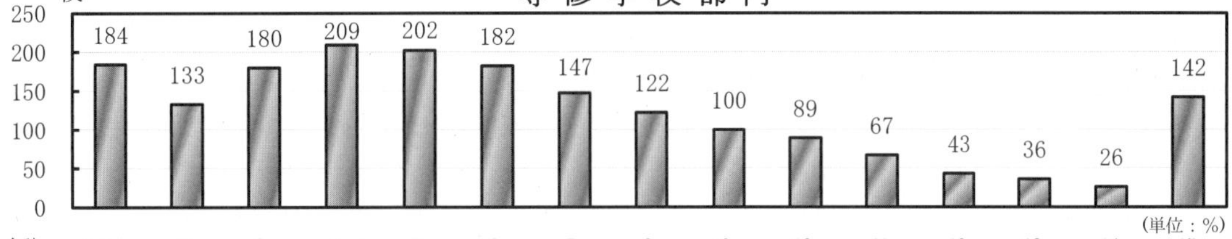

(単位：%)

階級幅 5.0	合計	1	2	3	4	5	6	7	8	9	10	11	12	13	14	15
専修学校部門	0.0 ～ 1,095.0	～ 24.9	25.0 ～ 29.9	30.0 ～ 34.9	35.0 ～ 39.9	40.0 ～ 44.9	45.0 ～ 49.9	50.0 ～ 54.9	55.0 ～ 59.9	60.0 ～ 64.9	65.0 ～ 69.9	70.0 ～ 74.9	75.0 ～ 79.9	80.0 ～ 84.9	85.0 ～ 89.9	90.0 ～
度　数	1,862	184	133	180	209	202	182	147	122	100	89	67	43	36	26	142

全体	最大値	1,095.0	最小値	0.0	平均値	53.9	中央値	45.4	最頻値	46.1	標準偏差	44.92	変動係数	83.33
上下 2.5%削除後	最大値	148.6	最小値	16.5	平均値	49.9	中央値	45.4	最頻値	46.1	標準偏差	21.85	変動係数	43.79

各種学校部門

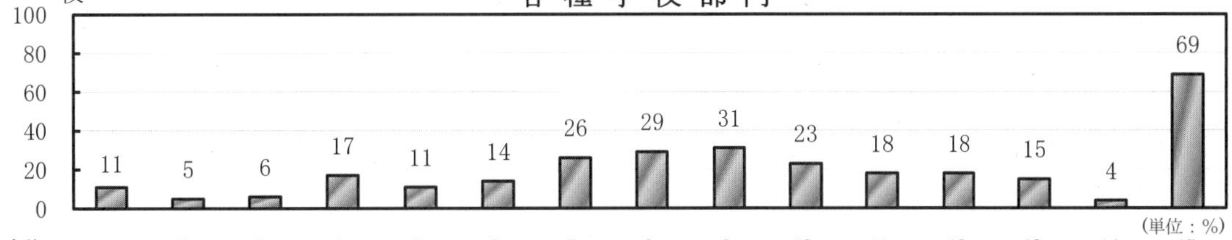

(単位：%)

階級幅 5.0	合計	1	2	3	4	5	6	7	8	9	10	11	12	13	14	15
各種学校部門	0.0 ～ 18,903.6	～ 24.9	25.0 ～ 29.9	30.0 ～ 34.9	35.0 ～ 39.9	40.0 ～ 44.9	45.0 ～ 49.9	50.0 ～ 54.9	55.0 ～ 59.9	60.0 ～ 64.9	65.0 ～ 69.9	70.0 ～ 74.9	75.0 ～ 79.9	80.0 ～ 84.9	85.0 ～ 89.9	90.0 ～
度　数	297	11	5	6	17	11	14	26	29	31	23	18	18	15	4	69

全体	最大値	18,903.6	最小値	0.0	平均値	281.2	中央値	64.7	最頻値	60.7	標準偏差	1,632.41	変動係数	580.44
上下 2.5%削除後	最大値	1,026.3	最小値	21.7	平均値	85.2	中央値	64.7	最頻値	60.7	標準偏差	86.00	変動係数	100.84

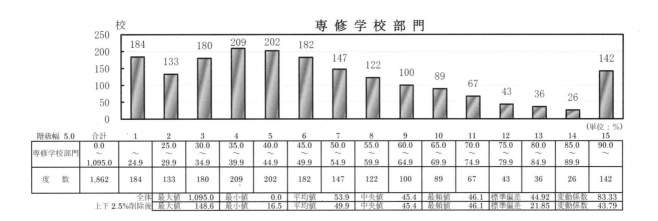

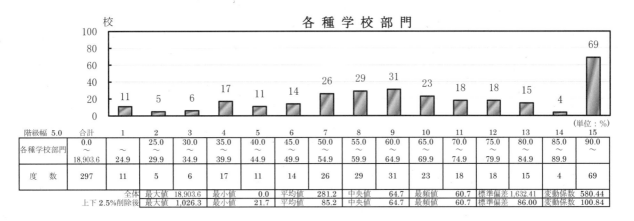

2. 人件費依存率

【計　算　式】　$\dfrac{\text{人　　件　　費}}{\text{学生生徒等納付金}}$

【比率の解説】

人件費の学生生徒等納付金に占める割合である。

この比率は人件費比率及び学生生徒等納付金比率の状況にも影響される。一般的に人件費は学生生徒等納付金で賄える範囲内に収まっている（比率が 100%を超えない）ことが理想的であるが、学校の種類や系統・規模等により、必ずしもこの範囲に収まらない構造となっている場合もある点に留意が必要である。

【財務分析上併せて確認が必要な比率】

人件費比率、学生生徒等納付金比率、教育研究（管理）経費比率

【度数分布表】

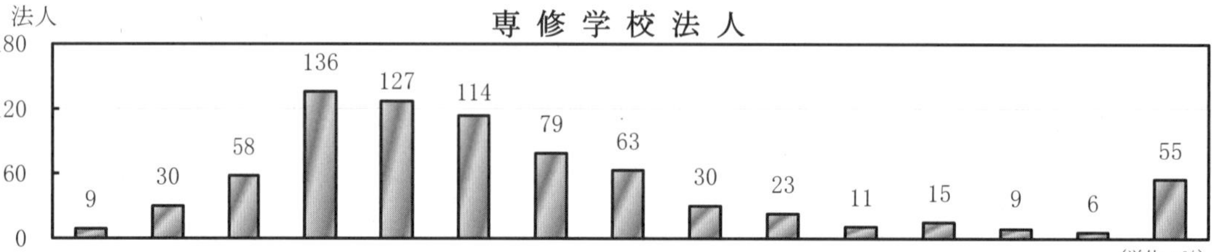

(単位：%)

階級幅 10.0	合計	1	2	3	4	5	6	7	8	9	10	11	12	13	14	15
専修学校法人	0.0 ～ 1,193.2	～ 19.9	20.0 ～ 29.9	30.0 ～ 39.9	40.0 ～ 49.9	50.0 ～ 59.9	60.0 ～ 69.9	70.0 ～ 79.9	80.0 ～ 89.9	90.0 ～ 99.9	100.0 ～ 109.9	110.0 ～ 119.9	120.0 ～ 129.9	130.0 ～ 139.9	140.0 ～ 149.9	150.0 ～
度　数	765	9	30	58	136	127	114	79	63	30	23	11	15	9	6	55

全体	最大値	1,193.2	最小値	0.0	平均値	82.5	中央値	61.2	最頻値	67.6	標準偏差	99.78	変動係数	120.93
上下 2.5%削除後	最大値	265.6	最小値	25.1	平均値	71.6	中央値	61.2	最頻値	67.6	標準偏差	38.79	変動係数	54.11

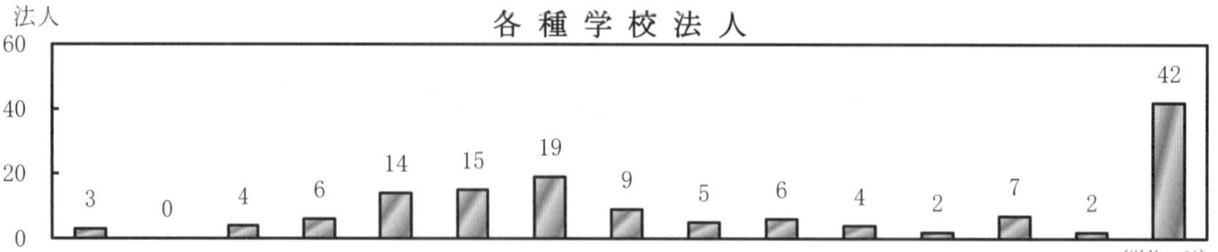

(単位：%)

階級幅 10.0	合計	1	2	3	4	5	6	7	8	9	10	11	12	13	14	15
各種学校法人	0.0 ～ 4,517.9	～ 19.9	20.0 ～ 29.9	30.0 ～ 39.9	40.0 ～ 49.9	50.0 ～ 59.9	60.0 ～ 69.9	70.0 ～ 79.9	80.0 ～ 89.9	90.0 ～ 99.9	100.0 ～ 109.9	110.0 ～ 119.9	120.0 ～ 129.9	130.0 ～ 139.9	140.0 ～ 149.9	150.0 ～
度　数	138	3	0	4	6	14	15	19	9	5	6	4	2	7	2	42

全体	最大値	4,517.9	最小値	0.0	平均値	193.5	中央値	87.7	最頻値	181.3	標準偏差	416.15	変動係数	214.98
上下 2.5%削除後	最大値	864.4	最小値	30.1	平均値	154.3	中央値	87.7	最頻値	181.3	標準偏差	168.13	変動係数	108.95

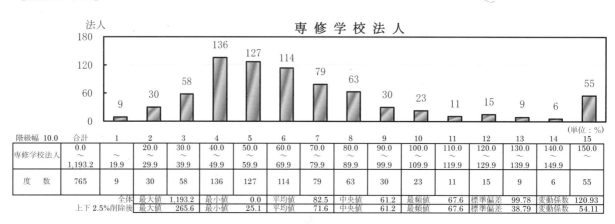

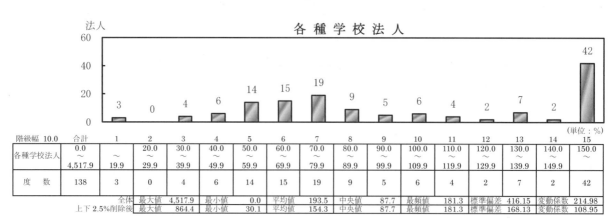

専修学校部門

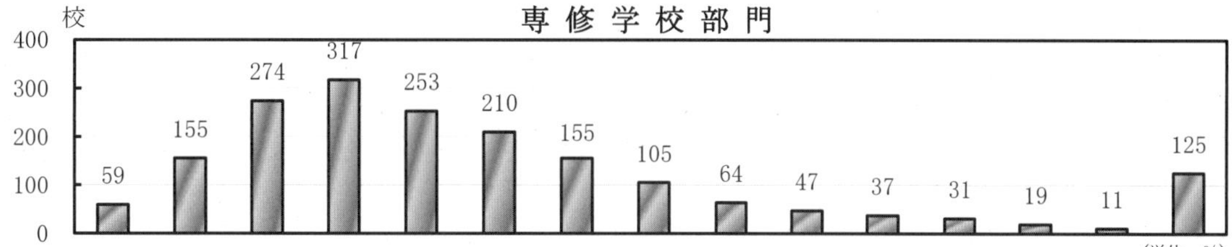

(単位：%)

階級幅 10.0	合計	1	2	3	4	5	6	7	8	9	10	11	12	13	14	15
専修学校部門	0.0 ～ 1,193.2	～ 19.9	20.0 ～ 29.9	30.0 ～ 39.9	40.0 ～ 49.9	50.0 ～ 59.9	60.0 ～ 69.9	70.0 ～ 79.9	80.0 ～ 89.9	90.0 ～ 99.9	100.0 ～ 109.9	110.0 ～ 119.9	120.0 ～ 129.9	130.0 ～ 139.9	140.0 ～ 149.9	150.0 ～
度　数	1,862	59	155	274	317	253	210	155	105	64	47	37	31	19	11	125

全体	最大値	1,193.2	最小値	0.0	平均値	73.6	中央値	54.9	最頻値	40.2	標準偏差	85.90	変動係数	116.69
上下 2.5%削除後	最大値	257.8	最小値	17.8	平均値	64.6	中央値	54.9	最頻値	40.2	標準偏差	38.01	変動係数	58.80

各種学校部門

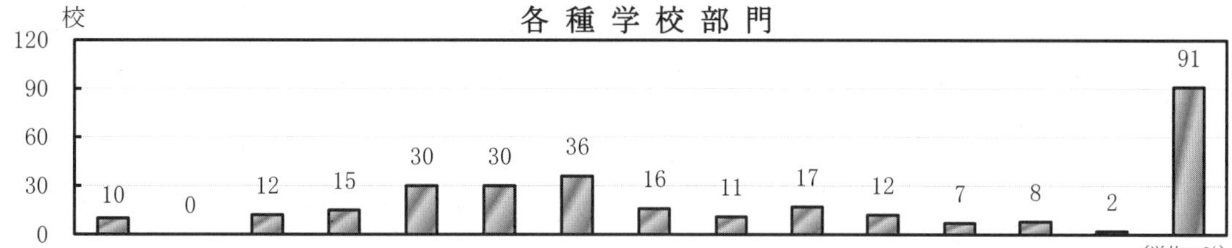

(単位：%)

階級幅 10.0	合計	1	2	3	4	5	6	7	8	9	10	11	12	13	14	15
各種学校部門	0.0 ～ 31,483.7	～ 19.9	20.0 ～ 29.9	30.0 ～ 39.9	40.0 ～ 49.9	50.0 ～ 59.9	60.0 ～ 69.9	70.0 ～ 79.9	80.0 ～ 89.9	90.0 ～ 99.9	100.0 ～ 109.9	110.0 ～ 119.9	120.0 ～ 129.9	130.0 ～ 139.9	140.0 ～ 149.9	150.0 ～
度　数	297	10	0	12	15	30	30	36	16	11	17	12	7	8	2	91

全体	最大値	31,483.7	最小値	0.0	平均値	289.8	中央値	89.3	最頻値	0.0	標準偏差	1,848.03	変動係数	637.62
上下 2.5%削除後	最大値	872.6	最小値	0.0	平均値	154.2	中央値	89.3	最頻値	71.9	標準偏差	162.23	変動係数	105.15

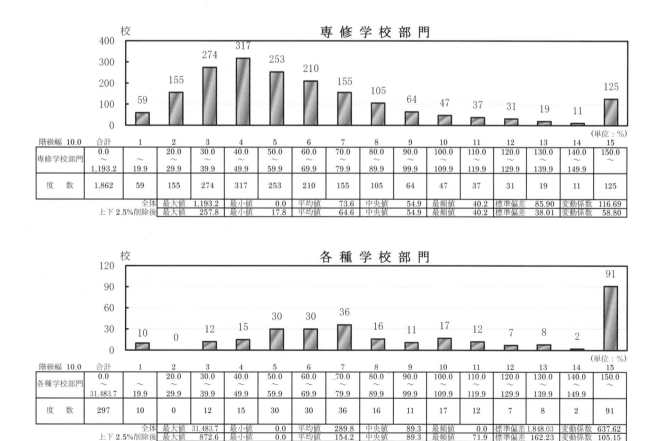

3. 教育研究（管理）経費比率

【計　算　式】　$\dfrac{\text{教育研究(管理)経費}}{\text{経　常　収　入}}$

【比率の解説】

教育研究（管理）経費の経常収入に占める割合である。

教育研究（管理）経費には修繕費、光熱水費、消耗品費、委託費、旅費交通費、印刷製本費等の各種支出に加え、教育研究用固定資産にかかる減価償却額が含まれている。

これらの経費は教育研究活動の維持・充実のため不可欠なものであり、この比率も収支均衡を失しない範囲内で高くなることが望ましい。

なお、教育研究経費と管理経費との区分をしている場合は、「教育研究経費比率」と「管理経費比率」それぞれで分析する必要もある。

【財務分析上併せて確認が必要な比率】

減価償却額比率、経常収支差額比率、教育活動収支差額比率

【度数分布表】

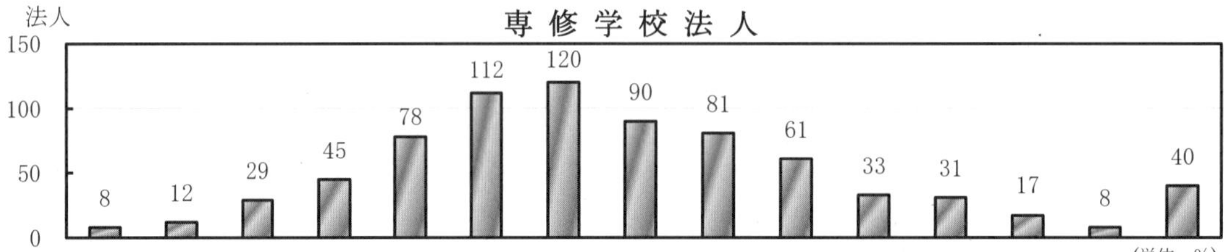

（単位：%）

階級幅 5.0	合計	1	2	3	4	5	6	7	8	9	10	11	12	13	14	15
専修学校法人	0.0 ～ 769.6	～ 14.9	15.0 ～ 19.9	20.0 ～ 24.9	25.0 ～ 29.9	30.0 ～ 34.9	35.0 ～ 39.9	40.0 ～ 44.9	45.0 ～ 49.9	50.0 ～ 54.9	55.0 ～ 59.9	60.0 ～ 64.9	65.0 ～ 69.9	70.0 ～ 74.9	75.0 ～ 79.9	80.0 ～
度　数	765	8	12	29	45	78	112	120	90	81	61	33	31	17	8	40

	最大値		最小値		平均値		中央値		最頻値		標準偏差		変動係数	
全体	最大値	769.6	最小値	0.0	平均値	49.4	中央値	44.0	最頻値	42.2	標準偏差	37.56	変動係数	75.88
上下 2.5%削除後	最大値	109.5	最小値	19.7	平均値	46.3	中央値	44.0	最頻値	42.2	標準偏差	14.60	変動係数	31.49

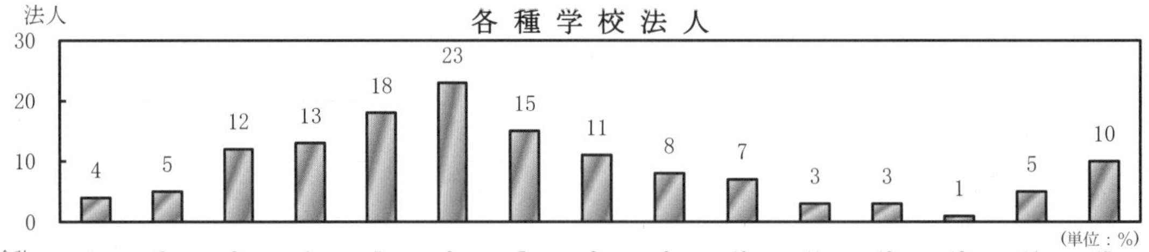

（単位：%）

階級幅 5.0	合計	1	2	3	4	5	6	7	8	9	10	11	12	13	14	15
各種学校法人	5.1 ～ 1,904.4	～ 14.9	15.0 ～ 19.9	20.0 ～ 24.9	25.0 ～ 29.9	30.0 ～ 34.9	35.0 ～ 39.9	40.0 ～ 44.9	45.0 ～ 49.9	50.0 ～ 54.9	55.0 ～ 59.9	60.0 ～ 64.9	65.0 ～ 69.9	70.0 ～ 74.9	75.0 ～ 79.9	80.0 ～
度　数	138	4	5	12	13	18	23	15	11	8	7	3	3	1	5	10

	最大値		最小値		平均値		中央値		最頻値		標準偏差		変動係数	
全体	最大値	1,904.4	最小値	5.1	平均値	64.0	中央値	38.4	最頻値	38.6	標準偏差	174.19	変動係数	271.81
上下 2.5%削除後	最大値	126.7	最小値	13.6	平均値	43.2	中央値	38.4	最頻値	38.6	標準偏差	19.79	変動係数	45.74

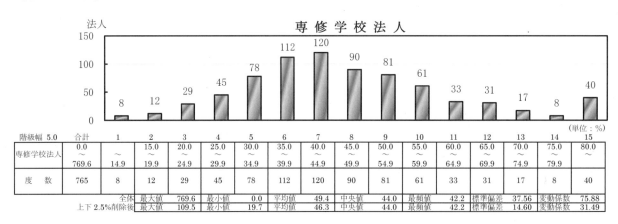

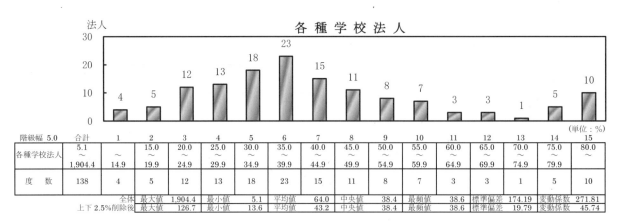

専 修 学 校 部 門

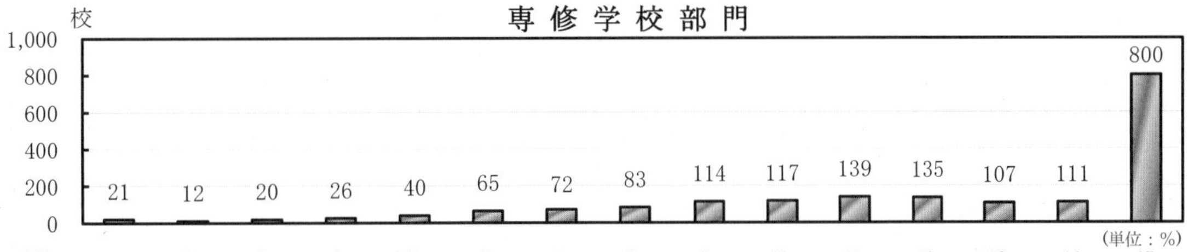

(単位：%)

階級幅 2.5	合計	1	2	3	4	5	6	7	8	9	10	11	12	13	14	15
専修学校部門	0.0 〜 2,076.8	〜 14.9	15.0 〜 17.4	17.5 〜 19.9	20.0 〜 22.4	22.5 〜 24.9	25.0 〜 27.4	27.5 〜 29.9	30.0 〜 32.4	32.5 〜 34.9	35.0 〜 37.4	37.5 〜 39.9	40.0 〜 42.4	42.5 〜 44.9	45.0 〜 47.4	47.5 〜
度　数	1,862	21	12	20	26	40	65	72	83	114	117	139	135	107	111	800

	最大値		最小値		平均値		中央値		最頻値		標準偏差		変動係数	
全体	最大値	2,076.8	最小値	0.0	平均値	51.9	中央値	44.4	最頻値	41.3	標準偏差	60.57	変動係数	116.52
上下 2.5%削除後	最大値	118.2	最小値	19.4	平均値	47.3	中央値	44.4	最頻値	41.3	標準偏差	16.70	変動係数	35.25

各 種 学 校 部 門

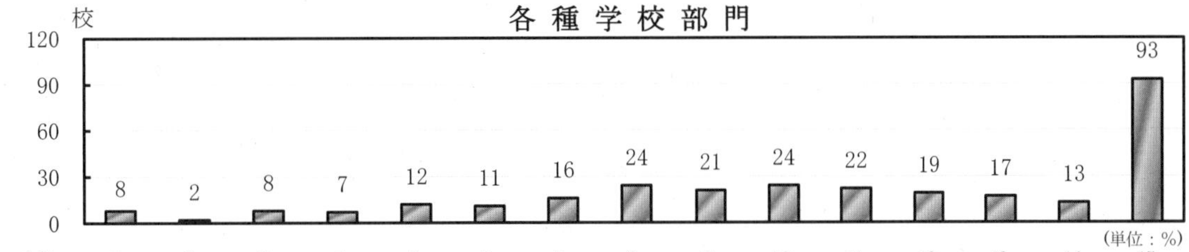

(単位：%)

階級幅 2.5	合計	1	2	3	4	5	6	7	8	9	10	11	12	13	14	15
各種学校部門	5.1 〜 28,945.8	〜 14.9	15.0 〜 17.4	17.5 〜 19.9	20.0 〜 22.4	22.5 〜 24.9	25.0 〜 27.4	27.5 〜 29.9	30.0 〜 32.4	32.5 〜 34.9	35.0 〜 37.4	37.5 〜 39.9	40.0 〜 42.4	42.5 〜 44.9	45.0 〜 47.4	47.5 〜
度　数	297	8	2	8	7	12	11	16	24	21	24	22	19	17	13	93

	最大値		最小値		平均値		中央値		最頻値		標準偏差		変動係数	
全体	最大値	28,945.8	最小値	5.1	平均値	209.9	中央値	38.7	最頻値	29.0	標準偏差	1,741.00	変動係数	829.17
上下 2.5%削除後	最大値	451.4	最小値	14.6	平均値	51.4	中央値	38.7	最頻値	29.0	標準偏差	50.02	変動係数	97.14

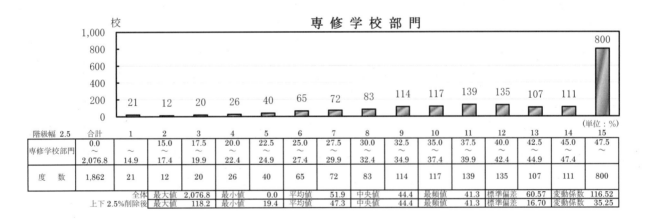

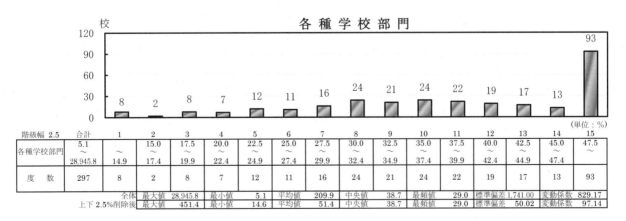

4. 借入金等利息比率

【計　算　式】　$\dfrac{\text{借入金等利息}}{\text{経常収入}}$

【比率の解説】

借入金等利息の経常収入に占める割合である。

この比率は、学校法人の借入金等の額及び借入条件等によって影響を受け、貸借対照表の負債状態が事業活動収支計算書にも反映しているため、学校法人の財務を分析する上で重要な財務比率の一つである。

借入金等利息は外部から調達する有利子負債がなければ発生しないものであるため、この比率は低い方が望ましいとされる。

【財務分析上併せて確認が必要な比率】

総負債比率、固定負債構成比率、流動負債構成比率

【度数分布表】

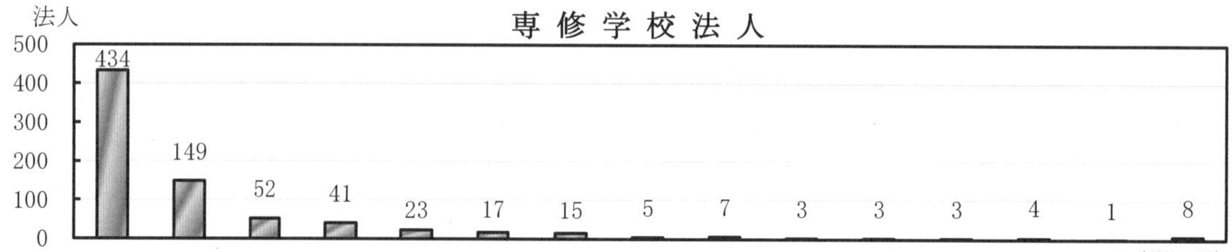

(単位：%)

階級幅 0.5	合計	1	2	3	4	5	6	7	8	9	10	11	12	13	14	15
専修学校法人	0.0～29.7	～0.0	0.1～0.5	0.6～1.0	1.1～1.5	1.6～2.0	2.1～2.5	2.6～3.0	3.1～3.5	3.6～4.0	4.1～4.5	4.6～5.0	5.1～5.5	5.6～6.0	6.1～6.5	6.6～
度　数	765	434	149	52	41	23	17	15	5	7	3	3	3	4	1	8

	最大値	最小値	平均値	中央値	最頻値	標準偏差	変動係数
全体	29.7	0.0	0.6	0.0	0.0	1.77	289.21
上下 2.5%削除後	4.3	0.0	0.4	0.0	0.0	0.81	191.57

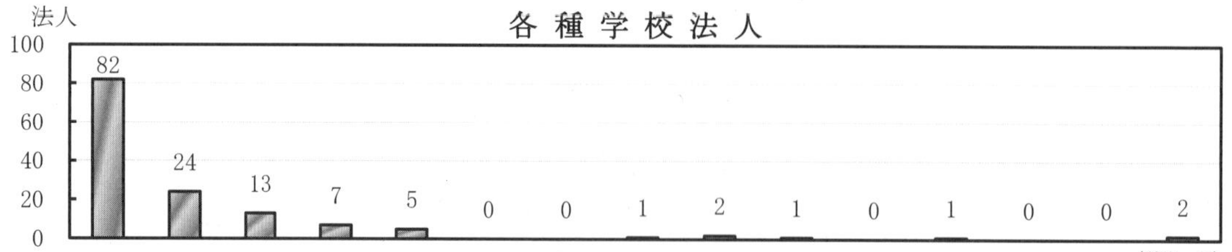

(単位：%)

階級幅 0.5	合計	1	2	3	4	5	6	7	8	9	10	11	12	13	14	15
各種学校法人	0.0～8.3	～0.0	0.1～0.5	0.6～1.0	1.1～1.5	1.6～2.0	2.1～2.5	2.6～3.0	3.1～3.5	3.6～4.0	4.1～4.5	4.6～5.0	5.1～5.5	5.6～6.0	6.1～6.5	6.6～
度　数	138	82	24	13	7	5	0	0	1	2	1	0	1	0	0	2

	最大値	最小値	平均値	中央値	最頻値	標準偏差	変動係数
全体	8.3	0.0	0.5	0.0	0.0	1.22	237.97
上下 2.5%削除後	4.5	0.0	0.3	0.0	0.0	0.78	203.60

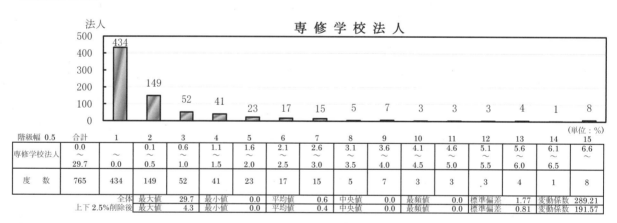

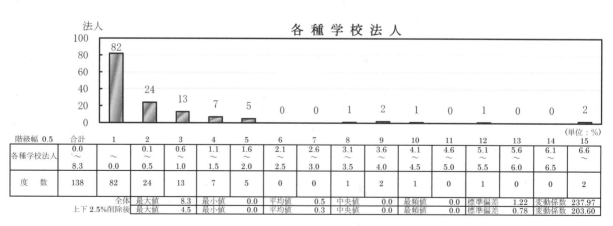

専修学校部門

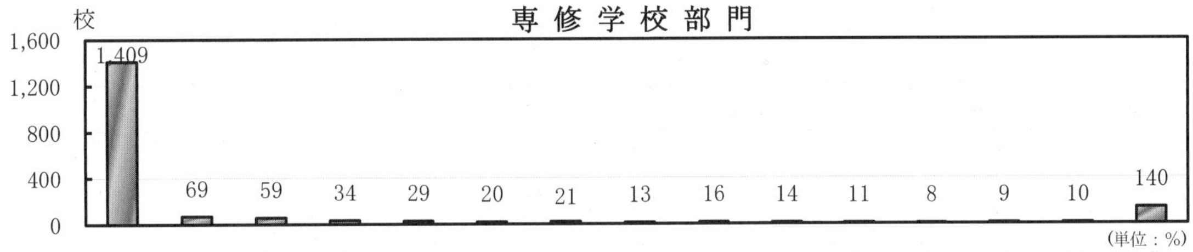

(単位：%)

階級幅 0.1	合計	1	2	3	4	5	6	7	8	9	10	11	12	13	14	15
専修学校部門	0.0 ～ 31.3	～ 0.0	0.1 ～ 0.1	0.2 ～ 0.2	0.3 ～ 0.3	0.4 ～ 0.4	0.5 ～ 0.5	0.6 ～ 0.6	0.7 ～ 0.7	0.8 ～ 0.8	0.9 ～ 0.9	1.0 ～ 1.0	1.1 ～ 1.1	1.2 ～ 1.2	1.3 ～ 1.3	1.4 ～
度　数	1,862	1,409	69	59	34	29	20	21	13	16	14	11	8	9	10	140

全体	最大値	31.3	最小値	0.0	平均値	0.3	中央値	0.0	最頻値	0.0	標準偏差	1.51	変動係数	410.29
上下 2.5%削除後	最大値	3.9	最小値	0.0	平均値	0.2	中央値	0.0	最頻値	0.0	標準偏差	0.56	変動係数	279.50

各種学校部門

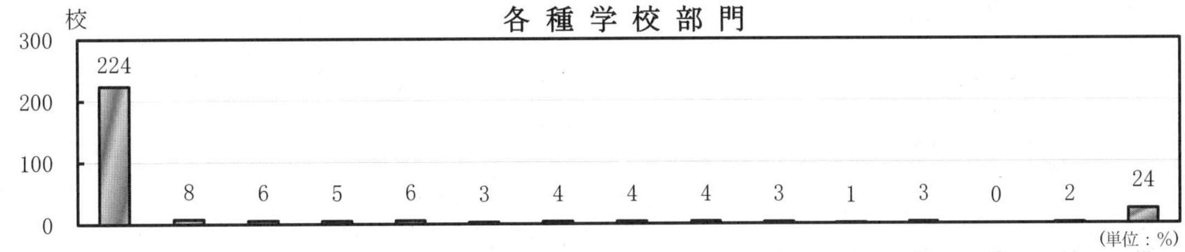

(単位：%)

階級幅 0.1	合計	1	2	3	4	5	6	7	8	9	10	11	12	13	14	15
各種学校部門	0.0 ～ 127.0	～ 0.0	0.1 ～ 0.1	0.2 ～ 0.2	0.3 ～ 0.3	0.4 ～ 0.4	0.5 ～ 0.5	0.6 ～ 0.6	0.7 ～ 0.7	0.8 ～ 0.8	0.9 ～ 0.9	1.0 ～ 1.0	1.1 ～ 1.1	1.2 ～ 1.2	1.3 ～ 1.3	1.4 ～
度　数	297	224	8	6	5	6	3	4	4	4	3	1	3	0	2	24

全体	最大値	127.0	最小値	0.0	平均値	1.0	中央値	0.0	最頻値	0.0	標準偏差	8.81	変動係数	833.65
上下 2.5%削除後	最大値	4.5	最小値	0.0	平均値	0.2	中央値	0.0	最頻値	0.0	標準偏差	0.67	変動係数	280.22

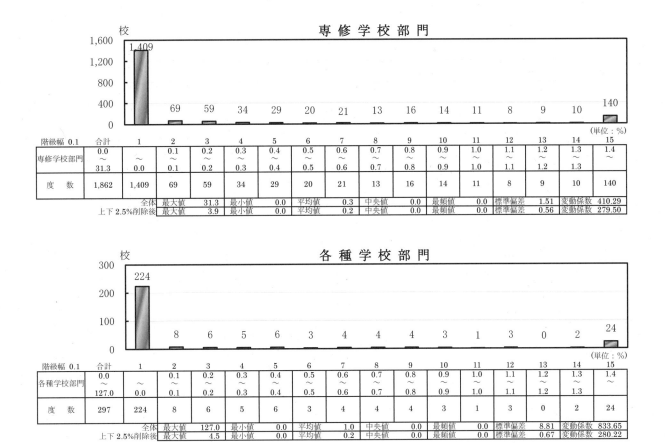

5. 事業活動収支差額比率

【計　算　式】

$$\frac{\text{基本金組入前当年度収支差額}}{\text{事業活動収入}}$$

【比率の解説】

事業活動収入に対する基本金組入前当年度収支差額が占める割合であり、この比率がプラスで大きいほど自己資本が充実し、財政面での将来的な余裕につながるものである。

このプラスの範囲内で基本金組入額が収まっていれば当年度の収支差額は収入超過となり、逆にプラス分を超えた場合は支出超過となる。

この比率がマイナスになる場合は、当年度の事業活動収入で事業活動支出を賄うことができないことを示し、基本金組入前の段階で既に事業活動支出超過の状況にある。

マイナスとなった要因が臨時的なものによる場合は別として、一般的にマイナス幅が大きくなるほど経営が圧迫され、将来的には資金繰りに支障をきたす可能性が否めない。

【財務分析上併せて確認が必要な比率】

基本金組入後収支比率、減価償却額比率

【度数分布表】

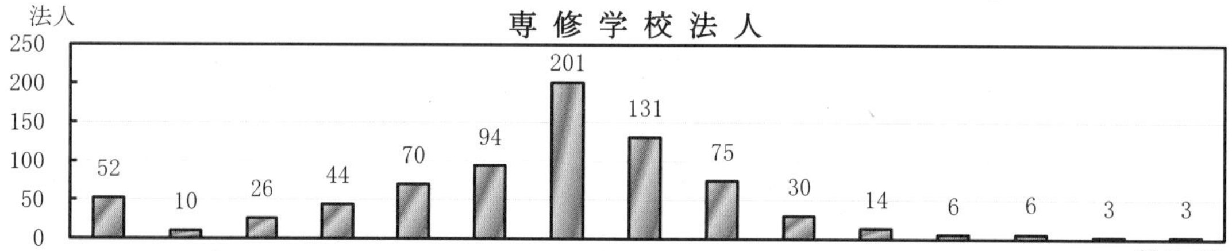

(単位：%)

階級幅 10.0	合計	1	2	3	4	5	6	7	8	9	10	11	12	13	14	15
専修学校法人	−949.0 ～ 100.0	～ −50.1	−50.0 ～ −40.1	−40.0 ～ −30.1	−30.0 ～ −20.1	−20.0 ～ −10.1	−10.0 ～ −0.1	0.0 ～ 9.9	10.0 ～ 19.9	20.0 ～ 29.9	30.0 ～ 39.9	40.0 ～ 49.9	50.0 ～ 59.9	60.0 ～ 69.9	70.0 ～ 79.9	80.0 ～
度　数	765	52	10	26	44	70	94	201	131	75	30	14	6	6	3	3

全体	最大値	100.0	最小値	−949.0	平均値	−7.1	中央値	4.4	最頻値	0.7	標準偏差 67.22	変動係数 −955.21
上下2.5%削除後	最大値	45.6	最小値	−151.3	平均値	−0.9	中央値	4.4	最頻値	0.7	標準偏差 27.60	変動係数 −3,266.53

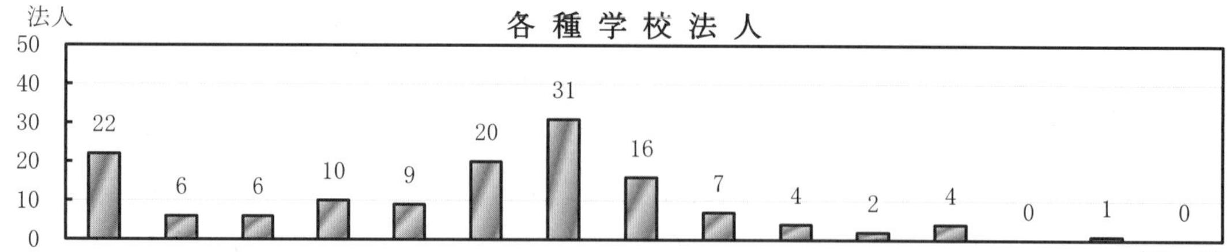

(単位：%)

階級幅 10.0	合計	1	2	3	4	5	6	7	8	9	10	11	12	13	14	15
各種学校法人	−11,739.9 ～ 79.7	～ −50.1	−50.0 ～ −40.1	−40.0 ～ −30.1	−30.0 ～ −20.1	−20.0 ～ −10.1	−10.0 ～ −0.1	0.0 ～ 9.9	10.0 ～ 19.9	20.0 ～ 29.9	30.0 ～ 39.9	40.0 ～ 49.9	50.0 ～ 59.9	60.0 ～ 69.9	70.0 ～ 79.9	80.0 ～
度　数	138	22	6	6	10	9	20	31	16	7	4	2	4	0	1	0

全体	最大値	79.7	最小値	−11,739.9	平均値	−181.5	中央値	−2.6	最頻値	−48.4	標準偏差 1,298.80	変動係数 −715.81
上下2.5%削除後	最大値	51.4	最小値	−601.7	平均値	−22.8	中央値	−2.6	最頻値	−5.0	標準偏差 79.65	変動係数 −350.79

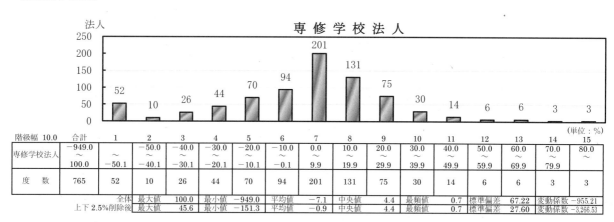

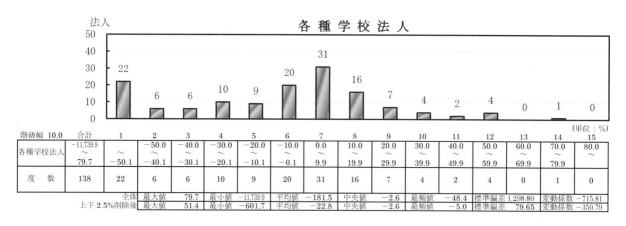

専 修 学 校 部 門

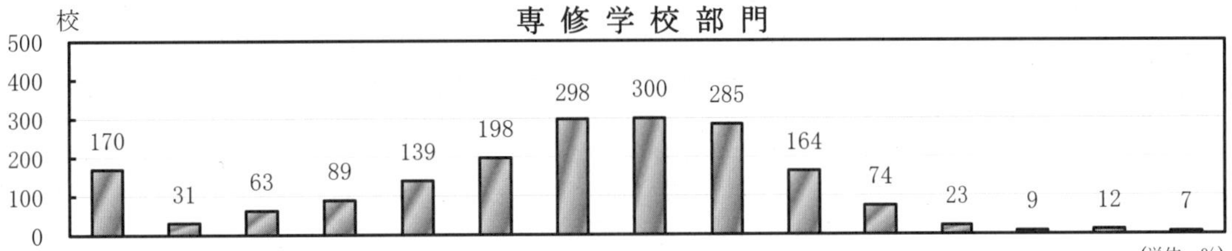

(単位：%)

階級幅 10.0	合計	1	2	3	4	5	6	7	8	9	10	11	12	13	14	15
専修学校部門	−2,350.7 〜 100.0	〜 −50.1	−50.0 〜 −40.1	−40.0 〜 −30.1	−30.0 〜 −20.1	−20.0 〜 −10.1	−10.0 〜 −0.1	0.0 〜 9.9	10.0 〜 19.9	20.0 〜 29.9	30.0 〜 39.9	40.0 〜 49.9	50.0 〜 59.9	60.0 〜 69.9	70.0 〜 79.9	80.0 〜
度　数	1,862	170	31	63	89	139	198	298	300	285	164	74	23	9	12	7

	最大値		最小値		平均値		中央値		最頻値		標準偏差		変動係数	
全体	最大値	100.0	最小値	−2,350.7	平均値	−6.8	中央値	8.4	最頻値	7.2	標準偏差	90.34	変動係数	−1,342.80
上下 2.5%削除後	最大値	50.4	最小値	−163.0	平均値	1.5	中央値	8.4	最頻値	7.2	標準偏差	32.76	変動係数	2,245.21

各 種 学 校 部 門

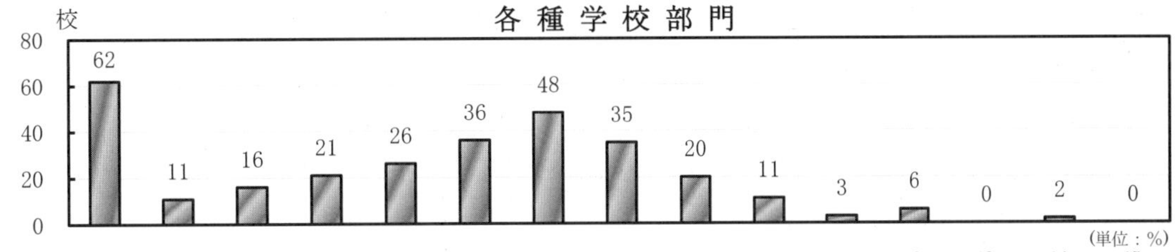

(単位：%)

階級幅 10.0	合計	1	2	3	4	5	6	7	8	9	10	11	12	13	14	15
各種学校部門	−47,749.5 〜 79.7	〜 −50.1	−50.0 〜 −40.1	−40.0 〜 −30.1	−30.0 〜 −20.1	−20.0 〜 −10.1	−10.0 〜 −0.1	0.0 〜 9.9	10.0 〜 19.9	20.0 〜 29.9	30.0 〜 39.9	40.0 〜 49.9	50.0 〜 59.9	60.0 〜 69.9	70.0 〜 79.9	80.0 〜
度　数	297	62	11	16	21	26	36	48	35	20	11	3	6	0	2	0

	最大値		最小値		平均値		中央値		最頻値		標準偏差		変動係数	
全体	最大値	79.7	最小値	−47,749.5	平均値	−427.8	中央値	−5.4	最頻値	2.6	標準偏差	3,243.06	変動係数	−758.15
上下 2.5%削除後	最大値	50.2	最小値	−1,556.5	平均値	−46.4	中央値	−5.4	最頻値	2.6	標準偏差	161.41	変動係数	−347.91

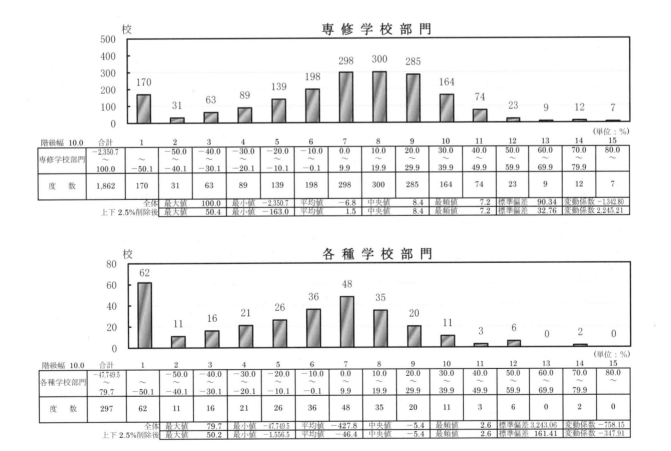

6. 基本金組入後収支比率

【計　算　式】

$$\frac{\text{事業活動支出}}{\text{事業活動収入－基本金組入額}}$$

【比率の解説】

事業活動収入から基本金組入額を控除した額に対する事業活動支出が占める割合を示す比率である。

一般的には、基本金組入後において収支が均衡する100%前後が望ましいと考えられるが、臨時的な固定資産の取得等による基本金組入れが著しく大きい年度において一時的に急上昇する場合もある。

この比率の評価に際しては、この比率が基本金組入額に大きく影響されるため、基本金組入計画や当該年度の基本金の組入状況及びその内容を考慮する必要がある。

【財務分析上併せて確認が必要な比率】

事業活動収支差額比率、基本金組入率

【度数分布表】

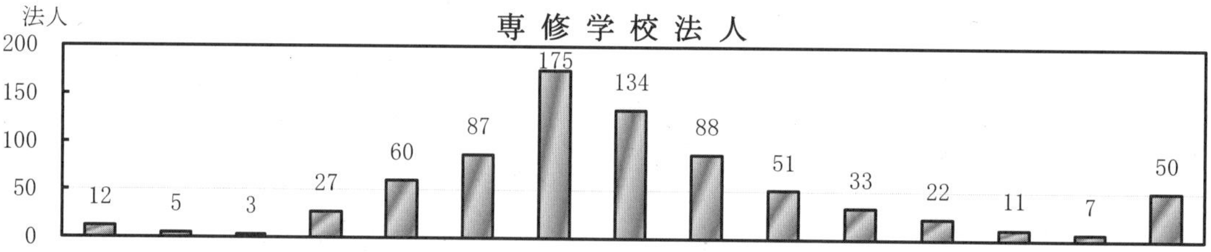

(単位：%)

階級幅 10.0	合計	1	2	3	4	5	6	7	8	9	10	11	12	13	14	15
専修学校法人	−4,693.4 ～ 932.3	～ 39.9	40.0 ～ 49.9	50.0 ～ 59.9	60.0 ～ 69.9	70.0 ～ 79.9	80.0 ～ 89.9	90.0 ～ 99.9	100.0 ～ 109.9	110.0 ～ 119.9	120.0 ～ 129.9	130.0 ～ 139.9	140.0 ～ 149.9	150.0 ～ 159.9	160.0 ～ 169.9	170.0 ～
度　数	765	12	5	3	27	60	87	175	134	88	51	33	22	11	7	50

全体	最大値	932.3	最小値	−4,693.4	平均値	102.7	中央値	100.6	最頻値	106.0	標準偏差	207.48	変動係数	202.01
上下 2.5%削除後	最大値	282.2	最小値	59.1	平均値	107.1	中央値	100.6	最頻値	106.0	標準偏差	31.03	変動係数	28.96

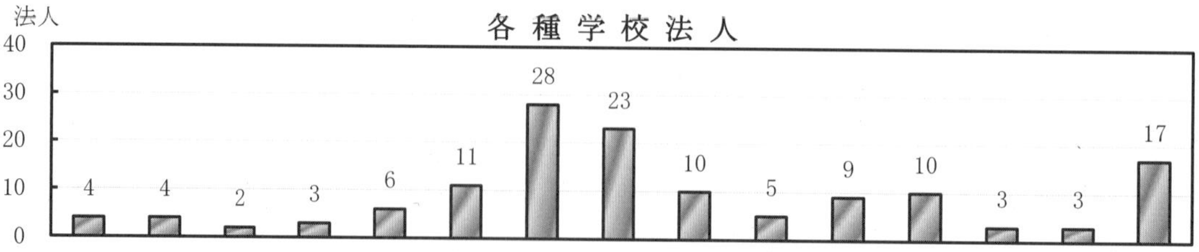

(単位：%)

階級幅 10.0	合計	1	2	3	4	5	6	7	8	9	10	11	12	13	14	15
各種学校法人	−1,553.5 ～ 11,839.9	～ 39.9	40.0 ～ 49.9	50.0 ～ 59.9	60.0 ～ 69.9	70.0 ～ 79.9	80.0 ～ 89.9	90.0 ～ 99.9	100.0 ～ 109.9	110.0 ～ 119.9	120.0 ～ 129.9	130.0 ～ 139.9	140.0 ～ 149.9	150.0 ～ 159.9	160.0 ～ 169.9	170.0 ～
度　数	138	4	4	2	3	6	11	28	23	10	5	9	10	3	3	17

全体	最大値	11,839.9	最小値	−1,553.5	平均値	266.0	中央値	105.1	最頻値	94.8	標準偏差	1,310.83	変動係数	492.70
上下 2.5%削除後	最大値	773.9	最小値	20.4	平均値	125.2	中央値	105.1	最頻値	94.8	標準偏差	84.77	変動係数	67.67

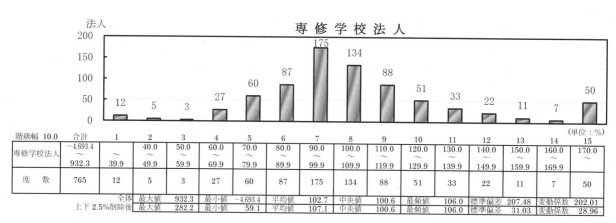

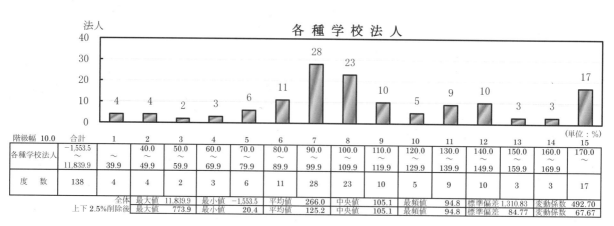

専修学校部門

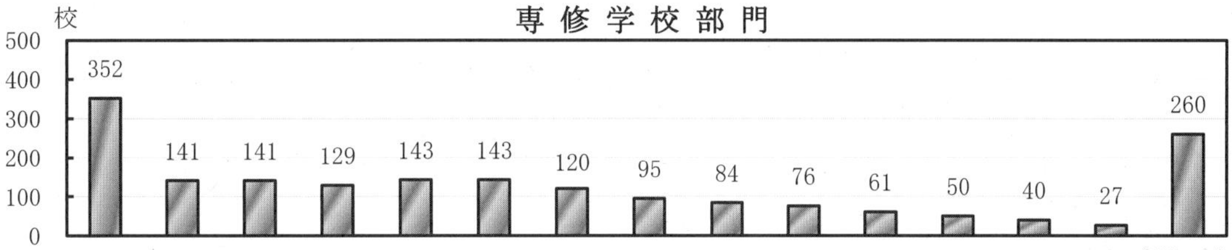

(単位：%)

階級幅 5.0	合計	1	2	3	4	5	6	7	8	9	10	11	12	13	14	15
専修学校部門	−4,693.4 ～ 3,647.3	～ 74.9	75.0 ～ 79.9	80.0 ～ 84.9	85.0 ～ 89.9	90.0 ～ 94.9	95.0 ～ 99.9	100.0 ～ 104.9	105.0 ～ 109.9	110.0 ～ 114.9	115.0 ～ 119.9	120.0 ～ 124.9	125.0 ～ 129.9	130.0 ～ 134.9	135.0 ～ 139.9	140.0 ～
度　数	1,862	352	141	141	129	143	143	120	95	84	76	61	50	40	27	260

全体	最大値	3,647.3	最小値	−4,693.4	平均値	110.6	中央値	95.9	最頻値	84.2	標準偏差	194.24	変動係数	175.60
上下 2.5%削除後	最大値	332.5	最小値	40.2	平均値	104.8	中央値	95.9	最頻値	84.2	標準偏差	41.34	変動係数	39.43

各種学校部門

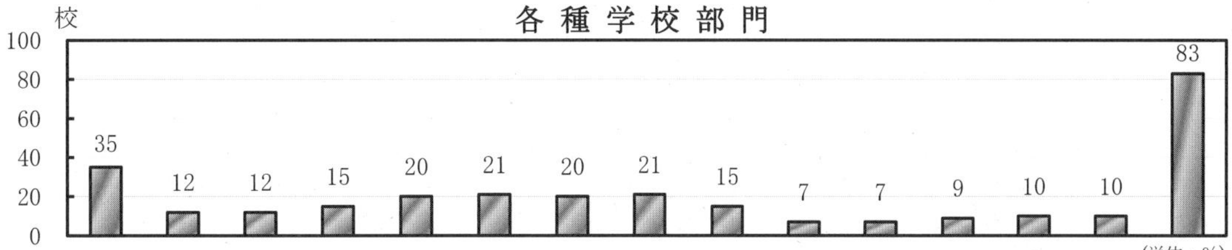

(単位：%)

階級幅 5.0	合計	1	2	3	4	5	6	7	8	9	10	11	12	13	14	15
各種学校部門	−30,575.2 ～ 21,290.6	～ 74.9	75.0 ～ 79.9	80.0 ～ 84.9	85.0 ～ 89.9	90.0 ～ 94.9	95.0 ～ 99.9	100.0 ～ 104.9	105.0 ～ 109.9	110.0 ～ 114.9	115.0 ～ 119.9	120.0 ～ 124.9	125.0 ～ 129.9	130.0 ～ 134.9	135.0 ～ 139.9	140.0 ～
度　数	297	35	12	12	15	20	21	20	21	15	7	7	9	10	10	83

全体	最大値	21,290.6	最小値	−30,575.2	平均値	227.2	中央値	107.6	最頻値	92.6	標準偏差	2,427.05	変動係数	1,068.09
上下 2.5%削除後	最大値	926.7	最小値	20.4	平均値	144.2	中央値	107.6	最頻値	92.6	標準偏差	127.56	変動係数	88.43

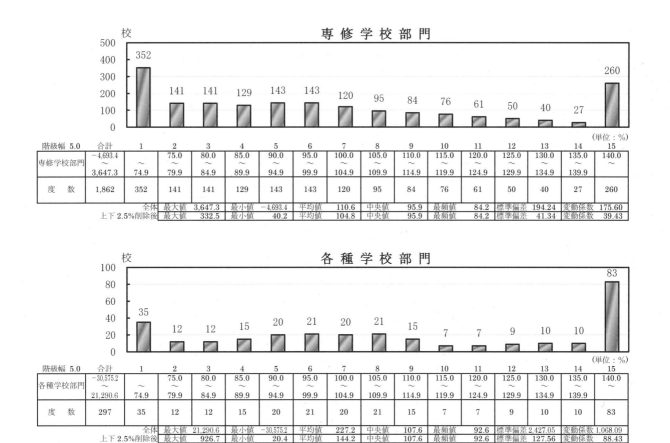

7. 学生生徒等納付金比率

【計　算　式】 $$\frac{\text{学生生徒等納付金}}{\text{経常収入}}$$

【比率の解説】

学生生徒等納付金の経常収入に占める割合である。

学生生徒等納付金は、生徒等の増減並びに納付金の水準の高低の影響を受けるが、学校法人の事業活動収入のなかで最大の割合を占めており、補助金や寄付金と比べて外部要因に影響されることの少ない重要な自己財源であることから、この比率が安定的に推移することが望ましい。

この比率の評価に際しては、同時に学生生徒等納付金の内訳や生徒等１人当たりの納付金額、奨学費の支出状況も確認することが重要である。

【財務分析上併せて確認が必要な比率】

事業活動収支差額比率、経常収支差額比率、教育活動収支差額比率、経常補助金比率

【度数分布表】

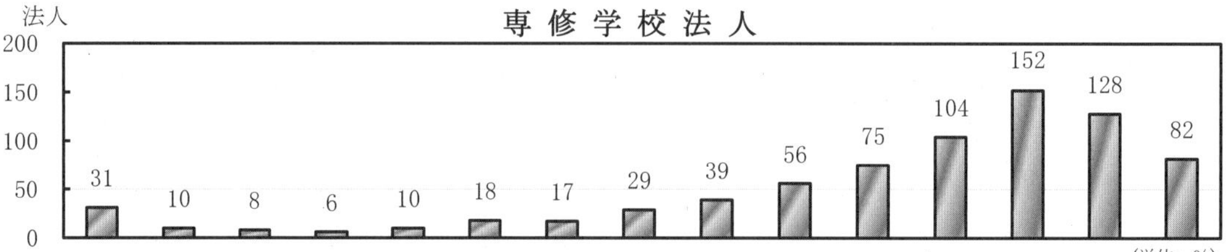

(単位：%)

階級幅 5.0	合計	1	2	3	4	5	6	7	8	9	10	11	12	13	14	15
専修学校法人	0.0 ～ 100.0	～ 29.9	30.0 ～ 34.9	35.0 ～ 39.9	40.0 ～ 44.9	45.0 ～ 49.9	50.0 ～ 54.9	55.0 ～ 59.9	60.0 ～ 64.9	65.0 ～ 69.9	70.0 ～ 74.9	75.0 ～ 79.9	80.0 ～ 84.9	85.0 ～ 89.9	90.0 ～ 94.9	95.0 ～
度　数	765	31	10	8	6	10	18	17	29	39	56	75	104	152	128	82

全体	最大値	100.0	最小値	0.0	平均値	78.1	中央値	83.9	最頻値	85.9	標準偏差	19.18	変動係数	24.55
上下 2.5%削除後	最大値	98.4	最小値	17.0	平均値	79.3	中央値	83.9	最頻値	85.9	標準偏差	15.73	変動係数	19.82

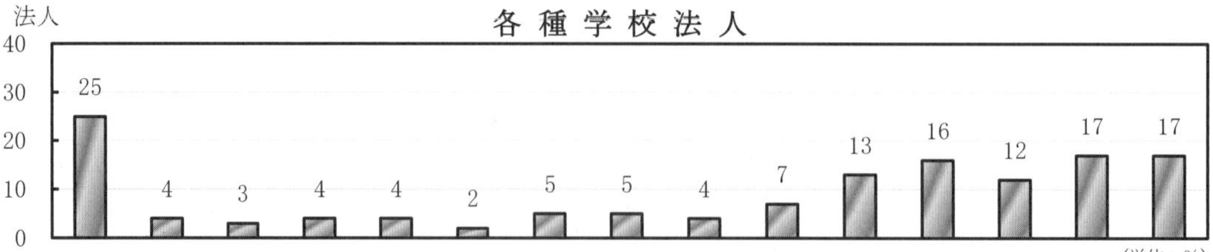

(単位：%)

階級幅 5.0	合計	1	2	3	4	5	6	7	8	9	10	11	12	13	14	15
各種学校法人	0.0 ～ 100.0	～ 29.9	30.0 ～ 34.9	35.0 ～ 39.9	40.0 ～ 44.9	45.0 ～ 49.9	50.0 ～ 54.9	55.0 ～ 59.9	60.0 ～ 64.9	65.0 ～ 69.9	70.0 ～ 74.9	75.0 ～ 79.9	80.0 ～ 84.9	85.0 ～ 89.9	90.0 ～ 94.9	95.0 ～
度　数	138	25	4	3	4	4	2	5	5	4	7	13	16	12	17	17

全体	最大値	100.0	最小値	0.0	平均値	65.1	中央値	76.9	最頻値	100.0	標準偏差	30.20	変動係数	46.39
上下 2.5%削除後	最大値	99.4	最小値	5.1	平均値	65.7	中央値	76.9	最頻値	61.0	標準偏差	28.83	変動係数	43.82

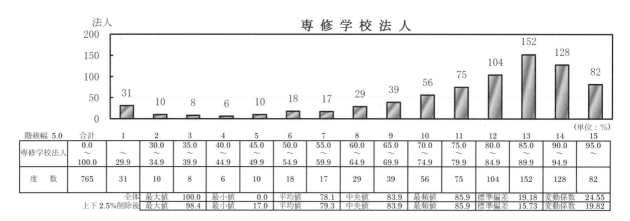

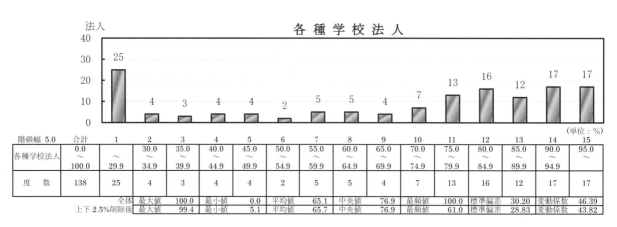

専修学校部門

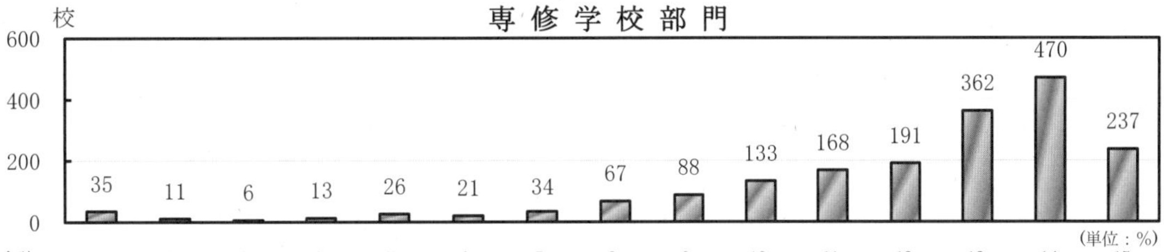

(単位：%)

階級幅 5.0	合計	1	2	3	4	5	6	7	8	9	10	11	12	13	14	15
専修学校部門	0.0 ～ 100.0	～ 29.9	30.0 ～ 34.9	35.0 ～ 39.9	40.0 ～ 44.9	45.0 ～ 49.9	50.0 ～ 54.9	55.0 ～ 59.9	60.0 ～ 64.9	65.0 ～ 69.9	70.0 ～ 74.9	75.0 ～ 79.9	80.0 ～ 84.9	85.0 ～ 89.9	90.0 ～ 94.9	95.0 ～
度　数	1,862	35	11	6	13	26	21	34	67	88	133	168	191	362	470	237

全体	最大値	100.0	最小値	0.0	平均値	81.9	中央値	87.1	最頻値	91.0	標準偏差	15.89	変動係数	19.37
上下 2.5%削除後	最大値	98.7	最小値	37.1	平均値	83.1	中央値	87.1	最頻値	91.0	標準偏差	12.18	変動係数	14.63

各種学校部門

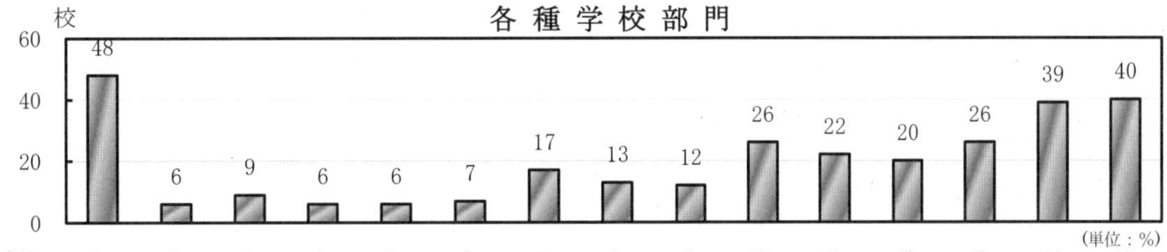

(単位：%)

階級幅 5.0	合計	1	2	3	4	5	6	7	8	9	10	11	12	13	14	15
各種学校部門	0.0 ～ 100.0	～ 29.9	30.0 ～ 34.9	35.0 ～ 39.9	40.0 ～ 44.9	45.0 ～ 49.9	50.0 ～ 54.9	55.0 ～ 59.9	60.0 ～ 64.9	65.0 ～ 69.9	70.0 ～ 74.9	75.0 ～ 79.9	80.0 ～ 84.9	85.0 ～ 89.9	90.0 ～ 94.9	95.0 ～
度　数	297	48	6	9	6	6	7	17	13	12	26	22	20	26	39	40

全体	最大値	100.0	最小値	0.0	平均値	66.3	中央値	74.8	最頻値	0.0	標準偏差	28.89	変動係数	43.54
上下 2.5%削除後	最大値	99.7	最小値	0.0	平均値	67.1	中央値	74.8	最頻値	61.5	標準偏差	27.17	変動係数	40.45

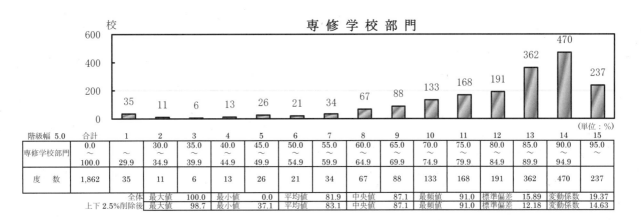

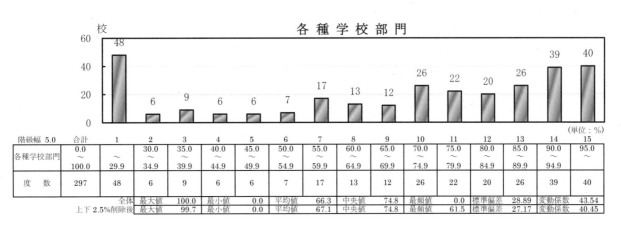

8. 寄付金比率

【計　算　式】

$$\frac{\text{寄付金}}{\text{事業活動収入}}$$

＊寄付金＝教育活動収支の寄付金＋特別収支の寄付金

【比率の解説】

寄付金の事業活動収入に占める割合である。

寄付金は私立学校にとって重要な収入源であり、一定水準の寄付金収入を継続して確保することが経営の安定のためには好ましいことである。

しかし、寄付金は予定された収入ではないため年度による増減幅が大きくなる。周年事業の寄付金募集を行っている場合、事業の終了後に寄付金収入が大きく落ち込む例が典型的である。

今後の学校経営においては、学内の寄付金募集体制を充実させ、一定水準の寄付金の安定的な確保に努めることの重要性が高まっている。

【財務分析上併せて確認が必要な比率】

事業活動収支差額比率、経常収支差額比率

【度数分布表】

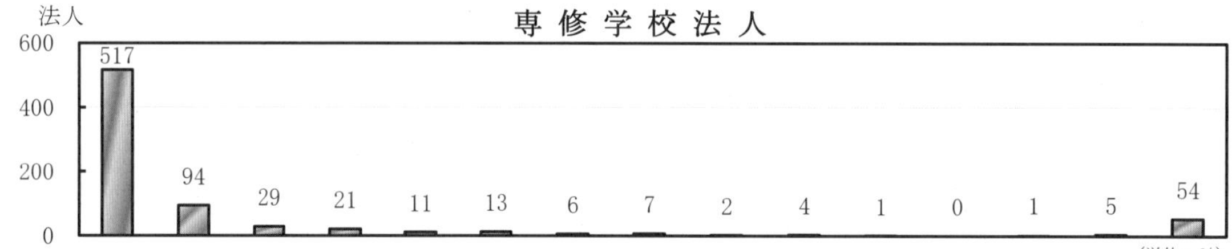

(単位：%)

階級幅 0.5	合計	1	2	3	4	5	6	7	8	9	10	11	12	13	14	15
専修学校法人	0.0〜91.3	〜0.0	0.1〜0.5	0.6〜1.0	1.1〜1.5	1.6〜2.0	2.1〜2.5	2.6〜3.0	3.1〜3.5	3.6〜4.0	4.1〜4.5	4.6〜5.0	5.1〜5.5	5.6〜6.0	6.1〜6.5	6.6〜
度　数	765	517	94	29	21	11	13	6	7	2	4	1	0	1	5	54

全体	最大値	91.3	最小値	0.0	平均値	2.5	中央値	0.0	最頻値	0.0	標準偏差	10.28	変動係数	403.94
上下 2.5%削除後	最大値	34.6	最小値	0.0	平均値	1.0	中央値	0.0	最頻値	0.0	標準偏差	3.91	変動係数	357.07

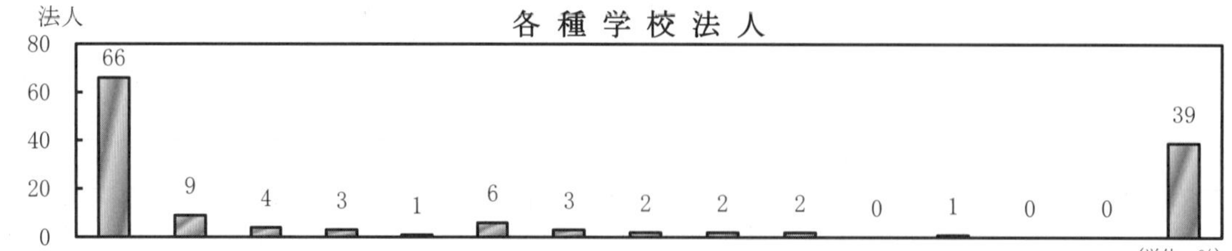

(単位：%)

階級幅 0.5	合計	1	2	3	4	5	6	7	8	9	10	11	12	13	14	15
各種学校法人	0.0〜90.6	〜0.0	0.1〜0.5	0.6〜1.0	1.1〜1.5	1.6〜2.0	2.1〜2.5	2.6〜3.0	3.1〜3.5	3.6〜4.0	4.1〜4.5	4.6〜5.0	5.1〜5.5	5.6〜6.0	6.1〜6.5	6.6〜
度　数	138	66	9	4	3	1	6	3	2	2	2	0	1	0	0	39

全体	最大値	90.6	最小値	0.0	平均値	12.9	中央値	0.2	最頻値	0.0	標準偏差	24.64	変動係数	190.27
上下 2.5%削除後	最大値	84.5	最小値	0.0	平均値	11.5	中央値	0.2	最頻値	0.0	標準偏差	22.26	変動係数	193.42

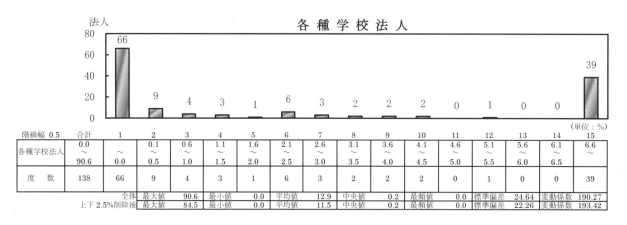

専 修 学 校 部 門

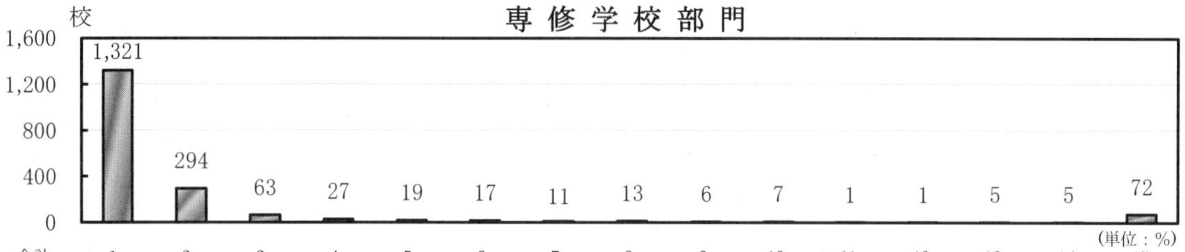

(単位：%)

階級幅 0.5	合計	1	2	3	4	5	6	7	8	9	10	11	12	13	14	15
専修学校部門	0.0 ～ 91.3	～ 0.0	0.1 ～ 0.5	0.6 ～ 1.0	1.1 ～ 1.5	1.6 ～ 2.0	2.1 ～ 2.5	2.6 ～ 3.0	3.1 ～ 3.5	3.6 ～ 4.0	4.1 ～ 4.5	4.6 ～ 5.0	5.1 ～ 5.5	5.6 ～ 6.0	6.1 ～ 6.5	6.6 ～
度　数	1,862	1,321	294	63	27	19	17	11	13	6	7	1	1	5	5	72

全体	最大値	91.3	最小値	0.0	平均値	1.4	中央値	0.0	最頻値	0.0	標準偏差	7.58	変動係数	535.81
上下 2.5%削除後	最大値	13.9	最小値	0.0	平均値	0.3	中央値	0.0	最頻値	0.0	標準偏差	1.41	変動係数	363.25

各 種 学 校 部 門

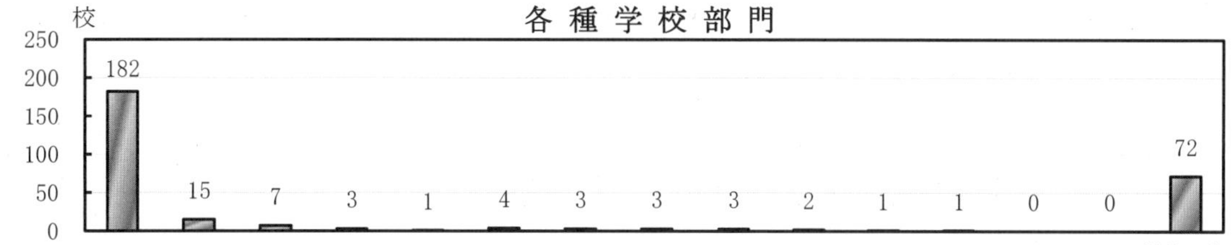

(単位：%)

階級幅 0.5	合計	1	2	3	4	5	6	7	8	9	10	11	12	13	14	15
各種学校部門	0.0 ～ 90.6	～ 0.0	0.1 ～ 0.5	0.6 ～ 1.0	1.1 ～ 1.5	1.6 ～ 2.0	2.1 ～ 2.5	2.6 ～ 3.0	3.1 ～ 3.5	3.6 ～ 4.0	4.1 ～ 4.5	4.6 ～ 5.0	5.1 ～ 5.5	5.6 ～ 6.0	6.1 ～ 6.5	6.6 ～
度　数	297	182	15	7	3	1	4	3	3	3	2	1	1	0	0	72

全体	最大値	90.6	最小値	0.0	平均値	11.0	中央値	0.0	最頻値	0.0	標準偏差	22.59	変動係数	204.98
上下 2.5%削除後	最大値	77.1	最小値	0.0	平均値	9.4	中央値	0.0	最頻値	0.0	標準偏差	19.77	変動係数	209.40

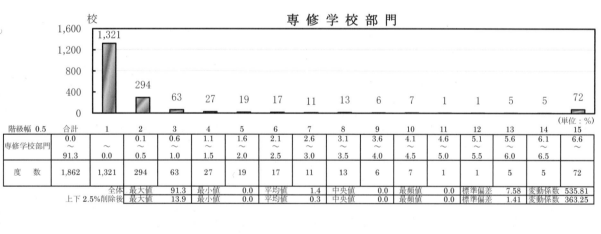

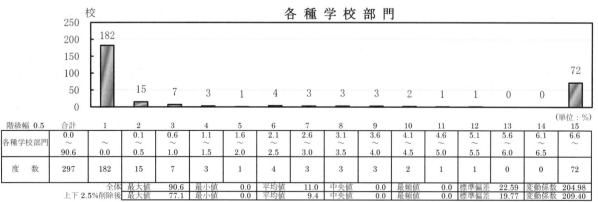

9. 経常寄付金比率

【計　算　式】

$$\frac{\text{教育活動収支の寄付金}}{\text{経　常　収　入}}$$

【比率の解説】

経常的な寄付金の経常収入に占める割合である。

一般的に寄付金収入は年度による増減の幅が大きく、常に一定水準の寄付金を確保することは容易ではない。納付金や経常費への補助金といった経常的な収入を補完するため、臨時的要素によらない寄付募集を継続的に行うことが重要である。

【財務分析上併せて確認が必要な比率】

事業活動収支差額比率、経常収支差額比率

【度数分布表】

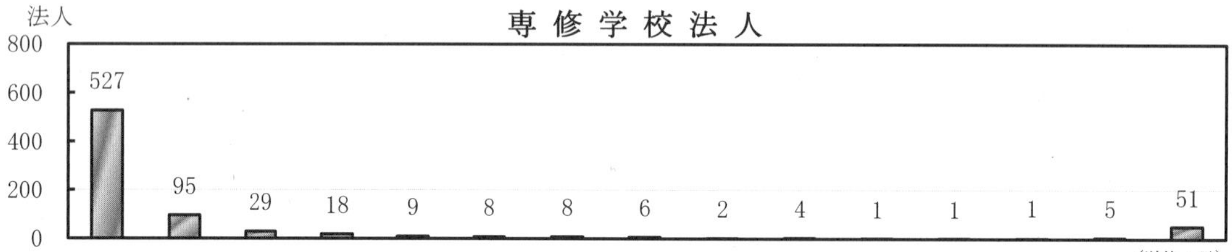

(単位：%)

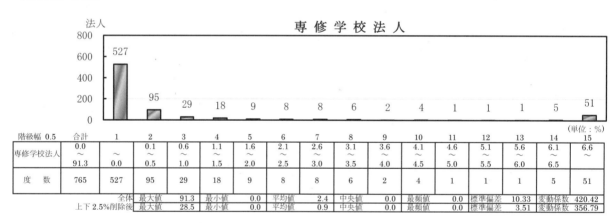

階級幅 0.5	合計	1	2	3	4	5	6	7	8	9	10	11	12	13	14	15
専修学校法人	0.0～91.3	～0.0	0.1～0.5	0.6～1.0	1.1～1.5	1.6～2.0	2.1～2.5	2.6～3.0	3.1～3.5	3.6～4.0	4.1～4.5	4.6～5.0	5.1～5.5	5.6～6.0	6.1～6.5	6.6～
度　数	765	527	95	29	18	9	8	8	6	2	4	1	1	1	5	51

全体	最大値	91.3	最小値	0.0	平均値	2.4	中央値	0.0	最頻値	0.0	標準偏差	10.33	変動係数	420.42
上下 2.5%削除後	最大値	28.5	最小値	0.0	平均値	0.9	中央値	0.0	最頻値	0.0	標準偏差	3.51	変動係数	356.79

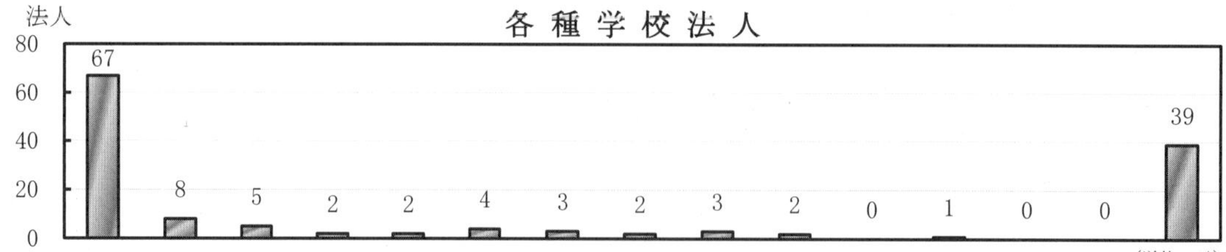

(単位：%)

階級幅 0.5	合計	1	2	3	4	5	6	7	8	9	10	11	12	13	14	15
各種学校法人	0.0～90.6	～0.0	0.1～0.5	0.6～1.0	1.1～1.5	1.6～2.0	2.1～2.5	2.6～3.0	3.1～3.5	3.6～4.0	4.1～4.5	4.6～5.0	5.1～5.5	5.6～6.0	6.1～6.5	6.6～
度　数	138	67	8	5	2	2	4	3	2	3	2	0	1	0	0	39

全体	最大値	90.6	最小値	0.0	平均値	13.2	中央値	0.1	最頻値	0.0	標準偏差	25.10	変動係数	189.17
上下 2.5%削除後	最大値	86.8	最小値	0.0	平均値	11.8	中央値	0.1	最頻値	0.0	標準偏差	22.82	変動係数	192.64

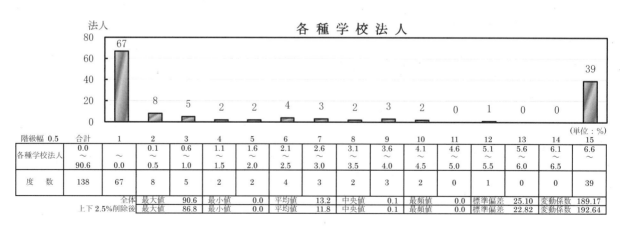

専修学校部門

(単位：%)

階級幅 0.5	合計	1	2	3	4	5	6	7	8	9	10	11	12	13	14	15
専修学校部門	0.0 ～ 91.3	～ 0.0	0.1 ～ 0.5	0.6 ～ 1.0	1.1 ～ 1.5	1.6 ～ 2.0	2.1 ～ 2.5	2.6 ～ 3.0	3.1 ～ 3.5	3.6 ～ 4.0	4.1 ～ 4.5	4.6 ～ 5.0	5.1 ～ 5.5	5.6 ～ 6.0	6.1 ～ 6.5	6.6 ～
度　数	1,862	1,373	271	57	24	14	11	11	12	4	6	1	4	5	4	65

全体	最大値	91.3	最小値	0.0	平均値	1.3	中央値	0.0	最頻値	0.0	標準偏差	7.55	変動係数	569.31
上下 2.5%削除後	最大値	12.6	最小値	0.0	平均値	0.3	中央値	0.0	最頻値	0.0	標準偏差	1.21	変動係数	378.88

各種学校部門

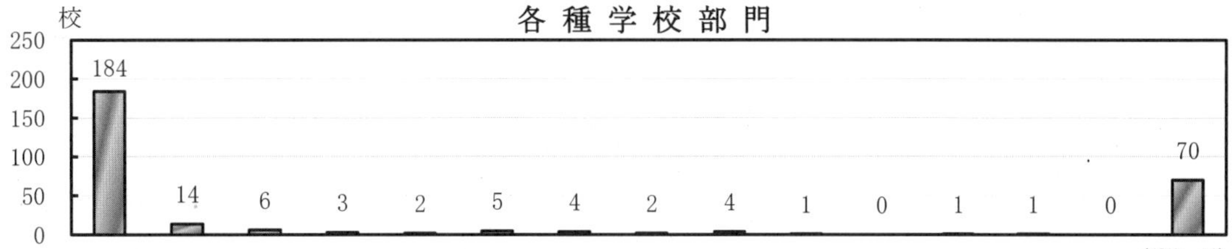

(単位：%)

階級幅 0.5	合計	1	2	3	4	5	6	7	8	9	10	11	12	13	14	15
各種学校部門	0.0 ～ 90.6	～ 0.0	0.1 ～ 0.5	0.6 ～ 1.0	1.1 ～ 1.5	1.6 ～ 2.0	2.1 ～ 2.5	2.6 ～ 3.0	3.1 ～ 3.5	3.6 ～ 4.0	4.1 ～ 4.5	4.6 ～ 5.0	5.1 ～ 5.5	5.6 ～ 6.0	6.1 ～ 6.5	6.6 ～
度　数	297	184	14	6	3	2	5	4	2	4	1	0	1	1	0	70

全体	最大値	90.6	最小値	0.0	平均値	11.1	中央値	0.0	最頻値	0.0	標準偏差	22.85	変動係数	205.49
上下 2.5%削除後	最大値	77.9	最小値	0.0	平均値	9.5	中央値	0.0	最頻値	0.0	標準偏差	20.05	変動係数	210.25

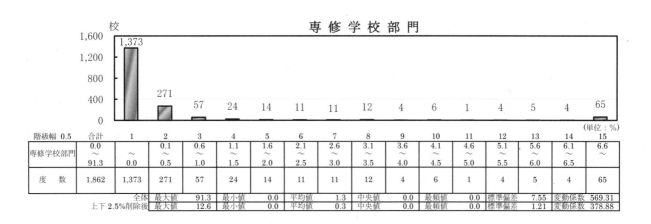

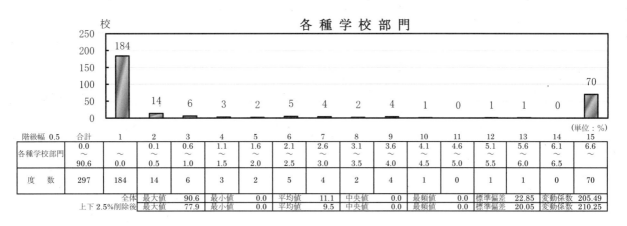

10. 補助金比率

【計　算　式】

$$\frac{\text{補助金}}{\text{事業活動収入}}$$

＊補助金＝経常費等補助金＋特別収支の補助金

【比率の解説】

国又は地方公共団体の補助金の事業活動収入に占める割合である。

学校法人において、補助金は一般的に学生生徒等納付金に次ぐ第二の収入源泉であり、今や必要不可欠なものである。私立学校が公教育の一翼を担う観点からも今後の補助金額の増加が大いに期待されている。

しかし、この比率が高い場合、学校法人独自の自主財源が相対的に小さく、国や地方公共団体の補助金政策の動向に影響を受けやすいこととなるため、場合によっては学校経営の柔軟性が損なわれる可能性も否定できない。

補助金には臨時的要素のものもあることから、11. に掲げる経常補助金比率を併用し、年度による補助金額の増減が学校法人財政に及ぼす影響を認識しておくことも重要である。

【財務分析上併せて確認が必要な比率】

事業活動収支差額比率、経常収支差額比率、学生生徒等納付金比率

【度数分布表】

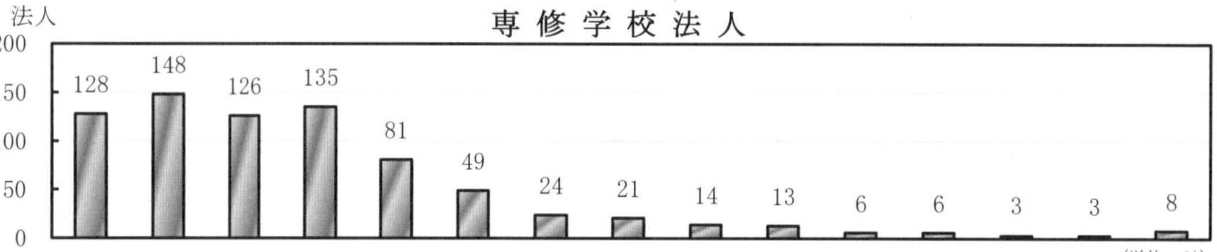

(単位：%)

階級幅 2.5	合計	1	2	3	4	5	6	7	8	9	10	11	12	13	14	15
専修学校法人	0.0 〜 58.1	〜 0.0	0.1 〜 2.5	2.6 〜 5.0	5.1 〜 7.5	7.6 〜 10.0	10.1 〜 12.5	12.6 〜 15.0	15.1 〜 17.5	17.6 〜 20.0	20.1 〜 22.5	22.6 〜 25.0	25.1 〜 27.5	27.6 〜 30.0	30.1 〜 32.5	32.6 〜
度　数	765	128	148	126	135	81	49	24	21	14	13	6	6	3	3	8

全体	最大値	58.1	最小値	0.0	平均値	6.2	中央値	4.7	最頻値	0.0	標準偏差	7.28	変動係数	116.16
上下 2.5%削除後	最大値	25.3	最小値	0.0	平均値	5.6	中央値	4.7	最頻値	0.0	標準偏差	5.40	変動係数	95.48

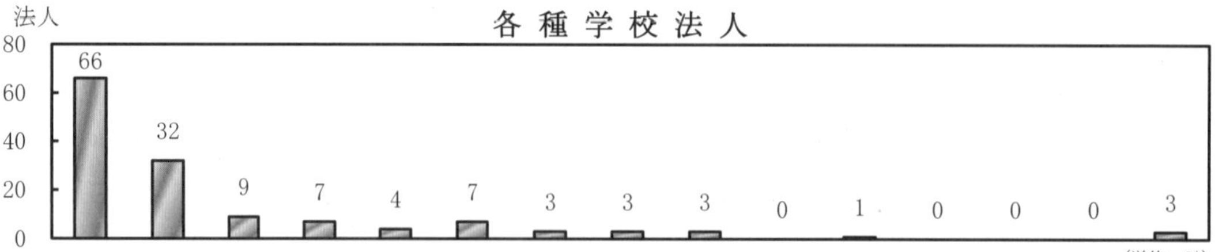

(単位：%)

階級幅 2.5	合計	1	2	3	4	5	6	7	8	9	10	11	12	13	14	15
各種学校法人	0.0 〜 80.0	〜 0.0	0.1 〜 2.5	2.6 〜 5.0	5.1 〜 7.5	7.6 〜 10.0	10.1 〜 12.5	12.6 〜 15.0	15.1 〜 17.5	17.6 〜 20.0	20.1 〜 22.5	22.6 〜 25.0	25.1 〜 27.5	27.6 〜 30.0	30.1 〜 32.5	32.6 〜
度　数	138	66	32	9	7	4	7	3	3	3	0	1	0	0	0	3

全体	最大値	80.0	最小値	0.0	平均値	4.1	中央値	0.1	最頻値	0.0	標準偏差	9.95	変動係数	239.97
上下 2.5%削除後	最大値	22.8	最小値	0.0	平均値	2.9	中央値	0.1	最頻値	0.0	標準偏差	5.19	変動係数	173.34

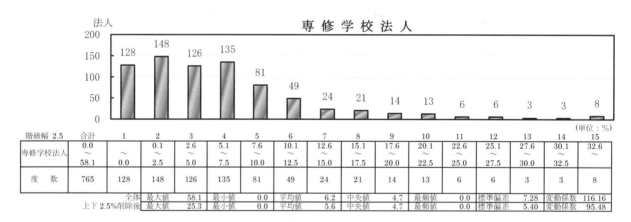

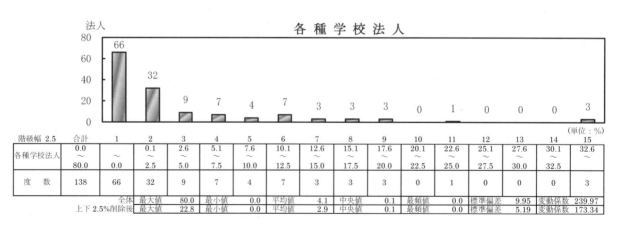

専修学校部門

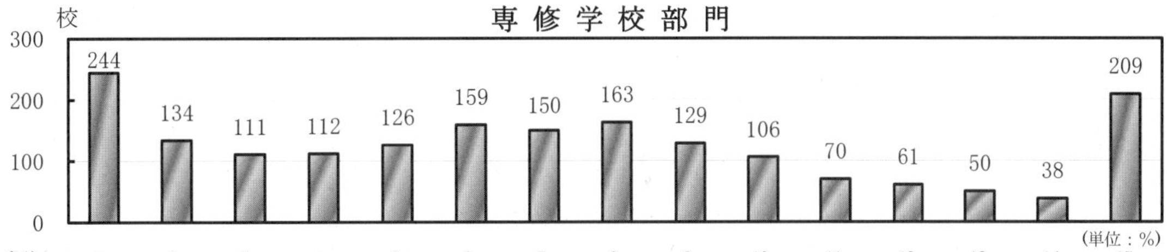

（単位：%）

階級幅 1.0	合計	1	2	3	4	5	6	7	8	9	10	11	12	13	14	15
専修学校部門	0.0～58.1	～0.0	0.1～1.0	1.1～2.0	2.1～3.0	3.1～4.0	4.1～5.0	5.1～6.0	6.1～7.0	7.1～8.0	8.1～9.0	9.1～10.0	10.1～11.0	11.1～12.0	12.1～13.0	13.1～
度　数	1,862	244	134	111	112	126	159	150	163	129	106	70	61	50	38	209

全体	最大値	58.1	最小値	0.0	平均値	6.6	中央値	5.3	最頻値	0.0	標準偏差	7.07	変動係数	106.13
上下 2.5%削除後	最大値	25.4	最小値	0.0	平均値	6.0	中央値	5.3	最頻値	0.0	標準偏差	5.19	変動係数	85.28

各種学校部門

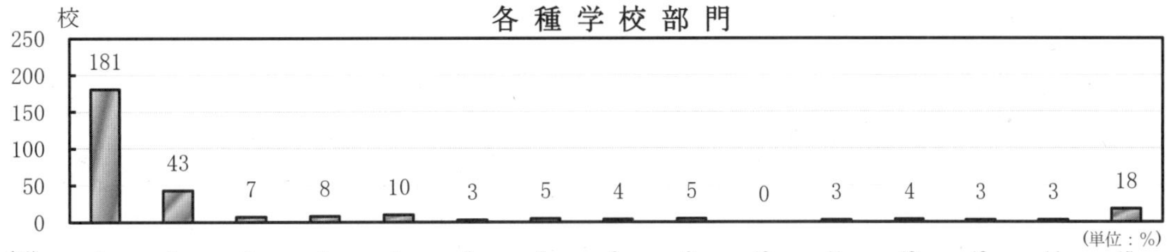

（単位：%）

階級幅 1.0	合計	1	2	3	4	5	6	7	8	9	10	11	12	13	14	15
各種学校部門	0.0～56.3	～0.0	0.1～1.0	1.1～2.0	2.1～3.0	3.1～4.0	4.1～5.0	5.1～6.0	6.1～7.0	7.1～8.0	8.1～9.0	9.1～10.0	10.1～11.0	11.1～12.0	12.1～13.0	13.1～
度　数	297	181	43	7	8	10	3	5	4	5	0	3	4	3	3	18

全体	最大値	56.3	最小値	0.0	平均値	2.7	中央値	0.0	最頻値	0.0	標準偏差	7.40	変動係数	270.99
上下 2.5%削除後	最大値	22.0	最小値	0.0	平均値	1.8	中央値	0.0	最頻値	0.0	標準偏差	4.19	変動係数	224.98

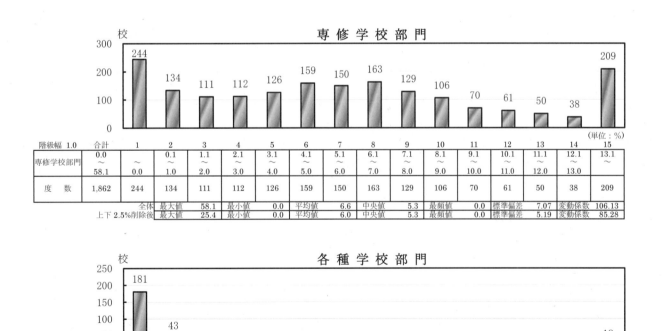

11. 経常補助金比率

【計　算　式】

$$\frac{\text{経常費等補助金}}{\text{経常収入}}$$

【比率の解説】

経常的な補助金の経常収入に占める割合である。

国、地方公共団体等からの補助金は、教育活動収支を支える重要な収入であることから、この比率を用いて補助金を安定的に確保できているかを把握しておくことが重要である。

【財務分析上併せて確認が必要な比率】

事業活動収支差額比率、経常収支差額比率、学生生徒等納付金比率

【度数分布表】

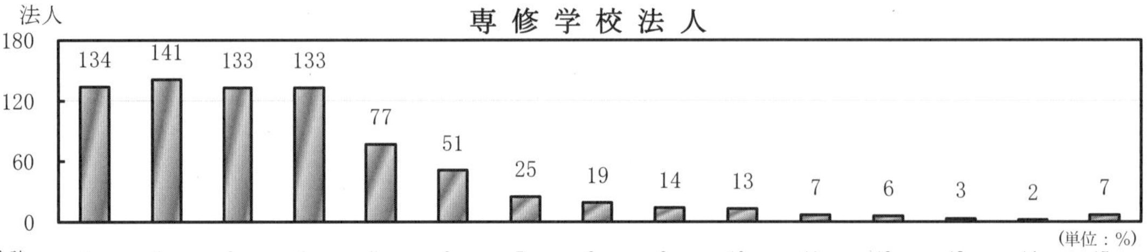

(単位：%)

階級幅 2.5	合計	1	2	3	4	5	6	7	8	9	10	11	12	13	14	15
専修学校法人	0.0 ～ 64.4	～ 0.0	0.1 ～ 2.5	2.6 ～ 5.0	5.1 ～ 7.5	7.6 ～ 10.0	10.1 ～ 12.5	12.6 ～ 15.0	15.1 ～ 17.5	17.6 ～ 20.0	20.1 ～ 22.5	22.6 ～ 25.0	25.1 ～ 27.5	27.6 ～ 30.0	30.1 ～ 32.5	32.6 ～
度　数	765	134	141	133	133	77	51	25	19	14	13	7	6	3	2	7

全体	最大値	64.4	最小値	0.0	平均値	6.2	中央値	4.5	最頻値	0.0	標準偏差	7.32	変動係数	118.09
上下 2.5%削除後	最大値	23.9	最小値	0.0	平均値	5.5	中央値	4.5	最頻値	0.0	標準偏差	5.35	変動係数	95.63

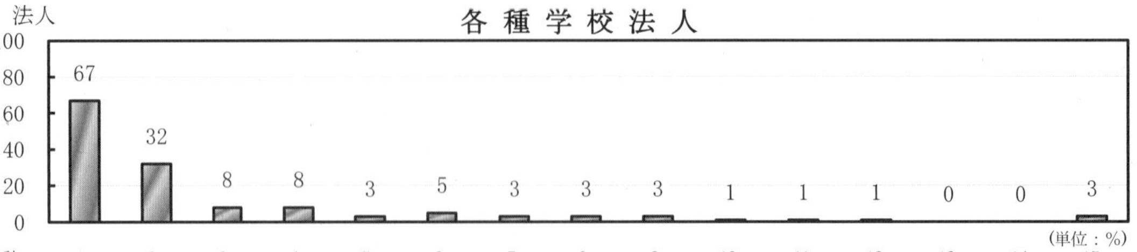

(単位：%)

階級幅 2.5	合計	1	2	3	4	5	6	7	8	9	10	11	12	13	14	15
各種学校法人	0.0 ～ 80.0	～ 0.0	0.1 ～ 2.5	2.6 ～ 5.0	5.1 ～ 7.5	7.6 ～ 10.0	10.1 ～ 12.5	12.6 ～ 15.0	15.1 ～ 17.5	17.6 ～ 20.0	20.1 ～ 22.5	22.6 ～ 25.0	25.1 ～ 27.5	27.6 ～ 30.0	30.1 ～ 32.5	32.6 ～
度　数	138	67	32	8	8	3	5	3	3	3	1	1	1	0	0	3

全体	最大値	80.0	最小値	0.0	平均値	4.2	中央値	0.0	最頻値	0.0	標準偏差	10.21	変動係数	238.21
上下 2.5%削除後	最大値	26.3	最小値	0.0	平均値	3.1	中央値	0.0	最頻値	0.0	標準偏差	5.71	変動係数	182.07

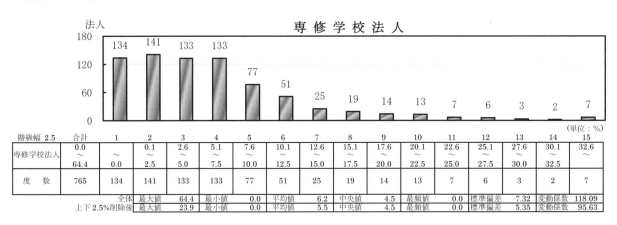

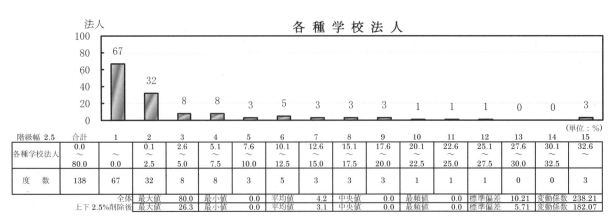

専修学校部門

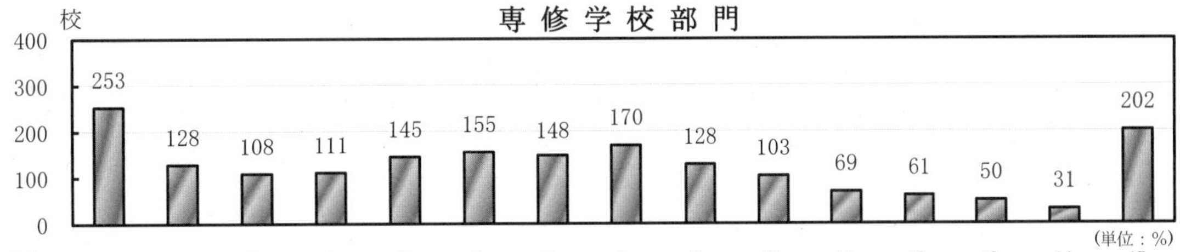

(単位：%)

階級幅 1.0	合計	1	2	3	4	5	6	7	8	9	10	11	12	13	14	15
専修学校部門	0.0～64.4	～0.0	0.1～1.0	1.1～2.0	2.1～3.0	3.1～4.0	4.1～5.0	5.1～6.0	6.1～7.0	7.1～8.0	8.1～9.0	9.1～10.0	10.1～11.0	11.1～12.0	12.1～13.0	13.1～
度　数	1,862	253	128	108	111	145	155	148	170	128	103	69	61	50	31	202

全体	最大値	64.4	最小値	0.0	平均値	6.5	中央値	5.2	最頻値	0.0	標準偏差	6.95	変動係数	106.34
上下 2.5%削除後	最大値	24.9	最小値	0.0	平均値	5.9	中央値	5.2	最頻値	0.0	標準偏差	5.09	変動係数	85.32

各種学校部門

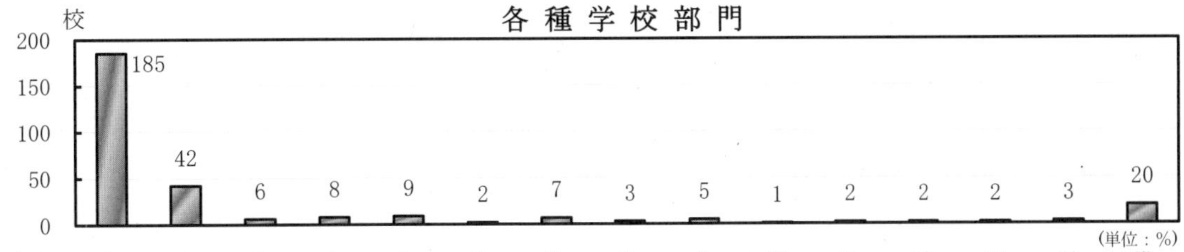

(単位：%)

階級幅 1.0	合計	1	2	3	4	5	6	7	8	9	10	11	12	13	14	15
各種学校部門	0.0～56.3	～0.0	0.1～1.0	1.1～2.0	2.1～3.0	3.1～4.0	4.1～5.0	5.1～6.0	6.1～7.0	7.1～8.0	8.1～9.0	9.1～10.0	10.1～11.0	11.1～12.0	12.1～13.0	13.1～
度　数	297	185	42	6	8	9	2	7	3	5	1	2	2	2	3	20

全体	最大値	56.3	最小値	0.0	平均値	2.7	中央値	0.0	最頻値	0.0	標準偏差	7.55	変動係数	275.03
上下 2.5%削除後	最大値	23.5	最小値	0.0	平均値	1.8	中央値	0.0	最頻値	0.0	標準偏差	4.41	変動係数	236.34

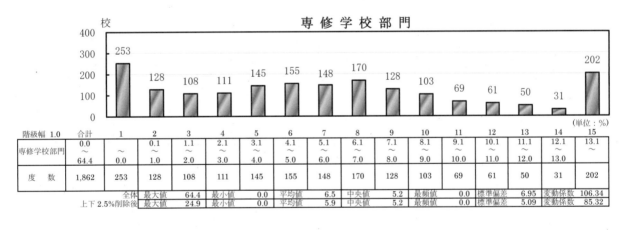

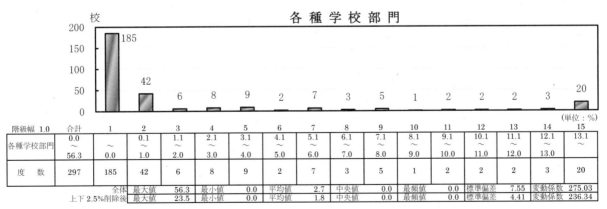

12. 基本金組入率

【計　算　式】 $\dfrac{\text{基本金組入額}}{\text{事業活動収入}}$

【比率の解説】

事業活動収入の総額から基本金への組入れ状況を示す比率である。

大規模な施設等の取得等を単年度に集中して行った場合は、一時的にこの比率が上昇することとなる。学校法人の諸活動に不可欠な資産の充実のためには、基本金への組入れが安定的に行われることが望ましい。

したがって、この比率の評価に際しては、基本金の組入れ内容が単年度の固定資産の取得によるものか、第2号基本金や第3号基本金に係る計画的な組入れによるものか等の組入れの実態を確認しておく必要がある。

【財務分析上併せて確認が必要な比率】

事業活動収支差額比率、減価償却額比率

【度数分布表】

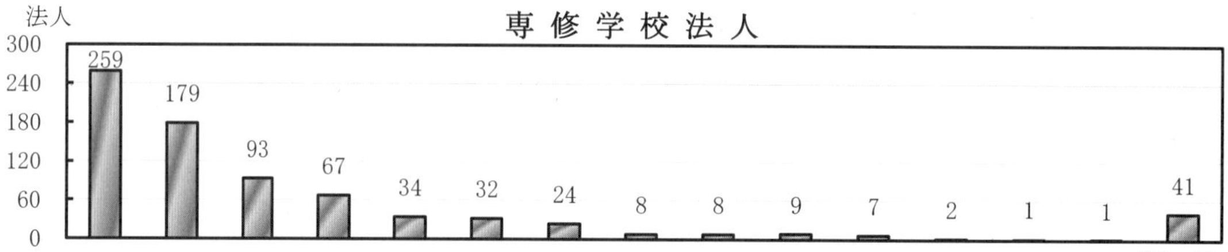

(単位：%)

階級幅 2.5	合計	1	2	3	4	5	6	7	8	9	10	11	12	13	14	15
専修学校法人	0.0～289.1	～0.0	0.1～2.5	2.6～5.0	5.1～7.5	7.6～10.0	10.1～12.5	12.6～15.0	15.1～17.5	17.6～20.0	20.1～22.5	22.6～25.0	25.1～27.5	27.6～30.0	30.1～32.5	32.6～
度　数	765	259	179	93	67	34	32	24	8	8	9	7	2	1	1	41

全体	最大値	289.1	最小値	0.0	平均値	7.6	中央値	1.5	最頻値	0.0	標準偏差	22.20	変動係数 291.38
上下 2.5%削除後	最大値	55.6	最小値	0.0	平均値	4.9	中央値	1.5	最頻値	0.0	標準偏差	8.60	変動係数 172.15

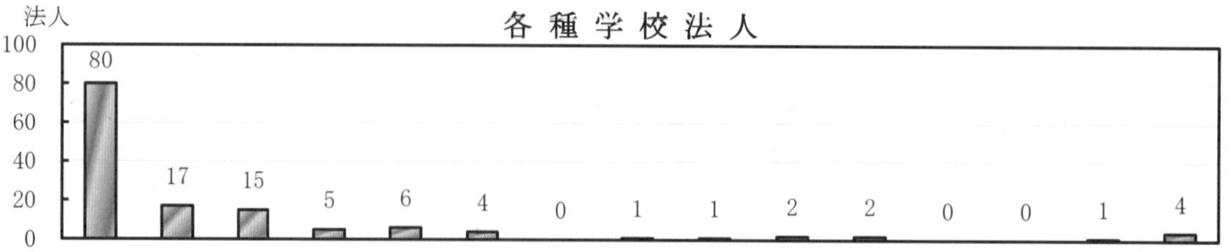

(単位：%)

階級幅 2.5	合計	1	2	3	4	5	6	7	8	9	10	11	12	13	14	15
各種学校法人	0.0～192.7	～0.0	0.1～2.5	2.6～5.0	5.1～7.5	7.6～10.0	10.1～12.5	12.6～15.0	15.1～17.5	17.6～20.0	20.1～22.5	22.6～25.0	25.1～27.5	27.6～30.0	30.1～32.5	32.6～
度　数	138	80	17	15	5	6	4	0	1	1	2	2	0	0	1	4

全体	最大値	192.7	最小値	0.0	平均値	5.8	中央値	0.0	最頻値	0.0	標準偏差	21.57	変動係数 366.25
上下 2.5%削除後	最大値	36.0	最小値	0.0	平均値	3.0	中央値	0.0	最頻値	0.0	標準偏差	6.27	変動係数 208.83

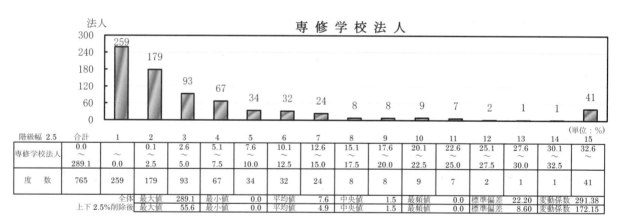

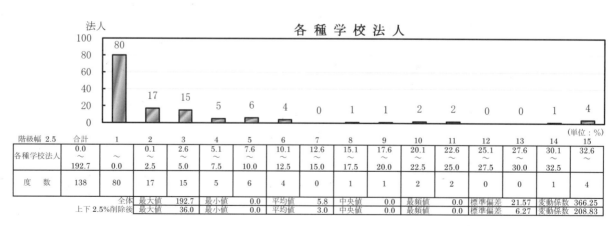

専修学校部門

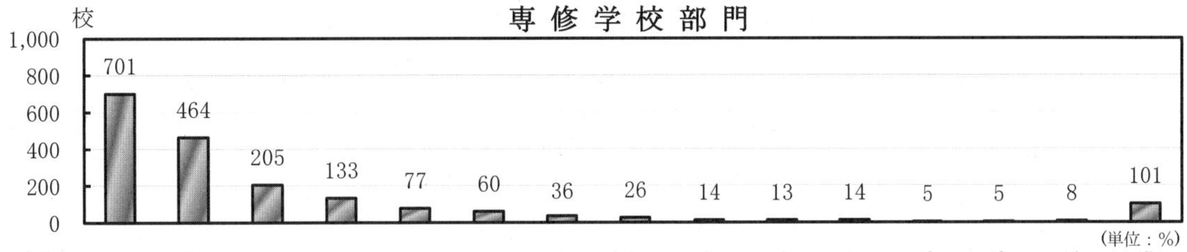

(単位：%)

階級幅 2.5	合計	1	2	3	4	5	6	7	8	9	10	11	12	13	14	15
専修学校部門	−327.7 ～ 931.0	～ 0.0	0.1 ～ 2.5	2.6 ～ 5.0	5.1 ～ 7.5	7.6 ～ 10.0	10.1 ～ 12.5	12.6 ～ 15.0	15.1 ～ 17.5	17.6 ～ 20.0	20.1 ～ 22.5	22.6 ～ 25.0	25.1 ～ 27.5	27.6 ～ 30.0	30.1 ～ 32.5	32.6 ～
度　数	1,862	701	464	205	133	77	60	36	26	14	13	14	5	5	8	101

	最大値		最小値		平均値		中央値		最頻値		標準偏差		変動係数	
全体	最大値	931.0	最小値	−327.7	平均値	8.9	中央値	0.9	最頻値	0.0	標準偏差	40.99	変動係数	456.57
上下 2.5%削除後	最大値	76.3	最小値	0.0	平均値	4.8	中央値	0.9	最頻値	0.0	標準偏差	10.18	変動係数	210.70

各種学校部門

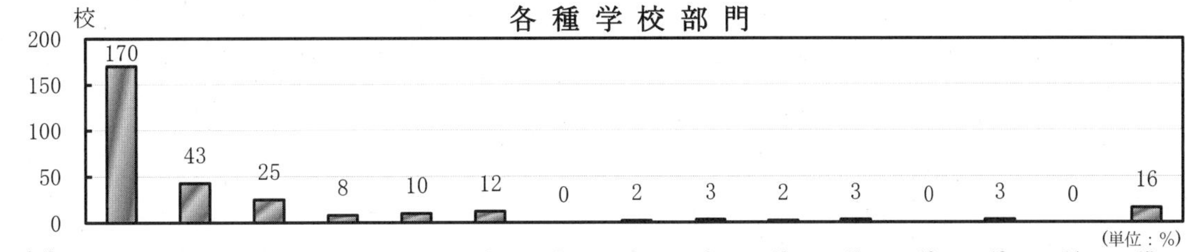

(単位：%)

階級幅 2.5	合計	1	2	3	4	5	6	7	8	9	10	11	12	13	14	15
各種学校部門	−64.3 ～ 19,440.9	～ 0.0	0.1 ～ 2.5	2.6 ～ 5.0	5.1 ～ 7.5	7.6 ～ 10.0	10.1 ～ 12.5	12.6 ～ 15.0	15.1 ～ 17.5	17.6 ～ 20.0	20.1 ～ 22.5	22.6 ～ 25.0	25.1 ～ 27.5	27.6 ～ 30.0	30.1 ～ 32.5	32.6 ～
度　数	297	170	43	25	8	10	12	0	2	3	2	3	0	3	0	16

	最大値		最小値		平均値		中央値		最頻値		標準偏差		変動係数	
全体	最大値	19,440.9	最小値	−64.3	平均値	85.1	中央値	0.0	最頻値	0.0	標準偏差	1,149.57	変動係数	1,350.58
上下 2.5%削除後	最大値	83.4	最小値	0.0	平均値	4.0	中央値	0.0	最頻値	0.0	標準偏差	9.98	変動係数	249.29

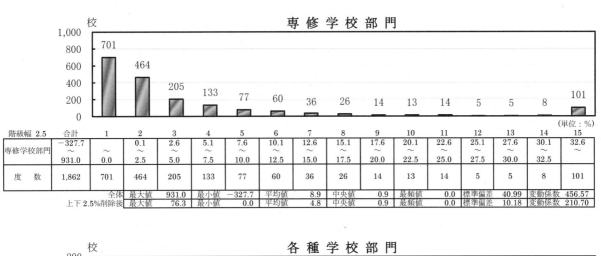

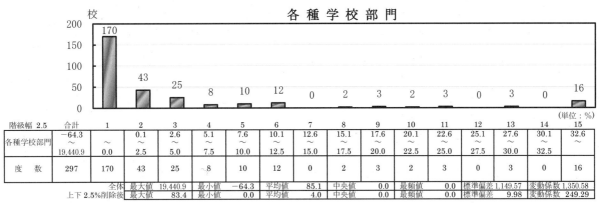

13. 減価償却額比率

【計　算　式】

$$\frac{\text{減価償却額}}{\text{経常支出}}$$

【比率の解説】

減価償却額の経常支出に占める割合で、当該年度の経常支出のうち減価償却額がどの程度の水準にあるかを測る比率である。

一方で、減価償却額は経費に計上されているが実際の資金支出は伴わないものであるため、別の視点では実質的には費消されずに蓄積される資金の割合を示したものと捉えることも可能である。

【財務分析上併せて確認が必要な比率】

経常収支差額比率、教育活動収支差額比率、教育研究（管理）経費比率

【度数分布表】

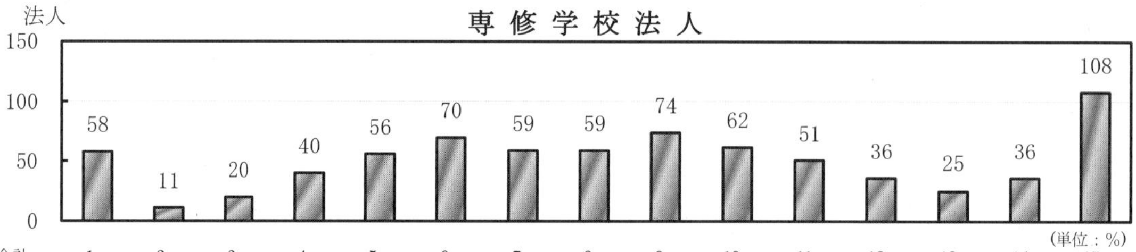

(単位：%)

階級幅 1.0	合計	1	2	3	4	5	6	7	8	9	10	11	12	13	14	15
専修学校法人	−5.6 ～ 51.1	～ 0.9	1.0 ～ 1.9	2.0 ～ 2.9	3.0 ～ 3.9	4.0 ～ 4.9	5.0 ～ 5.9	6.0 ～ 6.9	7.0 ～ 7.9	8.0 ～ 8.9	9.0 ～ 9.9	10.0 ～ 10.9	11.0 ～ 11.9	12.0 ～ 12.9	13.0 ～ 13.9	14.0 ～
度　数	765	58	11	20	40	56	70	59	59	74	62	51	36	25	36	108

	最大値		最小値		平均値		中央値		最頻値		標準偏差		変動係数	
全体	最大値	51.1	最小値	−5.6	平均値	8.8	中央値	8.0	最頻値	0.0	標準偏差	6.26	変動係数	70.59
上下 2.5%削除後	最大値	24.8	最小値	0.0	平均値	8.4	中央値	8.0	最頻値	0.0	標準偏差	4.73	変動係数	55.80

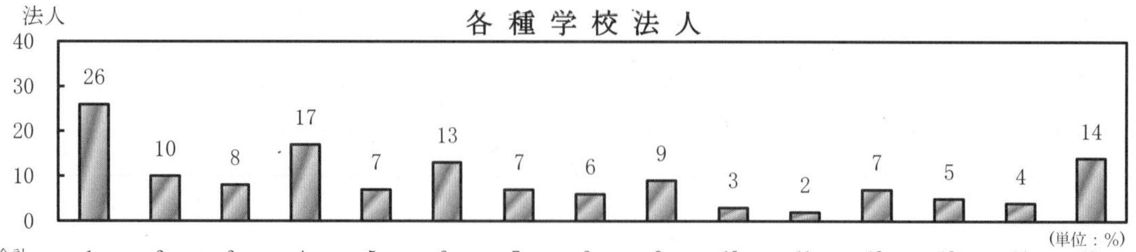

(単位：%)

階級幅 1.0	合計	1	2	3	4	5	6	7	8	9	10	11	12	13	14	15
各種学校法人	0.0 ～ 44.5	～ 0.9	1.0 ～ 1.9	2.0 ～ 2.9	3.0 ～ 3.9	4.0 ～ 4.9	5.0 ～ 5.9	6.0 ～ 6.9	7.0 ～ 7.9	8.0 ～ 8.9	9.0 ～ 9.9	10.0 ～ 10.9	11.0 ～ 11.9	12.0 ～ 12.9	13.0 ～ 13.9	14.0 ～
度　数	138	26	10	8	17	7	13	7	6	9	3	2	7	5	4	14

	最大値		最小値		平均値		中央値		最頻値		標準偏差		変動係数	
全体	最大値	44.5	最小値	0.0	平均値	6.8	中央値	5.0	最頻値	0.0	標準偏差	7.50	変動係数	108.77
上下 2.5%削除後	最大値	27.3	最小値	0.0	平均値	6.3	中央値	5.0	最頻値	0.0	標準偏差	5.94	変動係数	93.50

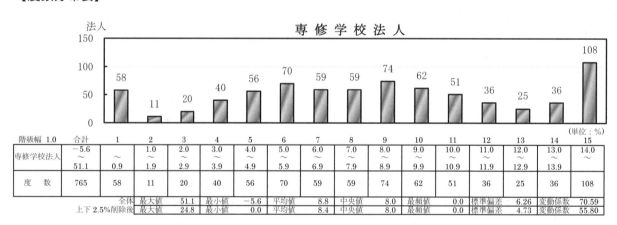

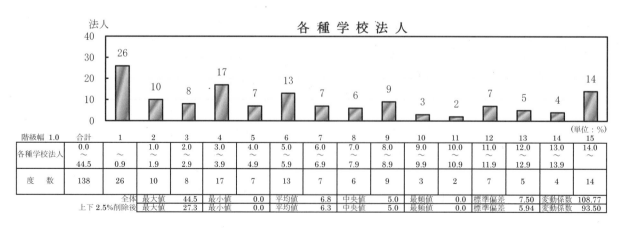

専修学校部門

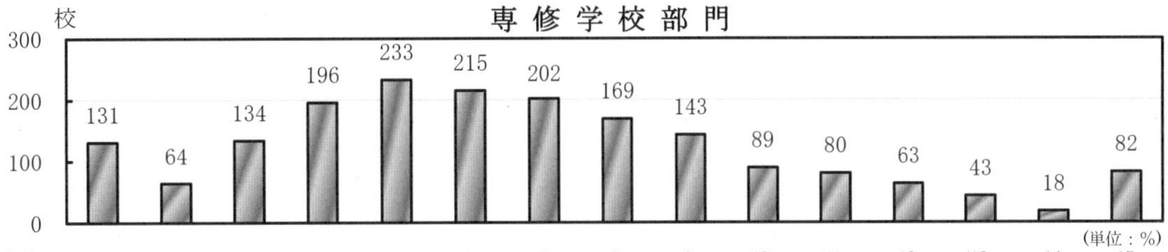

(単位：%)

階級幅 1.5	合計	1	2	3	4	5	6	7	8	9	10	11	12	13	14	15
専修学校部門	−5.6 ～ 51.1	～ 1.4	1.5 ～ 2.9	3.0 ～ 4.4	4.5 ～ 5.9	6.0 ～ 7.4	7.5 ～ 8.9	9.0 ～ 10.4	10.5 ～ 11.9	12.0 ～ 13.4	13.5 ～ 14.9	15.0 ～ 16.4	16.5 ～ 17.9	18.0 ～ 19.4	19.5 ～ 20.9	21.0 ～
度　数	1,862	131	64	134	196	233	215	202	169	143	89	80	63	43	18	82

全体	最大値	51.1	最小値	−5.6	平均値	9.5	中央値	8.6	最頻値	0.0	標準偏差	6.22	変動係数	65.25
上下 2.5%削除後	最大値	24.9	最小値	0.0	平均値	9.2	中央値	8.6	最頻値	0.0	標準偏差	4.97	変動係数	53.92

各種学校部門

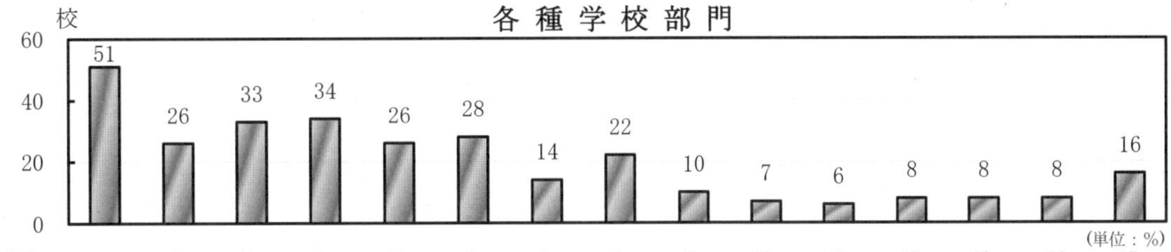

(単位：%)

階級幅 1.5	合計	1	2	3	4	5	6	7	8	9	10	11	12	13	14	15
各種学校部門	0.0 ～ 44.5	～ 1.4	1.5 ～ 2.9	3.0 ～ 4.4	4.5 ～ 5.9	6.0 ～ 7.4	7.5 ～ 8.9	9.0 ～ 10.4	10.5 ～ 11.9	12.0 ～ 13.4	13.5 ～ 14.9	15.0 ～ 16.4	16.5 ～ 17.9	18.0 ～ 19.4	19.5 ～ 20.9	21.0 ～
度　数	297	51	26	33	34	26	28	14	22	10	7	6	8	8	8	16

全体	最大値	44.5	最小値	0.0	平均値	8.0	中央値	6.2	最頻値	0.0	標準偏差	7.54	変動係数	93.25
上下 2.5%削除後	最大値	29.6	最小値	0.0	平均値	7.6	中央値	6.2	最頻値	0.0	標準偏差	6.22	変動係数	81.84

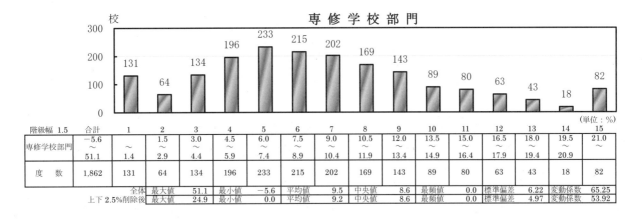

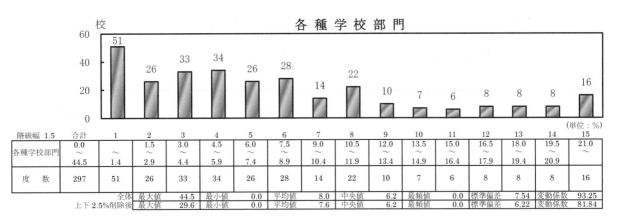

14. 経常収支差額比率

【計　算　式】

$$\frac{\text{経常収支差額}}{\text{経常収入}}$$

【比率の解説】

事業活動収支計算書においては、収入支出を教育活動、教育活動外、特別活動の３つに区分して、それぞれの区分における収支バランスが把握できる構造となっているが、この比率はそのうち、臨時的な要素を除いた経常的な活動に関する部分に着目した比率である。

この比率がプラスで大きいほど経常的な収支は安定していることを示すが、逆にこの比率がマイナスになる場合は、学校法人の経常的な収支で資産の流出が生じていることを意味するため、将来的な学校法人財政の不安要素となる。

マイナスとなった要因が経常的なものか臨時的なものかを把握した上で、支出超過の状況が常態化している様な場合は、学校法人の収支構造の見直しなどを含めた対応策が必要となることも想定される。

【財務分析上併せて確認が必要な比率】

事業活動収支差額比率、人件費比率、教育研究（管理）経費比率、学生生徒等納付金比率、経常寄付金比率、経常補助金比率

【度数分布表】

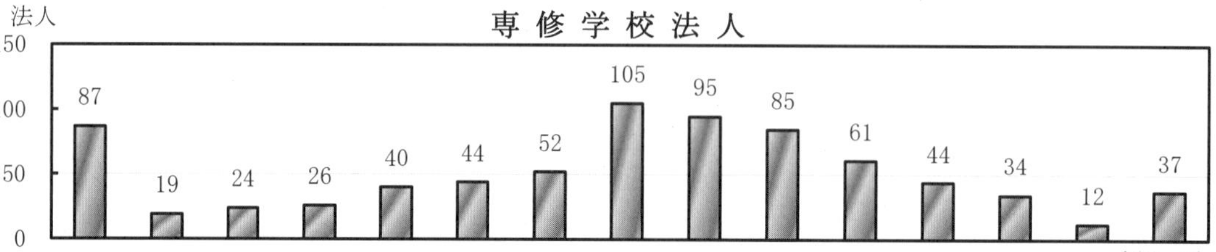

(単位：%)

階級幅 5.0	合計	1	2	3	4	5	6	7	8	9	10	11	12	13	14	15
専修学校法人	−1,090.2 ～ 99.9	～ −30.1	−30.0 ～ −25.1	−25.0 ～ −20.1	−20.0 ～ −15.1	−15.0 ～ −10.1	−10.0 ～ −5.1	−5.0 ～ −0.1	0.0 ～ 4.9	5.0 ～ 9.9	10.0 ～ 14.9	15.0 ～ 19.9	20.0 ～ 24.9	25.0 ～ 29.9	30.0 ～ 34.9	35.0 ～
度　数	765	87	19	24	26	40	44	52	105	95	85	61	44	34	12	37

全体	最大値	99.9	最小値	−1,090.2	平均値	−5.8	中央値	4.3	最頻値	2.7	標準偏差	61.43	変動係数	−1,049.81
上下 2.5%削除後	最大値	41.1	最小値	−127.0	平均値	−0.3	中央値	4.3	最頻値	2.7	標準偏差	24.57	変動係数	−6,807.13

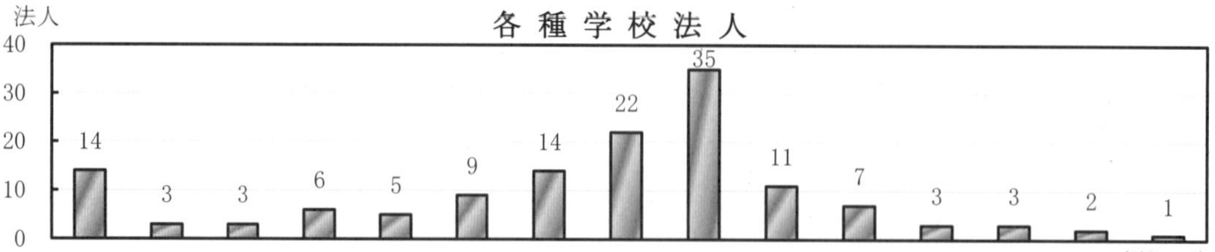

(単位：%)

階級幅 10.0	合計	1	2	3	4	5	6	7	8	9	10	11	12	13	14	15
各種学校法人	−11,739.9 ～ 79.6	～ −70.1	−70.0 ～ −60.1	−60.0 ～ −50.1	−50.0 ～ −40.1	−40.0 ～ −30.1	−30.0 ～ −20.1	−20.0 ～ −10.1	−10.0 ～ −0.1	0.0 ～ 9.9	10.0 ～ 19.9	20.0 ～ 29.9	30.0 ～ 39.9	40.0 ～ 49.9	50.0 ～ 59.9	60.0 ～
度　数	138	14	3	3	6	5	9	14	22	35	11	7	3	3	2	1

全体	最大値	79.6	最小値	−11,739.9	平均値	−109.5	中央値	−2.4	最頻値	−48.3	標準偏差	1,002.26	変動係数	−915.06
上下 2.5%削除後	最大値	49.5	最小値	−292.2	平均値	−15.7	中央値	−2.4	最頻値	−17.3	標準偏差	46.44	変動係数	−295.75

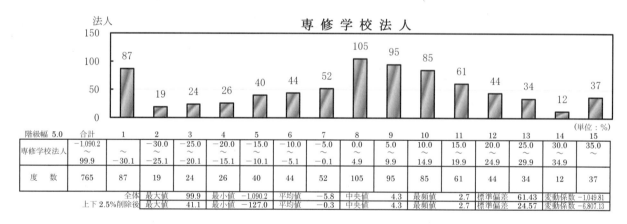

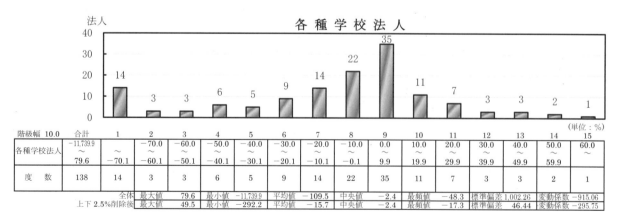

専修学校部門

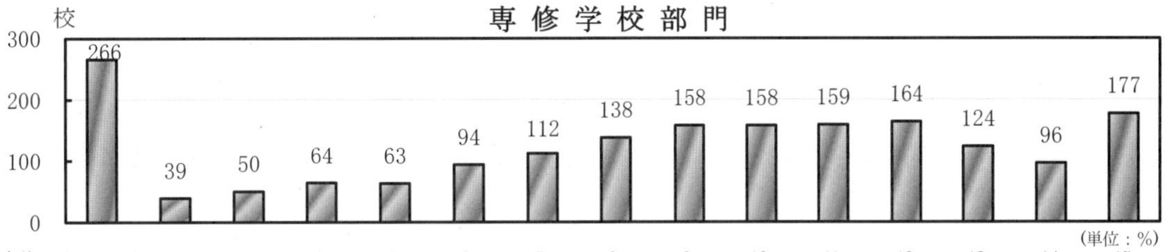

(単位：%)

階級幅 5.0	合計	1	2	3	4	5	6	7	8	9	10	11	12	13	14	15
専修学校部門	−2,350.6 ～ 99.9	～ −30.1	−30.0 ～ −25.1	−25.0 ～ −20.1	−20.0 ～ −15.1	−15.0 ～ −10.1	−10.0 ～ −5.1	−5.0 ～ −0.1	0.0 ～ 4.9	5.0 ～ 9.9	10.0 ～ 14.9	15.0 ～ 19.9	20.0 ～ 24.9	25.0 ～ 29.9	30.0 ～ 34.9	35.0 ～
度　数	1,862	266	39	50	64	63	94	112	138	158	158	159	164	124	96	177

全体	最大値	99.9	最小値	−2,350.6	平均値	−6.6	中央値	8.3	最頻値	16.3	標準偏差	89.62	変動係数	−1,347.98
上下 2.5%削除後	最大値	47.4	最小値	−163.0	平均値	1.5	中央値	8.3	最頻値	16.3	標準偏差	31.58	変動係数	2,096.85

各種学校部門

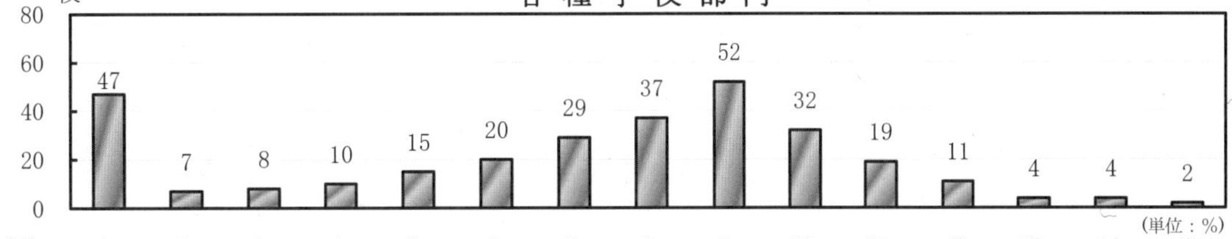

(単位：%)

階級幅 10.0	合計	1	2	3	4	5	6	7	8	9	10	11	12	13	14	15
各種学校部門	−47,749.5 ～ 79.6	～ −70.1	−70.0 ～ −60.1	−60.0 ～ −50.1	−50.0 ～ −40.1	−40.0 ～ −30.1	−30.0 ～ −20.1	−20.0 ～ −10.1	−10.0 ～ −0.1	0.0 ～ 9.9	10.0 ～ 19.9	20.0 ～ 29.9	30.0 ～ 39.9	40.0 ～ 49.9	50.0 ～ 59.9	60.0 ～
度　数	297	47	7	8	10	15	20	29	37	52	32	19	11	4	4	2

全体	最大値	79.6	最小値	−47,749.5	平均値	−394.6	中央値	−4.9	最頻値	−14.8	標準偏差	3,197.19	変動係数	−810.18
上下 2.5%削除後	最大値	49.3	最小値	−1,377.7	平均値	−40.6	中央値	−4.9	最頻値	−14.8	標準偏差	135.35	変動係数	−333.04

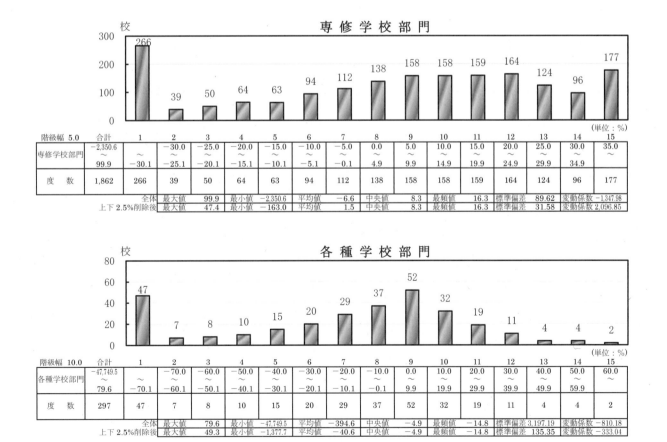

15. 教育活動収支差額比率

【計　算　式】

$$\frac{\text{教育活動収支差額}}{\text{教育活動収入計}}$$

【比率の解説】

事業活動収支計算書のうち、学校法人における本業といえる教育活動に関する部分に着目した比率である。

この比率がプラスで大きいほど教育活動部分の収支は安定していることを示し、マイナスになる場合は、教育活動において資金の流出が生じていることを意味する。

しかし、例えば、教育活動外収支において収益事業等により収入を確保し、教育活動の支出超過を補うことが出来ている様な場合においては、教育活動の支出超過が直ちに財政の不安要素となるとは限らない。

教育活動外収支の状況と併せて判断することが望ましい。

【財務分析上併せて確認が必要な比率】

経常収支差額比率、事業活動収支差額比率

【度数分布表】

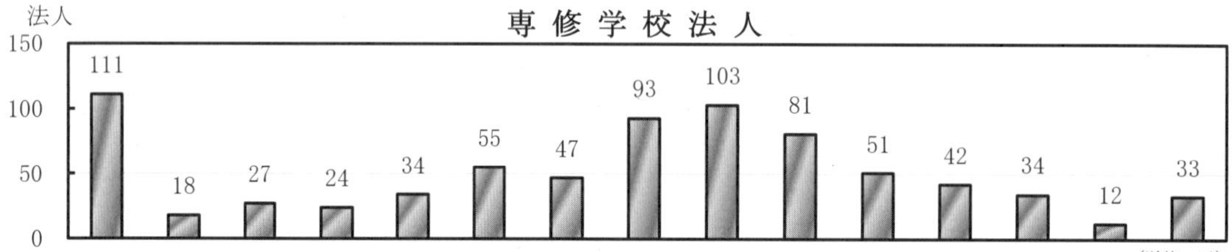

(単位：%)

階級幅 5.0	合計	1	2	3	4	5	6	7	8	9	10	11	12	13	14	15
専修学校法人	−1,114.5 〜 100.0	〜 −30.1	−30.0 〜 −25.1	−25.0 〜 −20.1	−20.0 〜 −15.1	−15.0 〜 −10.1	−10.0 〜 −5.1	−5.0 〜 −0.1	0.0 〜 4.9	5.0 〜 9.9	10.0 〜 14.9	15.0 〜 19.9	20.0 〜 24.9	25.0 〜 29.9	30.0 〜 34.9	35.0 〜
度　数	765	111	18	27	24	34	55	47	93	103	81	51	42	34	12	33

全体	最大値	100.0	最小値	−1,114.5	平均値	−10.9	中央値	3.4	最頻値	0.6	標準偏差	71.80	変動係数 −657.37
上下 2.5%削除後	最大値	40.3	最小値	−160.2	平均値	−3.9	中央値	3.4	最頻値	0.6	標準偏差	30.44	変動係数 −772.02

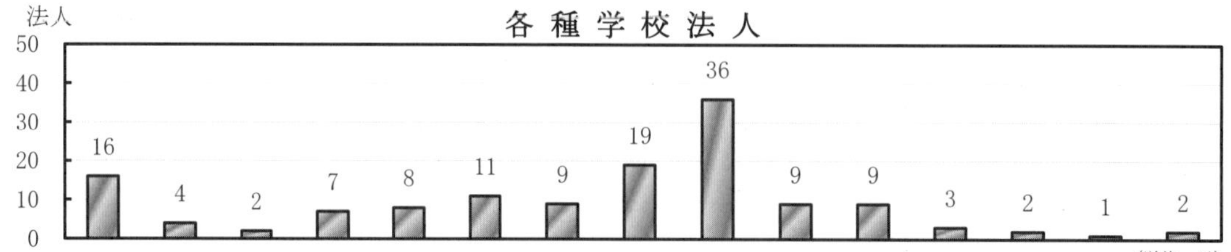

(単位：%)

階級幅 10.0	合計	1	2	3	4	5	6	7	8	9	10	11	12	13	14	15
各種学校法人	−11,895.0 〜 79.6	〜 −70.1	−70.0 〜 −60.1	−60.0 〜 −50.1	−50.0 〜 −40.1	−40.0 〜 −30.1	−30.0 〜 −20.1	−20.0 〜 −10.1	−10.0 〜 −0.1	0.0 〜 9.9	10.0 〜 19.9	20.0 〜 29.9	30.0 〜 39.9	40.0 〜 49.9	50.0 〜 59.9	60.0 〜
度　数	138	16	4	2	7	8	11	9	19	36	9	9	3	2	1	2

全体	最大値	79.6	最小値	−11,895.0	平均値	−152.9	中央値	−2.5	最頻値	−33.6	標準偏差	1,098.02	変動係数 −718.06
上下 2.5%削除後	最大値	45.8	最小値	−761.0	平均値	−27.0	中央値	−2.5	最頻値	−33.6	標準偏差	89.27	変動係数 −329.63

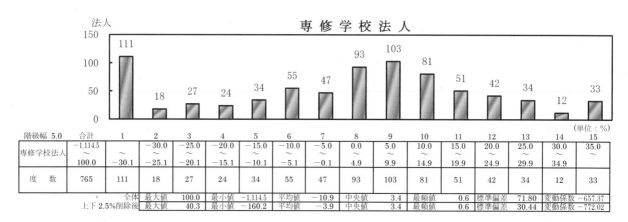

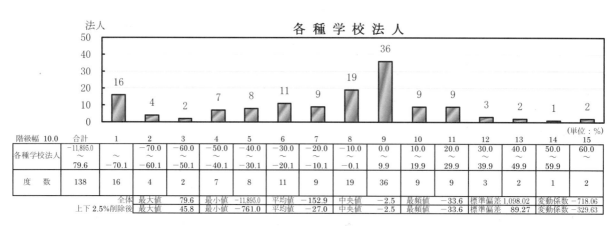

専修学校部門

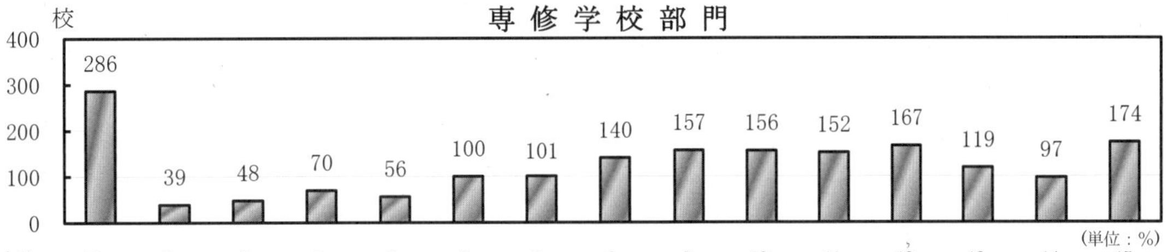

(単位：%)

階級幅 5.0	合計	1	2	3	4	5	6	7	8	9	10	11	12	13	14	15
専修学校部門	−2,350.6 〜 100.0	〜 −30.1	−30.0 〜 −25.1	−25.0 〜 −20.1	−20.0 〜 −15.1	−15.0 〜 −10.1	−10.0 〜 −5.1	−5.0 〜 −0.1	0.0 〜 4.9	5.0 〜 9.9	10.0 〜 14.9	15.0 〜 19.9	20.0 〜 24.9	25.0 〜 29.9	30.0 〜 34.9	35.0 〜
度　数	1,862	286	39	48	70	56	100	101	140	157	156	152	167	119	97	174

全体	最大値	100.0	最小値	−2,350.6	平均値	−8.5	中央値	7.7	最頻値	23.4	標準偏差	92.11	変動係数	−1,073.86
上下 2.5%削除後	最大値	47.3	最小値	−176.5	平均値	0.0	中央値	7.7	最頻値	23.4	標準偏差	34.31	変動係数	−803,866.04

各種学校部門

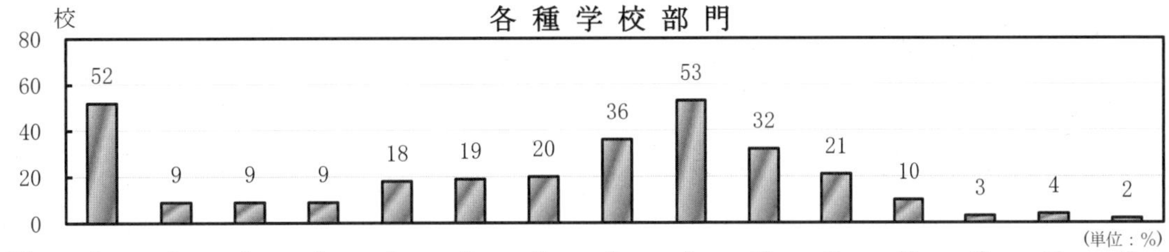

(単位：%)

階級幅 10.0	合計	1	2	3	4	5	6	7	8	9	10	11	12	13	14	15
各種学校部門	−47,761.4 〜 79.6	〜 −70.1	−70.0 〜 −60.1	−60.0 〜 −50.1	−50.0 〜 −40.1	−40.0 〜 −30.1	−30.0 〜 −20.1	−20.0 〜 −10.1	−10.0 〜 −0.1	0.0 〜 9.9	10.0 〜 19.9	20.0 〜 29.9	30.0 〜 39.9	40.0 〜 49.9	50.0 〜 59.9	60.0 〜
度　数	297	52	9	9	9	18	19	20	36	53	32	21	10	3	4	2

全体	最大値	79.6	最小値	−47,761.4	平均値	−416.4	中央値	−4.9	最頻値	−2.1	標準偏差	3,209.84	変動係数	−770.82
上下 2.5%削除後	最大値	45.8	最小値	−1,689.4	平均値	−50.9	中央値	−4.9	最頻値	−2.1	標準偏差	170.41	変動係数	−334.36

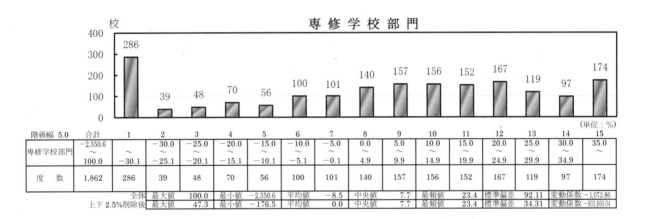

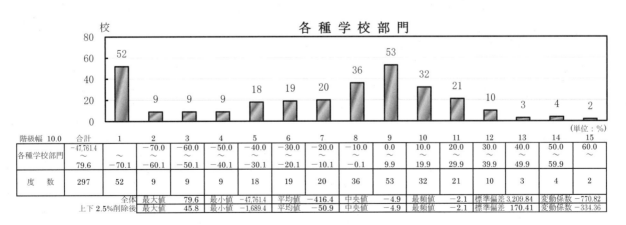

■その他

1. 収容定員充足率（令和４年５月１日現在）

【計　算　式】

$$\frac{\text{在籍生徒数}}{\text{収容定員}}$$

【比率の解説】

収容定員に対しての、在籍生徒数の割合を示す比率である。

一般には 100%に近づくほど良いと考えられる。この数値が特に高い場合には、教育条件の悪化が懸念される。一方、この数値が特に低い場合には、生徒募集状況が悪化している場合があるので注意しなければならない。

【度数分布表】

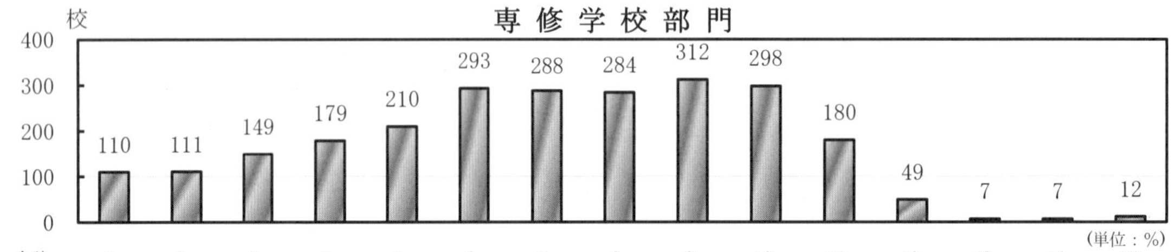

(単位：%)

階級幅 10.0	合計	1	2	3	4	5	6	7	8	9	10	11	12	13	14	15
専修学校部門	0.0 ～ 3,333.3	～ 9.9	10.0 ～ 19.9	20.0 ～ 29.9	30.0 ～ 39.9	40.0 ～ 49.9	50.0 ～ 59.9	60.0 ～ 69.9	70.0 ～ 79.9	80.0 ～ 89.9	90.0 ～ 99.9	100.0 ～ 109.9	110.0 ～ 119.9	120.0 ～ 129.9	130.0 ～ 139.9	140.0 ～
度　数	2,489	110	111	149	179	210	293	288	284	312	298	180	49	7	7	12

全体	最大値	3,333.3	最小値	0.0	平均値	65.6	中央値	66.2	最頻値	0.0	標準偏差	72.09	変動係数	109.76
上下 2.5%削除後	最大値	111.6	最小値	5.0	平均値	64.3	中央値	66.2	最頻値	100.0	標準偏差	26.65	変動係数	41.45

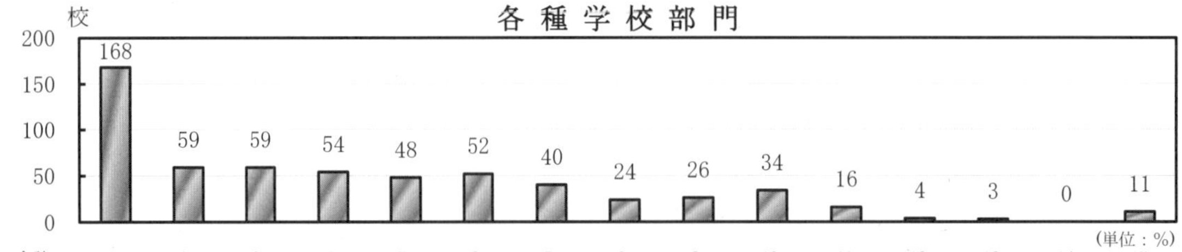

(単位：%)

階級幅 10.0	合計	1	2	3	4	5	6	7	8	9	10	11	12	13	14	15
各種学校部門	0.0 ～ 19,100.0	～ 9.9	10.0 ～ 19.9	20.0 ～ 29.9	30.0 ～ 39.9	40.0 ～ 49.9	50.0 ～ 59.9	60.0 ～ 69.9	70.0 ～ 79.9	80.0 ～ 89.9	90.0 ～ 99.9	100.0 ～ 109.9	110.0 ～ 119.9	120.0 ～ 129.9	130.0 ～ 139.9	140.0 ～
度　数	598	168	59	59	54	48	52	40	24	26	34	16	4	3	0	11

全体	最大値	19,100.0	最小値	0.0	平均値	71.2	中央値	33.1	最頻値	0.0	標準偏差	780.41	変動係数	1,095.06
上下 2.5%削除後	最大値	116.1	最小値	0.0	平均値	37.2	中央値	33.1	最頻値	0.0	標準偏差	32.06	変動係数	86.06

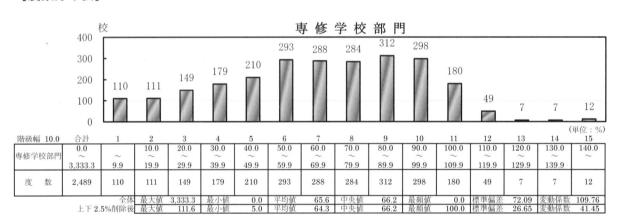

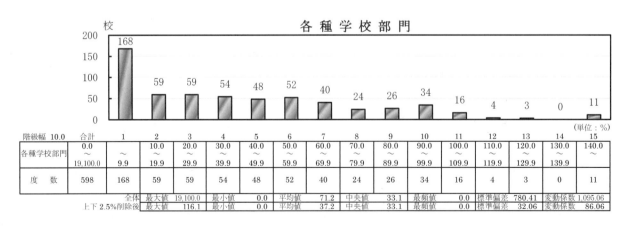

2. 生徒１人当たりの納付金収入

【計　算　式】

$$\frac{\text{学生生徒等納付金収入}}{\text{在　籍　生　徒　数}}$$

【比率の解説】

学生生徒等納付金の額を在籍生徒数で除し、生徒１人当たりの学納金負担状況を示したものである。この数値が高すぎると、保護者の負担が大きくなり、今後の生徒募集にも影響することに注意しなければならない。

【度数分布表】

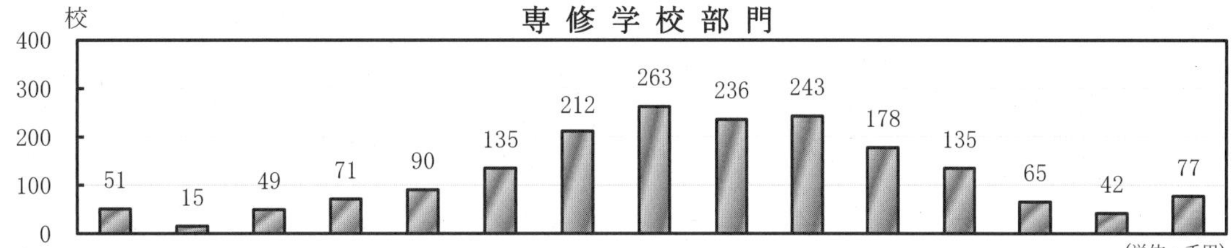

(単位：千円)

階級幅 100.0	合計	1	2	3	4	5	6	7	8	9	10	11	12	13	14	15
専修学校部門	0.0 ～ 13,018.7	～ 299.9	300.0 ～ 399.9	400.0 ～ 499.9	500.0 ～ 599.9	600.0 ～ 699.9	700.0 ～ 799.9	800.0 ～ 899.9	900.0 ～ 999.9	1,000.0 ～ 1,099.9	1,100.0 ～ 1,199.9	1,200.0 ～ 1,299.9	1,300.0 ～ 1,399.9	1,400.0 ～ 1,499.9	1,500.0 ～ 1,599.9	1,600.0 ～
度　数	1,862	51	15	49	71	90	135	212	263	236	243	178	135	65	42	77

全体	最大値	13,018.7	最小値	0.0	平均値	1,039.8	中央値	1,016.1	最頻値	0.0	標準偏差	545.48	変動係数	52.46
上下 2.5%削除後	最大値	1,791.7	最小値	244.9	平均値	1,017.3	中央値	1,016.1	最頻値	1,033.4	標準偏差	276.68	変動係数	27.20

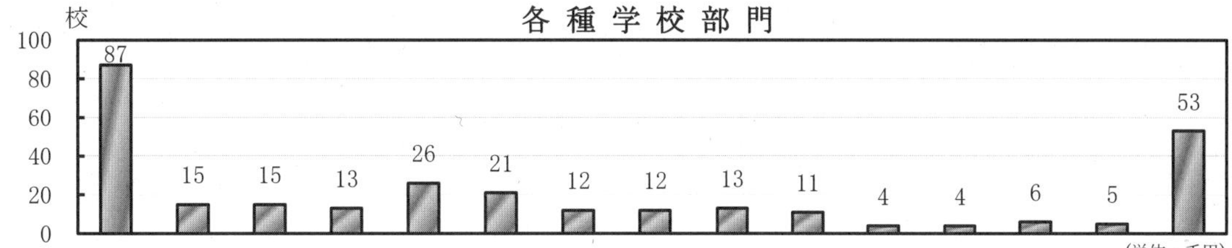

(単位：千円)

階級幅 100.0	合計	1	2	3	4	5	6	7	8	9	10	11	12	13	14	15
各種学校部門	0.0 ～ 50,025.0	～ 299.9	300.0 ～ 399.9	400.0 ～ 499.9	500.0 ～ 599.9	600.0 ～ 699.9	700.0 ～ 799.9	800.0 ～ 899.9	900.0 ～ 999.9	1,000.0 ～ 1,099.9	1,100.0 ～ 1,199.9	1,200.0 ～ 1,299.9	1,300.0 ～ 1,399.9	1,400.0 ～ 1,499.9	1,500.0 ～ 1,599.9	1,600.0 ～
度　数	297	87	15	15	13	26	21	12	12	13	11	4	4	6	5	53

全体	最大値	50,025.0	最小値	0.0	平均値	1,063.0	中央値	666.8	最頻値	0.0	標準偏差	2,991.92	変動係数	281.45
上下 2.5%削除後	最大値	3,333.4	最小値	0.0	平均値	848.1	中央値	666.8	最頻値	0.0	標準偏差	757.96	変動係数	89.37

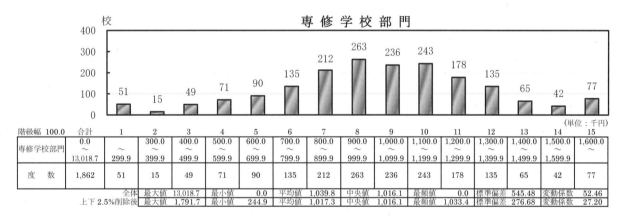

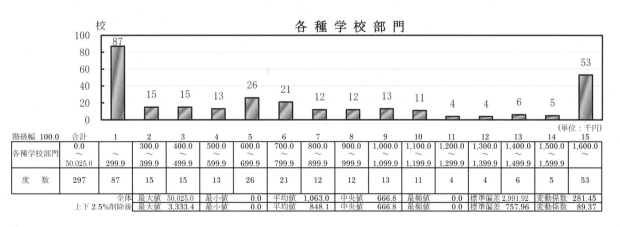

3. 専任教員１人当たりの人件費支出

【計　算　式】　$\dfrac{\text{本務教員給}}{\text{専任教員数}}$

【比率の解説】

本務教員給の額を専任教員数で除し、専任教員１人当たりの人件費支出を示したものである。

この数値は平均値となるため、分析に当たっては、実際の給与額だけではなく年齢構成や本俸・手当の詳細などにも注意する必要がある。

【度数分布表】

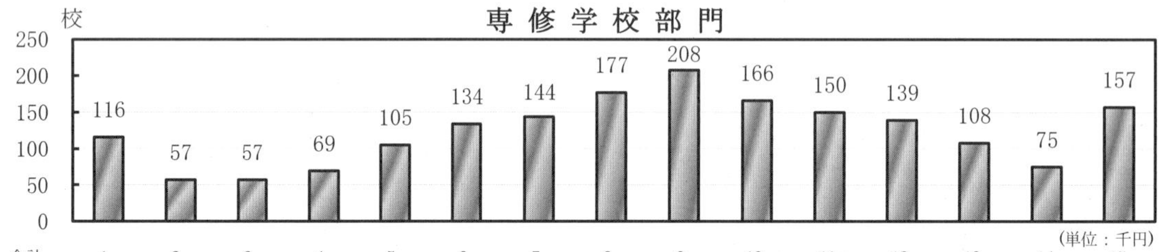

(単位：千円)

階級幅 500.0	合計	1	2	3	4	5	6	7	8	9	10	11	12	13	14	15
専修学校部門	0.0 ～ 60,902.8	～ 1,499.9	1,500.0 ～ 1,999.9	2,000.0 ～ 2,499.9	2,500.0 ～ 2,999.9	3,000.0 ～ 3,499.9	3,500.0 ～ 3,999.9	4,000.0 ～ 4,499.9	4,500.0 ～ 4,999.9	5,000.0 ～ 5,499.9	5,500.0 ～ 5,999.9	6,000.0 ～ 6,499.9	6,500.0 ～ 6,999.9	7,000.0 ～ 7,499.9	7,500.0 ～ 7,999.9	8,000.0 ～
度　数	1,862	116	57	57	69	105	134	144	177	208	166	150	139	108	75	157

全体	最大値	60,902.8	最小値	0.0	平均値	5,265.6	中央値	5,170.9	最頻値	0.0	標準偏差 3,159.67	変動係数	60.01
上下 2.5%削除後	最大値	9,943.7	最小値	298.1	平均値	5,107.7	中央値	5,170.9	最頻値	5,119.1	標準偏差 1,935.74	変動係数	37.90

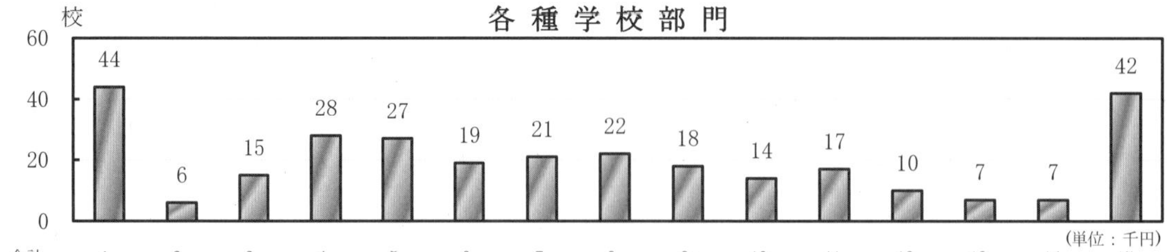

(単位：千円)

階級幅 500.0	合計	1	2	3	4	5	6	7	8	9	10	11	12	13	14	15
各種学校部門	0.0 ～ 61,058.0	～ 1,499.9	1,500.0 ～ 1,999.9	2,000.0 ～ 2,499.9	2,500.0 ～ 2,999.9	3,000.0 ～ 3,499.9	3,500.0 ～ 3,999.9	4,000.0 ～ 4,499.9	4,500.0 ～ 4,999.9	5,000.0 ～ 5,499.9	5,500.0 ～ 5,999.9	6,000.0 ～ 6,499.9	6,500.0 ～ 6,999.9	7,000.0 ～ 7,499.9	7,500.0 ～ 7,999.9	8,000.0 ～
度　数	297	44	6	15	28	27	19	21	22	18	14	17	10	7	7	42

全体	最大値	61,058.0	最小値	0.0	平均値	5,258.1	中央値	4,180.6	最頻値	0.0	標準偏差 5,797.06	変動係数	110.25
上下 2.5%削除後	最大値	20,289.3	最小値	0.0	平均値	4,701.9	中央値	4,180.6	最頻値	0.0	標準偏差 3,323.44	変動係数	70.68

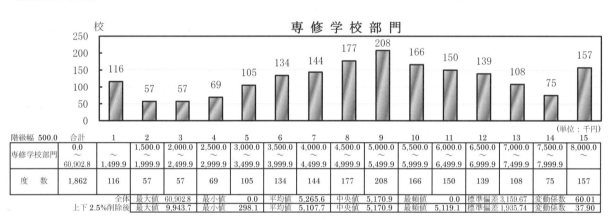

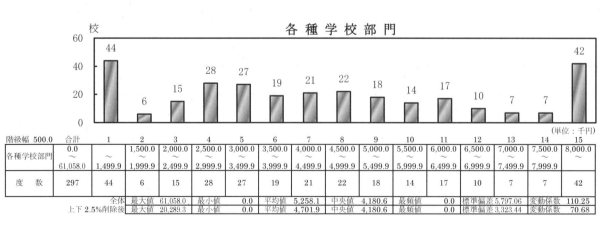

4. 専任職員１人当たりの人件費支出

【計　算　式】　$\dfrac{\text{本務職員給}}{\text{専任職員数}}$

【比率の解説】

本務職員給の額を専任職員数で除し、専任職員１人当たりの人件費支出を示したものである。

この数値は平均値となるため、分析に当たっては、実際の給与額だけではなく年齢構成や本俸・手当の詳細などにも注意する必要がある。

【度数分布表】

専修学校部門

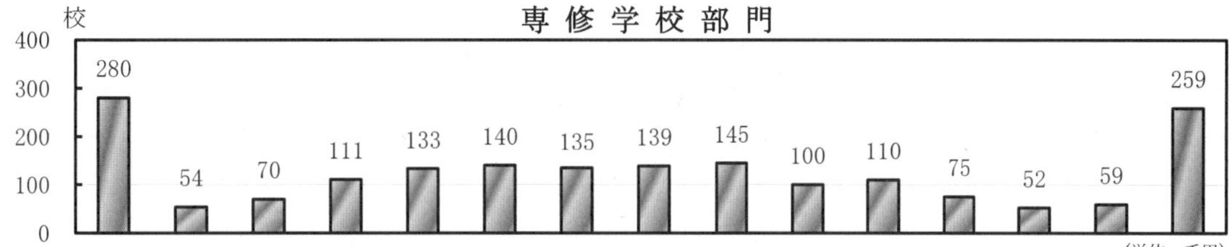

(単位：千円)

階級幅 500.0	合計	1	2	3	4	5	6	7	8	9	10	11	12	13	14	15
専修学校部門	0.0 ～ 221,146.4	～ 1,499.9	1,500.0 ～ 1,999.9	2,000.0 ～ 2,499.9	2,500.0 ～ 2,999.9	3,000.0 ～ 3,499.9	3,500.0 ～ 3,999.9	4,000.0 ～ 4,499.9	4,500.0 ～ 4,999.9	5,000.0 ～ 5,499.9	5,500.0 ～ 5,999.9	6,000.0 ～ 6,499.9	6,500.0 ～ 6,999.9	7,000.0 ～ 7,499.9	7,500.0 ～ 7,999.9	8,000.0 ～
度　数	1,862	280	54	70	111	133	140	135	139	145	100	110	75	52	59	259

	最大値	最小値	平均値	中央値	最頻値	標準偏差	変動係数
全体	221,146.4	0.0	5,405.9	4,539.9	0.0	8,059.26	149.08
上下 2.5%削除後	16,439.9	0.0	4,775.3	4,539.9	0.0	3,040.83	63.68

各種学校部門

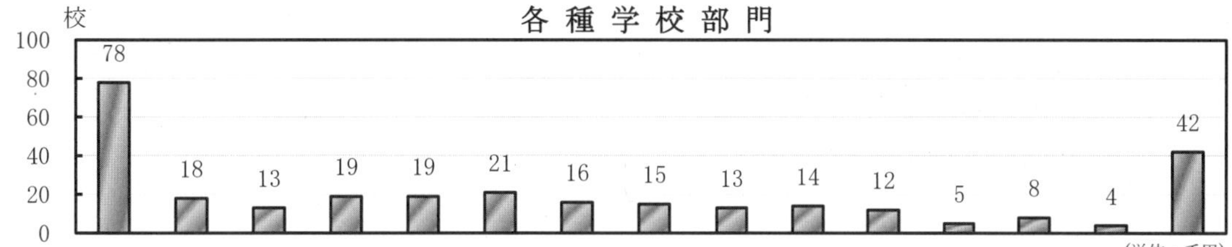

(単位：千円)

階級幅 500.0	合計	1	2	3	4	5	6	7	8	9	10	11	12	13	14	15
各種学校部門	0.0 ～ 30,851.9	～ 1,499.9	1,500.0 ～ 1,999.9	2,000.0 ～ 2,499.9	2,500.0 ～ 2,999.9	3,000.0 ～ 3,499.9	3,500.0 ～ 3,999.9	4,000.0 ～ 4,499.9	4,500.0 ～ 4,999.9	5,000.0 ～ 5,499.9	5,500.0 ～ 5,999.9	6,000.0 ～ 6,499.9	6,500.0 ～ 6,999.9	7,000.0 ～ 7,499.9	7,500.0 ～ 7,999.9	8,000.0 ～
度　数	297	78	18	13	19	19	21	16	15	13	14	12	5	8	4	42

	最大値	最小値	平均値	中央値	最頻値	標準偏差	変動係数
全体	30,851.9	0.0	4,230.0	3,584.4	0.0	4,240.75	100.25
上下 2.5%削除後	13,673.0	0.0	3,929.1	3,584.4	0.0	3,275.87	83.37

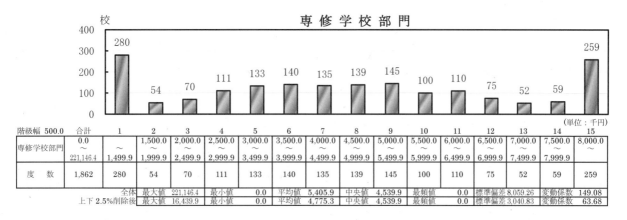

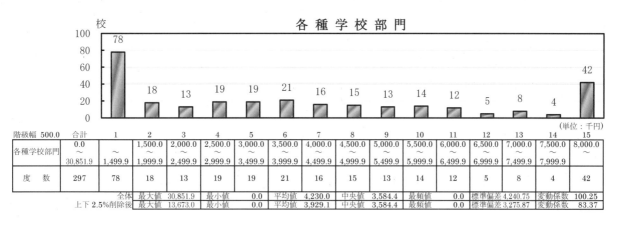

5. 専任教員１人当たりの生徒数

【計　算　式】

$$\frac{\text{在　籍　生　徒　数}}{\text{専　任　教　員　数}}$$

【比率の解説】

専任教員１人当たりの生徒数は、多い方が経営面では効率的な運用ができ、支出を抑えることができる。しかし、多すぎる場合には教育条件の悪化を招くことになるため、注意が必要である。

【度数分布表】

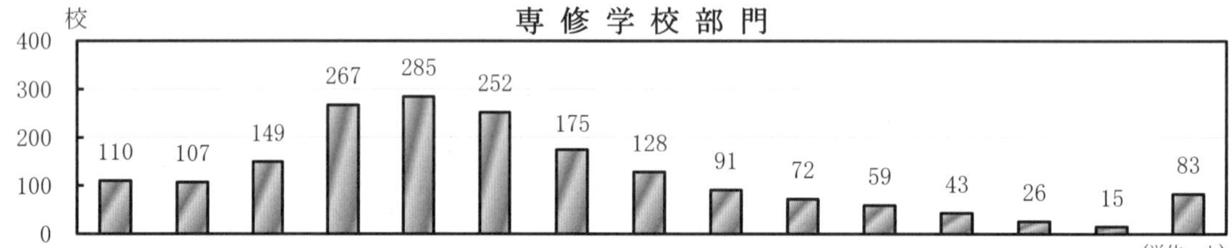

(単位：人)

階級幅 2.9	合計	1	2	3	4	5	6	7	8	9	10	11	12	13	14	15
専修学校部門	0.0 ～ 174.0	～ 3.0	3.1 ～ 5.9	6.0 ～ 8.8	8.9 ～ 11.7	11.8 ～ 14.6	14.7 ～ 17.5	17.6 ～ 20.4	20.5 ～ 23.3	23.4 ～ 26.2	26.3 ～ 29.1	29.2 ～ 32.0	32.1 ～ 34.9	35.0 ～ 37.8	37.9 ～ 40.7	40.8 ～
度　数	1,862	110	107	149	267	285	252	175	128	91	72	59	43	26	15	83

全体	最大値	174.0	最小値	0.0	平均値	17.2	中央値	14.7	最頻値	0.0	標準偏差	12.22	変動係数	71.04
上下 2.5%削除後	最大値	47.8	最小値	0.8	平均値	16.4	中央値	14.7	最頻値	13.8	標準偏差	9.03	変動係数	54.93

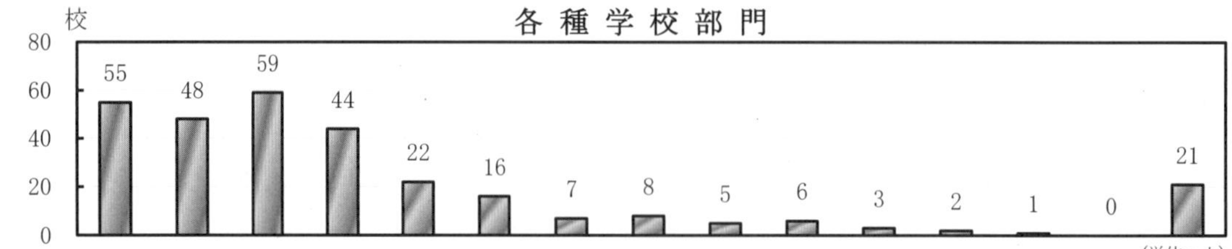

(単位：人)

階級幅 2.9	合計	1	2	3	4	5	6	7	8	9	10	11	12	13	14	15
各種学校部門	0.0 ～ 102.0	～ 3.0	3.1 ～ 5.9	6.0 ～ 8.8	8.9 ～ 11.7	11.8 ～ 14.6	14.7 ～ 17.5	17.6 ～ 20.4	20.5 ～ 23.3	23.4 ～ 26.2	26.3 ～ 29.1	29.2 ～ 32.0	32.1 ～ 34.9	35.0 ～ 37.8	37.9 ～ 40.7	40.8 ～
度　数	297	55	48	59	44	22	16	7	8	5	6	3	2	1	0	21

全体	最大値	102.0	最小値	0.0	平均値	12.7	中央値	8.2	最頻値	0.0	標準偏差	15.91	変動係数	124.92
上下 2.5%削除後	最大値	67.1	最小値	0.0	平均値	11.4	中央値	8.2	最頻値	0.0	標準偏差	12.10	変動係数	106.12

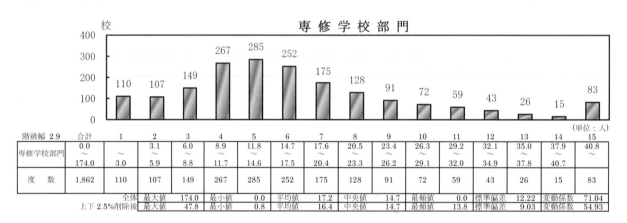

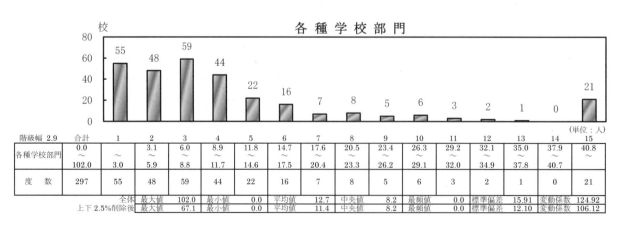

Ⅳ　集　計　結　果

1．専 修 学 校 法 人

■貸 借 対 照 表

■事業活動収支計算書

■資金収支計算書

■財 務 比 率 表

5 ヵ 年 連 続 貸 借 対 照 表
― 専 修 学 校 法 人 ―

(資産の部)　　　　　　　　　　　　　　　　　　　　　　　　(単位：千円)

区分	29年度			30年度			令和元年度			2年度			3年度		
法人数	777法人			791法人			763法人			768法人			765法人		
科目	金額	構成比率(%)	趨勢構造比率	金額	構成比率(%)	趨勢構造比率	金額	構成比率(%)	趨勢構造比率	金額	構成比率(%)	趨勢構造比率	金額	構成比率(%)	趨勢構造比率
(資産の部)															
固定資産	2,328,666,201	74.9	100.0	2,373,775,568	74.4	101.9	2,387,177,044	77.2	102.5	2,438,930,527	76.0	104.7	2,327,072,093	72.8	99.9
有形固定資産	1,675,352,437	53.9	100.0	1,692,633,227	53.1	101.0	1,628,154,558	52.6	97.2	1,685,068,022	52.5	100.6	1,663,339,570	52.0	99.3
土地	937,267,720	30.1	100.0	951,049,341	29.8	101.5	912,237,901	29.5	97.3	947,973,157	29.6	101.1	949,114,995	29.7	101.3
建物	659,456,721	21.2	100.0	657,154,771	20.6	99.7	631,691,608	20.4	95.8	648,992,974	20.2	98.4	633,467,310	19.8	96.1
構築物	9,768,159	0.3	100.0	10,069,771	0.3	103.1	9,291,855	0.3	95.1	9,927,292	0.3	101.6	9,574,899	0.3	98.0
教育研究用機器備品	32,010,178	1.0	100.0	34,421,485	1.1	107.5	35,223,444	1.1	110.0	36,505,841	1.1	114.0	35,641,687	1.1	111.3
その他有形固定資産	36,849,660	1.2	100.0	39,937,859	1.3	108.4	39,709,750	1.3	107.8	41,668,757	1.3	113.1	35,540,680	1.1	96.4
特定資産	150,089,457	4.8	100.0	157,885,789	5.0	105.2	163,172,455	5.3	108.7	155,784,277	4.9	103.8	151,918,936	4.8	101.2
退職給与引当特定資産	16,718,549	0.5	100.0	16,617,941	0.5	99.4	16,446,279	0.5	98.4	16,673,475	0.5	99.7	16,161,283	0.5	96.7
その他引当特定資産	133,370,908	4.3	100.0	141,267,848	4.4	105.9	146,726,176	4.7	110.0	139,110,802	4.3	104.3	135,757,653	4.2	101.8
その他の固定資産	503,224,307	16.2	100.0	523,256,551	16.4	104.0	595,850,031	19.3	118.4	598,078,229	18.6	118.8	511,813,587	16.0	101.7
有価証券	327,298,296	10.5	100.0	345,046,164	10.8	105.4	328,437,029	10.6	100.3	323,923,254	10.1	99.0	334,281,111	10.5	102.1
収益事業元入金	76,503,631	2.5	100.0	75,981,302	2.4	99.3	167,130,556	5.4	218.5	171,867,068	5.4	224.7	75,053,501	2.3	98.1
長期貸付金	46,093,835	1.5	100.0	47,024,258	1.5	102.0	44,603,114	1.4	96.8	46,776,590	1.5	101.5	44,420,370	1.4	96.4
その他	53,328,544	1.7	100.0	55,204,827	1.7	103.5	55,679,332	1.8	104.4	55,511,316	1.7	104.1	58,058,604	1.8	108.9
流動資産	781,334,462	25.1	100.0	815,116,888	25.6	104.3	705,413,985	22.8	90.3	768,993,258	24.0	98.4	869,356,011	27.2	111.3
現金預金	579,550,007	18.6	100.0	611,289,457	19.2	105.5	614,658,095	19.9	106.1	652,702,412	20.3	112.6	664,163,798	20.8	114.6
未収入金	18,507,903	0.6	100.0	18,431,546	0.6	99.6	17,827,080	0.6	96.3	19,386,774	0.6	104.7	21,953,353	0.7	118.6
短期貸付金	8,263,890	0.3	100.0	6,780,333	0.2	82.0	6,039,996	0.2	73.1	6,689,368	0.2	80.9	6,039,022	0.2	73.1
有価証券	52,178,616	1.7	100.0	50,522,024	1.6	96.8	33,254,173	1.1	63.7	47,415,837	1.5	90.9	40,971,480	1.3	78.5
その他流動資産	122,834,045	3.9	100.0	128,093,529	4.0	104.3	33,634,641	1.1	27.4	42,798,866	1.3	34.8	136,228,358	4.3	110.9
資産の部合計	3,110,000,662	100.0	100.0	3,188,892,456	100.0	102.5	3,092,591,030	100.0	99.4	3,207,923,785	100.0	103.1	3,196,428,104	100.0	102.8

(負債及び純資産の部)

(単位：千円)

区分	29年度			30年度			令和元年度			2年度			3年度		
法人数	777法人			791法人			763法人			768法人			765法人		
科目	金額	構成比率(%)	趨勢構造比率	金額	構成比率(%)	趨勢構造比率	金額	構成比率(%)	趨勢構造比率	金額	構成比率(%)	趨勢構造比率	金額	構成比率(%)	趨勢構造比率
(負債の部)															
固定負債	247,726,267	8.0	100.0	254,287,512	8.0	102.6	239,123,920	7.7	96.5	247,991,385	7.7	100.1	223,042,336	7.0	90.0
長期借入金	205,563,385	6.6	100.0	211,302,637	6.6	102.8	194,370,325	6.3	94.6	201,619,261	6.3	98.1	177,877,911	5.6	86.5
学校債	1,870,793	0.1	100.0	1,231,910	0.0	65.8	530,684	0.0	28.4	643,054	0.0	34.4	700,754	0.0	37.5
長期未払金	2,030,131	0.1	100.0	1,986,771	0.1	97.9	2,086,504	0.1	102.8	2,306,398	0.1	113.6	1,954,774	0.1	96.3
退職給与引当金	33,936,728	1.1	100.0	35,177,019	1.1	103.7	33,202,367	1.1	97.8	33,311,318	1.0	98.2	32,894,344	1.0	96.9
その他固定負債	4,325,230	0.1	100.0	4,589,175	0.1	106.1	8,934,039	0.3	206.6	10,111,353	0.3	233.8	9,614,553	0.3	222.3
流動負債	338,418,786	10.9	100.0	339,845,160	10.7	100.4	318,417,238	10.3	94.1	319,876,147	10.0	94.5	307,620,507	9.6	90.9
短期借入金	40,909,191	1.3	100.0	36,077,424	1.1	88.2	31,744,978	1.0	77.6	28,610,997	0.9	69.9	27,270,567	0.9	66.7
一年以内償還予定学校債	672,776	0.0	100.0	1,110,600	0.0	165.1	642,140	0.0	95.4	242,718	0.0	36.1	209,770	0.0	31.2
手形債務	39,877	0.0	100.0	46,393	0.0	116.3	156,968	0.0	393.6	129,464	0.0	324.7	110,578	0.0	277.3
未払金	30,074,703	1.0	100.0	31,758,372	1.0	105.6	32,861,191	1.1	109.3	32,935,160	1.0	109.5	34,333,428	1.1	114.2
前受金	231,017,895	7.4	100.0	238,180,259	7.5	103.1	223,466,801	7.2	96.7	226,751,757	7.1	98.2	214,529,430	6.7	92.9
その他流動負債	35,704,344	1.1	100.0	32,672,111	1.0	91.5	29,545,160	1.0	82.7	31,206,052	1.0	87.4	31,166,734	1.0	87.3
負債の部合計	586,145,053	18.8	100.0	594,132,672	18.6	101.4	557,541,158	18.0	95.1	567,867,532	17.7	96.9	530,662,843	16.6	90.5
(純資産の部)															
基本金	2,279,616,096	73.3	100.0	2,332,834,372	73.2	102.3	2,285,522,160	73.9	100.3	2,381,723,578	74.2	104.5	2,393,893,971	74.9	105.0
第1号基本金	2,096,302,516	67.4	100.0	2,143,855,040	67.2	102.3	2,096,206,088	67.8	100.0	2,188,130,071	68.2	104.4	2,205,131,984	69.0	105.2
第2号基本金	159,102,228	5.1	100.0	25,114,820	0.8	15.8	27,353,865	0.9	17.2	30,376,997	0.9	19.1	23,732,649	0.7	14.9
第3号基本金	3,680,784	0.1	100.0	3,363,391	0.1	91.4	3,138,545	0.1	85.3	3,058,920	0.1	83.1	3,391,861	0.1	92.2
第4号基本金	20,530,568	0.7	100.0	160,501,121	5.0	781.8	158,823,662	5.1	773.6	160,157,590	5.0	780.1	161,637,476	5.1	787.3
繰越収支差額	244,239,514	7.9	100.0	261,925,411	8.2	107.2	249,527,712	8.1	102.2	258,332,675	8.1	105.8	271,871,290	8.5	111.3
翌年度繰越収支差額	244,239,514	7.9	100.0	261,925,411	8.2	107.2	249,527,712	8.1	102.2	258,332,675	8.1	105.8	271,871,290	8.5	111.3
純資産の部合計	2,523,855,609	81.2	100.0	2,594,759,783	81.4	102.8	2,535,049,872	82.0	100.4	2,640,056,253	82.3	104.6	2,665,765,261	83.4	105.6
負債・純資産の部合計	3,110,000,662	100.0	100.0	3,188,892,456	100.0	102.5	3,092,591,030	100.0	99.4	3,207,923,785	100.0	103.1	3,196,428,104	100.0	102.8

(注) 趨勢は２９年度を100としたものである。

令　和　3　年　度　貸　借　対　照　表（都道府県別）
ー 専 修 学 校 法 人 ー

（資産の部）（１０－１）　　　　（単位：千円）

区分	合計			北海道			青森県			岩手県			宮城県		
法人数	765 法人			31 法人			7 法人			4 法人			14 法人		
科目	金額	構成比率(%)	趨勢構造比率	金額	構成比率(%)	趨勢構造比率	金額	構成比率(%)	趨勢構造比率	金額	構成比率(%)	趨勢構造比率	金額	構成比率(%)	趨勢構造比率
(資産の部)															
固定資産	2,327,072,093	72.8	100.0	38,305,209	68.1	1.6	4,423,114	68.0	0.2	2,989,572	84.2	0.1	39,060,329	77.6	1.7
有形固定資産	1,663,339,570	52.0	100.0	32,429,630	57.7	1.9	3,945,942	60.7	0.2	2,471,958	69.6	0.1	28,053,406	55.8	1.7
土地	949,114,995	29.7	100.0	15,578,138	27.7	1.6	1,752,747	27.0	0.2	1,146,408	32.3	0.1	15,473,946	30.8	1.6
建物	633,467,310	19.8	100.0	15,013,454	26.7	2.4	852,020	13.1	0.1	1,292,207	36.4	0.2	10,654,109	21.2	1.7
構築物	9,574,899	0.3	100.0	368,065	0.7	3.8	5,773	0.1	0.1	419	0.0	0.0	280,400	0.6	2.9
教育研究用機器備品	35,641,687	1.1	100.0	827,069	1.5	2.3	179,677	2.8	0.5	11,340	0.3	0.0	446,235	0.9	1.3
その他有形固定資産	35,540,680	1.1	100.0	642,905	1.1	1.8	1,155,725	17.8	3.3	21,583	0.6	0.1	1,198,716	2.4	3.4
特定資産	151,918,936	4.8	100.0	2,176,884	3.9	1.4	117,809	1.8	0.1	0	0.0	0.0	4,578,210	9.1	3.0
退職給与引当特定資産	16,161,283	0.5	100.0	237,232	0.4	1.5	57,809	0.9	0.4	0	0.0	0.0	316,222	0.6	2.0
その他引当特定資産	135,757,653	4.2	100.0	1,939,652	3.4	1.4	60,000	0.9	0.0	0	0.0	0.0	4,261,988	8.5	3.1
その他の固定資産	511,813,587	16.0	100.0	3,698,695	6.6	0.7	359,362	5.5	0.1	517,614	14.6	0.1	6,428,713	12.8	1.3
有価証券	334,281,111	10.5	100.0	3,160,240	5.6	0.9	149,920	2.3	0.0	7,918	0.2	0.0	2,572,058	5.1	0.8
収益事業元入金	75,053,501	2.3	100.0	100,332	0.2	0.1	181,131	2.8	0.2	463,923	13.1	0.6	1,385,426	2.8	1.8
長期貸付金	44,420,370	1.4	100.0	179,305	0.3	0.4	0	0.0	0.0	0	0.0	0.0	440,210	0.9	1.0
その他	58,058,604	1.8	100.0	258,818	0.5	0.4	28,311	0.4	0.0	45,774	1.3	0.1	2,031,019	4.0	3.5
流動資産	869,356,011	27.2	100.0	17,925,811	31.9	2.1	2,077,606	32.0	0.2	562,798	15.8	0.1	11,253,496	22.4	1.3
現金預金	664,163,798	20.8	100.0	17,256,239	30.7	2.6	2,002,062	30.8	0.3	483,728	13.6	0.1	9,956,172	19.8	1.5
未収入金	21,953,353	0.7	100.0	169,560	0.3	0.8	65,993	1.0	0.3	65,532	1.8	0.3	588,842	1.2	2.7
短期貸付金	6,039,022	0.2	100.0	100,500	0.2	1.7	0	0.0	0.0	0	0.0	0.0	300,073	0.6	5.0
有価証券	40,971,480	1.3	100.0	10,304	0.0	0.0	0	0.0	0.0	0	0.0	0.0	0	0.0	0.0
その他流動資産	136,228,358	4.3	100.0	389,207	0.7	0.3	9,551	0.1	0.0	13,538	0.4	0.0	408,409	0.8	0.3
資産の部合計	3,196,428,104	100.0	100.0	56,231,020	100.0	1.8	6,500,719	100.0	0.2	3,552,371	100.0	0.1	50,313,825	100.0	1.6

(負債及び純資産の部)　（１０－１）

（単位：千円）

区　分	合計			北海道			青森県			岩手県			宮城県		
法人数	765 法人			31 法人			7 法人			4 法人			14 法人		
科　目	金　額	構成比率(%)	趨勢構造比率	金　額	構成比率(%)	趨勢構造比率	金　額	構成比率(%)	趨勢構造比率	金　額	構成比率(%)	趨勢構造比率	金　額	構成比率(%)	趨勢構造比率
(負債の部)															
固定負債	223,042,336	7.0	100.0	3,772,525	6.7	1.7	277,484	4.3	0.1	413,886	11.7	0.2	1,844,432	3.7	0.8
長期借入金	177,877,911	5.6	100.0	1,581,536	2.8	0.9	219,675	3.4	0.1	296,270	8.3	0.2	1,350,675	2.7	0.8
学校債	700,754	0.0	100.0	0	0.0	0.0	0	0.0	0.0	0	0.0	0.0	0	0.0	0.0
長期未払金	1,954,774	0.1	100.0	32,551	0.1	1.7	0	0.0	0.0	12,065	0.3	0.6	36,890	0.1	1.9
退職給与引当金	32,894,344	1.0	100.0	476,113	0.8	1.4	57,809	0.9	0.2	105,551	3.0	0.3	402,727	0.8	1.2
その他固定負債	9,614,553	0.3	100.0	1,682,326	3.0	17.5	0	0.0	0.0	0	0.0	0.0	54,140	0.1	0.6
流動負債	307,620,507	9.6	100.0	6,127,474	10.9	2.0	423,295	6.5	0.1	368,050	10.4	0.1	3,947,309	7.8	1.3
短期借入金	27,270,567	0.9	100.0	488,577	0.9	1.8	0	0.0	0.0	0	0.0	0.0	72,839	0.1	0.3
一年以内償還予定学校債	209,770	0.0	100.0	17,200	0.0	8.2	0	0.0	0.0	0	0.0	0.0	30,296	0.1	14.4
手形債務	110,578	0.0	100.0	0	0.0	0.0	0	0.0	0.0	0	0.0	0.0	0	0.0	0.0
未払金	34,333,428	1.1	100.0	410,647	0.7	1.2	10,439	0.2	0.0	29,693	0.8	0.1	371,209	0.7	1.1
前受金	214,529,430	6.7	100.0	4,206,192	7.5	2.0	379,500	5.8	0.2	314,224	8.8	0.1	3,168,852	6.3	1.5
その他流動負債	31,166,734	1.0	100.0	1,004,858	1.8	3.2	33,356	0.5	0.1	24,134	0.7	0.1	304,113	0.6	1.0
負債の部合計	530,662,843	16.6	100.0	9,899,999	17.6	1.9	700,779	10.8	0.1	781,936	22.0	0.1	5,791,740	11.5	1.1
(純資産の部)															
基本金	2,393,893,971	74.9	100.0	49,981,056	88.9	2.1	4,947,919	76.1	0.2	3,237,229	91.1	0.1	38,970,337	77.5	1.6
第1号基本金	2,205,131,984	69.0	100.0	49,568,981	88.2	2.2	4,926,707	75.8	0.2	3,214,245	90.5	0.1	37,943,854	75.4	1.7
第2号基本金	23,732,649	0.7	100.0	57,984	0.1	0.2	0	0.0	0.0	0	0.0	0.0	401,000	0.8	1.7
第3号基本金	3,391,861	0.1	100.0	197,915	0.4	5.8	8,212	0.1	0.2	0	0.0	0.0	0	0.0	0.0
第4号基本金	161,637,476	5.1	100.0	156,176	0.3	0.1	13,000	0.2	0.0	22,984	0.6	0.0	625,482	1.2	0.4
繰越収支差額	271,871,290	8.5	100.0	-3,650,035	-6.5	-1.3	852,022	13.1	0.3	-466,795	-13.1	-0.2	5,551,748	11.0	2.0
翌年度繰越収支差額	271,871,290	8.5	100.0	-3,650,035	-6.5	-1.3	852,022	13.1	0.3	-466,795	-13.1	-0.2	5,551,748	11.0	2.0
純資産の部合計	2,665,765,261	83.4	100.0	46,331,021	82.4	1.7	5,799,941	89.2	0.2	2,770,434	78.0	0.1	44,522,085	88.5	1.7
負債・純資産の部合計	3,196,428,104	100.0	100.0	56,231,020	100.0	1.8	6,500,719	100.0	0.2	3,552,371	100.0	0.1	50,313,825	100.0	1.6

(注) 構造比率は専修学校法人合計を 100 としたものである。

令和３年度貸借対照表（都道府県別）
－専修学校法人－

（資産の部）（１０－２）　　　　　　　　　　　　　　（単位：千円）

区分	秋田県			山形県			福島県			茨城県			栃木県		
法人数	3 法人			4 法人			10 法人			19 法人			14 法人		
科目	金額	構成比率(%)	趨勢構造比率	金額	構成比率(%)	趨勢構造比率	金額	構成比率(%)	趨勢構造比率	金額	構成比率(%)	趨勢構造比率	金額	構成比率(%)	趨勢構造比率
(資産の部)															
固定資産	986,146	63.7	0.0	854,725	74.6	0.0	7,428,065	80.5	0.3	14,803,653	71.1	0.6	26,185,344	57.8	1.1
有形固定資産	895,280	57.8	0.1	831,973	72.6	0.1	6,455,227	70.0	0.4	11,262,156	54.1	0.7	25,012,287	55.2	1.5
土地	137,097	8.9	0.0	130,012	11.4	0.0	2,172,749	23.5	0.2	3,271,055	15.7	0.3	10,599,607	23.4	1.1
建物	621,768	40.1	0.1	613,111	53.5	0.1	3,911,098	42.4	0.6	6,753,237	32.4	1.1	13,474,649	29.7	2.1
構築物	31,844	2.1	0.3	6,165	0.5	0.1	99,996	1.1	1.0	67,456	0.3	0.7	197,587	0.4	2.1
教育研究用機器備品	59,397	3.8	0.2	52,919	4.6	0.1	85,891	0.9	0.2	147,171	0.7	0.4	344,696	0.8	1.0
その他有形固定資産	45,173	2.9	0.1	29,766	2.6	0.1	185,492	2.0	0.5	1,023,238	4.9	2.9	395,748	0.9	1.1
特定資産	0	0.0	0.0	21,864	1.9	0.0	231,954	2.5	0.2	1,828,040	8.8	1.2	70,581	0.2	0.0
退職給与引当特定資産	0	0.0	0.0	21,864	1.9	0.1	14,656	0.2	0.1	256,409	1.2	1.6	29,970	0.1	0.2
その他引当特定資産	0	0.0	0.0	0	0.0	0.0	217,298	2.4	0.2	1,571,631	7.5	1.2	40,612	0.1	0.0
その他の固定資産	90,866	5.9	0.0	888	0.1	0.0	740,885	8.0	0.1	1,713,457	8.2	0.3	1,102,476	2.4	0.2
有価証券	69,452	4.5	0.0	361	0.0	0.0	97,381	1.1	0.0	1,294,211	6.2	0.4	739,590	1.6	0.2
収益事業元入金	0	0.0	0.0	0	0.0	0.0	376,112	4.1	0.5	68,312	0.3	0.1	62,062	0.1	0.1
長期貸付金	0	0.0	0.0	0	0.0	0.0	133,500	1.4	0.3	218,186	1.0	0.5	16,736	0.0	0.0
その他	21,414	1.4	0.0	527	0.0	0.0	133,891	1.5	0.2	132,748	0.6	0.2	284,087	0.6	0.5
流動資産	562,655	36.3	0.1	290,500	25.4	0.0	1,799,346	19.5	0.2	6,025,215	28.9	0.7	19,128,785	42.2	2.2
現金預金	550,384	35.5	0.1	284,135	24.8	0.0	1,455,905	15.8	0.2	5,581,417	26.8	0.8	17,571,523	38.8	2.6
未収入金	6,163	0.4	0.0	4,572	0.4	0.0	54,963	0.6	0.3	163,444	0.8	0.7	337,270	0.7	1.5
短期貸付金	0	0.0	0.0	0	0.0	0.0	4,237	0.0	0.1	10,355	0.0	0.2	29,522	0.1	0.5
有価証券	0	0.0	0.0	0	0.0	0.0	0	0.0	0.0	49,449	0.2	0.1	995,970	2.2	2.4
その他流動資産	6,109	0.4	0.0	1,793	0.2	0.0	284,241	3.1	0.2	220,549	1.1	0.2	194,500	0.4	0.1
資産の部合計	1,548,801	100.0	0.0	1,145,225	100.0	0.0	9,227,411	100.0	0.3	20,828,868	100.0	0.7	45,314,128	100.0	1.4

(負債及び純資産の部)　(１０－２)

(単位：千円)

区分	秋田県			山形県			福島県			茨城県			栃木県		
法人数	3 法人			4 法人			10 法人			19 法人			14 法人		
科目	金額	構成比率(%)	趨勢構造比率	金額	構成比率(%)	趨勢構造比率	金額	構成比率(%)	趨勢構造比率	金額	構成比率(%)	趨勢構造比率	金額	構成比率(%)	趨勢構造比率
(負債の部)															
固定負債	137,401	8.9	0.1	46,420	4.1	0.0	808,894	8.8	0.4	1,613,564	7.7	0.7	2,731,271	6.0	1.2
長期借入金	135,912	8.8	0.1	0	0.0	0.0	692,256	7.5	0.4	1,374,586	6.6	0.8	1,896,479	4.2	1.1
学校債	0	0.0	0.0	0	0.0	0.0	0	0.0	0.0	0	0.0	0.0	34,800	0.1	5.0
長期未払金	0	0.0	0.0	23,522	2.1	1.2	45,630	0.5	2.3	8,502	0.0	0.4	12,419	0.0	0.6
退職給与引当金	1,489	0.1	0.0	22,898	2.0	0.1	71,007	0.8	0.2	215,698	1.0	0.7	665,403	1.5	2.0
その他固定負債	0	0.0	0.0	0	0.0	0.0	0	0.0	0.0	14,778	0.1	0.2	122,170	0.3	1.3
流動負債	346,589	22.4	0.1	84,474	7.4	0.0	2,049,760	22.2	0.7	3,742,693	18.0	1.2	4,913,175	10.8	1.6
短期借入金	68,780	4.4	0.3	4,000	0.3	0.0	502,218	5.4	1.8	529,617	2.5	1.9	111,992	0.2	0.4
一年以内償還予定学校債	0	0.0	0.0	0	0.0	0.0	0	0.0	0.0	600	0.0	0.3	2,210	0.0	1.1
手形債務	0	0.0	0.0	0	0.0	0.0	0	0.0	0.0	0	0.0	0.0	0	0.0	0.0
未払金	9,534	0.6	0.0	3,383	0.3	0.0	321,481	3.5	0.9	217,339	1.0	0.6	776,526	1.7	2.3
前受金	252,870	16.3	0.1	56,367	4.9	0.0	1,188,842	12.9	0.6	2,803,410	13.5	1.3	3,471,462	7.7	1.6
その他流動負債	15,405	1.0	0.0	20,725	1.8	0.1	37,218	0.4	0.1	191,727	0.9	0.6	550,985	1.2	1.8
負債の部合計	483,991	31.2	0.1	130,894	11.4	0.0	2,858,653	31.0	0.5	5,356,256	25.7	1.0	7,644,446	16.9	1.4
(純資産の部)															
基本金	2,230,966	144.0	0.1	937,515	81.9	0.0	10,318,986	111.8	0.4	16,209,505	77.8	0.7	29,876,481	65.9	1.2
第1号基本金	2,212,366	142.8	0.1	928,365	81.1	0.0	10,227,545	110.8	0.5	15,069,563	72.3	0.7	29,318,726	64.7	1.3
第2号基本金	0	0.0	0.0	0	0.0	0.0	0	0.0	0.0	962,361	4.6	4.1	420,000	0.9	1.8
第3号基本金	0	0.0	0.0	0	0.0	0.0	0	0.0	0.0	0	0.0	0.0	73,127	0.2	2.2
第4号基本金	18,600	1.2	0.0	9,150	0.8	0.0	91,441	1.0	0.1	177,580	0.9	0.1	64,627	0.1	0.0
繰越収支差額	-1,166,156	-75.3	-0.4	76,817	6.7	0.0	-3,950,229	-42.8	-1.5	-736,893	-3.5	-0.3	7,793,202	17.2	2.9
翌年度繰越収支差額	-1,166,156	-75.3	-0.4	76,817	6.7	0.0	-3,950,229	-42.8	-1.5	-736,893	-3.5	-0.3	7,793,202	17.2	2.9
純資産の部合計	1,064,810	68.8	0.0	1,014,332	88.6	0.0	6,368,758	69.0	0.2	15,472,612	74.3	0.6	37,669,682	83.1	1.4
負債・純資産の部合計	1,548,801	100.0	0.0	1,145,225	100.0	0.0	9,227,411	100.0	0.3	20,828,868	100.0	0.7	45,314,128	100.0	1.4

(注) 構造比率は専修学校法人合計を 100 としたものである。

令 和 3 年 度 貸 借 対 照 表（都道府県別）
ー 専 修 学 校 法 人 ー

（資産の部）（１０－３）　　　　（単位：千円）

区分	群馬県			埼玉県			千葉県			東京都			神奈川県		
法人数	20 法人			29 法人			19 法人			132 法人			32 法人		
科目	金額	構成比率(%)	趨勢構造比率	金額	構成比率(%)	趨勢構造比率	金額	構成比率(%)	趨勢構造比率	金額	構成比率(%)	趨勢構造比率	金額	構成比率(%)	趨勢構造比率
(資産の部)															
固定資産	38,135,457	59.2	1.6	36,875,306	56.6	1.6	30,277,944	73.6	1.3	1,144,686,804	76.3	49.2	45,770,226	73.7	2.0
有形固定資産	34,282,872	53.2	2.1	29,774,814	45.7	1.8	28,119,352	68.3	1.7	751,477,601	50.1	45.2	34,916,628	56.2	2.1
土地	13,762,910	21.4	1.5	13,589,013	20.9	1.4	13,609,680	33.1	1.4	500,388,210	33.4	52.7	14,888,501	24.0	1.6
建物	17,710,927	27.5	2.8	14,039,052	21.5	2.2	12,742,288	31.0	2.0	223,439,205	14.9	35.3	17,512,697	28.2	2.8
構築物	738,725	1.1	7.7	239,041	0.4	2.5	150,756	0.4	1.6	2,782,429	0.2	29.1	238,224	0.4	2.5
教育研究用機器備品	1,241,786	1.9	3.5	1,100,833	1.7	3.1	500,864	1.2	1.4	12,622,591	0.8	35.4	1,538,756	2.5	4.3
その他有形固定資産	828,524	1.3	2.3	806,875	1.2	2.3	1,115,764	2.7	3.1	12,245,166	0.8	34.5	738,450	1.2	2.1
特定資産	443,157	0.7	0.3	564,835	0.9	0.4	501,339	1.2	0.3	41,098,223	2.7	27.1	845,840	1.4	0.6
退職給与引当特定資産	108,851	0.2	0.7	188,253	0.3	1.2	327,420	0.8	2.0	3,659,584	0.2	22.6	375,152	0.6	2.3
その他引当特定資産	334,306	0.5	0.2	376,583	0.6	0.3	173,919	0.4	0.1	37,438,639	2.5	27.6	470,688	0.8	0.3
その他の固定資産	3,409,427	5.3	0.7	6,535,657	10.0	1.3	1,657,253	4.0	0.3	352,110,980	23.5	68.8	10,007,758	16.1	2.0
有価証券	593,377	0.9	0.2	2,101,181	3.2	0.6	643,525	1.6	0.2	236,041,767	15.7	70.6	3,073,734	4.9	0.9
収益事業元入金	2,316,387	3.6	3.1	80,915	0.1	0.1	740,815	1.8	1.0	50,153,868	3.3	66.8	6,295,958	10.1	8.4
長期貸付金	24,314	0.0	0.1	2,112,022	3.2	4.8	5,806	0.0	0.0	38,288,258	2.6	86.2	10,325	0.0	0.0
その他	475,349	0.7	0.8	2,241,539	3.4	3.9	267,109	0.6	0.5	27,627,086	1.8	47.6	627,742	1.0	1.1
流動資産	26,246,485	40.8	3.0	28,290,848	43.4	3.3	10,878,417	26.4	1.3	355,703,905	23.7	40.9	16,343,551	26.3	1.9
現金預金	22,255,852	34.6	3.4	24,893,015	38.2	3.7	10,111,268	24.6	1.5	214,291,538	14.3	32.3	13,234,961	21.3	2.0
未収入金	568,720	0.9	2.6	1,145,938	1.8	5.2	276,335	0.7	1.3	4,932,121	0.3	22.5	322,160	0.5	1.5
短期貸付金	551,027	0.9	9.1	635,777	1.0	10.5	14,749	0.0	0.2	1,201,292	0.1	19.9	124,408	0.2	2.1
有価証券	444,832	0.7	1.1	1,140,166	1.7	2.8	187,602	0.5	0.5	26,341,152	1.8	64.3	865,140	1.4	2.1
その他流動資産	2,426,054	3.8	1.8	475,953	0.7	0.3	288,463	0.7	0.2	108,937,801	7.3	80.0	1,796,882	2.9	1.3
資産の部合計	64,381,942	100.0	2.0	65,166,155	100.0	2.0	41,156,361	100.0	1.3	1,500,390,708	100.0	46.9	62,113,778	100.0	1.9

（負債及び純資産の部）（１０－３）

（単位：千円）

区分	群馬県			埼玉県			千葉県			東京都			神奈川県		
法人数	20 法人			29 法人			19 法人			132 法人			32 法人		
科目	金額	構成比率(%)	趨勢構造比率	金額	構成比率(%)	趨勢構造比率	金額	構成比率(%)	趨勢構造比率	金額	構成比率(%)	趨勢構造比率	金額	構成比率(%)	趨勢構造比率
(負債の部)															
固定負債	4,607,949	7.2	2.1	2,844,168	4.4	1.3	2,652,784	6.4	1.2	97,972,065	6.5	43.9	4,888,138	7.9	2.2
長期借入金	4,488,106	7.0	2.5	2,537,892	3.9	1.4	1,958,579	4.8	1.1	85,234,128	5.7	47.9	4,222,267	6.8	2.4
学校債	0	0.0	0.0	1,300	0.0	0.2	0	0.0	0.0	128,810	0.0	18.4	30,600	0.0	4.4
長期未払金	19,009	0.0	1.0	66,309	0.1	3.4	18,134	0.0	0.9	674,764	0.0	34.5	184,840	0.3	9.5
退職給与引当金	94,311	0.1	0.3	236,687	0.4	0.7	675,296	1.6	2.1	10,628,802	0.7	32.3	426,027	0.7	1.3
その他固定負債	6,523	0.0	0.1	1,980	0.0	0.0	776	0.0	0.0	1,305,561	0.1	13.6	24,405	0.0	0.3
流動負債	10,461,039	16.2	3.4	7,790,354	12.0	2.5	5,249,199	12.8	1.7	103,885,505	6.9	33.8	6,082,145	9.8	2.0
短期借入金	675,862	1.0	2.5	289,367	0.4	1.1	440,388	1.1	1.6	8,358,880	0.6	30.7	769,783	1.2	2.8
一年以内償還予定学校債	0	0.0	0.0	0	0.0	0.0	23,604	0.1	11.3	20,596	0.0	9.8	13,200	0.0	6.3
手形債務	0	0.0	0.0	0	0.0	0.0	0	0.0	0.0	3,974	0.0	3.6	0	0.0	0.0
未払金	778,776	1.2	2.3	654,592	1.0	1.9	312,176	0.8	0.9	10,884,764	0.7	31.7	610,565	1.0	1.8
前受金	7,459,139	11.6	3.5	6,373,342	9.8	3.0	3,479,181	8.5	1.6	74,847,573	5.0	34.9	4,267,483	6.9	2.0
その他流動負債	1,547,262	2.4	5.0	473,053	0.7	1.5	993,849	2.4	3.2	9,769,718	0.7	31.3	421,114	0.7	1.4
負債の部合計	15,068,988	23.4	2.8	10,634,522	16.3	2.0	7,901,984	19.2	1.5	201,857,570	13.5	38.0	10,970,283	17.7	2.1
(純資産の部)															
基本金	49,283,656	76.5	2.1	44,330,380	68.0	1.9	41,635,522	101.2	1.7	1,124,794,547	75.0	47.0	46,187,316	74.4	1.9
第1号基本金	48,744,656	75.7	2.2	43,890,609	67.4	2.0	41,323,522	100.4	1.9	967,452,864	64.5	43.9	45,495,186	73.2	2.1
第2号基本金	250,000	0.4	1.1	30,600	0.0	0.1	0	0.0	0.0	8,091,695	0.5	34.1	140,000	0.2	0.6
第3号基本金	0	0.0	0.0	0	0.0	0.0	100,000	0.2	2.9	1,152,116	0.1	34.0	122,430	0.2	3.6
第4号基本金	289,000	0.4	0.2	409,171	0.6	0.3	212,000	0.5	0.1	148,097,873	9.9	91.6	429,700	0.7	0.3
繰越収支差額	29,298	0.0	0.0	10,201,253	15.7	3.8	-8,381,145	-20.4	-3.1	173,738,591	11.6	63.9	4,956,178	8.0	1.8
翌年度繰越収支差額	29,298	0.0	0.0	10,201,253	15.7	3.8	-8,381,145	-20.4	-3.1	173,738,591	11.6	63.9	4,956,178	8.0	1.8
純資産の部合計	49,312,954	76.6	1.8	54,531,633	83.7	2.0	33,254,377	80.8	1.2	1,298,533,138	86.5	48.7	51,143,494	82.3	1.9
負債・純資産の部合計	64,381,942	100.0	2.0	65,166,155	100.0	2.0	41,156,361	100.0	1.3	1,500,390,708	100.0	46.9	62,113,778	100.0	1.9

（注）構造比率は専修学校法人合計を 100 としたものである。

令和３年度貸借対照表（都道府県別）
－専修学校法人－

（資産の部）（１０－４）　　　　（単位：千円）

区分	新潟県			富山県			石川県			福井県			山梨県		
法人数	12 法人			5 法人			13 法人			3 法人			3 法人		
科目	金額	構成比率(%)	趨勢構造比率	金額	構成比率(%)	趨勢構造比率	金額	構成比率(%)	趨勢構造比率	金額	構成比率(%)	趨勢構造比率	金額	構成比率(%)	趨勢構造比率
(資産の部)															
固定資産	15,514,951	66.1	0.7	6,709,906	65.2	0.3	10,865,794	70.3	0.5	1,469,127	74.8	0.1	1,649,440	76.2	0.1
有形固定資産	11,308,837	48.2	0.7	5,937,729	57.7	0.4	9,406,698	60.9	0.6	1,078,341	54.9	0.1	709,623	32.8	0.0
土地	4,163,449	17.7	0.4	1,552,185	15.1	0.2	4,506,506	29.2	0.5	528,351	26.9	0.1	123,430	5.7	0.0
建物	6,789,156	28.9	1.1	4,092,996	39.8	0.6	4,448,882	28.8	0.7	480,318	24.4	0.1	442,587	20.5	0.1
構築物	50,187	0.2	0.5	28,527	0.3	0.3	60,193	0.4	0.6	11,970	0.6	0.1	3,341	0.2	0.0
教育研究用機器備品	128,527	0.5	0.4	113,681	1.1	0.3	112,536	0.7	0.3	12,300	0.6	0.0	73,278	3.4	0.2
その他有形固定資産	177,518	0.8	0.5	150,340	1.5	0.4	278,581	1.8	0.8	45,401	2.3	0.1	66,986	3.1	0.2
特定資産	1,973,571	8.4	1.3	758,624	7.4	0.5	716,346	4.6	0.5	356,836	18.2	0.2	737,269	34.1	0.5
退職給与引当特定資産	52,880	0.2	0.3	2,225	0.0	0.0	65,551	0.4	0.4	6,836	0.3	0.0	210,069	9.7	1.3
その他引当特定資産	1,920,691	8.2	1.4	756,399	7.3	0.6	650,795	4.2	0.5	350,000	17.8	0.3	527,200	24.4	0.4
その他の固定資産	2,232,542	9.5	0.4	13,553	0.1	0.0	742,750	4.8	0.1	33,950	1.7	0.0	202,548	9.4	0.0
有価証券	1,415,711	6.0	0.4	0	0.0	0.0	12,035	0.1	0.0	0	0.0	0.0	200,000	9.2	0.1
収益事業元入金	684,391	2.9	0.9	0	0.0	0.0	169,578	1.1	0.2	0	0.0	0.0	0	0.0	0.0
長期貸付金	47,160	0.2	0.1	12,000	0.1	0.0	6,817	0.0	0.0	0	0.0	0.0	0	0.0	0.0
その他	85,280	0.4	0.1	1,553	0.0	0.0	554,320	3.6	1.0	33,950	1.7	0.1	2,548	0.1	0.0
流動資産	7,945,876	33.9	0.9	3,582,266	34.8	0.4	4,586,880	29.7	0.5	495,654	25.2	0.1	514,465	23.8	0.1
現金預金	7,437,301	31.7	1.1	1,460,085	14.2	0.2	4,380,553	28.3	0.7	478,660	24.4	0.1	458,326	21.2	0.1
未収入金	196,460	0.8	0.9	35,992	0.3	0.2	35,563	0.2	0.2	3,796	0.2	0.0	56,139	2.6	0.3
短期貸付金	4,860	0.0	0.1	0	0.0	0.0	30,056	0.2	0.5	0	0.0	0.0	0	0.0	0.0
有価証券	163,769	0.7	0.4	2,011,673	19.5	4.9	33,212	0.2	0.1	9,106	0.5	0.0	0	0.0	0.0
その他流動資産	143,486	0.6	0.1	74,515	0.7	0.1	107,495	0.7	0.1	4,091	0.2	0.0	0	0.0	0.0
資産の部合計	23,460,827	100.0	0.7	10,292,171	100.0	0.3	15,452,674	100.0	0.5	1,964,781	100.0	0.1	2,163,905	100.0	0.1

(負債及び純資産の部)　(１０－４)

(単位：千円)

区　分	新潟県			富山県			石川県			福井県			山梨県		
法人数	12 法人			5 法人			13 法人			3 法人			3 法人		
科　目	金　額	構成比率(%)	趨勢構造比率	金　額	構成比率(%)	趨勢構造比率	金　額	構成比率(%)	趨勢構造比率	金　額	構成比率(%)	趨勢構造比率	金　額	構成比率(%)	趨勢構造比率
(負債の部)															
固定負債	2,302,688	9.8	1.0	761,545	7.4	0.3	1,670,481	10.8	0.7	224,375	11.4	0.1	116,226	5.4	0.1
長期借入金	2,212,814	9.4	1.2	626,458	6.1	0.4	1,552,803	10.0	0.9	217,539	11.1	0.1	0	0.0	0.0
学校債	0	0.0	0.0	83,100	0.8	11.9	0	0.0	0.0	0	0.0	0.0	0	0.0	0.0
長期未払金	2,322	0.0	0.1	2,049	0.0	0.1	2,319	0.0	0.1	0	0.0	0.0	0	0.0	0.0
退職給与引当金	87,553	0.4	0.3	29,426	0.3	0.1	102,358	0.7	0.3	6,836	0.3	0.0	116,226	5.4	0.4
その他固定負債	0	0.0	0.0	20,513	0.2	0.2	13,000	0.1	0.1	0	0.0	0.0	0	0.0	0.0
流動負債	3,295,803	14.0	1.1	657,021	6.4	0.2	1,935,773	12.5	0.6	227,140	11.6	0.1	339,701	15.7	0.1
短期借入金	938,720	4.0	3.4	40,000	0.4	0.1	90,874	0.6	0.3	107,520	5.5	0.4	0	0.0	0.0
一年以内償還予定学校債	0	0.0	0.0	0	0.0	0.0	0	0.0	0.0	0	0.0	0.0	0	0.0	0.0
手形債務	5,222	0.0	4.7	0	0.0	0.0	0	0.0	0.0	0	0.0	0.0	0	0.0	0.0
未払金	344,359	1.5	1.0	51,346	0.5	0.1	79,138	0.5	0.2	2,901	0.1	0.0	20,349	0.9	0.1
前受金	1,841,826	7.9	0.9	478,977	4.7	0.2	1,646,747	10.7	0.8	81,686	4.2	0.0	316,953	14.6	0.1
その他流動負債	165,676	0.7	0.5	86,698	0.8	0.3	119,014	0.8	0.4	35,033	1.8	0.1	2,400	0.1	0.0
負債の部合計	5,598,491	23.9	1.1	1,418,567	13.8	0.3	3,606,254	23.3	0.7	451,515	23.0	0.1	455,928	21.1	0.1
(純資産の部)															
基本金	13,343,270	56.9	0.6	7,128,257	69.3	0.3	13,785,120	89.2	0.6	2,064,563	105.1	0.1	1,980,213	91.5	0.1
第1号基本金	13,067,270	55.7	0.6	7,071,675	68.7	0.3	13,540,371	87.6	0.6	1,695,971	86.3	0.1	1,980,213	91.5	0.1
第2号基本金	125,000	0.5	0.5	35,581	0.3	0.1	100,625	0.7	0.4	350,000	17.8	1.5	0	0.0	0.0
第3号基本金	0	0.0	0.0	0	0.0	0.0	0	0.0	0.0	0	0.0	0.0	0	0.0	0.0
第4号基本金	151,000	0.6	0.1	21,000	0.2	0.0	144,125	0.9	0.1	18,592	0.9	0.0	0	0.0	0.0
繰越収支差額	4,519,065	19.3	1.7	1,745,348	17.0	0.6	-1,938,701	-12.5	-0.7	-551,297	-28.1	-0.2	-272,236	-12.6	-0.1
翌年度繰越収支差額	4,519,065	19.3	1.7	1,745,348	17.0	0.6	-1,938,701	-12.5	-0.7	-551,297	-28.1	-0.2	-272,236	-12.6	-0.1
純資産の部合計	17,862,335	76.1	0.7	8,873,605	86.2	0.3	11,846,420	76.7	0.4	1,513,266	77.0	0.1	1,707,977	78.9	0.1
負債・純資産の部合計	23,460,827	100.0	0.7	10,292,171	100.0	0.3	15,452,674	100.0	0.5	1,964,781	100.0	0.1	2,163,905	100.0	0.1

(注) 構造比率は専修学校法人合計を 100 としたものである。

令和３年度貸借対照表（都道府県別）
－専修学校法人－

（資産の部）（１０－５）　　　　（単位：千円）

区分	長野県			岐阜県			静岡県			愛知県			三重県		
法人数	14 法人			11 法人			24 法人			45 法人			9 法人		
科目	金額	構成比率(%)	趨勢構造比率	金額	構成比率(%)	趨勢構造比率	金額	構成比率(%)	趨勢構造比率	金額	構成比率(%)	趨勢構造比率	金額	構成比率(%)	趨勢構造比率
(資産の部)															
固定資産	8,726,354	67.6	0.4	3,083,244	64.9	0.1	28,448,666	79.0	1.2	265,272,420	80.2	11.4	2,916,951	65.4	0.1
有形固定資産	8,445,591	65.4	0.5	2,666,040	56.1	0.2	16,539,533	45.9	1.0	178,409,080	54.0	10.7	2,564,916	57.5	0.2
土地	3,020,157	23.4	0.3	1,484,434	31.2	0.2	6,702,207	18.6	0.7	91,583,904	27.7	9.6	1,174,031	26.3	0.1
建物	5,009,215	38.8	0.8	1,096,953	23.1	0.2	8,802,391	24.4	1.4	81,455,080	24.6	12.9	1,189,949	26.7	0.2
構築物	102,062	0.8	1.1	5,079	0.1	0.1	274,418	0.8	2.9	697,227	0.2	7.3	17,450	0.4	0.2
教育研究用機器備品	189,135	1.5	0.5	18,825	0.4	0.1	308,054	0.9	0.9	2,958,195	0.9	8.3	47,106	1.1	0.1
その他有形固定資産	125,022	1.0	0.4	60,748	1.3	0.2	452,462	1.3	1.3	1,714,674	0.5	4.8	136,380	3.1	0.4
特定資産	62,766	0.5	0.0	387,572	8.2	0.3	4,928,687	13.7	3.2	58,493,763	17.7	38.5	154,951	3.5	0.1
退職給与引当特定資産	42,054	0.3	0.3	10,301	0.2	0.1	49,319	0.1	0.3	6,892,869	2.1	42.7	21,984	0.5	0.1
その他引当特定資産	20,712	0.2	0.0	377,271	7.9	0.3	4,879,369	13.6	3.6	51,600,894	15.6	38.0	132,967	3.0	0.1
その他の固定資産	217,997	1.7	0.0	29,633	0.6	0.0	6,980,445	19.4	1.4	28,369,577	8.6	5.5	197,084	4.4	0.0
有価証券	12,500	0.1	0.0	620	0.0	0.0	2,020,591	5.6	0.6	17,285,094	5.2	5.2	74,152	1.7	0.0
収益事業元入金	0	0.0	0.0	12,161	0.3	0.0	2,941,632	8.2	3.9	1,232,137	0.4	1.6	0	0.0	0.0
長期貸付金	121,877	0.9	0.3	4,000	0.1	0.0	219,839	0.6	0.5	60,177	0.0	0.1	86,153	1.9	0.2
その他	83,620	0.6	0.1	12,852	0.3	0.0	1,798,382	5.0	3.1	9,792,170	3.0	16.9	36,779	0.8	0.1
流動資産	4,181,964	32.4	0.5	1,667,771	35.1	0.2	7,555,749	21.0	0.9	65,356,584	19.8	7.5	1,540,599	34.6	0.2
現金預金	3,865,842	29.9	0.6	1,498,575	31.5	0.2	7,088,201	19.7	1.1	48,188,186	14.6	7.3	1,265,978	28.4	0.2
未収入金	104,264	0.8	0.5	34,398	0.7	0.2	274,183	0.8	1.2	7,008,808	2.1	31.9	30,024	0.7	0.1
短期貸付金	8,790	0.1	0.1	0	0.0	0.0	34,160	0.1	0.6	7,585	0.0	0.1	46,462	1.0	0.8
有価証券	163,278	1.3	0.4	129,408	2.7	0.3	8,718	0.0	0.0	330,020	0.1	0.8	109,472	2.5	0.3
その他流動資産	39,791	0.3	0.0	5,390	0.1	0.0	150,487	0.4	0.1	9,821,985	3.0	7.2	88,664	2.0	0.1
資産の部合計	12,908,319	100.0	0.4	4,751,015	100.0	0.1	36,004,415	100.0	1.1	330,629,004	100.0	10.3	4,457,549	100.0	0.1

(負債及び純資産の部) (１０－５)

(単位：千円)

区分	長野県			岐阜県			静岡県			愛知県			三重県		
法人数	14 法人			11 法人			24 法人			45 法人			9 法人		
科目	金額	構成比率(%)	趨勢構造比率	金額	構成比率(%)	趨勢構造比率	金額	構成比率(%)	趨勢構造比率	金額	構成比率(%)	趨勢構造比率	金額	構成比率(%)	趨勢構造比率
(負債の部)															
固定負債	2,229,049	17.3	1.0	741,889	15.6	0.3	1,470,521	4.1	0.7	16,694,966	5.0	7.5	478,605	10.7	0.2
長期借入金	2,088,045	16.2	1.2	661,357	13.9	0.4	1,408,160	3.9	0.8	7,806,620	2.4	4.4	453,269	10.2	0.3
学校債	0	0.0	0.0	12,000	0.3	1.7	0	0.0	0.0	0	0.0	0.0	1,140	0.0	0.2
長期未払金	36,721	0.3	1.9	6,763	0.1	0.3	0	0.0	0.0	61,184	0.0	3.1	0	0.0	0.0
退職給与引当金	104,283	0.8	0.3	61,769	1.3	0.2	59,327	0.2	0.2	8,762,172	2.7	26.6	23,400	0.5	0.1
その他固定負債	0	0.0	0.0	0	0.0	0.0	3,033	0.0	0.0	64,991	0.0	0.7	796	0.0	0.0
流動負債	2,361,927	18.3	0.8	385,207	8.1	0.1	3,598,127	10.0	1.2	26,714,631	8.1	8.7	801,397	18.0	0.3
短期借入金	70,875	0.5	0.3	23,320	0.5	0.1	587,776	1.6	2.2	548,206	0.2	2.0	298,577	6.7	1.1
一年以内償還予定学校債	0	0.0	0.0	0	0.0	0.0	0	0.0	0.0	0	0.0	0.0	4,008	0.1	1.9
手形債務	0	0.0	0.0	0	0.0	0.0	0	0.0	0.0	0	0.0	0.0	0	0.0	0.0
未払金	153,728	1.2	0.4	24,050	0.5	0.1	256,122	0.7	0.7	7,164,867	2.2	20.9	28,769	0.6	0.1
前受金	1,978,322	15.3	0.9	215,784	4.5	0.1	2,191,552	6.1	1.0	17,197,956	5.2	8.0	400,906	9.0	0.2
その他流動負債	159,002	1.2	0.5	122,053	2.6	0.4	562,677	1.6	1.8	1,803,602	0.5	5.8	69,137	1.6	0.2
負債の部合計	4,590,976	35.6	0.9	1,127,097	23.7	0.2	5,068,648	14.1	1.0	43,409,597	13.1	8.2	1,280,002	28.7	0.2
(純資産の部)															
基本金	10,287,984	79.7	0.4	4,347,151	91.5	0.2	27,921,634	77.6	1.2	299,618,461	90.6	12.5	2,850,635	64.0	0.1
第1号基本金	10,193,284	79.0	0.5	4,196,982	88.3	0.2	27,596,113	76.6	1.3	292,069,049	88.3	13.2	2,770,127	62.1	0.1
第2号基本金	0	0.0	0.0	84,270	1.8	0.4	6,720	0.0	0.0	2,048,889	0.6	8.6	0	0.0	0.0
第3号基本金	0	0.0	0.0	0	0.0	0.0	0	0.0	0.0	351,921	0.1	10.4	0	0.0	0.0
第4号基本金	94,700	0.7	0.1	65,898	1.4	0.0	318,801	0.9	0.2	5,148,602	1.6	3.2	80,508	1.8	0.0
繰越収支差額	-1,970,641	-15.3	-0.7	-723,232	-15.2	-0.3	3,014,133	8.4	1.1	-12,399,054	-3.8	-4.6	326,913	7.3	0.1
翌年度繰越収支差額	-1,970,641	-15.3	-0.7	-723,232	-15.2	-0.3	3,014,133	8.4	1.1	-12,399,054	-3.8	-4.6	326,913	7.3	0.1
純資産の部合計	8,317,343	64.4	0.3	3,623,919	76.3	0.1	30,935,767	85.9	1.2	287,219,407	86.9	10.8	3,177,548	71.3	0.1
負債・純資産の部合計	12,908,319	100.0	0.4	4,751,015	100.0	0.1	36,004,415	100.0	1.1	330,629,004	100.0	10.3	4,457,549	100.0	0.1

(注) 構造比率は専修学校法人合計を 100 としたものである。

令 和 3 年 度 貸 借 対 照 表（都道府県別）
ー 専 修 学 校 法 人 ー

（資産の部）（１０－６）　　　　　　　　　　　　（単位：千円）

区分	滋賀県			京都府			大阪府			兵庫県			奈良県		
法人数	4 法人			16 法人			46 法人			32 法人			5 法人		
科目	金額	構成比率(%)	趨勢構造比率	金額	構成比率(%)	趨勢構造比率	金額	構成比率(%)	趨勢構造比率	金額	構成比率(%)	趨勢構造比率	金額	構成比率(%)	趨勢構造比率
(資産の部)															
固定資産	2,938,857	87.9	0.1	51,610,056	71.3	2.2	169,883,291	67.6	7.3	64,005,627	73.5	2.8	4,371,009	61.8	0.2
有形固定資産	2,762,408	82.6	0.2	41,899,902	57.9	2.5	125,704,423	50.0	7.6	55,396,055	63.6	3.3	4,056,756	57.4	0.2
土地	1,392,775	41.7	0.1	16,898,813	23.3	1.8	76,651,903	30.5	8.1	31,317,933	36.0	3.3	2,151,498	30.4	0.2
建物	1,079,937	32.3	0.2	21,036,338	29.1	3.3	41,518,746	16.5	6.6	21,186,906	24.3	3.3	1,792,064	25.3	0.3
構築物	207,200	6.2	2.2	436,025	0.6	4.6	744,408	0.3	7.8	237,044	0.3	2.5	18,938	0.3	0.2
教育研究用機器備品	21,002	0.6	0.1	2,251,553	3.1	6.3	3,316,373	1.3	9.3	994,803	1.1	2.8	64,152	0.9	0.2
その他有形固定資産	61,493	1.8	0.2	1,277,172	1.8	3.6	3,472,993	1.4	9.8	1,659,369	1.9	4.7	30,104	0.4	0.1
特定資産	60,204	1.8	0.0	1,728,480	2.4	1.1	12,128,673	4.8	8.0	2,021,234	2.3	1.3	0	0.0	0.0
退職給与引当特定資産	25,204	0.8	0.2	516,260	0.7	3.2	319,878	0.1	2.0	409,912	0.5	2.5	0	0.0	0.0
その他引当特定資産	35,000	1.0	0.0	1,212,220	1.7	0.9	11,808,795	4.7	8.7	1,611,322	1.9	1.2	0	0.0	0.0
その他の固定資産	116,245	3.5	0.0	7,981,674	11.0	1.6	32,050,195	12.8	6.3	6,588,338	7.6	1.3	314,253	4.4	0.1
有価証券	57,647	1.7	0.0	5,726,315	7.9	1.7	27,763,281	11.1	8.3	4,996,958	5.7	1.5	249,941	3.5	0.1
収益事業元入金	48,807	1.5	0.1	0	0.0	0.0	2,237,714	0.9	3.0	704,592	0.8	0.9	32,100	0.5	0.0
長期貸付金	2,050	0.1	0.0	1,081,867	1.5	2.4	65,498	0.0	0.1	388,410	0.4	0.9	0	0.0	0.0
その他	7,741	0.2	0.0	1,173,491	1.6	2.0	1,983,702	0.8	3.4	498,379	0.6	0.9	32,212	0.5	0.1
流動資産	404,171	12.1	0.0	20,795,803	28.7	2.4	81,334,455	32.4	9.4	23,051,612	26.5	2.7	2,699,957	38.2	0.3
現金預金	371,880	11.1	0.1	19,825,188	27.4	3.0	74,021,294	29.5	11.1	20,010,137	23.0	3.0	2,421,921	34.3	0.4
未収入金	30,367	0.9	0.1	634,889	0.9	2.9	1,217,397	0.5	5.5	810,728	0.9	3.7	239,524	3.4	1.1
短期貸付金	0	0.0	0.0	128,336	0.2	2.1	660,810	0.3	10.9	1,175	0.0	0.0	11,339	0.2	0.2
有価証券	317	0.0	0.0	10	0.0	0.0	739,870	0.3	1.8	1,541,555	1.8	3.8	0	0.0	0.0
その他流動資産	1,607	0.0	0.0	207,380	0.3	0.2	4,695,084	1.9	3.4	688,017	0.8	0.5	27,173	0.4	0.0
資産の部合計	3,343,028	100.0	0.1	72,405,860	100.0	2.3	251,217,746	100.0	7.9	87,057,239	100.0	2.7	7,070,966	100.0	0.2

(負債及び純資産の部)　(１０－６)

(単位：千円)

区分	滋賀県			京都府			大阪府			兵庫県			奈良県		
法人数	4 法人			16 法人			46 法人			32 法人			5 法人		
科目	金額	構成比率(%)	趨勢構造比率	金額	構成比率(%)	趨勢構造比率	金額	構成比率(%)	趨勢構造比率	金額	構成比率(%)	趨勢構造比率	金額	構成比率(%)	趨勢構造比率
(負債の部)															
固定負債	815,948	24.4	0.4	9,281,992	12.8	4.2	9,467,843	3.8	4.2	5,812,333	6.7	2.6	389,396	5.5	0.2
長期借入金	785,870	23.5	0.4	7,729,666	10.7	4.3	6,917,272	2.8	3.9	4,705,820	5.4	2.6	374,060	5.3	0.2
学校債	0	0.0	0.0	174,284	0.2	24.9	0	0.0	0.0	11,900	0.0	1.7	0	0.0	0.0
長期未払金	0	0.0	0.0	129,705	0.2	6.6	54,417	0.0	2.8	23,282	0.0	1.2	0	0.0	0.0
退職給与引当金	25,146	0.8	0.1	1,248,337	1.7	3.8	2,391,749	1.0	7.3	815,100	0.9	2.5	0	0.0	0.0
その他固定負債	4,933	0.1	0.1	0	0.0	0.0	104,406	0.0	1.1	256,231	0.3	2.7	15,336	0.2	0.2
流動負債	289,682	8.7	0.1	13,220,402	18.3	4.3	33,961,338	13.5	11.0	11,652,517	13.4	3.8	1,035,353	14.6	0.3
短期借入金	30,423	0.9	0.1	649,874	0.9	2.4	1,698,992	0.7	6.2	2,339,368	2.7	8.6	0	0.0	0.0
一年以内償還予定学校債	0	0.0	0.0	0	0.0	0.0	0	0.0	0.0	1,000	0.0	0.5	0	0.0	0.0
手形債務	0	0.0	0.0	0	0.0	0.0	2,700	0.0	2.4	1,023	0.0	0.9	0	0.0	0.0
未払金	53,408	1.6	0.2	1,331,564	1.8	3.9	3,105,313	1.2	9.0	599,473	0.7	1.7	57,026	0.8	0.2
前受金	198,448	5.9	0.1	9,460,864	13.1	4.4	23,943,720	9.5	11.2	7,611,443	8.7	3.5	957,578	13.5	0.4
その他流動負債	7,402	0.2	0.0	1,778,102	2.5	5.7	5,210,614	2.1	16.7	1,100,210	1.3	3.5	20,749	0.3	0.1
負債の部合計	1,105,630	33.1	0.2	22,502,395	31.1	4.2	43,429,181	17.3	8.2	17,464,850	20.1	3.3	1,424,749	20.1	0.3
(純資産の部)															
基本金	3,373,611	100.9	0.1	48,638,032	67.2	2.0	170,583,124	67.9	7.1	68,225,441	78.4	2.8	472,860	6.7	0.0
第1号基本金	3,333,611	99.7	0.2	48,279,758	66.7	2.2	161,241,365	64.2	7.3	65,693,738	75.5	3.0	472,860	6.7	0.0
第2号基本金	0	0.0	0.0	2,003	0.0	0.0	8,110,931	3.2	34.2	1,292,634	1.5	5.4	0	0.0	0.0
第3号基本金	0	0.0	0.0	0	0.0	0.0	241,000	0.1	7.1	860,761	1.0	25.4	0	0.0	0.0
第4号基本金	40,000	1.2	0.0	356,270	0.5	0.2	989,829	0.4	0.6	378,308	0.4	0.2	0	0.0	0.0
繰越収支差額	-1,136,213	-34.0	-0.4	1,265,433	1.7	0.5	37,205,441	14.8	13.7	1,366,948	1.6	0.5	5,173,356	73.2	1.9
翌年度繰越収支差額	-1,136,213	-34.0	-0.4	1,265,433	1.7	0.5	37,205,441	14.8	13.7	1,366,948	1.6	0.5	5,173,356	73.2	1.9
純資産の部合計	2,237,398	66.9	0.1	49,903,465	68.9	1.9	207,788,565	82.7	7.8	69,592,389	79.9	2.6	5,646,217	79.9	0.2
負債・純資産の部合計	3,343,028	100.0	0.1	72,405,860	100.0	2.3	251,217,746	100.0	7.9	87,057,239	100.0	2.7	7,070,966	100.0	0.2

(注) 構造比率は専修学校法人合計を 100 としたものである。

令和３年度貸借対照表（都道府県別）
ー専修学校法人ー

（資産の部）（１０－７）　　　　（単位：千円）

区分	和歌山県			鳥取県			島根県			岡山県			広島県		
法人数	5 法人			7 法人			9 法人			16 法人			15 法人		
科目	金額	構成比率(%)	趨勢構造比率	金額	構成比率(%)	趨勢構造比率	金額	構成比率(%)	趨勢構造比率	金額	構成比率(%)	趨勢構造比率	金額	構成比率(%)	趨勢構造比率
(資産の部)															
固定資産	2,304,571	71.9	0.1	2,648,252	68.5	0.1	7,911,423	82.3	0.3	26,359,273	76.5	1.1	42,064,370	60.7	1.8
有形固定資産	2,251,605	70.2	0.1	1,994,179	51.6	0.1	7,096,938	73.8	0.4	18,283,247	53.0	1.1	32,642,400	47.1	2.0
土地	1,374,236	42.9	0.1	921,593	23.8	0.1	1,880,597	19.6	0.2	6,558,813	19.0	0.7	20,504,062	29.6	2.2
建物	747,417	23.3	0.1	935,069	24.2	0.1	4,455,820	46.3	0.7	10,733,354	31.1	1.7	10,151,831	14.6	1.6
構築物	7,390	0.2	0.1	44,678	1.2	0.5	150,418	1.6	1.6	118,072	0.3	1.2	201,231	0.3	2.1
教育研究用機器備品	11,268	0.4	0.0	42,563	1.1	0.1	358,218	3.7	1.0	310,600	0.9	0.9	690,946	1.0	1.9
その他有形固定資産	111,293	3.5	0.3	50,276	1.3	0.1	251,884	2.6	0.7	562,409	1.6	1.6	1,094,331	1.6	3.1
特定資産	29,603	0.9	0.0	25,793	0.7	0.0	524,979	5.5	0.3	2,100,413	6.1	1.4	821,782	1.2	0.5
退職給与引当特定資産	29,150	0.9	0.2	0	0.0	0.0	10,732	0.1	0.1	71,827	0.2	0.4	216,233	0.3	1.3
その他引当特定資産	454	0.0	0.0	25,793	0.7	0.0	514,248	5.3	0.4	2,028,586	5.9	1.5	605,550	0.9	0.4
その他の固定資産	23,363	0.7	0.0	628,280	16.2	0.1	289,505	3.0	0.1	5,975,613	17.3	1.2	8,600,188	12.4	1.7
有価証券	0	0.0	0.0	376,197	9.7	0.1	0	0.0	0.0	5,809,244	16.9	1.7	5,468,771	7.9	1.6
収益事業元入金	0	0.0	0.0	0	0.0	0.0	0	0.0	0.0	0	0.0	0.0	110,267	0.2	0.1
長期貸付金	0	0.0	0.0	148,459	3.8	0.3	42,985	0.4	0.1	5,824	0.0	0.0	18,392	0.0	0.0
その他	23,363	0.7	0.0	103,624	2.7	0.2	246,520	2.6	0.4	160,544	0.5	0.3	3,002,758	4.3	5.2
流動資産	901,794	28.1	0.1	1,219,302	31.5	0.1	1,706,402	17.7	0.2	8,112,344	23.5	0.9	27,273,539	39.3	3.1
現金預金	876,558	27.3	0.1	1,188,917	30.7	0.2	1,453,753	15.1	0.2	5,880,376	17.1	0.9	25,245,904	36.4	3.8
未収入金	10,832	0.3	0.0	12,109	0.3	0.1	153,278	1.6	0.7	178,314	0.5	0.8	217,987	0.3	1.0
短期貸付金	0	0.0	0.0	0	0.0	0.0	0	0.0	0.0	1,539,156	4.5	25.5	57,750	0.1	1.0
有価証券	0	0.0	0.0	0	0.0	0.0	116,350	1.2	0.3	454,565	1.3	1.1	1,312,457	1.9	3.2
その他流動資産	14,404	0.4	0.0	18,276	0.5	0.0	-16,979	-0.2	0.0	59,933	0.2	0.0	439,441	0.6	0.3
資産の部合計	3,206,365	100.0	0.1	3,867,554	100.0	0.1	9,617,824	100.0	0.3	34,471,617	100.0	1.1	69,337,909	100.0	2.2

（負債及び純資産の部）（１０－７）

（単位：千円）

区分	和歌山県			鳥取県			島根県			岡山県			広島県		
法人数	5 法人			7 法人			9 法人			16 法人			15 法人		
科目	金額	構成比率(%)	趨勢構造比率	金額	構成比率(%)	趨勢構造比率	金額	構成比率(%)	趨勢構造比率	金額	構成比率(%)	趨勢構造比率	金額	構成比率(%)	趨勢構造比率
(負債の部)															
固定負債	360,728	11.3	0.2	654,710	16.9	0.3	2,162,400	22.5	1.0	4,373,927	12.7	2.0	6,673,947	9.6	3.0
長期借入金	286,512	8.9	0.2	140,008	3.6	0.1	1,979,371	20.6	1.1	4,011,029	11.6	2.3	4,563,253	6.6	2.6
学校債	0	0.0	0.0	0	0.0	0.0	200	0.0	0.0	0	0.0	0.0	0	0.0	0.0
長期未払金	0	0.0	0.0	16,418	0.4	0.8	124,242	1.3	6.4	29,539	0.1	1.5	45,590	0.1	2.3
退職給与引当金	73,616	2.3	0.2	9,781	0.3	0.0	10,312	0.1	0.0	207,959	0.6	0.6	950,923	1.4	2.9
その他固定負債	600	0.0	0.0	488,503	12.6	5.1	48,274	0.5	0.5	125,400	0.4	1.3	1,114,180	1.6	11.6
流動負債	224,156	7.0	0.1	306,833	7.9	0.1	2,686,268	27.9	0.9	3,606,717	10.5	1.2	5,610,457	8.1	1.8
短期借入金	23,975	0.7	0.1	5,292	0.1	0.0	1,649,620	17.2	6.0	40,558	0.1	0.1	830,485	1.2	3.0
一年以内償還予定学校債	0	0.0	0.0	0	0.0	0.0	0	0.0	0.0	0	0.0	0.0	0	0.0	0.0
手形債務	0	0.0	0.0	0	0.0	0.0	0	0.0	0.0	0	0.0	0.0	0	0.0	0.0
未払金	23,241	0.7	0.1	35,401	0.9	0.1	158,806	1.7	0.5	135,910	0.4	0.4	475,830	0.7	1.4
前受金	168,746	5.3	0.1	246,683	6.4	0.1	841,728	8.8	0.4	2,693,325	7.8	1.3	3,692,052	5.3	1.7
その他流動負債	8,194	0.3	0.0	19,457	0.5	0.1	36,113	0.4	0.1	736,923	2.1	2.4	612,090	0.9	2.0
負債の部合計	584,884	18.2	0.1	961,543	24.9	0.2	4,848,668	50.4	0.9	7,980,644	23.2	1.5	12,284,404	17.7	2.3
(純資産の部)															
基本金	3,319,375	103.5	0.1	1,389,801	35.9	0.1	11,187,722	116.3	0.5	21,296,424	61.8	0.9	33,715,606	48.6	1.4
第1号基本金	3,308,375	103.2	0.2	1,311,918	33.9	0.1	10,970,222	114.1	0.5	20,692,198	60.0	0.9	32,604,540	47.0	1.5
第2号基本金	0	0.0	0.0	20,000	0.5	0.1	40,000	0.4	0.2	360,000	1.0	1.5	295,151	0.4	1.2
第3号基本金	0	0.0	0.0	0	0.0	0.0	60,000	0.6	1.8	0	0.0	0.0	0	0.0	0.0
第4号基本金	11,000	0.3	0.0	57,883	1.5	0.0	117,500	1.2	0.1	244,226	0.7	0.2	815,915	1.2	0.5
繰越収支差額	-697,893	-21.8	-0.3	1,516,210	39.2	0.6	-6,418,566	-66.7	-2.4	5,194,550	15.1	1.9	23,337,899	33.7	8.6
翌年度繰越収支差額	-697,893	-21.8	-0.3	1,516,210	39.2	0.6	-6,418,566	-66.7	-2.4	5,194,550	15.1	1.9	23,337,899	33.7	8.6
純資産の部合計	2,621,482	81.8	0.1	2,906,011	75.1	0.1	4,769,156	49.6	0.2	26,490,973	76.8	1.0	57,053,505	82.3	2.1
負債・純資産の部合計	3,206,365	100.0	0.1	3,867,554	100.0	0.1	9,617,824	100.0	0.3	34,471,617	100.0	1.1	69,337,909	100.0	2.2

（注）構造比率は専修学校法人合計を 100 としたものである。

令 和 3 年 度 貸 借 対 照 表（都道府県別）
ー 専 修 学 校 法 人 ー

（資産の部）（１０－８）　　　　（単位：千円）

区分	山口県			徳島・香川県			愛媛県			高知県			福岡県		
法人数	6 法人			6 法人			7 法人			8 法人			39 法人		
科目	金額	構成比率(%)	趨勢構造比率	金額	構成比率(%)	趨勢構造比率	金額	構成比率(%)	趨勢構造比率	金額	構成比率(%)	趨勢構造比率	金額	構成比率(%)	趨勢構造比率
(資産の部)															
固定資産	5,291,522	72.5	0.2	10,425,302	78.8	0.4	5,279,432	66.9	0.2	11,582,715	81.4	0.5	99,033,404	55.8	4.3
有形固定資産	5,138,511	70.4	0.3	5,670,614	42.9	0.3	4,738,581	60.0	0.3	10,682,727	75.1	0.6	76,625,098	43.2	4.6
土地	1,988,996	27.3	0.2	2,434,400	18.4	0.3	1,514,453	19.2	0.2	5,603,844	39.4	0.6	39,768,923	22.4	4.2
建物	2,767,852	37.9	0.4	2,685,467	20.3	0.4	2,997,377	38.0	0.5	4,776,881	33.6	0.8	33,402,309	18.8	5.3
構築物	52,550	0.7	0.5	17,909	0.1	0.2	9,228	0.1	0.1	20,049	0.1	0.2	388,557	0.2	4.1
教育研究用機器備品	136,227	1.9	0.4	267,137	2.0	0.7	99,737	1.3	0.3	145,167	1.0	0.4	1,905,695	1.1	5.3
その他有形固定資産	192,886	2.6	0.5	265,701	2.0	0.7	117,786	1.5	0.3	136,786	1.0	0.4	1,159,615	0.7	3.3
特定資産	0	0.0	0.0	2,631,444	19.9	1.7	0	0.0	0.0	704,194	4.9	0.5	6,706,302	3.8	4.4
退職給与引当特定資産	0	0.0	0.0	473,480	3.6	2.9	0	0.0	0.0	160,907	1.1	1.0	651,526	0.4	4.0
その他引当特定資産	0	0.0	0.0	2,157,964	16.3	1.6	0	0.0	0.0	543,287	3.8	0.4	6,054,775	3.4	4.5
その他の固定資産	153,011	2.1	0.0	2,123,244	16.1	0.4	540,851	6.8	0.1	195,795	1.4	0.0	15,702,004	8.9	3.1
有価証券	117,690	1.6	0.0	1,203,378	9.1	0.4	200,000	2.5	0.1	65,834	0.5	0.0	10,055,218	5.7	3.0
収益事業元入金	0	0.0	0.0	603,845	4.6	0.8	322,008	4.1	0.4	1,000	0.0	0.0	3,210,303	1.8	4.3
長期貸付金	0	0.0	0.0	0	0.0	0.0	0	0.0	0.0	76,661	0.5	0.2	304,300	0.2	0.7
その他	35,321	0.5	0.1	316,021	2.4	0.5	18,843	0.2	0.0	52,300	0.4	0.1	2,132,183	1.2	3.7
流動資産	2,006,445	27.5	0.2	2,796,420	21.2	0.3	2,617,822	33.1	0.3	2,643,581	18.6	0.3	78,359,868	44.2	9.0
現金預金	1,543,069	21.1	0.2	2,553,387	19.3	0.4	2,479,519	31.4	0.4	2,173,991	15.3	0.3	72,991,068	41.1	11.0
未収入金	198,272	2.7	0.9	25,357	0.2	0.1	32,739	0.4	0.1	86,148	0.6	0.4	860,066	0.5	3.9
短期貸付金	225,165	3.1	3.7	0	0.0	0.0	0	0.0	0.0	2,000	0.0	0.0	33,902	0.0	0.6
有価証券	4,000	0.1	0.0	202,959	1.5	0.5	100,000	1.3	0.2	117,751	0.8	0.3	1,498,640	0.8	3.7
その他流動資産	35,939	0.5	0.0	14,717	0.1	0.0	5,565	0.1	0.0	263,691	1.9	0.2	2,976,191	1.7	2.2
資産の部合計	7,297,967	100.0	0.2	13,221,721	100.0	0.4	7,897,254	100.0	0.2	14,226,297	100.0	0.4	177,393,271	100.0	5.5

(負債及び純資産の部)　(１０－８)

(単位：千円)

区分	山口県			徳島・香川県			愛媛県			高知県			福岡県		
法人数	6 法人			6 法人			7 法人			8 法人			39 法人		
科目	金額	構成比率(%)	趨勢構造比率	金額	構成比率(%)	趨勢構造比率	金額	構成比率(%)	趨勢構造比率	金額	構成比率(%)	趨勢構造比率	金額	構成比率(%)	趨勢構造比率
(負債の部)															
固定負債	841,044	11.5	0.4	779,412	5.9	0.3	1,690,641	21.4	0.8	2,354,878	16.6	1.1	15,031,791	8.5	6.7
長期借入金	746,785	10.2	0.4	291,687	2.2	0.2	1,612,391	20.4	0.9	1,952,706	13.7	1.1	8,563,635	4.8	4.8
学校債	0	0.0	0.0	0	0.0	0.0	0	0.0	0.0	162,600	1.1	23.2	0	0.0	0.0
長期未払金	47,833	0.7	2.4	3,514	0.0	0.2	0	0.0	0.0	13,723	0.1	0.7	77,161	0.0	3.9
退職給与引当金	46,426	0.6	0.1	476,071	3.6	1.4	66,632	0.8	0.2	225,848	1.6	0.7	2,411,908	1.4	7.3
その他固定負債	0	0.0	0.0	8,140	0.1	0.1	11,618	0.1	0.1	0	0.0	0.0	3,979,087	2.2	41.4
流動負債	1,724,498	23.6	0.6	896,991	6.8	0.3	939,182	11.9	0.3	1,196,833	8.4	0.4	22,845,638	12.9	7.4
短期借入金	565,041	7.7	2.1	34,956	0.3	0.1	68,328	0.9	0.3	114,733	0.8	0.4	2,370,615	1.3	8.7
一年以内償還予定学校債	0	0.0	0.0	0	0.0	0.0	0	0.0	0.0	43,500	0.3	20.7	0	0.0	0.0
手形債務	0	0.0	0.0	0	0.0	0.0	0	0.0	0.0	0	0.0	0.0	97,660	0.1	88.3
未払金	140,915	1.9	0.4	39,279	0.3	0.1	41,980	0.5	0.1	58,414	0.4	0.2	3,413,726	1.9	9.9
前受金	865,073	11.9	0.4	618,726	4.7	0.3	738,946	9.4	0.3	907,866	6.4	0.4	15,294,437	8.6	7.1
その他流動負債	153,469	2.1	0.5	204,030	1.5	0.7	89,928	1.1	0.3	72,320	0.5	0.2	1,669,201	0.9	5.4
負債の部合計	2,565,542	35.2	0.5	1,676,403	12.7	0.3	2,629,823	33.3	0.5	3,551,711	25.0	0.7	37,877,429	21.4	7.1
(純資産の部)															
基本金	7,109,832	97.4	0.3	9,821,486	74.3	0.4	4,389,156	55.6	0.2	9,321,497	65.5	0.4	113,730,841	64.1	4.8
第1号基本金	6,949,832	95.2	0.3	9,751,486	73.8	0.4	4,288,656	54.3	0.2	8,876,957	62.4	0.4	112,429,094	63.4	5.1
第2号基本金	0	0.0	0.0	0	0.0	0.0	20,000	0.3	0.1	332,678	2.3	1.4	33,137	0.0	0.1
第3号基本金	0	0.0	0.0	0	0.0	0.0	0	0.0	0.0	10,862	0.1	0.3	113,517	0.1	3.3
第4号基本金	160,000	2.2	0.1	70,000	0.5	0.0	80,500	1.0	0.0	101,000	0.7	0.1	1,155,092	0.7	0.7
繰越収支差額	-2,377,407	-32.6	-0.9	1,723,833	13.0	0.6	878,275	11.1	0.3	1,353,089	9.5	0.5	25,785,002	14.5	9.5
翌年度繰越収支差額	-2,377,407	-32.6	-0.9	1,723,833	13.0	0.6	878,275	11.1	0.3	1,353,089	9.5	0.5	25,785,002	14.5	9.5
純資産の部合計	4,732,425	64.8	0.2	11,545,319	87.3	0.4	5,267,431	66.7	0.2	10,674,586	75.0	0.4	139,515,842	78.6	5.2
負債・純資産の部合計	7,297,967	100.0	0.2	13,221,721	100.0	0.4	7,897,254	100.0	0.2	14,226,297	100.0	0.4	177,393,271	100.0	5.5

(注) 構造比率は専修学校法人合計を 100 としたものである。

令和３年度貸借対照表（都道府県別）
－専修学校法人－

（資産の部）（１０－９）　　　　　　　　　　　　　　　　　　　　　　　　（単位：千円）

区分	佐賀県			長崎県			熊本県			大分県			宮崎県		
法人数	11 法人			5 法人			16 法人			5 法人			8 法人		
科目	金額	構成比率(%)	趨勢構造比率	金額	構成比率(%)	趨勢構造比率	金額	構成比率(%)	趨勢構造比率	金額	構成比率(%)	趨勢構造比率	金額	構成比率(%)	趨勢構造比率
(資産の部)															
固定資産	5,894,548	62.3	0.3	1,739,226	64.7	0.1	13,953,726	69.1	0.6	2,157,541	76.3	0.1	5,376,978	67.9	0.2
有形固定資産	5,227,342	55.2	0.3	1,397,754	52.0	0.1	12,057,800	59.7	0.7	2,105,232	74.5	0.1	5,251,541	66.3	0.3
土地	1,768,479	18.7	0.2	814,147	30.3	0.1	5,186,986	25.7	0.5	829,463	29.4	0.1	2,079,885	26.2	0.2
建物	2,977,039	31.5	0.5	525,459	19.5	0.1	5,397,569	26.7	0.9	1,211,449	42.9	0.2	2,713,475	34.2	0.4
構築物	70,636	0.7	0.7	38	0.0	0.0	191,094	0.9	2.0	7,313	0.3	0.1	31,512	0.4	0.3
教育研究用機器備品	115,225	1.2	0.3	14,264	0.5	0.0	895,333	4.4	2.5	41,245	1.5	0.1	255,213	3.2	0.7
その他有形固定資産	295,963	3.1	0.8	43,846	1.6	0.1	386,819	1.9	1.1	15,762	0.6	0.0	171,456	2.2	0.5
特定資産	619,669	6.5	0.4	56,370	2.1	0.0	227,148	1.1	0.1	0	0.0	0.0	32,500	0.4	0.0
退職給与引当特定資産	132,280	1.4	0.8	25,981	1.0	0.2	75,770	0.4	0.5	0	0.0	0.0	32,500	0.4	0.2
その他引当特定資産	487,388	5.2	0.4	30,389	1.1	0.0	151,377	0.7	0.1	0	0.0	0.0	0	0.0	0.0
その他の固定資産	47,537	0.5	0.0	285,102	10.6	0.1	1,668,778	8.3	0.3	52,309	1.9	0.0	92,937	1.2	0.0
有価証券	22,356	0.2	0.0	500	0.0	0.0	453,425	2.2	0.1	8,214	0.3	0.0	17,858	0.2	0.0
収益事業元入金	0	0.0	0.0	157,951	5.9	0.2	5,000	0.0	0.0	12,250	0.4	0.0	0	0.0	0.0
長期貸付金	1,620	0.0	0.0	115,000	4.3	0.3	101,073	0.5	0.2	27,382	1.0	0.1	28,382	0.4	0.1
その他	23,562	0.2	0.0	11,651	0.4	0.0	1,109,280	5.5	1.9	4,463	0.2	0.0	46,697	0.6	0.1
流動資産	3,568,214	37.7	0.4	950,218	35.3	0.1	6,252,832	30.9	0.7	668,448	23.7	0.1	2,546,782	32.1	0.3
現金預金	2,664,646	28.2	0.4	863,782	32.1	0.1	4,876,383	24.1	0.7	627,915	22.2	0.1	1,913,150	24.1	0.3
未収入金	115,011	1.2	0.5	24,498	0.9	0.1	123,171	0.6	0.6	14,045	0.5	0.1	40,678	0.5	0.2
短期貸付金	51,554	0.5	0.9	9,653	0.4	0.2	10,868	0.1	0.2	1,125	0.0	0.0	118,300	1.5	2.0
有価証券	610,000	6.4	1.5	0	0.0	0.0	1,169,409	5.8	2.9	0	0.0	0.0	106,894	1.3	0.3
その他流動資産	127,003	1.3	0.1	52,285	1.9	0.0	73,001	0.4	0.1	25,363	0.9	0.0	367,761	4.6	0.3
資産の部合計	9,462,762	100.0	0.3	2,689,444	100.0	0.1	20,206,558	100.0	0.6	2,825,989	100.0	0.1	7,923,760	100.0	0.2

(負債及び純資産の部)（１０－９）

(単位：千円)

区分	佐賀県			長崎県			熊本県			大分県			宮崎県		
法人数	11 法人			5 法人			16 法人			5 法人			8 法人		
科目	金額	構成比率(%)	趨勢構造比率	金額	構成比率(%)	趨勢構造比率	金額	構成比率(%)	趨勢構造比率	金額	構成比率(%)	趨勢構造比率	金額	構成比率(%)	趨勢構造比率
(負債の部)															
固定負債	1,053,552	11.1	0.5	129,767	4.8	0.1	2,009,076	9.9	0.9	873,090	30.9	0.4	2,079,471	26.2	0.9
長期借入金	850,987	9.0	0.5	100,766	3.7	0.1	1,691,456	8.4	1.0	861,674	30.5	0.5	1,964,314	24.8	1.1
学校債	0	0.0	0.0	3,020	0.1	0.4	0	0.0	0.0	0	0.0	0.0	0	0.0	0.0
長期未払金	2,406	0.0	0.1	0	0.0	0.0	84,109	0.4	4.3	0	0.0	0.0	290	0.0	0.0
退職給与引当金	145,793	1.5	0.4	25,981	1.0	0.1	171,466	0.8	0.5	11,417	0.4	0.0	89,867	1.1	0.3
その他固定負債	54,366	0.6	0.6	0	0.0	0.0	62,046	0.3	0.6	0	0.0	0.0	25,000	0.3	0.3
流動負債	1,278,685	13.5	0.4	734,660	27.3	0.2	2,562,391	12.7	0.8	629,914	22.3	0.2	2,126,811	26.8	0.7
短期借入金	128,477	1.4	0.5	208,607	7.8	0.8	195,968	1.0	0.7	118,695	4.2	0.4	749,468	9.5	2.7
一年以内償還予定学校債	0	0.0	0.0	0	0.0	0.0	0	0.0	0.0	0	0.0	0.0	0	0.0	0.0
手形債務	0	0.0	0.0	0	0.0	0.0	0	0.0	0.0	0	0.0	0.0	0	0.0	0.0
未払金	99,894	1.1	0.3	220,015	8.2	0.6	290,919	1.4	0.8	41,178	1.5	0.1	89,819	1.1	0.3
前受金	918,679	9.7	0.4	290,483	10.8	0.1	1,822,233	9.0	0.8	411,088	14.5	0.2	1,200,274	15.1	0.6
その他流動負債	131,635	1.4	0.4	15,555	0.6	0.0	253,271	1.3	0.8	58,954	2.1	0.2	87,250	1.1	0.3
負債の部合計	2,332,237	24.6	0.4	864,427	32.1	0.2	4,571,467	22.6	0.9	1,503,005	53.2	0.3	4,206,281	53.1	0.8
(純資産の部)															
基本金	5,414,288	57.2	0.2	1,997,016	74.3	0.1	16,956,909	83.9	0.7	2,124,262	75.2	0.1	3,165,541	39.9	0.1
第1号基本金	5,346,698	56.5	0.2	1,962,527	73.0	0.1	16,668,946	82.5	0.8	2,101,262	74.4	0.1	3,154,019	39.8	0.1
第2号基本金	15,000	0.2	0.1	30,389	1.1	0.1	70,000	0.3	0.3	0	0.0	0.0	6,000	0.1	0.0
第3号基本金	0	0.0	0.0	0	0.0	0.0	100,000	0.5	2.9	0	0.0	0.0	0	0.0	0.0
第4号基本金	52,590	0.6	0.0	4,100	0.2	0.0	117,963	0.6	0.1	23,000	0.8	0.0	5,522	0.1	0.0
繰越収支差額	1,716,237	18.1	0.6	-172,000	-6.4	-0.1	-1,321,818	-6.5	-0.5	-801,278	-28.4	-0.3	551,938	7.0	0.2
翌年度繰越収支差額	1,716,237	18.1	0.6	-172,000	-6.4	-0.1	-1,321,818	-6.5	-0.5	-801,278	-28.4	-0.3	551,938	7.0	0.2
純資産の部合計	7,130,525	75.4	0.3	1,825,016	67.9	0.1	15,635,091	77.4	0.6	1,322,984	46.8	0.0	3,717,479	46.9	0.1
負債・純資産の部合計	9,462,762	100.0	0.3	2,689,444	100.0	0.1	20,206,558	100.0	0.6	2,825,989	100.0	0.1	7,923,760	100.0	0.2

(注) 構造比率は専修学校法人合計を 100 としたものである。

令和３年度貸借対照表（都道府県別）
ー専修学校法人ー

（資産の部）（１０－１０）　（単位：千円）

区分	鹿児島県			沖縄県		
法人数	6 法人			16 法人		
科目	金額	構成比率（%）	趨勢構造比率	金額	構成比率（%）	趨勢構造比率
(資産の部)						
固定資産	5,208,827	74.0	0.2	11,593,398	78.9	0.5
有形固定資産	4,758,449	67.6	0.3	10,602,493	72.2	0.6
土地	2,080,870	29.6	0.2	4,053,596	27.6	0.4
建物	2,323,770	33.0	0.4	5,613,832	38.2	0.9
構築物	50,960	0.7	0.5	112,312	0.8	1.2
教育研究用機器備品	143,915	2.0	0.4	440,187	3.0	1.2
その他有形固定資産	158,934	2.3	0.4	382,566	2.6	1.1
特定資産	4,743	0.1	0.0	446,285	3.0	0.3
退職給与引当特定資産	4,743	0.1	0.0	57,391	0.4	0.4
その他引当特定資産	0	0.0	0.0	388,893	2.6	0.3
その他の固定資産	445,635	6.3	0.1	544,620	3.7	0.1
有価証券	91,686	1.3	0.0	31,180	0.2	0.0
収益事業元入金	316,606	4.5	0.4	25,918	0.2	0.0
長期貸付金	9,117	0.1	0.0	16,665	0.1	0.0
その他	28,226	0.4	0.0	470,857	3.2	0.8
流動資産	1,829,332	26.0	0.2	3,099,445	21.1	0.4
現金預金	1,649,812	23.4	0.2	2,481,239	16.9	0.4
未収入金	134,729	1.9	0.6	311,976	2.1	1.4
短期貸付金	6,400	0.1	0.1	77,635	0.5	1.3
有価証券	3,432	0.0	0.0	0	0.0	0.0
その他流動資産	34,959	0.5	0.0	228,595	1.6	0.2
資産の部合計	7,038,159	100.0	0.2	14,692,843	100.0	0.5

（負債及び純資産の部）（１０－１０）

（単位：千円）

区分	鹿児島県			沖縄県		
法人数	6 法人			16 法人		
科目	金額	構成比率(%)	趨勢構造比率	金額	構成比率(%)	趨勢構造比率
(負債の部)						
固定負債	642,119	9.1	0.3	4,262,946	29.0	1.9
長期借入金	578,047	8.2	0.3	4,155,177	28.3	2.3
学校債	57,000	0.8	8.1	0	0.0	0.0
長期未払金	4,718	0.1	0.2	51,837	0.4	2.7
退職給与引当金	2,355	0.0	0.0	54,492	0.4	0.2
その他固定負債	0	0.0	0.0	1,440	0.0	0.0
流動負債	1,081,469	15.4	0.4	3,221,922	21.9	1.0
短期借入金	296,837	4.2	1.1	132,084	0.9	0.5
一年以内償還予定学校債	20,004	0.3	9.5	33,552	0.2	16.0
手形債務	0	0.0	0.0	0	0.0	0.0
未払金	70,852	1.0	0.2	333,712	2.3	1.0
前受金	598,826	8.5	0.3	2,429,067	16.5	1.1
その他流動負債	94,950	1.3	0.3	293,506	2.0	0.9
負債の部合計	1,723,588	24.5	0.3	7,484,867	50.9	1.4
(純資産の部)						
基本金	6,632,281	94.2	0.3	4,760,165	32.4	0.2
第1号基本金	6,553,865	93.1	0.3	4,641,812	31.6	0.2
第2号基本金	0	0.0	0.0	0	0.0	0.0
第3号基本金	0	0.0	0.0	0	0.0	0.0
第4号基本金	78,416	1.1	0.0	118,353	0.8	0.1
繰越収支差額	-1,317,711	-18.7	-0.5	2,447,810	16.7	0.9
翌年度繰越収支差額	-1,317,711	-18.7	-0.5	2,447,810	16.7	0.9
純資産の部合計	5,314,570	75.5	0.2	7,207,975	49.1	0.3
負債・純資産の部合計	7,038,159	100.0	0.2	14,692,843	100.0	0.5

（注）構造比率は専修学校法人合計を 100 としたものである。

５ ヵ 年 連 続 事 業 活 動 収 支 計 算 書
ー 専 修 学 校 法 人 ー

（教育活動収支及び教育活動外収支）　　　　（単位：千円）

区分	29年度			30年度			令和元年度			2年度			3年度		
法人数	777 法人			791 法人			763 法人			768 法人			765 法人		
科目	金額	構成比率(%)	趨勢構造比率	金額	構成比率(%)	趨勢構造比率	金額	構成比率(%)	趨勢構造比率	金額	構成比率(%)	趨勢構造比率	金額	構成比率(%)	趨勢構造比率
（教育活動収支・収入の部）															
学生生徒等納付金	389,588,061	78.4	100.0	402,261,476	77.6	103.3	384,225,460	74.8	98.6	378,478,165	72.9	97.1	382,424,558	73.8	98.2
手数料	4,002,630	0.8	100.0	4,314,819	0.8	107.8	4,186,597	0.8	104.6	3,701,135	0.7	92.5	3,468,640	0.7	86.7
寄付金	4,358,466	0.9	100.0	8,496,635	1.6	194.9	6,838,127	1.3	156.9	4,688,155	0.9	107.6	4,047,911	0.8	92.9
経常費等補助金	8,293,084	1.7	100.0	8,312,883	1.6	100.2	7,386,585	1.4	89.1	18,768,632	3.6	226.3	21,021,155	4.1	253.5
付随事業収入	50,194,579	10.1	100.0	52,565,397	10.1	104.7	52,583,672	10.2	104.8	46,086,453	8.9	91.8	46,954,831	9.1	93.5
雑収入	10,392,432	2.1	100.0	12,369,738	2.4	119.0	11,001,594	2.1	105.9	10,838,017	2.1	104.3	11,018,309	2.1	106.0
教育活動収入計	466,829,252	94.0	100.0	488,320,948	94.2	104.6	466,222,035	90.7	99.9	462,560,557	89.0	99.1	468,935,404	90.5	100.5
（教育活動収支・支出の部）															
人件費	205,507,867	41.4	100.0	211,940,082	40.9	103.1	203,635,880	39.6	99.1	203,551,364	39.2	99.0	201,055,093	38.8	97.8
教育研究（管理）経費	235,170,754	47.3	100.0	243,863,192	47.1	103.7	234,891,139	45.7	99.9	235,898,172	45.4	100.3	243,099,002	46.9	103.4
（うち減価償却額）	40,705,623	8.2	100.0	42,233,601	8.1	103.8	39,457,640	7.7	96.9	41,687,276	8.0	102.4	42,469,705	8.2	104.3
徴収不能額等	5,044,946	1.0	100.0	694,310	0.1	13.8	933,883	0.2	18.5	818,502	0.2	16.2	565,628	0.1	11.2
教育活動支出計	445,723,567	89.7	100.0	456,497,584	88.1	102.4	439,460,902	85.5	98.6	440,268,037	84.8	98.8	444,719,722	85.9	99.8

区分	29年度			30年度			令和元年度			2年度			3年度		
（教育活動外収支・収入の部）															
受取利息・配当金	9,940,255	2.0	100.0	10,796,847	2.1	108.6	10,467,619	2.0	105.3	10,990,168	2.1	110.6	14,106,801	2.7	141.9
その他の教育活動外収入	3,744,212	0.8	100.0	5,632,650	1.1	150.4	5,196,019	1.0	138.8	5,537,623	1.1	147.9	5,284,305	1.0	141.1
教育活動外収入計	13,684,467	2.8	100.0	16,429,497	3.2	120.1	15,663,638	3.0	114.5	16,527,791	3.2	120.8	19,391,105	3.7	141.7
（教育活動外収支・支出の部）															
借入金等利息	3,424,081	0.7	100.0	3,366,759	0.6	98.3	2,843,230	0.6	83.0	2,722,413	0.5	79.5	2,437,321	0.5	71.2
その他の教育活動外支出	2,912,363	0.6	100.0	1,513,094	0.3	52.0	1,575,758	0.3	54.1	2,176,052	0.4	74.7	1,485,718	0.3	51.0
教育活動外支出計	6,336,445	1.3	100.0	4,879,852	0.9	77.0	4,418,988	0.9	69.7	4,898,464	0.9	77.3	3,923,038	0.8	61.9

（特別収支）

（単位：千円）

区分	２９年度			３０年度			令和元年度			２年度			３年度		
法人数	777 法人			791 法人			763 法人			768 法人			765 法人		
科目	金額	構成比率(%)	趨勢構造比率	金額	構成比率(%)	趨勢構造比率	金額	構成比率(%)	趨勢構造比率	金額	構成比率(%)	趨勢構造比率	金額	構成比率(%)	趨勢構造比率
(特別収支・収入の部)															
資産売却差額	6,160,579	1.2	100.0	10,010,783	1.9	162.5	10,822,409	2.1	175.7	9,516,716	1.8	154.5	9,457,647	1.8	153.5
その他の特別収入	10,177,898	2.0	100.0	3,453,201	0.7	33.9	21,058,640	4.1	206.9	30,841,687	5.9	303.0	20,094,690	3.9	197.4
（うち寄付金）	402,379	0.1	100.0	304,541	0.1	75.7	5,307,110	1.0	1,318.9	3,670,102	0.7	912.1	551,271	0.1	137.0
（うち補助金）	736,369	0.1	100.0	486,235	0.1	66.0	1,211,521	0.2	164.5	1,013,076	0.2	137.6	600,278	0.1	81.5
特別収入計	16,338,478	3.3	100.0	13,463,984	2.6	82.4	31,881,049	6.2	195.1	40,358,403	7.8	247.0	29,552,337	5.7	180.9
(特別収支・支出の部)															
資産処分差額	8,724,139	1.8	100.0	6,998,465	1.4	80.2	8,830,475	1.7	101.2	11,901,732	2.3	136.4	7,989,339	1.5	91.6
その他の特別支出	3,773,499	0.8	100.0	1,660,545	0.3	44.0	6,120,664	1.2	162.2	8,078,951	1.6	214.1	5,974,038	1.2	158.3
特別支出計	12,497,638	2.5	100.0	8,659,010	1.7	69.3	14,951,139	2.9	119.6	19,980,683	3.8	159.9	13,963,378	2.7	111.7

基本金組入前当年度収支差額	32,294,547	6.5	100.0	48,177,983	9.3	149.2	54,935,692	10.7	170.1	54,299,566	10.5	168.1	55,272,708	10.7	171.2
経常収支差額	28,453,707	5.7	100.0	43,373,009	8.4	152.4	38,005,783	7.4	133.6	33,921,847	6.5	119.2	39,683,748	7.7	139.5
教育活動収支差額	21,105,685	4.2	100.0	31,823,365	6.1	150.8	26,761,133	5.2	126.8	22,292,520	4.3	105.6	24,215,681	4.7	114.7
教育活動外収支差額	7,348,022	1.5	100.0	11,549,645	2.2	157.2	11,244,650	2.2	153.0	11,629,327	2.2	158.3	15,468,067	3.0	210.5
特別収支差額	3,840,840	0.8	100.0	4,804,974	0.9	125.1	16,929,909	3.3	440.8	20,377,720	3.9	530.6	15,588,959	3.0	405.9
基本金組入額合計	-51,207,074	-10.3	100.0	-51,103,071	-9.9	99.8	-86,209,121	-16.8	168.4	-86,405,469	-16.6	168.7	-64,604,138	-12.5	126.2
当年度収支差額	-18,912,527	-3.8	100.0	-2,925,088	-0.6	15.5	-31,273,429	-6.1	165.4	-32,105,903	-6.2	169.8	-9,331,430	-1.8	49.3
前年度繰越収支差額	211,073,668	42.5	100.0	249,925,736	48.2	118.4	266,272,231	51.8	126.2	261,206,431	50.3	123.8	255,185,739	49.3	120.9
基本金取崩額	52,078,373	10.5	100.0	14,924,763	2.9	28.7	14,528,909	2.8	27.9	29,232,147	5.6	56.1	26,016,982	5.0	50.0
翌年度繰越収支差額	244,239,514	49.2	100.0	261,925,411	50.5	107.2	249,527,712	48.6	102.2	258,332,675	49.7	105.8	271,871,290	52.5	111.3

（参考）

事業活動収入計	496,852,196	100.0	100.0	518,214,429	100.0	104.3	513,766,721	100.0	103.4	519,446,751	100.0	104.5	517,878,846	100.0	104.2
事業活動支出計	464,557,650	93.5	100.0	470,036,446	90.7	101.2	458,831,029	89.3	98.8	465,147,185	89.5	100.1	462,606,138	89.3	99.6

（注）趨勢は２９年度を 100 としたものである。

令和３年度事業活動収支計算書（都道府県別）
ー専修学校法人ー

（教育活動収支及び教育活動外収支）（１０－１）

（単位：千円）

区分	合計			北海道			青森県			岩手県			宮城県		
法人数	765 法人			31 法人			7 法人			4 法人			14 法人		
科目	金額	構成比率(%)	趨勢構造比率	金額	構成比率(%)	趨勢構造比率	金額	構成比率(%)	趨勢構造比率	金額	構成比率(%)	趨勢構造比率	金額	構成比率(%)	趨勢構造比率
（教育活動収支・収入の部）															
学生生徒等納付金	382,424,558	73.8	100.0	7,896,066	77.4	2.1	729,307	69.8	0.2	399,015	78.3	0.1	6,280,534	78.9	1.6
手数料	3,468,640	0.7	100.0	85,779	0.8	2.5	19,190	1.8	0.6	8,483	1.7	0.2	33,251	0.4	1.0
寄付金	4,047,911	0.8	100.0	224,801	2.2	5.6	4,440	0.4	0.1	510	0.1	0.0	34,109	0.4	0.8
経常費等補助金	21,021,155	4.1	100.0	904,490	8.9	4.3	86,880	8.3	0.4	39,421	7.7	0.2	344,502	4.3	1.6
付随事業収入	46,954,831	9.1	100.0	354,550	3.5	0.8	28,501	2.7	0.1	29,446	5.8	0.1	512,358	6.4	1.1
雑収入	11,018,309	2.1	100.0	194,874	1.9	1.8	6,709	0.6	0.1	5,924	1.2	0.1	369,729	4.6	3.4
教育活動収入計	468,935,404	90.5	100.0	9,660,560	94.7	2.1	875,026	83.7	0.2	482,799	94.8	0.1	7,574,483	95.1	1.6
（教育活動収支・支出の部）															
人件費	201,055,093	38.8	100.0	4,665,922	45.7	2.3	496,076	47.5	0.2	233,751	45.9	0.1	3,413,793	42.9	1.7
教育研究（管理）経費	243,099,002	46.9	100.0	4,631,229	45.4	1.9	397,124	38.0	0.2	217,181	42.6	0.1	3,661,509	46.0	1.5
（うち減価償却額）	42,469,705	8.2	100.0	883,718	8.7	2.1	69,519	6.6	0.2	43,114	8.5	0.1	690,008	8.7	1.6
徴収不能額等	565,628	0.1	100.0	8,141	0.1	1.4	0	0.0	0.0	0	0.0	0.0	1,060	0.0	0.2
教育活動支出計	444,719,722	85.9	100.0	9,305,292	91.2	2.1	893,200	85.4	0.2	450,932	88.5	0.1	7,076,362	88.9	1.6
（教育活動外収支・収入の部）															
受取利息・配当金	14,106,801	2.7	100.0	93,429	0.9	0.7	834	0.1	0.0	165	0.0	0.0	173,880	2.2	1.2
その他の教育活動外収入	5,284,305	1.0	100.0	438,959	4.3	8.3	17,633	1.7	0.3	26,118	5.1	0.5	166,675	2.1	3.2
教育活動外収入計	19,391,105	3.7	100.0	532,388	5.2	2.7	18,466	1.8	0.1	26,282	5.2	0.1	340,555	4.3	1.8
（教育活動外収支・支出の部）															
借入金等利息	2,437,321	0.5	100.0	34,060	0.3	1.4	2,533	0.2	0.1	1,948	0.4	0.1	15,580	0.2	0.6
その他の教育活動外支出	1,485,718	0.3	100.0	323,189	3.2	21.8	15,036	1.4	1.0	0	0.0	0.0	2,057	0.0	0.1
教育活動外支出計	3,923,038	0.8	100.0	357,249	3.5	9.1	17,569	1.7	0.4	1,948	0.4	0.0	17,637	0.2	0.4

(特別収支)　(１０－１)　　(単位：千円)

区分	合計			北海道			青森県			岩手県			宮城県		
法人数	765 法人			31 法人			7 法人			4 法人			14 法人		
科目	金額	構成比率(%)	趨勢構造比率	金額	構成比率(%)	趨勢構造比率	金額	構成比率(%)	趨勢構造比率	金額	構成比率(%)	趨勢構造比率	金額	構成比率(%)	趨勢構造比率
(特別収支・収入の部)															
資産売却差額	9,457,647	1.8	100.0	1,691	0.0	0.0	0	0.0	0.0	0	0.0	0.0	17,899	0.2	0.2
その他の特別収入	20,094,690	3.9	100.0	9,690	0.1	0.0	151,946	14.5	0.8	350	0.1	0.0	29,998	0.4	0.1
(うち寄付金)	551,271	0.1	100.0	141	0.0	0.0	145,472	13.9	26.4	0	0.0	0.0	1,141	0.0	0.2
(うち補助金)	600,278	0.1	100.0	9,418	0.1	1.6	0	0.0	0.0	0	0.0	0.0	5,986	0.1	1.0
特別収入計	29,552,337	5.7	100.0	11,381	0.1	0.0	151,946	14.5	0.5	350	0.1	0.0	47,897	0.6	0.2
(特別収支・支出の部)															
資産処分差額	7,989,339	1.5	100.0	20,870	0.2	0.3	0	0.0	0.0	0	0.0	0.0	627,843	7.9	7.9
その他の特別支出	5,974,038	1.2	100.0	4,968	0.0	0.1	6,473	0.6	0.1	0	0.0	0.0	990	0.0	0.0
特別支出計	13,963,378	2.7	100.0	25,839	0.3	0.2	6,473	0.6	0.0	0	0.0	0.0	628,833	7.9	4.5
基本金組入前当年度収支差額	55,272,708	10.7	100.0	515,949	5.1	0.9	128,196	12.3	0.2	56,551	11.1	0.1	240,104	3.0	0.4
経常収支差額	39,683,748	7.7	100.0	530,406	5.2	1.3	-17,277	-1.7	0.0	56,201	11.0	0.1	821,039	10.3	2.1
教育活動収支差額	24,215,681	4.7	100.0	355,267	3.5	1.5	-18,174	-1.7	-0.1	31,867	6.3	0.1	498,121	6.3	2.1
教育活動外収支差額	15,468,067	3.0	100.0	175,139	1.7	1.1	897	0.1	0.0	24,335	4.8	0.2	322,918	4.1	2.1
特別収支差額	15,588,959	3.0	100.0	-14,457	-0.1	-0.1	145,472	13.9	0.9	350	0.1	0.0	-580,936	-7.3	-3.7
基本金組入額合計	-64,604,138	-12.5	100.0	-420,952	-4.1	0.7	-184,085	-17.6	0.3	-8,504	-1.7	0.0	-723,145	-9.1	1.1
当年度収支差額	-9,331,430	-1.8	100.0	94,997	0.9	-1.0	-55,890	-5.3	0.6	48,047	9.4	-0.5	-483,041	-6.1	5.2
前年度繰越収支差額	255,185,739	49.3	100.0	-3,918,069	-38.4	-1.5	907,912	86.8	0.4	-514,842	-101.1	-0.2	6,029,746	75.7	2.4
基本金取崩額	26,016,982	5.0	100.0	173,037	1.7	0.7	0	0.0	0.0	0	0.0	0.0	5,043	0.1	0.0
翌年度繰越収支差額	271,871,290	52.5	100.0	-3,650,035	-35.8	-1.3	852,022	81.5	0.3	-466,795	-91.6	-0.2	5,551,748	69.7	2.0

(参考)

事業活動収入計	517,878,846	100.0	100.0	10,204,329	100.0	2.0	1,045,438	100.0	0.2	509,431	100.0	0.1	7,962,935	100.0	1.5
事業活動支出計	462,606,138	89.3	100.0	9,688,380	94.9	2.1	917,243	87.7	0.2	452,880	88.9	0.1	7,722,831	97.0	1.7

(注) 構造比率は専修学校法人合計を 100 としたものである。

令和３年度事業活動収支計算書（都道府県別）
－専修学校法人－

（教育活動収支及び教育活動外収支）（１０－２）　　　　（単位：千円）

区分	秋田県			山形県			福島県			茨城県			栃木県		
法人数	3 法人			4 法人			10 法人			19 法人			14 法人		
科目	金額	構成比率(%)	趨勢構造比率	金額	構成比率(%)	趨勢構造比率	金額	構成比率(%)	趨勢構造比率	金額	構成比率(%)	趨勢構造比率	金額	構成比率(%)	趨勢構造比率
(教育活動収支・収入の部)															
学生生徒等納付金	495,725	70.4	0.1	145,259	62.6	0.0	1,754,642	84.8	0.5	3,864,922	82.6	1.0	6,084,035	67.2	1.6
手数料	5,555	0.8	0.2	1,878	0.8	0.1	20,908	1.0	0.6	53,750	1.1	1.5	69,461	0.8	2.0
寄付金	541	0.1	0.0	3,250	1.4	0.1	3,040	0.1	0.1	50,315	1.1	1.2	160,121	1.8	4.0
経常費等補助金	124,800	17.7	0.6	42,883	18.5	0.2	190,989	9.2	0.9	270,203	5.8	1.3	322,239	3.6	1.5
付随事業収入	48,530	6.9	0.1	25,814	11.1	0.1	53,355	2.6	0.1	50,503	1.1	0.1	1,286,401	14.2	2.7
雑収入	10,279	1.5	0.1	7,989	3.4	0.1	39,589	1.9	0.4	259,285	5.5	2.4	804,042	8.9	7.3
教育活動収入計	685,432	97.4	0.1	227,073	97.9	0.0	2,062,523	99.7	0.4	4,548,977	97.2	1.0	8,726,299	96.4	1.9
(教育活動収支・支出の部)															
人件費	299,699	42.6	0.1	132,634	57.2	0.1	1,162,522	56.2	0.6	1,982,528	42.4	1.0	3,967,123	43.8	2.0
教育研究（管理）経費	357,689	50.8	0.1	97,331	42.0	0.0	992,935	48.0	0.4	1,879,102	40.2	0.8	3,300,840	36.5	1.4
（うち減価償却額）	41,807	5.9	0.1	19,728	8.5	0.0	172,835	8.4	0.4	391,563	8.4	0.9	864,495	9.5	2.0
徴収不能額等	0	0.0	0.0	0	0.0	0.0	0	0.0	0.0	0	0.0	0.0	10,376	0.1	1.8
教育活動支出計	657,388	93.4	0.1	229,966	99.2	0.1	2,155,457	104.2	0.5	3,861,630	82.5	0.9	7,278,340	80.4	1.6
(教育活動外収支・収入の部)															
受取利息・配当金	6,524	0.9	0.0	393	0.2	0.0	4,919	0.2	0.0	58,656	1.3	0.4	121,803	1.3	0.9
その他の教育活動外収入	258	0.0	0.0	2,732	1.2	0.1	0	0.0	0.0	16,325	0.3	0.3	50,954	0.6	1.0
教育活動外収入計	6,782	1.0	0.0	3,124	1.3	0.0	4,919	0.2	0.0	74,980	1.6	0.4	172,757	1.9	0.9
(教育活動外収支・支出の部)															
借入金等利息	1,681	0.2	0.1	341	0.1	0.0	16,557	0.8	0.7	29,646	0.6	1.2	33,739	0.4	1.4
その他の教育活動外支出	0	0.0	0.0	179	0.1	0.0	40	0.0	0.0	31,301	0.7	2.1	110,298	1.2	7.4
教育活動外支出計	1,681	0.2	0.0	520	0.2	0.0	16,597	0.8	0.4	60,947	1.3	1.6	144,036	1.6	3.7

（特別収支）（１０－２）

（単位：千円）

区分	秋田県			山形県			福島県			茨城県			栃木県		
法人数	3 法人			4 法人			10 法人			19 法人			14 法人		
科目	金額	構成比率（%）	趨勢構造比率	金額	構成比率（%）	趨勢構造比率	金額	構成比率（%）	趨勢構造比率	金額	構成比率（%）	趨勢構造比率	金額	構成比率（%）	趨勢構造比率
（特別収支・収入の部）															
資産売却差額	11,764	1.7	0.1	0	0.0	0.0	0	0.0	0.0	1,232	0.0	0.0	236	0.0	0.0
その他の特別収入	0	0.0	0.0	1,728	0.7	0.0	498	0.0	0.0	53,982	1.2	0.3	154,934	1.7	0.8
（うち寄付金）	0	0.0	0.0	0	0.0	0.0	0	0.0	0.0	0	0.0	0.0	149,621	1.7	27.1
（うち補助金）	0	0.0	0.0	0	0.0	0.0	0	0.0	0.0	15,095	0.3	2.5	1,133	0.0	0.2
特別収入計	11,764	1.7	0.0	1,728	0.7	0.0	498	0.0	0.0	55,214	1.2	0.2	155,170	1.7	0.5
（特別収支・支出の部）															
資産処分差額	2,436	0.3	0.0	0	0.0	0.0	47,016	2.3	0.6	13,486	0.3	0.2	36,590	0.4	0.5
その他の特別支出	0	0.0	0.0	0	0.0	0.0	150,287	7.3	2.5	1,266,205	27.1	21.2	2,485	0.0	0.0
特別支出計	2,436	0.3	0.0	0	0.0	0.0	197,303	9.5	1.4	1,279,691	27.3	9.2	39,075	0.4	0.3
基本金組入前当年度収支差額	42,473	6.0	0.1	1,439	0.6	0.0	-301,417	-14.6	-0.5	-523,097	-11.2	-0.9	1,592,774	17.6	2.9
経常収支差額	33,145	4.7	0.1	-289	-0.1	0.0	-104,612	-5.1	-0.3	701,381	15.0	1.8	1,476,679	16.3	3.7
教育活動収支差額	28,044	4.0	0.1	-2,893	-1.2	0.0	-92,934	-4.5	-0.4	687,347	14.7	2.8	1,447,959	16.0	6.0
教育活動外収支差額	5,101	0.7	0.0	2,604	1.1	0.0	-11,678	-0.6	-0.1	14,034	0.3	0.1	28,720	0.3	0.2
特別収支差額	9,328	1.3	0.1	1,728	0.7	0.0	-196,805	-9.5	-1.3	-1,224,477	-26.2	-7.9	116,095	1.3	0.7
基本金組入額合計	-31,977	-4.5	0.0	-10,234	-4.4	0.0	-481,421	-23.3	0.7	-733,533	-15.7	1.1	-261,938	-2.9	0.4
当年度収支差額	10,496	1.5	-0.1	-8,795	-3.8	0.1	-782,838	-37.9	8.4	-1,256,630	-26.9	13.5	1,330,837	14.7	-14.3
前年度繰越収支差額	-1,181,910	-167.9	-0.5	85,612	36.9	0.0	-3,167,675	-153.2	-1.2	-106,845	-2.3	0.0	6,460,172	71.3	2.5
基本金取崩額	5,258	0.7	0.0	0	0.0	0.0	285	0.0	0.0	626,582	13.4	2.4	2,194	0.0	0.0
翌年度繰越収支差額	-1,166,156	-165.7	-0.4	76,817	33.1	0.0	-3,950,229	-191.0	-1.5	-736,893	-15.7	-0.3	7,793,202	86.1	2.9

（参考）

事業活動収入計	703,978	100.0	0.1	231,925	100.0	0.0	2,067,939	100.0	0.4	4,679,171	100.0	0.9	9,054,225	100.0	1.7
事業活動支出計	661,505	94.0	0.1	230,486	99.4	0.0	2,369,356	114.6	0.5	5,202,268	111.2	1.1	7,461,451	82.4	1.6

（注）構造比率は専修学校法人合計を 100 としたものである。

令 和 3 年 度 事 業 活 動 収 支 計 算 書（都道府県別）
ー 専 修 学 校 法 人 ー

（教育活動収支及び教育活動外収支）（１０－３）　　（単位：千円）

区分	群馬県			埼玉県			千葉県			東京都			神奈川県		
法人数	20 法人			29 法人			19 法人			132 法人			32 法人		
科目	金額	構成比率(%)	趨勢構造比率	金額	構成比率(%)	趨勢構造比率	金額	構成比率(%)	趨勢構造比率	金額	構成比率(%)	趨勢構造比率	金額	構成比率(%)	趨勢構造比率
(教育活動収支・収入の部)															
学生生徒等納付金	11,188,243	86.9	2.9	12,249,318	70.5	3.2	9,286,229	81.4	2.4	123,164,538	73.9	32.2	7,358,899	69.2	1.9
手数料	131,246	1.0	3.8	120,544	0.7	3.5	81,359	0.7	2.3	1,014,780	0.6	29.3	122,641	1.2	3.5
寄付金	15,783	0.1	0.4	137,391	0.8	3.4	14,480	0.1	0.4	971,289	0.6	24.0	236,581	2.2	5.8
経常費等補助金	699,105	5.4	3.3	446,630	2.6	2.1	444,715	3.9	2.1	4,693,090	2.8	22.3	759,696	7.1	3.6
付随事業収入	337,033	2.6	0.7	3,683,837	21.2	7.8	266,572	2.3	0.6	12,533,447	7.5	26.7	404,623	3.8	0.9
雑収入	291,807	2.3	2.6	470,180	2.7	4.3	279,568	2.5	2.5	3,036,909	1.8	27.6	514,655	4.8	4.7
教育活動収入計	12,663,218	98.4	2.7	17,107,901	98.4	3.6	10,372,922	90.9	2.2	145,414,053	87.3	31.0	9,397,094	88.4	2.0
(教育活動収支・支出の部)															
人件費	5,536,073	43.0	2.8	7,253,038	41.7	3.6	4,626,301	40.6	2.3	56,380,840	33.8	28.0	5,003,523	47.1	2.5
教育研究（管理）経費	5,874,214	45.6	2.4	7,296,385	42.0	3.0	4,090,368	35.9	1.7	85,181,433	51.1	35.0	4,248,251	40.0	1.7
（うち減価償却額）	1,076,178	8.4	2.5	1,045,185	6.0	2.5	746,136	6.5	1.8	14,850,063	8.9	35.0	929,858	8.7	2.2
徴収不能額等	30,510	0.2	5.4	38,603	0.2	6.8	103,918	0.9	18.4	178,451	0.1	31.5	26,788	0.3	4.7
教育活動支出計	11,440,796	88.9	2.6	14,588,027	83.9	3.3	8,820,587	77.3	2.0	141,740,725	85.1	31.9	9,278,562	87.3	2.1

区分	群馬県 金額	構成比率(%)	趨勢構造比率	埼玉県 金額	構成比率(%)	趨勢構造比率	千葉県 金額	構成比率(%)	趨勢構造比率	東京都 金額	構成比率(%)	趨勢構造比率	神奈川県 金額	構成比率(%)	趨勢構造比率
(教育活動外収支・収入の部)															
受取利息・配当金	94,955	0.7	0.7	69,817	0.4	0.5	11,142	0.1	0.1	9,700,454	5.8	68.8	165,157	1.6	1.2
その他の教育活動外収入	48,616	0.4	0.9	38,574	0.2	0.7	36,824	0.3	0.7	1,295,168	0.8	24.5	307,471	2.9	5.8
教育活動外収入計	143,570	1.1	0.7	108,391	0.6	0.6	47,966	0.4	0.2	10,995,622	6.6	56.7	472,628	4.4	2.4
(教育活動外収支・支出の部)															
借入金等利息	42,588	0.3	1.7	17,488	0.1	0.7	25,190	0.2	1.0	1,149,707	0.7	47.2	61,646	0.6	2.5
その他の教育活動外支出	9,151	0.1	0.6	29,024	0.2	2.0	0	0.0	0.0	213,582	0.1	14.4	2	0.0	0.0
教育活動外支出計	51,739	0.4	1.3	46,512	0.3	1.2	25,190	0.2	0.6	1,363,289	0.8	34.8	61,648	0.6	1.6

（特別収支）（１０－３）

（単位：千円）

区分	群馬県			埼玉県			千葉県			東京都			神奈川県		
法人数	20 法人			29 法人			19 法人			132 法人			32 法人		
科目	金額	構成比率(%)	趨勢構造比率	金額	構成比率(%)	趨勢構造比率	金額	構成比率(%)	趨勢構造比率	金額	構成比率(%)	趨勢構造比率	金額	構成比率(%)	趨勢構造比率
（特別収支・収入の部）															
資産売却差額	2,710	0.0	0.0	6,963	0.0	0.1	4,049	0.0	0.0	5,679,833	3.4	60.1	357,919	3.4	3.8
その他の特別収入	59,486	0.5	0.3	163,825	0.9	0.8	981,453	8.6	4.9	4,500,105	2.7	22.4	406,229	3.8	2.0
（うち寄付金）	33,000	0.3	6.0	157,210	0.9	28.5	0	0.0	0.0	14,880	0.0	2.7	947	0.0	0.2
（うち補助金）	26,117	0.2	4.4	1,366	0.0	0.2	0	0.0	0.0	222,567	0.1	37.1	27,684	0.3	4.6
特別収入計	62,195	0.5	0.2	170,789	1.0	0.6	985,502	8.6	3.3	10,179,937	6.1	34.4	764,148	7.2	2.6
（特別収支・支出の部）															
資産処分差額	221,784	1.7	2.8	16,331	0.1	0.2	1,996	0.0	0.0	3,258,860	2.0	40.8	114,174	1.1	1.4
その他の特別支出	19,253	0.1	0.3	2,250	0.0	0.0	116,774	1.0	2.0	2,705,806	1.6	45.3	44,280	0.4	0.7
特別支出計	241,037	1.9	1.7	18,581	0.1	0.1	118,770	1.0	0.9	5,964,666	3.6	42.7	158,454	1.5	1.1
基本金組入前当年度収支差額	1,135,411	8.8	2.1	2,733,961	15.7	4.9	2,441,843	21.4	4.4	17,520,933	10.5	31.7	1,135,206	10.7	2.1
経常収支差額	1,314,252	10.2	3.3	2,581,753	14.8	6.5	1,575,111	13.8	4.0	13,305,661	8.0	33.5	529,512	5.0	1.3
教育活動収支差額	1,222,421	9.5	5.0	2,519,874	14.5	10.4	1,552,335	13.6	6.4	3,673,328	2.2	15.2	118,532	1.1	0.5
教育活動外収支差額	91,831	0.7	0.6	61,879	0.4	0.4	22,776	0.2	0.1	9,632,333	5.8	62.3	410,980	3.9	2.7
特別収支差額	-178,841	-1.4	-1.1	152,208	0.9	1.0	866,732	7.6	5.6	4,215,272	2.5	27.0	605,694	5.7	3.9
基本金組入額合計	-614,058	-4.8	1.0	-1,020,675	-5.9	1.6	-2,217,649	-19.4	3.4	-24,216,744	-14.5	37.5	-2,194,858	-20.6	3.4
当年度収支差額	521,353	4.1	-5.6	1,713,286	9.9	-18.4	224,194	2.0	-2.4	-6,695,811	-4.0	71.8	-1,059,653	-10.0	11.4
前年度繰越収支差額	-612,552	-4.8	-0.2	8,464,206	48.7	3.3	-8,641,243	-75.8	-3.4	160,703,734	96.5	63.0	5,875,616	55.3	2.3
基本金取崩額	120,497	0.9	0.5	23,761	0.1	0.1	35,904	0.3	0.1	19,730,667	11.8	75.8	140,215	1.3	0.5
翌年度繰越収支差額	29,298	0.2	0.0	10,201,253	58.7	3.8	-8,381,145	-73.5	-3.1	173,738,591	104.3	63.9	4,956,178	46.6	1.8

（参考）

事業活動収入計	12,868,984	100.0	2.5	17,387,081	100.0	3.4	11,406,390	100.0	2.2	166,589,612	100.0	32.2	10,633,870	100.0	2.1
事業活動支出計	11,733,573	91.2	2.5	14,653,120	84.3	3.2	8,964,547	78.6	1.9	149,068,679	89.5	32.2	9,498,665	89.3	2.1

（注）構造比率は専修学校法人合計を 100 としたものである。

令和３年度事業活動収支計算書（都道府県別）
－専修学校法人－

（教育活動収支及び教育活動外収支）（１０－４）　　（単位：千円）

区分	新潟県			富山県			石川県			福井県			山梨県		
法人数	12 法人			5 法人			13 法人			3 法人			3 法人		
科目	金額	構成比率(%)	趨勢構造比率	金額	構成比率(%)	趨勢構造比率	金額	構成比率(%)	趨勢構造比率	金額	構成比率(%)	趨勢構造比率	金額	構成比率(%)	趨勢構造比率
（教育活動収支・収入の部）															
学生生徒等納付金	2,752,991	75.8	0.7	945,244	71.5	0.2	2,483,878	86.7	0.6	146,352	73.9	0.0	539,996	79.9	0.1
手数料	26,341	0.7	0.8	14,342	1.1	0.4	34,654	1.2	1.0	645	0.3	0.0	8,837	1.3	0.3
寄付金	97,280	2.7	2.4	66,480	5.0	1.6	3,838	0.1	0.1	2,883	1.5	0.1	0	0.0	0.0
経常費等補助金	231,156	6.4	1.1	129,295	9.8	0.6	171,814	6.0	0.8	9,590	4.8	0.0	119,435	17.7	0.6
付随事業収入	364,128	10.0	0.8	70,468	5.3	0.2	107,985	3.8	0.2	18,135	9.2	0.0	4,297	0.6	0.0
雑収入	136,955	3.8	1.2	22,096	1.7	0.2	58,448	2.0	0.5	16,834	8.5	0.2	652	0.1	0.0
教育活動収入計	3,608,850	99.3	0.8	1,247,926	94.4	0.3	2,860,618	99.9	0.6	194,439	98.2	0.0	673,216	99.6	0.1
（教育活動収支・支出の部）															
人件費	1,698,586	46.7	0.8	625,676	47.3	0.3	1,326,770	46.3	0.7	123,695	62.5	0.1	415,749	61.5	0.2
教育研究（管理）経費	1,747,612	48.1	0.7	632,757	47.9	0.3	1,364,070	47.6	0.6	111,050	56.1	0.0	154,193	22.8	0.1
（うち減価償却額）	366,714	10.1	0.9	212,835	16.1	0.5	296,109	10.3	0.7	29,727	15.0	0.1	38,251	5.7	0.1
徴収不能額等	3,755	0.1	0.7	2,808	0.2	0.5	374	0.0	0.1	0	0.0	0.0	0	0.0	0.0
教育活動支出計	3,449,953	94.9	0.8	1,261,240	95.4	0.3	2,691,213	93.9	0.6	234,745	118.6	0.1	569,941	84.4	0.1
（教育活動外収支・収入の部）															
受取利息・配当金	7,176	0.2	0.1	28,729	2.2	0.2	2,041	0.1	0.0	940	0.5	0.0	2,447	0.4	0.0
その他の教育活動外収入	3,470	0.1	0.1	45,551	3.4	0.9	2,118	0.1	0.0	2,573	1.3	0.0	0	0.0	0.0
教育活動外収入計	10,646	0.3	0.1	74,280	5.6	0.4	4,159	0.1	0.0	3,513	1.8	0.0	2,447	0.4	0.0
（教育活動外収支・支出の部）															
借入金等利息	37,836	1.0	1.6	7,305	0.6	0.3	21,473	0.7	0.9	2,043	1.0	0.1	0	0.0	0.0
その他の教育活動外支出	5,605	0.2	0.4	33,814	2.6	2.3	0	0.0	0.0	7,088	3.6	0.5	0	0.0	0.0
教育活動外支出計	43,440	1.2	1.1	41,119	3.1	1.0	21,473	0.7	0.5	9,131	4.6	0.2	0	0.0	0.0

(特別収支)　（１０－４）

（単位：千円）

区分	新潟県			富山県			石川県			福井県			山梨県		
法人数	12 法人			5 法人			13 法人			3 法人			3 法人		
科目	金額	構成比率(%)	趨勢構造比率	金額	構成比率(%)	趨勢構造比率	金額	構成比率(%)	趨勢構造比率	金額	構成比率(%)	趨勢構造比率	金額	構成比率(%)	趨勢構造比率
(特別収支・収入の部)															
資産売却差額	45	0.0	0.0	0	0.0	0.0	0	0.0	0.0	0	0.0	0.0	0	0.0	0.0
その他の特別収入	14,338	0.4	0.1	0	0.0	0.0	0	0.0	0.0	0	0.0	0.0	0	0.0	0.0
(うち寄付金)	0	0.0	0.0	0	0.0	0.0	0	0.0	0.0	0	0.0	0.0	0	0.0	0.0
(うち補助金)	4,237	0.1	0.7	0	0.0	0.0	0	0.0	0.0	0	0.0	0.0	0	0.0	0.0
特別収入計	14,384	0.4	0.0	0	0.0	0.0	0	0.0	0.0	0	0.0	0.0	0	0.0	0.0
(特別収支・支出の部)															
資産処分差額	12,411	0.3	0.2	0	0.0	0.0	2,351	0.1	0.0	0	0.0	0.0	431	0.1	0.0
その他の特別支出	0	0.0	0.0	0	0.0	0.0	58	0.0	0.0	0	0.0	0.0	0	0.0	0.0
特別支出計	12,411	0.3	0.1	0	0.0	0.0	2,409	0.1	0.0	0	0.0	0.0	431	0.1	0.0
基本金組入前当年度収支差額	128,076	3.5	0.2	19,846	1.5	0.0	149,682	5.2	0.3	-45,925	-23.2	-0.1	105,291	15.6	0.2
経常収支差額	126,103	3.5	0.3	19,846	1.5	0.1	152,091	5.3	0.4	-45,925	-23.2	-0.1	105,722	15.6	0.3
教育活動収支差額	158,897	4.4	0.7	-13,314	-1.0	-0.1	169,405	5.9	0.7	-40,306	-20.4	-0.2	103,275	15.3	0.4
教育活動外収支差額	-32,794	-0.9	-0.2	33,161	2.5	0.2	-17,314	-0.6	-0.1	-5,618	-2.8	0.0	2,447	0.4	0.0
特別収支差額	1,972	0.1	0.0	0	0.0	0.0	-2,409	-0.1	0.0	0	0.0	0.0	-431	-0.1	0.0
基本金組入額合計	-264,509	-7.3	0.4	-65,488	-5.0	0.1	-191,353	-6.7	0.3	-813	-0.4	0.0	-20,252	-3.0	0.0
当年度収支差額	-136,433	-3.8	1.5	-45,641	-3.5	0.5	-41,671	-1.5	0.4	-46,737	-23.6	0.5	85,039	12.6	-0.9
前年度繰越収支差額	4,645,094	127.8	1.8	1,790,989	135.5	0.7	-1,906,575	-66.6	-0.7	-504,559	-254.9	-0.2	-357,276	-52.9	-0.1
基本金取崩額	10,404	0.3	0.0	0	0.0	0.0	9,545	0.3	0.0	0	0.0	0.0	0	0.0	0.0
翌年度繰越収支差額	4,519,065	124.4	1.7	1,745,348	132.0	0.6	-1,938,701	-67.7	-0.7	-551,297	-278.5	-0.2	-272,236	-40.3	-0.1

(参考)

事業活動収入計	3,633,880	100.0	0.7	1,322,206	100.0	0.3	2,864,777	100.0	0.6	197,951	100.0	0.0	675,663	100.0	0.1
事業活動支出計	3,505,805	96.5	0.8	1,302,359	98.5	0.3	2,715,095	94.8	0.6	243,876	123.2	0.1	570,372	84.4	0.1

(注) 構造比率は専修学校法人合計を 100 としたものである。

令和３年度事業活動収支計算書（都道府県別）

－専修学校法人－

（教育活動収支及び教育活動外収支）（１０－５）

（単位：千円）

区分	長野県			岐阜県			静岡県			愛知県			三重県		
法人数	14 法人			11 法人			24 法人			45 法人			9 法人		
科目	金額	構成比率（%）	趨勢構造比率	金額	構成比率（%）	趨勢構造比率	金額	構成比率（%）	趨勢構造比率	金額	構成比率（%）	趨勢構造比率	金額	構成比率（%）	趨勢構造比率
（教育活動収支・収入の部）															
学生生徒等納付金	2,967,783	77.6	0.8	751,463	77.0	0.2	4,847,094	77.8	1.3	42,274,317	60.2	11.1	1,015,826	67.3	0.3
手数料	32,688	0.9	0.9	11,756	1.2	0.3	65,489	1.1	1.9	169,484	0.2	4.9	8,492	0.6	0.2
寄付金	217,375	5.7	5.4	29,894	3.1	0.7	26,898	0.4	0.7	235,704	0.3	5.8	2,378	0.2	0.1
経常費等補助金	196,212	5.1	0.9	82,563	8.5	0.4	355,416	5.7	1.7	1,159,869	1.7	5.5	38,113	2.5	0.2
付随事業収入	258,581	6.8	0.6	8,543	0.9	0.0	251,177	4.0	0.5	18,925,237	26.9	40.3	394,243	26.1	0.8
雑収入	62,270	1.6	0.6	34,182	3.5	0.3	294,672	4.7	2.7	943,324	1.3	8.6	34,999	2.3	0.3
教育活動収入計	3,734,908	97.7	0.8	918,401	94.1	0.2	5,840,747	93.8	1.2	63,707,934	90.7	13.6	1,494,050	99.0	0.3
（教育活動収支・支出の部）															
人件費	1,672,555	43.8	0.8	518,238	53.1	0.3	2,922,852	46.9	1.5	30,242,492	43.0	15.0	713,159	47.3	0.4
教育研究（管理）経費	1,457,985	38.1	0.6	397,092	40.7	0.2	2,603,934	41.8	1.1	36,281,883	51.6	14.9	686,661	45.5	0.3
（うち減価償却額）	260,986	6.8	0.6	68,586	7.0	0.2	527,106	8.5	1.2	7,315,172	10.4	17.2	78,128	5.2	0.2
徴収不能額等	327	0.0	0.1	3,236	0.3	0.6	5,811	0.1	1.0	17,363	0.0	3.1	34	0.0	0.0
教育活動支出計	3,130,867	81.9	0.7	918,565	94.1	0.2	5,532,596	88.9	1.2	66,541,739	94.7	15.0	1,399,854	92.8	0.3

区分	長野県			岐阜県			静岡県			愛知県			三重県		
（教育活動外収支・収入の部）															
受取利息・配当金	5,295	0.1	0.0	8,455	0.9	0.1	68,263	1.1	0.5	1,267,298	1.8	9.0	5,745	0.4	0.0
その他の教育活動外収入	79,939	2.1	1.5	17,048	1.7	0.3	170,358	2.7	3.2	202,766	0.3	3.8	0	0.0	0.0
教育活動外収入計	85,234	2.2	0.4	25,503	2.6	0.1	238,621	3.8	1.2	1,470,064	2.1	7.6	5,745	0.4	0.0
（教育活動外収支・支出の部）															
借入金等利息	12,757	0.3	0.5	2,826	0.3	0.1	29,394	0.5	1.2	79,340	0.1	3.3	7,200	0.5	0.3
その他の教育活動外支出	68,482	1.8	4.6	347	0.0	0.0	0	0.0	0.0	1,499	0.0	0.1	185	0.0	0.0
教育活動外支出計	81,240	2.1	2.1	3,173	0.3	0.1	29,394	0.5	0.7	80,839	0.1	2.1	7,385	0.5	0.2

（特別収支）（１０－５）

（単位：千円）

区分	長野県			岐阜県			静岡県			愛知県			三重県		
法人数	14 法人			11 法人			24 法人			45 法人			9 法人		
科目	金額	構成比率(%)	趨勢構造比率	金額	構成比率(%)	趨勢構造比率	金額	構成比率(%)	趨勢構造比率	金額	構成比率(%)	趨勢構造比率	金額	構成比率(%)	趨勢構造比率
（特別収支・収入の部）															
資産売却差額	711	0.0	0.0	32,105	3.3	0.3	10,309	0.2	0.1	2,142,907	3.1	22.7	9,308	0.6	0.1
その他の特別収入	1,888	0.0	0.0	0	0.0	0.0	136,604	2.2	0.7	2,934,534	4.2	14.6	0	0.0	0.0
（うち寄付金）	0	0.0	0.0	0	0.0	0.0	5,829	0.1	1.1	27,535	0.0	5.0	0	0.0	0.0
（うち補助金）	0	0.0	0.0	0	0.0	0.0	3,122	0.1	0.5	61,999	0.1	10.3	0	0.0	0.0
特別収入計	2,599	0.1	0.0	32,105	3.3	0.1	146,913	2.4	0.5	5,077,441	7.2	17.2	9,308	0.6	0.0
（特別収支・支出の部）															
資産処分差額	658,569	17.2	8.2	0	0.0	0.0	112,608	1.8	1.4	1,616,137	2.3	20.2	256	0.0	0.0
その他の特別支出	0	0.0	0.0	0	0.0	0.0	223,823	3.6	3.7	504,204	0.7	8.4	0	0.0	0.0
特別支出計	658,569	17.2	4.7	0	0.0	0.0	336,431	5.4	2.4	2,120,342	3.0	15.2	256	0.0	0.0

基本金組入前当年度収支差額	-47,934	-1.3	-0.1	54,271	5.6	0.1	327,860	5.3	0.6	1,512,519	2.2	2.7	101,608	6.7	0.2
経常収支差額	608,035	15.9	1.5	22,166	2.3	0.1	517,378	8.3	1.3	-1,444,580	-2.1	-3.6	92,556	6.1	0.2
教育活動収支差額	604,041	15.8	2.5	-164	0.0	0.0	308,151	4.9	1.3	-2,833,804	-4.0	-11.7	94,196	6.2	0.4
教育活動外収支差額	3,995	0.1	0.0	22,330	2.3	0.1	209,227	3.4	1.4	1,389,224	2.0	9.0	-1,640	-0.1	0.0
特別収支差額	-655,969	-17.2	-4.2	32,105	3.3	0.2	-189,518	-3.0	-1.2	2,957,099	4.2	19.0	9,052	0.6	0.1
基本金組入額合計	-116,608	-3.1	0.2	-40,709	-4.2	0.1	-957,223	-15.4	1.5	-9,695,941	-13.8	15.0	-98,859	-6.6	0.2
当年度収支差額	-164,542	-4.3	1.8	13,562	1.4	-0.1	-629,362	-10.1	6.7	-8,183,421	-11.6	87.7	2,749	0.2	0.0
前年度繰越収支差額	-2,377,374	-62.2	-0.9	-736,794	-75.5	-0.3	2,776,140	44.6	1.1	-4,668,509	-6.6	-1.8	324,164	21.5	0.1
基本金取崩額	571,274	14.9	2.2	0	0.0	0.0	867,356	13.9	3.3	452,877	0.6	1.7	0	0.0	0.0
翌年度繰越収支差額	-1,970,641	-51.6	-0.7	-723,232	-74.1	-0.3	3,014,133	48.4	1.1	-12,399,054	-17.6	-4.6	326,913	21.7	0.1

（参考）

事業活動収入計	3,822,742	100.0	0.7	976,009	100.0	0.2	6,226,282	100.0	1.2	70,255,439	100.0	13.6	1,509,103	100.0	0.3
事業活動支出計	3,870,676	101.3	0.8	921,737	94.4	0.2	5,898,421	94.7	1.3	68,742,919	97.8	14.9	1,407,495	93.3	0.3

（注）構造比率は専修学校法人合計を 100 としたものである。

令 和 3 年 度 事 業 活 動 収 支 計 算 書（都道府県別）

ー 専 修 学 校 法 人 ー

（教育活動収支及び教育活動外収支）（１０－６）　　（単位：千円）

区分	滋賀県			京都府			大阪府			兵庫県			奈良県		
法人数	4 法人			16 法人			46 法人			32 法人			5 法人		
科目	金額	構成比率(%)	趨勢構造比率	金額	構成比率(%)	趨勢構造比率	金額	構成比率(%)	趨勢構造比率	金額	構成比率(%)	趨勢構造比率	金額	構成比率(%)	趨勢構造比率
（教育活動収支・収入の部）															
学生生徒等納付金	241,187	52.6	0.1	13,624,423	52.6	3.6	38,802,616	85.7	10.1	14,023,637	85.2	3.7	1,409,080	80.2	0.4
手数料	4,024	0.9	0.1	161,080	0.6	4.6	245,265	0.5	7.1	148,519	0.9	4.3	10,033	0.6	0.3
寄付金	91,830	20.0	2.3	286,517	1.1	7.1	117,802	0.3	2.9	49,301	0.3	1.2	1,000	0.1	0.0
経常費等補助金	3,087	0.7	0.0	839,596	3.2	4.0	2,225,421	4.9	10.6	874,945	5.3	4.2	96,764	5.5	0.5
付随事業収入	109,410	23.8	0.2	552,430	2.1	1.2	1,500,844	3.3	3.2	417,724	2.5	0.9	71,164	4.1	0.2
雑収入	5,271	1.1	0.0	242,521	0.9	2.2	349,924	0.8	3.2	382,372	2.3	3.5	29,360	1.7	0.3
教育活動収入計	454,809	99.1	0.1	15,706,567	60.6	3.3	43,241,872	95.5	9.2	15,896,498	96.5	3.4	1,617,401	92.1	0.3
（教育活動収支・支出の部）															
人件費	247,126	53.8	0.1	5,335,756	20.6	2.7	15,635,766	34.5	7.8	6,371,532	38.7	3.2	865,858	49.3	0.4
教育研究（管理）経費	212,799	46.4	0.1	8,482,417	32.7	3.5	22,872,269	50.5	9.4	7,857,393	47.7	3.2	662,085	37.7	0.3
（うち減価償却額）	60,487	13.2	0.1	1,594,730	6.2	3.8	2,900,396	6.4	6.8	1,235,440	7.5	2.9	75,460	4.3	0.2
徴収不能額等	45	0.0	0.0	1,941	0.0	0.3	29,063	0.1	5.1	5,722	0.0	1.0	0	0.0	0.0
教育活動支出計	459,970	100.2	0.1	13,820,113	53.3	3.1	38,537,099	85.1	8.7	14,234,647	86.4	3.2	1,527,943	87.0	0.3
（教育活動外収支・収入の部）															
受取利息・配当金	1,251	0.3	0.0	99,571	0.4	0.7	757,578	1.7	5.4	78,790	0.5	0.6	13,085	0.7	0.1
その他の教育活動外収入	2,531	0.6	0.0	137,464	0.5	2.6	763,475	1.7	14.4	47,240	0.3	0.9	125,924	7.2	2.4
教育活動外収入計	3,782	0.8	0.0	237,035	0.9	1.2	1,521,053	3.4	7.8	126,030	0.8	0.6	139,009	7.9	0.7
（教育活動外収支・支出の部）															
借入金等利息	799	0.2	0.0	71,966	0.3	3.0	110,037	0.2	4.5	85,936	0.5	3.5	7,686	0.4	0.3
その他の教育活動外支出	475	0.1	0.0	0	0.0	0.0	137,671	0.3	9.3	25,735	0.2	1.7	65,890	3.8	4.4
教育活動外支出計	1,274	0.3	0.0	71,966	0.3	1.8	247,707	0.5	6.3	111,671	0.7	2.8	73,577	4.2	1.9

（特別収支）（１０－６）

（単位：千円）

区分	滋賀県			京都府			大阪府			兵庫県			奈良県		
法人数	4 法人			16 法人			46 法人			32 法人			5 法人		
科目	金額	構成比率(%)	趨勢構造比率	金額	構成比率(%)	趨勢構造比率	金額	構成比率(%)	趨勢構造比率	金額	構成比率(%)	趨勢構造比率	金額	構成比率(%)	趨勢構造比率
（特別収支・収入の部）															
資産売却差額	330	0.1	0.0	1,157	0.0	0.0	513,457	1.1	5.4	422,189	2.6	4.5	0	0.0	0.0
その他の特別収入	0	0.0	0.0	9,974,718	38.5	49.6	4,291	0.0	0.0	21,597	0.1	0.1	0	0.0	0.0
（うち寄付金）	0	0.0	0.0	6,105	0.0	1.1	125	0.0	0.0	383	0.0	0.1	0	0.0	0.0
（うち補助金）	0	0.0	0.0	21,542	0.1	3.6	0	0.0	0.0	4,734	0.0	0.8	0	0.0	0.0
特別収入計	330	0.1	0.0	9,975,875	38.5	33.8	517,748	1.1	1.8	443,786	2.7	1.5	0	0.0	0.0
（特別収支・支出の部）															
資産処分差額	204	0.0	0.0	4,054	0.0	0.1	348,333	0.8	4.4	799	0.0	0.0	0	0.0	0.0
その他の特別支出	0	0.0	0.0	5,687	0.0	0.1	17,825	0.0	0.3	489,623	3.0	8.2	0	0.0	0.0
特別支出計	204	0.0	0.0	9,741	0.0	0.1	366,158	0.8	2.6	490,422	3.0	3.5	0	0.0	0.0
基本金組入前当年度収支差額	-2,528	-0.6	0.0	12,017,657	46.4	21.7	6,129,710	13.5	11.1	1,629,573	9.9	2.9	154,891	8.8	0.3
経常収支差額	-2,654	-0.6	0.0	2,051,523	7.9	5.2	5,978,119	13.2	15.1	1,676,209	10.2	4.2	154,891	8.8	0.4
教育活動収支差額	-5,161	-1.1	0.0	1,886,454	7.3	7.8	4,704,773	10.4	19.4	1,661,851	10.1	6.9	89,458	5.1	0.4
教育活動外収支差額	2,508	0.5	0.0	165,069	0.6	1.1	1,273,345	2.8	8.2	14,359	0.1	0.1	65,432	3.7	0.4
特別収支差額	126	0.0	0.0	9,966,134	38.5	63.9	151,591	0.3	1.0	-46,637	-0.3	-0.3	0	0.0	0.0
基本金組入額合計	-26,671	-5.8	0.0	-11,438,607	-44.1	17.7	-3,029,408	-6.7	4.7	-1,240,706	-7.5	1.9	0	0.0	0.0
当年度収支差額	-29,198	-6.4	0.3	579,050	2.2	-6.2	3,100,302	6.8	-33.2	388,867	2.4	-4.2	154,891	8.8	-1.7
前年度繰越収支差額	-1,107,015	-241.2	-0.4	649,430	2.5	0.3	33,467,837	73.9	13.1	901,851	5.5	0.4	5,018,466	285.7	2.0
基本金取崩額	0	0.0	0.0	36,953	0.1	0.1	637,302	1.4	2.4	76,230	0.5	0.3	0	0.0	0.0
翌年度繰越収支差額	-1,136,213	-247.6	-0.4	1,265,433	4.9	0.5	37,205,441	82.2	13.7	1,366,948	8.3	0.5	5,173,356	294.5	1.9

（参考）

事業活動収入計	458,921	100.0	0.1	25,919,478	100.0	5.0	45,280,673	100.0	8.7	16,466,313	100.0	3.2	1,756,410	100.0	0.3
事業活動支出計	461,448	100.6	0.1	13,901,820	53.6	3.0	39,150,964	86.5	8.5	14,836,741	90.1	3.2	1,601,520	91.2	0.3

（注）構造比率は専修学校法人合計を 100 としたものである。

令和３年度事業活動収支計算書（都道府県別）
－専修学校法人－

（教育活動収支及び教育活動外収支）（１０－７）　　　　（単位：千円）

区分	和歌山県			鳥取県			島根県			岡山県			広島県		
法人数	5 法人			7 法人			9 法人			16 法人			15 法人		
科目	金額	構成比率(%)	趨勢構造比率	金額	構成比率(%)	趨勢構造比率	金額	構成比率(%)	趨勢構造比率	金額	構成比率(%)	趨勢構造比率	金額	構成比率(%)	趨勢構造比率
（教育活動収支・収入の部）															
学生生徒等納付金	445,077	80.9	0.1	922,731	77.2	0.2	1,761,731	65.8	0.5	5,551,046	84.7	1.5	5,724,328	79.3	1.5
手数料	7,389	1.3	0.2	5,601	0.5	0.2	22,427	0.8	0.6	78,189	1.2	2.3	75,838	1.1	2.2
寄付金	15	0.0	0.0	7,154	0.6	0.2	82,974	3.1	2.0	63,772	1.0	1.6	62,954	0.9	1.6
経常費等補助金	21,641	3.9	0.1	65,928	5.5	0.3	319,456	11.9	1.5	379,380	5.8	1.8	374,049	5.2	1.8
付随事業収入	39,907	7.3	0.1	92,455	7.7	0.2	205,459	7.7	0.4	273,557	4.2	0.6	246,064	3.4	0.5
雑収入	36,358	6.6	0.3	72,457	6.1	0.7	121,602	4.5	1.1	127,465	1.9	1.2	111,546	1.5	1.0
教育活動収入計	550,387	100.0	0.1	1,166,327	97.6	0.2	2,513,648	93.9	0.5	6,473,408	98.8	1.4	6,594,780	91.4	1.4
（教育活動収支・支出の部）															
人件費	373,075	67.8	0.2	654,986	54.8	0.3	1,129,827	42.2	0.6	3,087,412	47.1	1.5	3,506,609	48.6	1.7
教育研究（管理）経費	287,263	52.2	0.1	502,351	42.0	0.2	1,220,201	45.6	0.5	2,816,519	43.0	1.2	2,949,940	40.9	1.2
（うち減価償却額）	52,042	9.5	0.1	65,427	5.5	0.2	235,164	8.8	0.6	601,116	9.2	1.4	586,988	8.1	1.4
徴収不能額等	0	0.0	0.0	200	0.0	0.0	3,092	0.1	0.5	2,540	0.0	0.4	3,622	0.1	0.6
教育活動支出計	660,338	120.0	0.1	1,157,537	96.8	0.3	2,353,120	87.9	0.5	5,906,472	90.1	1.3	6,460,171	89.5	1.5

（教育活動外収支・収入の部）															
受取利息・配当金	6	0.0	0.0	5,402	0.5	0.0	5,102	0.2	0.0	66,209	1.0	0.5	157,465	2.2	1.1
その他の教育活動外収入	0	0.0	0.0	0	0.0	0.0	6,049	0.2	0.1	7,329	0.1	0.1	430,508	6.0	8.1
教育活動外収入計	6	0.0	0.0	5,402	0.5	0.0	11,150	0.4	0.1	73,537	1.1	0.4	587,973	8.1	3.0
（教育活動外収支・支出の部）															
借入金等利息	5,276	1.0	0.2	2,145	0.2	0.1	36,813	1.4	1.5	56,923	0.9	2.3	104,512	1.4	4.3
その他の教育活動外支出	0	0.0	0.0	2,163	0.2	0.1	3,644	0.1	0.2	0	0.0	0.0	2,577	0.0	0.2
教育活動外支出計	5,276	1.0	0.1	4,308	0.4	0.1	40,457	1.5	1.0	56,923	0.9	1.5	107,089	1.5	2.7

(特別収支)　(１０－７)

(単位：千円)

区分	和歌山県			鳥取県			島根県			岡山県			広島県		
法人数	5 法人			7 法人			9 法人			16 法人			15 法人		
科目	金額	構成比率(%)	趨勢構造比率	金額	構成比率(%)	趨勢構造比率	金額	構成比率(%)	趨勢構造比率	金額	構成比率(%)	趨勢構造比率	金額	構成比率(%)	趨勢構造比率
(特別収支・収入の部)															
資産売却差額	0	0.0	0.0	14,039	1.2	0.1	15	0.0	0.0	1,511	0.0	0.0	30,039	0.4	0.3
その他の特別収入	0	0.0	0.0	9,699	0.8	0.0	153,503	5.7	0.8	3,841	0.1	0.0	4,276	0.1	0.0
(うち寄付金)	0	0.0	0.0	0	0.0	0.0	0	0.0	0.0	1,470	0.0	0.3	0	0.0	0.0
(うち補助金)	0	0.0	0.0	9,699	0.8	1.6	26,270	1.0	4.4	2,041	0.0	0.3	2,288	0.0	0.4
特別収入計	0	0.0	0.0	23,737	2.0	0.1	153,518	5.7	0.5	5,352	0.1	0.0	34,316	0.5	0.1
(特別収支・支出の部)															
資産処分差額	18	0.0	0.0	3,429	0.3	0.0	3,439	0.1	0.0	11,288	0.2	0.1	10,817	0.1	0.1
その他の特別支出	0	0.0	0.0	22,793	1.9	0.4	128,758	4.8	2.2	50,731	0.8	0.8	9,265	0.1	0.2
特別支出計	18	0.0	0.0	26,221	2.2	0.2	132,197	4.9	0.9	62,019	0.9	0.4	20,082	0.3	0.1

基本金組入前当年度収支差額	-115,240	-20.9	-0.2	7,400	0.6	0.0	152,543	5.7	0.3	526,884	8.0	1.0	629,727	8.7	1.1
経常収支差額	-115,221	-20.9	-0.3	9,884	0.8	0.0	131,222	4.9	0.3	583,551	8.9	1.5	615,493	8.5	1.6
教育活動収支差額	-109,951	-20.0	-0.5	8,790	0.7	0.0	160,529	6.0	0.7	566,936	8.7	2.3	134,609	1.9	0.6
教育活動外収支差額	-5,270	-1.0	0.0	1,094	0.1	0.0	-29,307	-1.1	-0.2	16,614	0.3	0.1	480,884	6.7	3.1
特別収支差額	-18	0.0	0.0	-2,484	-0.2	0.0	21,321	0.8	0.1	-56,667	-0.9	-0.4	14,234	0.2	0.1
基本金組入額合計	-1,336	-0.2	0.0	-36,690	-3.1	0.1	-146,796	-5.5	0.2	-397,942	-6.1	0.6	-265,219	-3.7	0.4
当年度収支差額	-116,575	-21.2	1.2	-29,289	-2.5	0.3	5,747	0.2	-0.1	128,942	2.0	-1.4	364,508	5.1	-3.9
前年度繰越収支差額	-581,318	-105.6	-0.2	1,545,500	129.3	0.6	-6,467,248	-241.5	-2.5	4,858,003	74.1	1.9	21,929,252	303.9	8.6
基本金取崩額	0	0.0	0.0	0	0.0	0.0	42,935	1.6	0.2	207,605	3.2	0.8	1,044,139	14.5	4.0
翌年度繰越収支差額	-697,893	-126.8	-0.3	1,516,210	126.8	0.6	-6,418,566	-239.6	-2.4	5,194,550	79.3	1.9	23,337,899	323.4	8.6

(参考)

事業活動収入計	550,392	100.0	0.1	1,195,467	100.0	0.2	2,678,317	100.0	0.5	6,552,297	100.0	1.3	7,217,069	100.0	1.4
事業活動支出計	665,632	120.9	0.1	1,188,067	99.4	0.3	2,525,774	94.3	0.5	6,025,414	92.0	1.3	6,587,341	91.3	1.4

(注) 構造比率は専修学校法人合計を 100 としたものである。

令和３年度事業活動収支計算書（都道府県別）
－専修学校法人－

（教育活動収支及び教育活動外収支）（１０－８）　　　　（単位：千円）

区分	山口県			徳島・香川県			愛媛県			高知県			福岡県		
法人数	6 法人			6 法人			7 法人			8 法人			39 法人		
科目	金額	構成比率(%)	趨勢構造比率	金額	構成比率(%)	趨勢構造比率	金額	構成比率(%)	趨勢構造比率	金額	構成比率(%)	趨勢構造比率	金額	構成比率(%)	趨勢構造比率
（教育活動収支・収入の部）															
学生生徒等納付金	1,665,676	61.8	0.4	1,535,383	74.2	0.4	1,186,524	79.9	0.3	2,199,171	82.3	0.6	29,325,827	81.6	7.7
手数料	13,623	0.5	0.4	15,347	0.7	0.4	15,255	1.0	0.4	32,602	1.2	0.9	269,054	0.7	7.8
寄付金	25,000	0.9	0.6	500	0.0	0.0	2,570	0.2	0.1	8,946	0.3	0.2	566,679	1.6	14.0
経常費等補助金	216,356	8.0	1.0	111,506	5.4	0.5	123,567	8.3	0.6	234,210	8.8	1.1	1,758,567	4.9	8.4
付随事業収入	678,322	25.2	1.4	291,922	14.1	0.6	111,038	7.5	0.2	129,407	4.8	0.3	1,550,927	4.3	3.3
雑収入	52,997	2.0	0.5	28,273	1.4	0.3	18,386	1.2	0.2	24,657	0.9	0.2	1,127,712	3.1	10.2
教育活動収入計	2,651,974	98.5	0.6	1,982,931	95.8	0.4	1,457,339	98.1	0.3	2,628,993	98.3	0.6	34,598,766	96.2	7.4
（教育活動収支・支出の部）															
人件費	1,423,279	52.8	0.7	1,005,966	48.6	0.5	777,619	52.4	0.4	1,984,467	74.2	1.0	14,322,888	39.8	7.1
教育研究（管理）経費	1,018,371	37.8	0.4	713,015	34.4	0.3	560,456	37.7	0.2	1,077,622	40.3	0.4	16,541,738	46.0	6.8
（うち減価償却額）	205,704	7.6	0.5	150,587	7.3	0.4	114,848	7.7	0.3	239,648	9.0	0.6	2,151,800	6.0	5.1
徴収不能額等	0	0.0	0.0	2,968	0.1	0.5	20	0.0	0.0	851	0.0	0.2	64,096	0.2	11.3
教育活動支出計	2,441,651	90.7	0.5	1,721,949	83.2	0.4	1,338,095	90.1	0.3	3,062,940	114.6	0.7	30,928,722	86.0	7.0
（教育活動外収支・収入の部）															
受取利息・配当金	5,052	0.2	0.0	40,274	1.9	0.3	4,386	0.3	0.0	5,326	0.2	0.0	925,709	2.6	6.6
その他の教育活動外収入	3,715	0.1	0.1	1,908	0.1	0.0	21,573	1.5	0.4	10,115	0.4	0.2	328,484	0.9	6.2
教育活動外収入計	8,767	0.3	0.0	42,182	2.0	0.2	25,958	1.7	0.1	15,441	0.6	0.1	1,254,192	3.5	6.5
（教育活動外収支・支出の部）															
借入金等利息	6,691	0.2	0.3	1,937	0.1	0.1	9,817	0.7	0.4	27,545	1.0	1.1	99,373	0.3	4.1
その他の教育活動外支出	0	0.0	0.0	0	0.0	0.0	79	0.0	0.0	83	0.0	0.0	72,034	0.2	4.8
教育活動外支出計	6,691	0.2	0.2	1,937	0.1	0.0	9,895	0.7	0.3	27,629	1.0	0.7	171,407	0.5	4.4

(特別収支)　(１０－８)

(単位：千円)

区分	山口県			徳島・香川県			愛媛県			高知県			福岡県		
法人数	6 法人			6 法人			7 法人			8 法人			39 法人		
科目	金額	構成比率(%)	趨勢構造比率	金額	構成比率(%)	趨勢構造比率	金額	構成比率(%)	趨勢構造比率	金額	構成比率(%)	趨勢構造比率	金額	構成比率(%)	趨勢構造比率
(特別収支・収入の部)															
資産売却差額	30	0.0	0.0	5,080	0.2	0.1	0	0.0	0.0	25,805	1.0	0.3	48,449	0.1	0.5
その他の特別収入	32,637	1.2	0.2	40,335	1.9	0.2	1,675	0.1	0.0	2,891	0.1	0.0	56,835	0.2	0.3
(うち寄付金)	0	0.0	0.0	0	0.0	0.0	0	0.0	0.0	0	0.0	0.0	0	0.0	0.0
(うち補助金)	32,637	1.2	5.4	8,256	0.4	1.4	1,629	0.1	0.3	2,890	0.1	0.5	56,027	0.2	9.3
特別収入計	32,667	1.2	0.1	45,415	2.2	0.2	1,675	0.1	0.0	28,696	1.1	0.1	105,284	0.3	0.4
(特別収支・支出の部)															
資産処分差額	170,740	6.3	2.1	4,408	0.2	0.1	5,953	0.4	0.1	74,573	2.8	0.9	315,284	0.9	3.9
その他の特別支出	0	0.0	0.0	1,198	0.1	0.0	90	0.0	0.0	615	0.0	0.0	85,890	0.2	1.4
特別支出計	170,740	6.3	1.2	5,605	0.3	0.0	6,043	0.4	0.0	75,188	2.8	0.5	401,174	1.1	2.9
基本金組入前当年度収支差額	74,326	2.8	0.1	341,037	16.5	0.6	130,939	8.8	0.2	-492,626	-18.4	-0.9	4,456,938	12.4	8.1
経常収支差額	212,399	7.9	0.5	301,227	14.5	0.8	135,308	9.1	0.3	-446,135	-16.7	-1.1	4,752,829	13.2	12.0
教育活動収支差額	210,323	7.8	0.9	260,982	12.6	1.1	119,245	8.0	0.5	-433,947	-16.2	-1.8	3,670,043	10.2	15.2
教育活動外収支差額	2,076	0.1	0.0	40,244	1.9	0.3	16,063	1.1	0.1	-12,188	-0.5	-0.1	1,082,785	3.0	7.0
特別収支差額	-138,073	-5.1	-0.9	39,810	1.9	0.3	-4,369	-0.3	0.0	-46,491	-1.7	-0.3	-295,890	-0.8	-1.9
基本金組入額合計	-38,938	-1.4	0.1	-329,643	-15.9	0.5	-163,754	-11.0	0.3	-135,295	-5.1	0.2	-1,988,806	-5.5	3.1
当年度収支差額	35,388	1.3	-0.4	11,395	0.6	-0.1	-32,815	-2.2	0.4	-627,921	-23.5	6.7	2,468,133	6.9	-26.4
前年度繰越収支差額	-2,415,154	-89.7	-0.9	1,712,439	82.7	0.7	556,194	37.5	0.2	1,980,360	74.1	0.8	22,769,409	63.3	8.9
基本金取崩額	2,359	0.1	0.0	0	0.0	0.0	354,896	23.9	1.4	650	0.0	0.0	547,460	1.5	2.1
翌年度繰越収支差額	-2,377,407	-88.3	-0.9	1,723,833	83.3	0.6	878,275	59.1	0.3	1,353,089	50.6	0.5	25,785,002	71.7	9.5

(参考)

事業活動収入計	2,693,408	100.0	0.5	2,070,528	100.0	0.4	1,484,973	100.0	0.3	2,673,130	100.0	0.5	35,958,242	100.0	6.9
事業活動支出計	2,619,081	97.2	0.6	1,729,491	83.5	0.4	1,354,034	91.2	0.3	3,165,757	118.4	0.7	31,501,304	87.6	6.8

(注) 構造比率は専修学校法人合計を 100 としたものである。

令和３年度事業活動収支計算書（都道府県別）
－専修学校法人－

（教育活動収支及び教育活動外収支）（１０－９）

（単位：千円）

区分	佐賀県			長崎県			熊本県			大分県			宮崎県		
法人数	11 法人			5 法人			16 法人			5 法人			8 法人		
科目	金額	構成比率(%)	趨勢構造比率	金額	構成比率(%)	趨勢構造比率	金額	構成比率(%)	趨勢構造比率	金額	構成比率(%)	趨勢構造比率	金額	構成比率(%)	趨勢構造比率
(教育活動収支・収入の部)															
学生生徒等納付金	1,799,944	79.3	0.5	618,062	83.7	0.2	4,018,786	80.1	1.1	767,741	91.7	0.2	1,827,354	79.2	0.5
手数料	26,616	1.2	0.8	5,295	0.7	0.2	46,726	0.9	1.3	6,889	0.8	0.2	44,273	1.9	1.3
寄付金	1,785	0.1	0.0	0	0.0	0.0	43,192	0.9	1.1	0	0.0	0.0	605	0.0	0.0
経常費等補助金	243,518	10.7	1.2	40,725	5.5	0.2	304,326	6.1	1.4	13,949	1.7	0.1	175,412	7.6	0.8
付随事業収入	66,252	2.9	0.1	55,187	7.5	0.1	203,378	4.1	0.4	8,663	1.0	0.0	213,356	9.2	0.5
雑収入	55,095	2.4	0.5	14,277	1.9	0.1	89,857	1.8	0.8	34,358	4.1	0.3	37,370	1.6	0.3
教育活動収入計	2,193,210	96.6	0.5	733,545	99.4	0.2	4,706,265	93.9	1.0	831,599	99.4	0.2	2,298,370	99.6	0.5
(教育活動収支・支出の部)															
人件費	1,306,583	57.5	0.6	447,013	60.6	0.2	2,353,322	46.9	1.2	378,523	45.2	0.2	1,243,535	53.9	0.6
教育研究（管理）経費	950,832	41.9	0.4	346,504	46.9	0.1	1,929,529	38.5	0.8	421,872	50.4	0.2	1,027,750	44.6	0.4
（うち減価償却額）	169,168	7.5	0.4	39,835	5.4	0.1	289,818	5.8	0.7	69,721	8.3	0.2	165,035	7.2	0.4
徴収不能額等	3,663	0.2	0.6	25	0.0	0.0	16,225	0.3	2.9	0	0.0	0.0	0	0.0	0.0
教育活動支出計	2,261,078	99.6	0.5	793,542	107.5	0.2	4,299,077	85.7	1.0	800,395	95.6	0.2	2,271,285	98.5	0.5
(教育活動外収支・収入の部)															
受取利息・配当金	13,346	0.6	0.1	36	0.0	0.0	23,739	0.5	0.2	135	0.0	0.0	2,261	0.1	0.0
その他の教育活動外収入	12,010	0.5	0.2	4,658	0.6	0.1	224,655	4.5	4.3	5,176	0.6	0.1	6,247	0.3	0.1
教育活動外収入計	25,355	1.1	0.1	4,694	0.6	0.0	248,394	5.0	1.3	5,310	0.6	0.0	8,508	0.4	0.0
(教育活動外収支・支出の部)															
借入金等利息	7,083	0.3	0.3	1,931	0.3	0.1	23,262	0.5	1.0	20,094	2.4	0.8	24,198	1.0	1.0
その他の教育活動外支出	7,343	0.3	0.5	106	0.0	0.0	209,736	4.2	14.1	108	0.0	0.0	8,970	0.4	0.6
教育活動外支出計	14,426	0.6	0.4	2,037	0.3	0.1	232,998	4.6	5.9	20,203	2.4	0.5	33,168	1.4	0.8

（特別収支）（１０－９）

（単位：千円）

区分	佐賀県			長崎県			熊本県			大分県			宮崎県		
法人数	11 法人			5 法人			16 法人			5 法人			8 法人		
科目	金額	構成比率(%)	趨勢構造比率	金額	構成比率(%)	趨勢構造比率	金額	構成比率(%)	趨勢構造比率	金額	構成比率(%)	趨勢構造比率	金額	構成比率(%)	趨勢構造比率
（特別収支・収入の部）															
資産売却差額	1,424	0.1	0.0	0	0.0	0.0	33,569	0.7	0.4	0	0.0	0.0	0	0.0	0.0
その他の特別収入	50,408	2.2	0.3	0	0.0	0.0	26,044	0.5	0.1	0	0.0	0.0	0	0.0	0.0
（うち寄付金）	0	0.0	0.0	0	0.0	0.0	0	0.0	0.0	0	0.0	0.0	0	0.0	0.0
（うち補助金）	49,716	2.2	8.3	0	0.0	0.0	3,826	0.1	0.6	0	0.0	0.0	0	0.0	0.0
特別収入計	51,831	2.3	0.2	0	0.0	0.0	59,613	1.2	0.2	0	0.0	0.0	0	0.0	0.0
（特別収支・支出の部）															
資産処分差額	0	0.0	0.0	1,197	0.2	0.0	2,381	0.0	0.0	5,842	0.7	0.1	0	0.0	0.0
その他の特別支出	2,612	0.1	0.0	54,584	7.4	0.9	10,073	0.2	0.2	0	0.0	0.0	0	0.0	0.0
特別支出計	2,612	0.1	0.0	55,781	7.6	0.4	12,454	0.2	0.1	5,842	0.7	0.0	0	0.0	0.0
基本金組入前当年度収支差額	-7,719	-0.3	0.0	-113,120	-15.3	-0.2	469,744	9.4	0.8	10,469	1.3	0.0	2,425	0.1	0.0
経常収支差額	-56,938	-2.5	-0.1	-57,339	-7.8	-0.1	422,585	8.4	1.1	16,311	1.9	0.0	2,425	0.1	0.0
教育活動収支差額	-67,868	-3.0	-0.3	-59,997	-8.1	-0.2	407,189	8.1	1.7	31,204	3.7	0.1	27,085	1.2	0.1
教育活動外収支差額	10,930	0.5	0.1	2,658	0.4	0.0	15,396	0.3	0.1	-14,892	-1.8	-0.1	-24,660	-1.1	-0.2
特別収支差額	49,220	2.2	0.3	-55,781	-7.6	-0.4	47,159	0.9	0.3	-5,842	-0.7	0.0	0	0.0	0.0
基本金組入額合計	-75,560	-3.3	0.1	-6,850	-0.9	0.0	-345,143	-6.9	0.5	0	0.0	0.0	-32,593	-1.4	0.1
当年度収支差額	-83,278	-3.7	0.9	-119,970	-16.3	1.3	124,601	2.5	-1.3	10,469	1.3	-0.1	-30,168	-1.3	0.3
前年度繰越収支差額	1,799,515	79.3	0.7	-143,218	-19.4	-0.1	-1,505,451	-30.0	-0.6	-811,747	-97.0	-0.3	582,106	25.2	0.2
基本金取崩額	0	0.0	0.0	91,189	12.4	0.4	59,032	1.2	0.2	0	0.0	0.0	0	0.0	0.0
翌年度繰越収支差額	1,716,237	75.6	0.6	-172,000	-23.3	-0.1	-1,321,818	-26.4	-0.5	-801,278	-95.7	-0.3	551,938	23.9	0.2

（参考）

事業活動収入計	2,270,397	100.0	0.4	738,239	100.0	0.1	5,014,272	100.0	1.0	836,909	100.0	0.2	2,306,878	100.0	0.4
事業活動支出計	2,278,115	100.3	0.5	851,359	115.3	0.2	4,544,528	90.6	1.0	826,440	98.7	0.2	2,304,453	99.9	0.5

（注）構造比率は専修学校法人合計を 100 としたものである。

令和３年度事業活動収支計算書（都道府県別）
－専修学校法人－

（教育活動収支及び教育活動外収支）（１０－１０）　　（単位：千円）

区分	鹿児島県			沖縄県		
法人数	6 法人			16 法人		
科目	金額	構成比率(%)	趨勢構造比率	金額	構成比率(%)	趨勢構造比率
（教育活動収支・収入の部）						
学生生徒等納付金	1,248,522	86.2	0.3	4,104,035	74.9	1.1
手数料	20,638	1.4	0.6	72,404	1.3	2.1
寄付金	1,940	0.1	0.0	93,993	1.7	2.3
経常費等補助金	97,015	6.7	0.5	638,631	11.7	3.0
付随事業収入	27,005	1.9	0.1	92,598	1.7	0.2
雑収入	40,550	2.8	0.4	119,934	2.2	1.1
教育活動収入計	1,435,669	99.1	0.3	5,121,596	93.5	1.1
（教育活動収支・支出の部）						
人件費	835,377	57.6	0.4	2,354,976	43.0	1.2
教育研究（管理）経費	544,670	37.6	0.2	2,440,577	44.6	1.0
（うち減価償却額）	124,883	8.6	0.3	323,588	5.9	0.8
徴収不能額等	0	0.0	0.0	0	0.0	0.0
教育活動支出計	1,380,047	95.2	0.3	4,795,553	87.5	1.1
（教育活動外収支・収入の部）						
受取利息・配当金	834	0.1	0.0	2,731	0.0	0.0
その他の教育活動外収入	4,270	0.3	0.1	170,847	3.1	3.2
教育活動外収入計	5,104	0.4	0.0	173,578	3.2	0.9
（教育活動外収支・支出の部）						
借入金等利息	19,531	1.3	0.8	80,887	1.5	3.3
その他の教育活動外支出	0	0.0	0.0	98,225	1.8	6.6
教育活動外支出計	19,531	1.3	0.5	179,112	3.3	4.6

（特別収支）（１０－１０）

（単位：千円）

区分	鹿児島県			沖縄県		
法人数	6 法人			16 法人		
科目	金額	構成比率(%)	趨勢構造比率	金額	構成比率(%)	趨勢構造比率
（特別収支・収入の部）						
資産売却差額	869	0.1	0.0	80,000	1.5	0.8
その他の特別収入	7,413	0.5	0.0	102,942	1.9	0.5
（うち寄付金）	7,413	0.5	1.3	0	0.0	0.0
（うち補助金）	0	0.0	0.0	0	0.0	0.0
特別収入計	8,282	0.6	0.0	182,942	3.3	0.6
（特別収支・支出の部）						
資産処分差額	788	0.1	0.0	261,644	4.8	3.3
その他の特別支出	72	0.0	0.0	46,368	0.8	0.8
特別支出計	860	0.1	0.0	308,012	5.6	2.2
基本金組入前当年度収支差額	48,617	3.4	0.1	195,439	3.6	0.4
経常収支差額	41,195	2.8	0.1	320,509	5.9	0.8
教育活動収支差額	55,622	3.8	0.2	326,043	6.0	1.3
教育活動外収支差額	-14,427	-1.0	-0.1	-5,534	-0.1	0.0
特別収支差額	7,422	0.5	0.0	-125,070	-2.3	-0.8
基本金組入額合計	-92,060	-6.4	0.1	-240,597	-4.4	0.4
当年度収支差額	-43,443	-3.0	0.5	-45,158	-0.8	0.5
前年度繰越収支差額	-1,413,141	-97.5	-0.6	2,490,509	45.5	1.0
基本金取崩額	138,873	9.6	0.5	2,460	0.0	0.0
翌年度繰越収支差額	-1,317,711	-90.9	-0.5	2,447,810	44.7	0.9

（参考）

事業活動収入計	1,449,055	100.0	0.3	5,478,116	100.0	1.1
事業活動支出計	1,400,438	96.6	0.3	5,282,677	96.4	1.1

（注）構造比率は専修学校法人合計を 100 としたものである。

５ ヵ 年 連 続 資 金 収 支 計 算 書
－専修学校法人－

（単位：千円）

区分	29年度			30年度			令和元年度			2年度			3年度		
法人数	777法人			791法人			763法人			768法人			765法人		
科目	金額	構成比率(%)	趨勢構造比率	金額	構成比率(%)	趨勢構造比率	金額	構成比率(%)	趨勢構造比率	金額	構成比率(%)	趨勢構造比率	金額	構成比率(%)	趨勢構造比率
（収入の部）															
学生生徒等納付金収入	388,949,608	26.3	100.0	401,609,394	27.0	103.3	383,790,314	24.5	98.7	377,703,567	26.4	97.1	381,850,803	25.0	98.2
授業料収入	261,465,689	17.7	100.0	272,025,421	18.3	104.0	260,728,992	16.6	99.7	253,292,913	17.7	96.9	254,622,967	16.7	97.4
入学金収入	24,628,148	1.7	100.0	23,823,522	1.6	96.7	22,897,627	1.5	93.0	22,552,405	1.6	91.6	22,276,098	1.5	90.4
施設設備資金収入	47,612,385	3.2	100.0	48,160,577	3.2	101.2	44,451,539	2.8	93.4	46,620,151	3.3	97.9	48,151,842	3.2	101.1
施設等利用給付費収入	—	***.*	***.*	—	***.*	***.*	—	***.*	***.*	0	0.0	***.*	0	0.0	***.*
施設型給付費収入	—	***.*	***.*	—	***.*	***.*	—	***.*	***.*	0	0.0	***.*	0	0.0	***.*
その他収入	55,243,386	3.7	100.0	57,599,874	3.9	104.3	55,712,155	3.6	100.8	55,238,097	3.9	100.0	56,799,897	3.7	102.8
手数料収入	4,052,269	0.3	100.0	4,344,095	0.3	107.2	4,184,965	0.3	103.3	3,714,353	0.3	91.7	3,470,381	0.2	85.6
入学検定料収入	2,663,829	0.2	100.0	2,899,279	0.2	108.8	2,837,115	0.2	106.5	2,460,153	0.2	92.4	2,186,067	0.1	82.1
その他収入	1,388,440	0.1	100.0	1,444,816	0.1	104.1	1,347,850	0.1	97.1	1,254,200	0.1	90.3	1,284,314	0.1	92.5
寄付金収入	4,778,113	0.3	100.0	4,982,365	0.3	104.3	11,339,006	0.7	237.3	5,158,382	0.4	108.0	3,865,972	0.3	80.9
補助金収入	9,107,017	0.6	100.0	8,889,128	0.6	97.6	8,602,427	0.5	94.5	20,025,875	1.4	219.9	21,657,084	1.4	237.8
国庫補助金収入	1,285,705	0.1	100.0	1,033,568	0.1	80.4	1,734,304	0.1	134.9	1,522,327	0.1	118.4	1,979,640	0.1	154.0
地方公共団体補助金収入	7,429,868	0.5	100.0	7,466,997	0.5	100.5	6,776,823	0.4	91.2	18,503,549	1.3	249.0	19,677,444	1.3	264.8
授業料等減免費負担金収入	—	***.*	***.*	—	***.*	***.*	—	***.*	***.*	10,777,333	0.8	***.*	12,123,009	0.8	***.*
その他地方公共団体補助金収入	—	***.*	***.*	—	***.*	***.*	—	***.*	***.*	7,726,216	0.5	***.*	7,554,435	0.5	***.*
施設型給付費収入	391,444	0.0	100.0	388,562	0.0	99.3	91,300	0.0	23.3	0	0.0	0.0	0	0.0	0.0
資産売却収入	156,931,232	10.6	100.0	160,652,961	10.8	102.4	141,456,351	9.0	90.1	129,073,775	9.0	82.2	122,247,614	8.0	77.9
付随事業・収益事業収入	53,961,260	3.6	100.0	57,996,887	3.9	107.5	57,180,968	3.6	106.0	51,400,662	3.6	95.3	51,730,350	3.4	95.9
施設等利用給付費収入	—	***.*	***.*	—	***.*	***.*	—	***.*	***.*	5,365	0.0	***.*	0	0.0	***.*
その他付随事業等収入	—	***.*	***.*	—	***.*	***.*	—	***.*	***.*	51,395,297	3.6	***.*	51,730,350	3.4	***.*
受取利息・配当金収入	12,354,014	0.8	100.0	11,531,084	0.8	93.3	11,284,621	0.7	91.3	11,900,375	0.8	96.3	15,642,127	1.0	126.6
雑収入	10,284,505	0.7	100.0	12,320,242	0.8	119.8	12,920,899	0.8	125.6	20,836,644	1.5	202.6	20,564,729	1.3	200.0
借入金等収入	81,610,511	5.5	100.0	69,180,829	4.7	84.8	50,322,484	3.2	61.7	54,976,733	3.8	67.4	40,094,069	2.6	49.1
長期借入金収入	50,684,857	3.4	100.0	43,300,950	2.9	85.4	29,525,238	1.9	58.3	40,007,513	2.8	78.9	25,592,221	1.7	50.5
短期借入金収入	30,715,409	2.1	100.0	25,082,446	1.7	81.7	20,515,052	1.3	66.8	14,599,980	1.0	47.5	14,454,417	0.9	47.1
学校債収入	210,245	0.0	100.0	797,432	0.1	379.3	282,193	0.0	134.2	369,240	0.0	175.6	47,432	0.0	22.6
計	722,028,528	48.8	100.0	731,506,984	49.2	101.3	681,082,035	43.4	94.3	674,790,367	47.1	93.5	661,123,131	43.3	91.6
前受金収入	235,596,467	15.9	100.0	240,436,028	16.2	102.1	226,035,848	14.4	95.9	222,465,805	15.5	94.4	216,708,662	14.2	92.0
その他の収入	221,085,709	14.9	100.0	187,807,683	12.6	84.9	324,445,170	20.7	146.8	161,341,384	11.3	73.0	265,039,797	17.4	119.9
資金収入調整勘定	-256,385,650	-17.3	100.0	-261,155,069	-17.6	101.9	-255,045,703	-16.3	99.5	-245,055,517	-17.1	95.6	-249,448,764	-16.3	97.3
前年度繰越支払資金	558,228,699	37.7	100.0	588,151,883	39.6	105.4	591,684,345	37.7	106.0	617,619,402	43.2	110.6	634,028,619	41.5	113.6
収入の部合計	1,480,553,753	100.0	100.0	1,486,747,509	100.0	100.4	1,568,201,695	100.0	105.9	1,431,161,441	100.0	96.7	1,527,451,445	100.0	103.2

（注）趨勢は２９年度を 100 としたものである。

５ヵ年連続資金収支計算書
－専修学校法人－

（単位：千円）

区分	29年度			30年度			令和元年度			2年度			3年度		
法人数	777 法人			791 法人			763 法人			768 法人			765 法人		
科目	金額	構成比率(%)	趨勢構造比率	金額	構成比率(%)	趨勢構造比率	金額	構成比率(%)	趨勢構造比率	金額	構成比率(%)	趨勢構造比率	金額	構成比率(%)	趨勢構造比率
（支出の部）															
人件費支出	205,479,546	13.9	100.0	211,336,673	14.2	102.9	203,671,156	13.0	99.1	202,956,625	14.2	98.8	201,507,400	13.2	98.1
教員人件費支出	129,761,280	8.8	100.0	133,646,045	9.0	103.0	126,155,108	8.0	97.2	125,488,312	8.8	96.7	121,702,459	8.0	93.8
本務教員	107,194,950	7.2	100.0	110,437,880	7.4	103.0	104,806,946	6.7	97.8	105,192,492	7.4	98.1	101,945,696	6.7	95.1
（うち所定福利費）	11,599,870	0.8	100.0	12,350,076	0.8	106.5	11,990,736	0.8	103.4	12,117,433	0.8	104.5	11,781,179	0.8	101.6
兼務教員	22,566,330	1.5	100.0	23,208,165	1.6	102.8	21,348,161	1.4	94.6	20,295,820	1.4	89.9	19,756,763	1.3	87.5
職員人件費支出	62,749,955	4.2	100.0	64,534,709	4.3	102.8	62,997,315	4.0	100.4	64,472,197	4.5	102.7	65,281,228	4.3	104.0
本務職員	59,746,019	4.0	100.0	61,755,695	4.2	103.4	60,259,110	3.8	100.9	61,755,879	4.3	103.4	62,636,043	4.1	104.8
（うち所定福利費）	6,742,941	0.5	100.0	7,157,430	0.5	106.1	6,877,351	0.4	102.0	7,055,766	0.5	104.6	7,215,636	0.5	107.0
兼務職員	3,003,936	0.2	100.0	2,779,014	0.2	92.5	2,738,205	0.2	91.2	2,716,318	0.2	90.4	2,645,185	0.2	88.1
役員報酬支出	5,405,328	0.4	100.0	5,322,275	0.4	98.5	5,063,504	0.3	93.7	5,458,680	0.4	101.0	5,513,707	0.4	102.0
退職金支出	5,059,138	0.3	100.0	5,498,890	0.4	108.7	6,697,641	0.4	132.4	5,606,039	0.4	110.8	7,007,183	0.5	138.5
その他支出	2,503,845	0.2	100.0	2,334,753	0.2	93.2	2,757,589	0.2	110.1	1,931,398	0.1	77.1	2,002,824	0.1	80.0
教育研究（管理）経費支出	193,908,692	13.1	100.0	201,538,190	13.6	103.9	195,714,230	12.5	100.9	194,149,492	13.6	100.1	200,182,183	13.1	103.2
借入金等利息支出	3,423,069	0.2	100.0	4,051,910	0.3	118.4	2,858,726	0.2	83.5	2,704,261	0.2	79.0	2,436,084	0.2	71.2
借入金等返済支出	66,805,122	4.5	100.0	71,350,414	4.8	106.8	64,772,016	4.1	97.0	52,082,519	3.6	78.0	45,096,644	3.0	67.5
施設関係支出	60,603,503	4.1	100.0	54,046,526	3.6	89.2	49,473,014	3.2	81.6	53,927,388	3.8	89.0	47,139,017	3.1	77.8
土地支出	13,694,098	0.9	100.0	16,392,161	1.1	119.7	10,039,923	0.6	73.3	18,477,298	1.3	134.9	15,671,053	1.0	114.4
建物支出	31,897,469	2.2	100.0	24,618,622	1.7	77.2	25,829,729	1.6	81.0	27,665,701	1.9	86.7	24,592,043	1.6	77.1
構築物支出	1,075,306	0.1	100.0	637,573	0.0	59.3	1,169,631	0.1	108.8	989,856	0.1	92.1	635,430	0.0	59.1
その他支出	13,936,630	0.9	100.0	12,398,171	0.8	89.0	12,433,731	0.8	89.2	6,794,532	0.5	48.8	6,240,491	0.4	44.8
設備関係支出	12,328,912	0.8	100.0	13,646,001	0.9	110.7	15,918,071	1.0	129.1	15,661,067	1.1	127.0	13,812,899	0.9	112.0
教育研究用機器備品支出	7,948,246	0.5	100.0	7,610,459	0.5	95.8	9,038,984	0.6	113.7	9,030,847	0.6	113.6	8,097,669	0.5	101.9
図書支出	275,370	0.0	100.0	274,596	0.0	99.7	300,843	0.0	109.3	240,547	0.0	87.4	169,857	0.0	61.7
その他支出	4,105,296	0.3	100.0	5,760,946	0.4	140.3	6,578,244	0.4	160.2	6,389,673	0.4	155.6	5,545,373	0.4	135.1
計	542,548,843	36.6	100.0	555,969,715	37.4	102.5	532,407,214	34.0	98.1	521,481,352	36.4	96.1	510,174,227	33.4	94.0
資産運用支出	200,424,647	13.5	100.0	163,542,995	11.0	81.6	124,094,670	7.9	61.9	115,885,924	8.1	57.8	128,468,771	8.4	64.1
その他の支出	200,375,357	13.5	100.0	198,871,633	13.4	99.2	347,287,318	22.1	173.3	183,316,424	12.8	91.5	276,477,958	18.1	138.0
資金支出調整勘定	-42,274,414	-2.9	100.0	-42,926,290	-2.9	101.5	-50,245,603	-3.2	118.9	-42,224,671	-3.0	99.9	-51,833,308	-3.4	122.6
翌年度繰越支払資金	579,491,848	39.1	100.0	611,289,457	41.1	105.5	614,658,095	39.2	106.1	652,702,412	45.6	112.6	664,163,798	43.5	114.6
支出の部合計	1,480,566,280	100.0	100.0	1,486,747,509	100.0	100.4	1,568,201,695	100.0	105.9	1,431,161,441	100.0	96.7	1,527,451,445	100.0	103.2
収支差額（その他法人・個人のみ）	-12,527		100.0	0		0.0	0		0.0	0		0.0	0		0.0

（注）趨勢は２９年度を100としたものである。

５ヵ年連続財務比率表
－専修学校法人－

分類		比率	算式（×100）	２９年度	３０年度	令和元年度	２年度	３年度
法人数				777	791	763	768	765
事業活動収支計算書	1	人件費比率	人件費 / 経常収入	% 42.8	% 42.0	% 42.3	% 42.5	% 41.2
	2	人件費依存率	人件費 / 学生生徒等納付金	52.8	52.7	53.0	53.8	52.6
	3	教育研究（管理）経費比率	教育研究（管理）経費 / 経常収入	48.9	48.3	48.7	49.2	49.8
	4	借入金等利息比率	借入金等利息 / 経常収入	0.7	0.7	0.6	0.6	0.5
	5	事業活動収支差額比率	基本金組入前当年度収支差額 / 事業活動収入	6.5	9.3	10.7	10.5	10.7
	6	基本金組入後収支比率	事業活動支出 / 事業活動収入－基本金組入額	104.2	100.6	107.3	107.4	102.1
	7	学生生徒等納付金比率	学生生徒等納付金 / 経常収入	81.1	79.7	79.7	79.0	78.3
	8	寄付金比率	寄付金 / 事業活動収入	1.0	1.7	2.4	1.6	0.9
	8-2	経常寄付金比率	教育活動収支の寄付金 / 経常収入	0.9	1.7	1.4	1.0	0.8
	9	補助金比率	補助金 / 事業活動収入	1.8	1.7	1.7	3.8	4.2
	9-2	経常補助金比率	経常費等補助金 / 経常収入	1.7	1.6	1.5	3.9	4.3
	10	基本金組入率	基本金組入額 / 事業活動収入	10.3	9.9	16.8	16.6	12.5
	11	減価償却額比率	減価償却額 / 経常支出	9.0	9.2	8.9	9.4	9.5
	12	経常収支差額比率	経常収支差額 / 経常収入	5.9	8.6	7.9	7.1	8.1
	13	教育活動収支差額比率	教育活動収支差額 / 教育活動収入計	4.5	6.5	5.7	4.8	5.2

（注）1. 寄付金 ＝ 教育活動収支の寄付金 ＋ 特別収支の寄付金
2. 補助金 ＝ 経常費等補助金 ＋ 特別収支の補助金
3. 運用資産 ＝ 現金預金 ＋ 特定資産 ＋ 有価証券（固定・流動）
4. 外部負債 ＝ 借入金 ＋ 学校債 ＋ 未払金 ＋ 手形債務
5. 運用資産余裕比率の単位は（年）である。

分類		比率	算式（×100）	２９年度	３０年度	令和元年度	２年度	３年度
法人数				777	791	763	768	765
貸借対照表	14	固定資産構成比率	固定資産 / 総資産	% 74.9	% 74.4	% 77.2	% 76.0	% 72.8
	15	有形固定資産構成比率	有形固定資産 / 総資産	53.9	53.1	52.6	52.5	52.0
	16	特定資産構成比率	特定資産 / 総資産	4.8	5.0	5.3	4.9	4.8
	17	流動資産構成比率	流動資産 / 総資産	25.1	25.6	22.8	24.0	27.2
	18	固定負債構成比率	固定負債 / 総負債＋純資産	8.0	8.0	7.7	7.7	7.0
	19	流動負債構成比率	流動負債 / 総負債＋純資産	10.9	10.7	10.3	10.0	9.6
	20	内部留保資産比率	運用資産－総負債 / 総資産	16.8	17.9	18.8	19.1	20.7
	21	運用資産余裕比率	運用資産－外部負債 / 経常支出	1.8	1.9	2.0	2.1	2.1
	22	純資産構成比率	純資産 / 総負債＋純資産	81.2	81.4	82.0	82.3	83.4
	23	繰越収支差額構成比率	繰越収支差額 / 総負債＋純資産	7.9	8.2	8.1	8.1	8.5
	24	固定比率	固定資産 / 純資産	92.3	91.5	94.2	92.4	87.3
	25	固定長期適合率	固定資産 / 純資産＋固定負債	84.0	83.3	86.1	84.4	80.6
	26	流動比率	流動資産 / 流動負債	230.9	239.8	221.5	240.4	282.6
	27	総負債比率	総負債 / 総資産	18.8	18.6	18.0	17.7	16.6
	28	負債比率	総負債 / 純資産	23.2	22.9	22.0	21.5	19.9
	29	前受金保有率	現金、預金 / 前受金	250.9	256.6	275.1	287.8	309.6
	30	退職給与引当特定資産保有率	退職給与引当特定資産 / 退職給与引当金	49.3	47.2	49.5	50.1	49.1

令和3年度財務比率表（都道府県別）
ー専修学校法人ー

（１０－１）

分類		比率	算式（×100）	合計	北海道	青森県	岩手県	宮城県
		法人数		765	31	7	4	14
事業活動収支計算書	1	人件費比率	人件費 / 経常収入	% 41.2	% 45.8	% 55.5	% 45.9	% 43.1
	2	人件費依存率	人件費 / 学生生徒等納付金	52.6	59.1	68.0	58.6	54.4
	3	教育研究（管理）経費比率	教育研究（管理）経費 / 経常収入	49.8	45.4	44.4	42.7	46.3
	4	借入金等利息比率	借入金等利息 / 経常収入	0.5	0.3	0.3	0.4	0.2
	5	事業活動収支差額比率	基本金組入前当年度収支差額 / 事業活動収入	10.7	5.1	12.3	11.1	3.0
	6	基本金組入後収支比率	事業活動支出 / 事業活動収入－基本金組入額	102.1	99.0	106.5	90.4	106.7
	7	学生生徒等納付金比率	学生生徒等納付金 / 経常収入	78.3	77.5	81.6	78.4	79.3
	8	寄付金比率	寄付金 / 事業活動収入	0.9	2.2	14.3	0.1	0.4
	8-2	経常寄付金比率	教育活動収支の寄付金 / 経常収入	0.8	2.2	0.5	0.1	0.4
	9	補助金比率	補助金 / 事業活動収入	4.2	9.0	8.3	7.7	4.4
	9-2	経常補助金比率	経常費等補助金 / 経常収入	4.3	8.9	9.7	7.7	4.4
	10	基本金組入率	基本金組入額 / 事業活動収入	12.5	4.1	17.6	1.7	9.1
	11	減価償却額比率	減価償却額 / 経常支出	9.5	9.1	7.6	9.5	9.7
	12	経常収支差額比率	経常収支差額 / 経常収入	8.1	5.2	-1.9	11.0	10.4
	13	教育活動収支差額比率	教育活動収支差額 / 教育活動収入計	5.2	3.7	-2.1	6.6	6.6

（注）1. 寄付金 ＝ 教育活動収支の寄付金 ＋ 特別収支の寄付金
2. 補助金 ＝ 経常費等補助金 ＋ 特別収支の補助金
3. 運用資産 ＝ 現金預金 ＋ 特定資産 ＋ 有価証券（固定・流動）
4. 外部負債 ＝ 借入金 ＋ 学校債 ＋ 未払金 ＋ 手形債務
5. 運用資産余裕比率の単位は（年）である。

分類		比率	算式（×100）	合計	北海道	青森県	岩手県	宮城県
		法人数		765	31	7	4	14
貸借対照表	14	固定資産構成比率	固定資産 / 総資産	% 72.8	% 68.1	% 68.0	% 84.2	% 77.6
	15	有形固定資産構成比率	有形固定資産 / 総資産	52.0	57.7	60.7	69.6	55.8
	16	特定資産構成比率	特定資産 / 総資産	4.8	3.9	1.8	0.0	9.1
	17	流動資産構成比率	流動資産 / 総資産	27.2	31.9	32.0	15.8	22.4
	18	固定負債構成比率	固定負債 / 総負債＋純資産	7.0	6.7	4.3	11.7	3.7
	19	流動負債構成比率	流動負債 / 総負債＋純資産	9.6	10.9	6.5	10.4	7.8
	20	内部留保資産比率	運用資産－総負債 / 総資産	20.7	22.6	24.1	-8.2	22.5
	21	運用資産余裕比率	運用資産－外部負債 / 経常支出	2.1	2.1	2.2	0.3	2.1
	22	純資産構成比率	純資産 / 総負債＋純資産	83.4	82.4	89.2	78.0	88.5
	23	繰越収支差額構成比率	繰越収支差額 / 総負債＋純資産	8.5	-6.5	13.1	-13.1	11.0
	24	固定比率	固定資産 / 純資産	87.3	82.7	76.3	107.9	87.7
	25	固定長期適合率	固定資産 / 純資産＋固定負債	80.6	76.5	72.8	93.9	84.2
	26	流動比率	流動資産 / 流動負債	282.6	292.5	490.8	152.9	285.1
	27	総負債比率	総負債 / 総資産	16.6	17.6	10.8	22.0	11.5
	28	負債比率	総負債 / 純資産	19.9	21.4	12.1	28.2	13.0
	29	前受金保有率	現金預金 / 前受金	309.6	410.3	527.6	153.9	314.2
	30	退職給与引当特定資産保有率	退職給与引当特定資産 / 退職給与引当金	49.1	49.8	100.0	0.0	78.5

令和3年度財務比率表（都道府県別）
－専修学校法人－

（10－2）

分類	比率	算式（×100）	秋田県	山形県	福島県	茨城県	栃木県
法人数			3	4	10	19	14
事業活動収支計算書	1 人件費比率	人件費 / 経常収入	43.3%	57.6%	56.2%	42.9%	44.6%
	2 人件費依存率	人件費 / 学生生徒等納付金	60.5	91.3	66.3	51.3	65.2
	3 教育研究（管理）経費比率	教育研究（管理）経費 / 経常収入	51.7	42.3	48.0	40.6	37.1
	4 借入金等利息比率	借入金等利息 / 経常収入	0.2	0.1	0.8	0.6	0.4
	5 事業活動収支差額比率	基本金組入前当年度収支差額 / 事業活動収入	6.0	0.6	-14.6	-11.2	17.6
	6 基本金組入後収支比率	事業活動支出 / 事業活動収入－基本金組入額	98.4	104.0	149.3	131.8	84.9
	7 学生生徒等納付金比率	学生生徒等納付金 / 経常収入	71.6	63.1	84.9	83.6	68.4
	8 寄付金比率	寄付金 / 事業活動収入	0.1	1.4	0.1	1.1	3.4
	8-2 経常寄付金比率	教育活動収支の寄付金 / 経常収入	0.1	1.4	0.1	1.1	1.8
	9 補助金比率	補助金 / 事業活動収入	17.7	18.5	9.2	6.1	3.6
	9-2 経常補助金比率	経常費等補助金 / 経常収入	18.0	18.6	9.2	5.8	3.6
	10 基本金組入率	基本金組入額 / 事業活動収入	4.5	4.4	23.3	15.7	2.9
	11 減価償却額比率	減価償却額 / 経常支出	6.3	8.6	8.0	10.0	11.6
	12 経常収支差額比率	経常収支差額 / 経常収入	4.8	-0.1	-5.1	15.2	16.6
	13 教育活動収支差額比率	教育活動収支差額 / 教育活動収入計	4.1	-1.3	-4.5	15.1	16.6

分類	比率	算式（×100）	秋田県	山形県	福島県	茨城県	栃木県
法人数			3	4	10	19	14
貸借対照表	14 固定資産構成比率	固定資産 / 総資産	63.7%	74.6%	80.5%	71.1%	57.8%
	15 有形固定資産構成比率	有形固定資産 / 総資産	57.8	72.6	70.0	54.1	55.2
	16 特定資産構成比率	特定資産 / 総資産	0.0	1.9	2.5	8.8	0.2
	17 流動資産構成比率	流動資産 / 総資産	36.3	25.4	19.5	28.9	42.2
	18 固定負債構成比率	固定負債 / 総負債＋純資産	8.9	4.1	8.8	7.7	6.0
	19 流動負債構成比率	流動負債 / 総負債＋純資産	22.4	7.4	22.2	18.0	10.8
	20 内部留保資産比率	運用資産－総負債 / 総資産	8.8	15.3	-11.6	16.3	25.9
	21 運用資産余裕比率	運用資産－外部負債 / 経常支出	0.6	1.2	0.1	1.7	2.2
	22 純資産構成比率	純資産 / 総負債＋純資産	68.8	88.6	69.0	74.3	83.1
	23 繰越収支差額構成比率	繰越収支差額 / 総負債＋純資産	-75.3	6.7	-42.8	-3.5	17.2
	24 固定比率	固定資産 / 純資産	92.6	84.3	116.6	95.7	69.5
	25 固定長期適合率	固定資産 / 純資産＋固定負債	82.0	80.6	103.5	86.6	64.8
	26 流動比率	流動資産 / 流動負債	162.3	343.9	87.8	161.0	389.3
	27 総負債比率	総負債 / 総資産	31.2	11.4	31.0	25.7	16.9
	28 負債比率	総負債 / 純資産	45.5	12.9	44.9	34.6	20.3
	29 前受金保有率	現金預金 / 前受金	217.7	504.1	122.5	199.1	506.2
	30 退職給与引当特定資産保有率	退職給与引当特定資産 / 退職給与引当金	0.0	95.5	20.6	118.9	4.5

（注）1. 寄付金 ＝ 教育活動収支の寄付金 ＋ 特別収支の寄付金
2. 補助金 ＝ 経常費等補助金 ＋ 特別収支の補助金
3. 運用資産 ＝ 現金預金 ＋ 特定資産 ＋ 有価証券（固定・流動）
4. 外部負債 ＝ 借入金 ＋ 学校債 ＋ 未払金 ＋ 手形債務
5. 運用資産余裕比率の単位は（年）である。

令和３年度財務比率表（都道府県別）
－専修学校法人－

（１０－３）

分類		比率	算式（×100）	群馬県	埼玉県	千葉県	東京都	神奈川県
		法人数		20	29	19	132	32
事業活動収支計算書	1	人件費比率	人件費 / 経常収入	% 43.2	% 42.1	% 44.4	% 36.0	% 50.7
	2	人件費依存率	人件費 / 学生生徒等納付金	49.5	59.2	49.8	45.8	68.0
	3	教育研究（管理）経費比率	教育研究（管理）経費 / 経常収入	45.9	42.4	39.3	54.5	43.0
	4	借入金等利息比率	借入金等利息 / 経常収入	0.3	0.1	0.2	0.7	0.6
	5	事業活動収支差額比率	基本金組入前当年度収支差額 / 事業活動収入	8.8	15.7	21.4	10.5	10.7
	6	基本金組入後収支比率	事業活動支出 / 事業活動収入－基本金組入額	95.7	89.5	97.6	104.7	112.6
	7	学生生徒等納付金比率	学生生徒等納付金 / 経常収入	87.4	71.1	89.1	78.7	74.6
	8	寄付金比率	寄付金 / 事業活動収入	0.4	1.7	0.1	0.6	2.2
	8-2	経常寄付金比率	教育活動収支の寄付金 / 経常収入	0.1	0.8	0.1	0.6	2.4
	9	補助金比率	補助金 / 事業活動収入	5.6	2.6	3.9	3.0	7.4
	9-2	経常補助金比率	経常費等補助金 / 経常収入	5.5	2.6	4.3	3.0	7.7
	10	基本金組入率	基本金組入額 / 事業活動収入	4.8	5.9	19.4	14.5	20.6
	11	減価償却額比率	減価償却額 / 経常支出	9.4	7.1	8.4	10.4	10.0
	12	経常収支差額比率	経常収支差額 / 経常収入	10.3	15.0	15.1	8.5	5.4
	13	教育活動収支差額比率	教育活動収支差額 / 教育活動収入計	9.7	14.7	15.0	2.5	1.3

分類		比率	算式（×100）	群馬県	埼玉県	千葉県	東京都	神奈川県
		法人数		20	29	19	132	32
貸借対照表	14	固定資産構成比率	固定資産 / 総資産	% 59.2	% 56.6	% 73.6	% 76.3	% 73.7
	15	有形固定資産構成比率	有形固定資産 / 総資産	53.2	45.7	68.3	50.1	56.2
	16	特定資産構成比率	特定資産 / 総資産	0.7	0.9	1.2	2.7	1.4
	17	流動資産構成比率	流動資産 / 総資産	40.8	43.4	26.4	23.7	26.3
	18	固定負債構成比率	固定負債 / 総負債＋純資産	7.2	4.4	6.4	6.5	7.9
	19	流動負債構成比率	流動負債 / 総負債＋純資産	16.2	12.0	12.8	6.9	9.8
	20	内部留保資産比率	運用資産－総負債 / 総資産	13.5	27.7	8.6	21.1	11.3
	21	運用資産余裕比率	運用資産－外部負債 / 経常支出	1.5	1.7	1.0	2.9	1.3
	22	純資産構成比率	純資産 / 総負債＋純資産	76.6	83.7	80.8	86.5	82.3
	23	繰越収支差額構成比率	繰越収支差額 / 総負債＋純資産	0.0	15.7	-20.4	11.6	8.0
	24	固定比率	固定資産 / 純資産	77.3	67.6	91.0	88.2	89.5
	25	固定長期適合率	固定資産 / 純資産＋固定負債	70.7	64.3	84.3	82.0	81.7
	26	流動比率	流動資産 / 流動負債	250.9	363.2	207.2	342.4	268.7
	27	総負債比率	総負債 / 総資産	23.4	16.3	19.2	13.5	17.7
	28	負債比率	総負債 / 純資産	30.6	19.5	23.8	15.5	21.5
	29	前受金保有率	現金預金 / 前受金	298.4	390.6	290.6	286.3	310.1
	30	退職給与引当特定資産保有率	退職給与引当特定資産 / 退職給与引当金	115.4	79.5	48.5	34.4	88.1

（注）1. 寄付金 ＝ 教育活動収支の寄付金 ＋ 特別収支の寄付金
2. 補助金 ＝ 経常費等補助金 ＋ 特別収支の補助金
3. 運用資産 ＝ 現金預金 ＋ 特定資産 ＋ 有価証券（固定・流動）
4. 外部負債 ＝ 借入金 ＋ 学校債 ＋ 未払金 ＋ 手形債務
5. 運用資産余裕比率の単位は（年）である。

令　和　３　年　度　財　務　比　率　表（都道府県別）
－専修学校法人－

（１０－４）

分類		比率	算式（×100）	新潟県	富山県	石川県	福井県	山梨県
		法人数		12	5	13	3	3
事業活動収支計算書	1	人件費比率	人件費 / 経常収入	% 46.9	% 47.3	% 46.3	% 62.5	% 61.5
	2	人件費依存率	人件費 / 学生生徒等納付金	61.7	66.2	53.4	84.5	77.0
	3	教育研究（管理）経費比率	教育研究（管理）経費 / 経常収入	48.3	47.9	47.6	56.1	22.8
	4	借入金等利息比率	借入金等利息 / 経常収入	1.0	0.6	0.7	1.0	0.0
	5	事業活動収支差額比率	基本金組入前当年度収支差額 / 事業活動収入	3.5	1.5	5.2	-23.2	15.6
	6	基本金組入後収支比率	事業活動支出 / 事業活動収入－基本金組入額	104.0	103.6	101.6	123.7	87.0
	7	学生生徒等納付金比率	学生生徒等納付金 / 経常収入	76.1	71.5	86.7	73.9	79.9
	8	寄付金比率	寄付金 / 事業活動収入	2.7	5.0	0.1	1.5	0.0
	8-2	経常寄付金比率	教育活動収支の寄付金 / 経常収入	2.7	5.0	0.1	1.5	0.0
	9	補助金比率	補助金 / 事業活動収入	6.5	9.8	6.0	4.8	17.7
	9-2	経常補助金比率	経常費等補助金 / 経常収入	6.4	9.8	6.0	4.8	17.7
	10	基本金組入率	基本金組入額 / 事業活動収入	7.3	5.0	6.7	0.4	3.0
	11	減価償却額比率	減価償却額 / 経常支出	10.5	16.3	10.9	12.2	6.7
	12	経常収支差額比率	経常収支差額 / 経常収入	3.5	1.5	5.3	-23.2	15.6
	13	教育活動収支差額比率	教育活動収支差額 / 教育活動収入計	4.4	-1.1	5.9	-20.7	15.3

分類		比率	算式（×100）	新潟県	富山県	石川県	福井県	山梨県
		法人数		12	5	13	3	3
貸借対照表	14	固定資産構成比率	固定資産 / 総資産	% 66.1	% 65.2	% 70.3	% 74.8	% 76.2
	15	有形固定資産構成比率	有形固定資産 / 総資産	48.2	57.7	60.9	54.9	32.8
	16	特定資産構成比率	特定資産 / 総資産	8.4	7.4	4.6	18.2	34.1
	17	流動資産構成比率	流動資産 / 総資産	33.9	34.8	29.7	25.2	23.8
	18	固定負債構成比率	固定負債 / 総負債＋純資産	9.8	7.4	10.8	11.4	5.4
	19	流動負債構成比率	流動負債 / 総負債＋純資産	14.0	6.4	12.5	11.6	15.7
	20	内部留保資産比率	運用資産－総負債 / 総資産	23.0	27.3	9.9	20.0	43.4
	21	運用資産余裕比率	運用資産－外部負債 / 経常支出	2.1	2.6	1.3	2.1	2.4
	22	純資産構成比率	純資産 / 総負債＋純資産	76.1	86.2	76.7	77.0	78.9
	23	繰越収支差額構成比率	繰越収支差額 / 総負債＋純資産	19.3	17.0	-12.5	-28.1	-12.6
	24	固定比率	固定資産 / 純資産	86.9	75.6	91.7	97.1	96.6
	25	固定長期適合率	固定資産 / 純資産＋固定負債	76.9	69.6	80.4	84.5	90.4
	26	流動比率	流動資産 / 流動負債	241.1	545.2	237.0	218.2	151.4
	27	総負債比率	総負債 / 総資産	23.9	13.8	23.3	23.0	21.1
	28	負債比率	総負債 / 純資産	31.3	16.0	30.4	29.8	26.7
	29	前受金保有率	現金預金 / 前受金	403.8	304.8	266.0	586.0	144.6
	30	退職給与引当特定資産保有率	退職給与引当特定資産 / 退職給与引当金	60.4	7.6	64.0	100.0	180.7

（注）1. 寄付金 ＝ 教育活動収支の寄付金 ＋ 特別収支の寄付金
2. 補助金 ＝ 経常費等補助金 ＋ 特別収支の補助金
3. 運用資産 ＝ 現金預金 ＋ 特定資産 ＋ 有価証券（固定・流動）
4. 外部負債 ＝ 借入金 ＋ 学校債 ＋ 未払金 ＋ 手形債務
5. 運用資産余裕比率の単位は（年）である。

令和３年度財務比率表（都道府県別）

－専修学校法人－

（１０－５）

分類		比率	算式（×100）	長野県	岐阜県	静岡県	愛知県	三重県
法人数				14	11	24	45	9
事業活動収支計算書	1	人件費比率	人件費 / 経常収入	% 43.8	% 54.9	% 48.1	% 46.4	% 47.6
	2	人件費依存率	人件費 / 学生生徒等納付金	56.4	69.0	60.3	71.5	70.2
	3	教育研究（管理）経費比率	教育研究（管理）経費 / 経常収入	38.2	42.1	42.8	55.7	45.8
	4	借入金等利息比率	借入金等利息 / 経常収入	0.3	0.3	0.5	0.1	0.5
	5	事業活動収支差額比率	基本金組入前当年度収支差額 / 事業活動収入	-1.3	5.6	5.3	2.2	6.7
	6	基本金組入後収支比率	事業活動支出 / 事業活動収入－基本金組入額	104.4	98.5	111.9	113.5	99.8
	7	学生生徒等納付金比率	学生生徒等納付金 / 経常収入	77.7	79.6	79.7	64.9	67.7
	8	寄付金比率	寄付金 / 事業活動収入	5.7	3.1	0.5	0.4	0.2
	8-2	経常寄付金比率	教育活動収支の寄付金 / 経常収入	5.7	3.2	0.4	0.4	0.2
	9	補助金比率	補助金 / 事業活動収入	5.1	8.5	5.8	1.7	2.5
	9-2	経常補助金比率	経常費等補助金 / 経常収入	5.1	8.7	5.8	1.8	2.5
	10	基本金組入率	基本金組入額 / 事業活動収入	3.1	4.2	15.4	13.8	6.6
	11	減価償却額比率	減価償却額 / 経常支出	8.1	7.4	9.5	11.0	5.6
	12	経常収支差額比率	経常収支差額 / 経常収入	15.9	2.3	8.5	-2.2	6.2
	13	教育活動収支差額比率	教育活動収支差額 / 教育活動収入計	16.2	0.0	5.3	-4.4	6.3

分類		比率	算式（×100）	長野県	岐阜県	静岡県	愛知県	三重県
法人数				14	11	24	45	9
貸借対照表	14	固定資産構成比率	固定資産 / 総資産	% 67.6	% 64.9	% 79.0	% 80.2	% 65.4
	15	有形固定資産構成比率	有形固定資産 / 総資産	65.4	56.1	45.9	54.0	57.5
	16	特定資産構成比率	特定資産 / 総資産	0.5	8.2	13.7	17.7	3.5
	17	流動資産構成比率	流動資産 / 総資産	32.4	35.1	21.0	19.8	34.6
	18	固定負債構成比率	固定負債 / 総負債＋純資産	17.3	15.6	4.1	5.0	10.7
	19	流動負債構成比率	流動負債 / 総負債＋純資産	18.3	8.1	10.0	8.1	18.0
	20	内部留保資産比率	運用資産－総負債 / 総資産	-3.8	18.7	24.9	24.5	7.3
	21	運用資産余裕比率	運用資産－外部負債 / 経常支出	0.5	1.4	2.1	1.6	0.6
	22	純資産構成比率	純資産 / 総負債＋純資産	64.4	76.3	85.9	86.9	71.3
	23	繰越収支差額構成比率	繰越収支差額 / 総負債＋純資産	-15.3	-15.2	8.4	-3.8	7.3
	24	固定比率	固定資産 / 純資産	104.9	85.1	92.0	92.4	91.8
	25	固定長期適合率	固定資産 / 純資産＋固定負債	82.7	70.6	87.8	87.3	79.8
	26	流動比率	流動資産 / 流動負債	177.1	433.0	210.0	244.6	192.2
	27	総負債比率	総負債 / 総資産	35.6	23.7	14.1	13.1	28.7
	28	負債比率	総負債 / 純資産	55.2	31.1	16.4	15.1	40.3
	29	前受金保有率	現金預金 / 前受金	195.4	694.5	323.4	280.2	315.8
	30	退職給与引当特定資産保有率	退職給与引当特定資産 / 退職給与引当金	40.3	16.7	83.1	78.7	93.9

（注）1. 寄付金 ＝ 教育活動収支の寄付金 ＋ 特別収支の寄付金
2. 補助金 ＝ 経常費等補助金 ＋ 特別収支の補助金
3. 運用資産 ＝ 現金預金 ＋ 特定資産 ＋ 有価証券（固定・流動）
4. 外部負債 ＝ 借入金 ＋ 学校債 ＋ 未払金 ＋ 手形債務
5. 運用資産余裕比率の単位は（年）である。

令 和 3 年 度 財 務 比 率 表（都道府県別）

ー 専 修 学 校 法 人 ー

（10－6）

分類		比率	算式（×100）	滋賀県	京都府	大阪府	兵庫県	奈良県
		法人数		4	16	46	32	5
事業活動収支計算書	1	人件費比率	人件費 / 経常収入	% 53.9	% 33.5	% 34.9	% 39.8	% 49.3
	2	人件費依存率	人件費 / 学生生徒等納付金	102.5	39.2	40.3	45.4	61.4
	3	教育研究（管理）経費比率	教育研究（管理）経費 / 経常収入	46.4	53.2	51.1	49.0	37.7
	4	借入金等利息比率	借入金等利息 / 経常収入	0.2	0.5	0.2	0.5	0.4
	5	事業活動収支差額比率	基本金組入前当年度収支差額 / 事業活動収入	-0.6	46.4	13.5	9.9	8.8
	6	基本金組入後収支比率	事業活動支出 / 事業活動収入－基本金組入額	106.8	96.0	92.7	97.4	91.2
	7	学生生徒等納付金比率	学生生徒等納付金 / 経常収入	52.6	85.5	86.7	87.5	80.2
	8	寄付金比率	寄付金 / 事業活動収入	20.0	1.1	0.3	0.3	0.1
	8-2	経常寄付金比率	教育活動収支の寄付金 / 経常収入	20.0	1.8	0.3	0.3	0.1
	9	補助金比率	補助金 / 事業活動収入	0.7	3.3	4.9	5.3	5.5
	9-2	経常補助金比率	経常費等補助金 / 経常収入	0.7	5.3	5.0	5.5	5.5
	10	基本金組入率	基本金組入額 / 事業活動収入	5.8	44.1	6.7	7.5	0.0
	11	減価償却額比率	減価償却額 / 経常支出	13.1	11.5	7.5	8.6	4.7
	12	経常収支差額比率	経常収支差額 / 経常収入	-0.6	12.9	13.4	10.5	8.8
	13	教育活動収支差額比率	教育活動収支差額 / 教育活動収入計	-1.1	12.0	10.9	10.5	5.5

分類		比率	算式（×100）	滋賀県	京都府	大阪府	兵庫県	奈良県
		法人数		4	16	46	32	5
貸借対照表	14	固定資産構成比率	固定資産 / 総資産	% 87.9	% 71.3	% 67.6	% 73.5	% 61.8
	15	有形固定資産構成比率	有形固定資産 / 総資産	82.6	57.9	50.0	63.6	57.4
	16	特定資産構成比率	特定資産 / 総資産	1.8	2.4	4.8	2.3	0.0
	17	流動資産構成比率	流動資産 / 総資産	12.1	28.7	32.4	26.5	38.2
	18	固定負債構成比率	固定負債 / 総負債＋純資産	24.4	12.8	3.8	6.7	5.5
	19	流動負債構成比率	流動負債 / 総負債＋純資産	8.7	18.3	13.5	13.4	14.6
	20	内部留保資産比率	運用資産－総負債 / 総資産	-18.4	6.6	28.4	12.8	17.6
	21	運用資産余裕比率	運用資産－外部負債 / 経常支出	-0.8	1.2	2.7	1.5	1.4
	22	純資産構成比率	純資産 / 総負債＋純資産	66.9	68.9	82.7	79.9	79.9
	23	繰越収支差額構成比率	繰越収支差額 / 総負債＋純資産	-34.0	1.7	14.8	1.6	73.2
	24	固定比率	固定資産 / 純資産	131.4	103.4	81.8	92.0	77.4
	25	固定長期適合率	固定資産 / 純資産＋固定負債	96.3	87.2	78.2	84.9	72.4
	26	流動比率	流動資産 / 流動負債	139.5	157.3	239.5	197.8	260.8
	27	総負債比率	総負債 / 総資産	33.1	31.1	17.3	20.1	20.1
	28	負債比率	総負債 / 純資産	49.4	45.1	20.9	25.1	25.2
	29	前受金保有率	現金預金 / 前受金	187.4	209.5	309.1	262.9	252.9
	30	退職給与引当特定資産保有率	退職給与引当特定資産 / 退職給与引当金	100.2	41.4	13.4	50.3	0.0

（注）1. 寄付金 ＝ 教育活動収支の寄付金 ＋ 特別収支の寄付金
2. 補助金 ＝ 経常費等補助金 ＋ 特別収支の補助金
3. 運用資産 ＝ 現金預金 ＋ 特定資産 ＋ 有価証券（固定・流動）
4. 外部負債 ＝ 借入金 ＋ 学校債 ＋ 未払金 ＋ 手形債務
5. 運用資産余裕比率の単位は（年）である。

令和３年度財務比率表（都道府県別）
－専修学校法人－

（１０－７）

分類		比率	算式（×100）	和歌山県	鳥取県	島根県	岡山県	広島県
		法人数		5	7	9	16	15
事業活動収支計算書	1	人件費比率	人件費 / 経常収入	% 67.8	% 55.9	% 44.7	% 47.2	% 48.8
	2	人件費依存率	人件費 / 学生生徒等納付金	83.8	71.0	64.1	55.6	61.3
	3	教育研究（管理）経費比率	教育研究（管理）経費 / 経常収入	52.2	42.9	48.3	43.0	41.1
	4	借入金等利息比率	借入金等利息 / 経常収入	1.0	0.2	1.5	0.9	1.5
	5	事業活動収支差額比率	基本金組入前当年度収支差額 / 事業活動収入	-20.9	0.6	5.7	8.0	8.7
	6	基本金組入後収支比率	事業活動支出 / 事業活動収入－基本金組入額	121.2	102.5	99.8	97.9	94.8
	7	学生生徒等納付金比率	学生生徒等納付金 / 経常収入	80.9	78.7	69.8	84.8	79.7
	8	寄付金比率	寄付金 / 事業活動収入	0.0	0.6	3.1	1.0	0.9
	8-2	経常寄付金比率	教育活動収支の寄付金 / 経常収入	0.0	0.6	3.3	1.0	0.9
	9	補助金比率	補助金 / 事業活動収入	3.9	6.3	12.9	5.8	5.2
	9-2	経常補助金比率	経常費等補助金 / 経常収入	3.9	5.6	12.7	5.8	5.2
	10	基本金組入率	基本金組入額 / 事業活動収入	0.2	3.1	5.5	6.1	3.7
	11	減価償却額比率	減価償却額 / 経常支出	7.8	5.6	9.8	10.1	8.9
	12	経常収支差額比率	経常収支差額 / 経常収入	-20.9	0.8	5.2	8.9	8.6
	13	教育活動収支差額比率	教育活動収支差額 / 教育活動収入計	-20.0	0.8	6.4	8.8	2.0

（注）1. 寄付金 ＝ 教育活動収支の寄付金 ＋ 特別収支の寄付金
2. 補助金 ＝ 経常費等補助金 ＋ 特別収支の補助金
3. 運用資産 ＝ 現金預金 ＋ 特定資産 ＋ 有価証券（固定・流動）
4. 外部負債 ＝ 借入金 ＋ 学校債 ＋ 未払金 ＋ 手形債務
5. 運用資産余裕比率の単位は（年）である。

分類		比率	算式（×100）	和歌山県	鳥取県	島根県	岡山県	広島県
		法人数		5	7	9	16	15
貸借対照表	14	固定資産構成比率	固定資産 / 総資産	% 71.9	% 68.5	% 82.3	% 76.5	% 60.7
	15	有形固定資産構成比率	有形固定資産 / 総資産	70.2	51.6	73.8	53.0	47.1
	16	特定資産構成比率	特定資産 / 総資産	0.9	0.7	5.5	6.1	1.2
	17	流動資産構成比率	流動資産 / 総資産	28.1	31.5	17.7	23.5	39.3
	18	固定負債構成比率	固定負債 / 総負債＋純資産	11.3	16.9	22.5	12.7	9.6
	19	流動負債構成比率	流動負債 / 総負債＋純資産	7.0	7.9	27.9	10.5	8.1
	20	内部留保資産比率	運用資産－総負債 / 総資産	10.0	16.3	-28.6	18.2	29.7
	21	運用資産余裕比率	運用資産－外部負債 / 経常支出	0.9	1.2	-0.8	1.7	4.1
	22	純資産構成比率	純資産 / 総負債＋純資産	81.8	75.1	49.6	76.8	82.3
	23	繰越収支差額構成比率	繰越収支差額 / 総負債＋純資産	-21.8	39.2	-66.7	15.1	33.7
	24	固定比率	固定資産 / 純資産	87.9	91.1	165.9	99.5	73.7
	25	固定長期適合率	固定資産 / 純資産＋固定負債	77.3	74.4	114.1	85.4	66.0
	26	流動比率	流動資産 / 流動負債	402.3	397.4	63.5	224.9	486.1
	27	総負債比率	総負債 / 総資産	18.2	24.9	50.4	23.2	17.7
	28	負債比率	総負債 / 純資産	22.3	33.1	101.7	30.1	21.5
	29	前受金保有率	現金預金 / 前受金	519.5	482.0	172.7	218.3	683.8
	30	退職給与引当特定資産保有率	退職給与引当特定資産 / 退職給与引当金	39.6	0.0	104.1	34.5	22.7

令和3年度財務比率表（都道府県別）
－専修学校法人－

（10－8）

分類	No.	比率	算式（×100）	山口県	徳島・香川県	愛媛県	高知県	福岡県
		法人数		6	6	7	8	39
事業活動収支計算書	1	人件費比率	人件費 / 経常収入	% 53.5	% 49.7	% 52.4	% 75.0	% 39.9
	2	人件費依存率	人件費 / 学生生徒等納付金	85.4	65.5	65.5	90.2	48.8
	3	教育研究（管理）経費比率	教育研究（管理）経費 / 経常収入	38.3	35.2	37.8	40.8	46.1
	4	借入金等利息比率	借入金等利息 / 経常収入	0.3	0.1	0.7	1.0	0.3
	5	事業活動収支差額比率	基本金組入前当年度収支差額 / 事業活動収入	2.8	16.5	8.8	-18.4	12.4
	6	基本金組入後収支比率	事業活動支出 / 事業活動収入－基本金組入額	98.7	99.3	102.5	124.7	92.7
	7	学生生徒等納付金比率	学生生徒等納付金 / 経常収入	62.6	75.8	80.0	83.2	81.8
	8	寄付金比率	寄付金 / 事業活動収入	0.9	0.0	0.2	0.3	1.6
	8-2	経常寄付金比率	教育活動収支の寄付金 / 経常収入	0.9	0.0	0.2	0.3	1.6
	9	補助金比率	補助金 / 事業活動収入	9.2	5.8	8.4	8.9	5.0
	9-2	経常補助金比率	経常費等補助金 / 経常収入	8.1	5.5	8.3	8.9	4.9
	10	基本金組入率	基本金組入額 / 事業活動収入	1.4	15.9	11.0	5.1	5.5
	11	減価償却額比率	減価償却額 / 経常支出	8.4	8.7	8.5	7.8	6.9
	12	経常収支差額比率	経常収支差額 / 経常収入	8.0	14.9	9.1	-16.9	13.3
	13	教育活動収支差額比率	教育活動収支差額 / 教育活動収入計	7.9	13.2	8.2	-16.5	10.6

分類	No.	比率	算式（×100）	山口県	徳島・香川県	愛媛県	高知県	福岡県
		法人数		6	6	7	8	39
貸借対照表	14	固定資産構成比率	固定資産 / 総資産	% 72.5	% 78.8	% 66.9	% 81.4	% 55.8
	15	有形固定資産構成比率	有形固定資産 / 総資産	70.4	42.9	60.0	75.1	43.2
	16	特定資産構成比率	特定資産 / 総資産	0.0	19.9	0.0	4.9	3.8
	17	流動資産構成比率	流動資産 / 総資産	27.5	21.2	33.1	18.6	44.2
	18	固定負債構成比率	固定負債 / 総負債＋純資産	11.5	5.9	21.4	16.6	8.5
	19	流動負債構成比率	流動負債 / 総負債＋純資産	23.6	6.8	11.9	8.4	12.9
	20	内部留保資産比率	運用資産－総負債 / 総資産	-12.3	37.2	1.9	-3.4	30.1
	21	運用資産余裕比率	運用資産－外部負債 / 経常支出	0.1	3.6	0.8	0.2	2.5
	22	純資産構成比率	純資産 / 総負債＋純資産	64.8	87.3	66.7	75.0	78.6
	23	繰越収支差額構成比率	繰越収支差額 / 総負債＋純資産	-32.6	13.0	11.1	9.5	14.5
	24	固定比率	固定資産 / 純資産	111.8	90.3	100.2	108.5	71.0
	25	固定長期適合率	固定資産 / 純資産＋固定負債	94.9	84.6	75.9	88.9	64.1
	26	流動比率	流動資産 / 流動負債	116.3	311.8	278.7	220.9	343.0
	27	総負債比率	総負債 / 総資産	35.2	12.7	33.3	25.0	21.4
	28	負債比率	総負債 / 純資産	54.2	14.5	49.9	33.3	27.1
	29	前受金保有率	現金預金 / 前受金	178.4	412.7	335.5	239.5	477.2
	30	退職給与引当特定資産保有率	退職給与引当特定資産 / 退職給与引当金	0.0	99.5	0.0	71.2	27.0

（注）1. 寄付金 ＝ 教育活動収支の寄付金 ＋ 特別収支の寄付金
2. 補助金 ＝ 経常費等補助金 ＋ 特別収支の補助金
3. 運用資産 ＝ 現金預金 ＋ 特定資産 ＋ 有価証券（固定・流動）
4. 外部負債 ＝ 借入金 ＋ 学校債 ＋ 未払金 ＋ 手形債務
5. 運用資産余裕比率の単位は（年）である。

令和3年度財務比率表（都道府県別）
－専修学校法人－

（10－9）

分類	No.	比率	算式（×100）	佐賀県	長崎県	熊本県	大分県	宮崎県
		法人数		11	5	16	5	8
事業活動収支計算書	1	人件費比率	人件費 / 経常収入	% 58.9	% 60.6	% 47.5	% 45.2	% 53.9
	2	人件費依存率	人件費 / 学生生徒等納付金	72.6	72.3	58.6	49.3	68.1
	3	教育研究（管理）経費比率	教育研究（管理）経費 / 経常収入	42.9	46.9	38.9	50.4	44.6
	4	借入金等利息比率	借入金等利息 / 経常収入	0.3	0.3	0.5	2.4	1.0
	5	事業活動収支差額比率	基本金組入前当年度収支差額 / 事業活動収入	-0.3	-15.3	9.4	1.3	0.1
	6	基本金組入後収支比率	事業活動支出 / 事業活動収入－基本金組入額	103.8	116.4	97.3	98.7	101.3
	7	学生生徒等納付金比率	学生生徒等納付金 / 経常収入	81.1	83.7	81.1	91.7	79.2
	8	寄付金比率	寄付金 / 事業活動収入	0.1	0.0	0.9	0.0	0.0
	8-2	経常寄付金比率	教育活動収支の寄付金 / 経常収入	0.1	0.0	0.9	0.0	0.0
	9	補助金比率	補助金 / 事業活動収入	12.9	5.5	6.1	1.7	7.6
	9-2	経常補助金比率	経常費等補助金 / 経常収入	11.0	5.5	6.1	1.7	7.6
	10	基本金組入率	基本金組入額 / 事業活動収入	3.3	0.9	6.9	0.0	1.4
	11	減価償却額比率	減価償却額 / 経常支出	7.4	5.0	6.4	8.5	7.2
	12	経常収支差額比率	経常収支差額 / 経常収入	-2.6	-7.8	8.5	1.9	0.1
	13	教育活動収支差額比率	教育活動収支差額 / 教育活動収入計	-3.1	-8.2	8.7	3.8	1.2

分類	No.	比率	算式（×100）	佐賀県	長崎県	熊本県	大分県	宮崎県
		法人数		11	5	16	5	8
貸借対照表	14	固定資産構成比率	固定資産 / 総資産	% 62.3	% 64.7	% 69.1	% 76.3	% 67.9
	15	有形固定資産構成比率	有形固定資産 / 総資産	55.2	52.0	59.7	74.5	66.3
	16	特定資産構成比率	特定資産 / 総資産	6.5	2.1	1.1	0.0	0.4
	17	流動資産構成比率	流動資産 / 総資産	37.7	35.3	30.9	23.7	32.1
	18	固定負債構成比率	固定負債 / 総負債＋純資産	11.1	4.8	9.9	30.9	26.2
	19	流動負債構成比率	流動負債 / 総負債＋純資産	13.5	27.3	12.7	22.3	26.8
	20	内部留保資産比率	運用資産－総負債 / 総資産	16.7	2.1	10.7	-30.7	-27.0
	21	運用資産余裕比率	運用資産－外部負債 / 経常支出	1.2	0.5	1.0	-0.5	-0.3
	22	純資産構成比率	純資産 / 総負債＋純資産	75.4	67.9	77.4	46.8	46.9
	23	繰越収支差額構成比率	繰越収支差額 / 総負債＋純資産	18.1	-6.4	-6.5	-28.4	7.0
	24	固定比率	固定資産 / 純資産	82.7	95.3	89.2	163.1	144.6
	25	固定長期適合率	固定資産 / 純資産＋固定負債	72.0	89.0	79.1	98.2	92.8
	26	流動比率	流動資産 / 流動負債	279.1	129.3	244.0	106.1	119.7
	27	総負債比率	総負債 / 総資産	24.6	32.1	22.6	53.2	53.1
	28	負債比率	総負債 / 純資産	32.7	47.4	29.2	113.6	113.1
	29	前受金保有率	現金預金 / 前受金	290.1	297.4	267.6	152.7	159.4
	30	退職給与引当特定資産保有率	退職給与引当特定資産 / 退職給与引当金	90.7	100.0	44.2	0.0	36.2

（注）1. 寄付金 ＝ 教育活動収支の寄付金 ＋ 特別収支の寄付金
2. 補助金 ＝ 経常費等補助金 ＋ 特別収支の補助金
3. 運用資産 ＝ 現金預金 ＋ 特定資産 ＋ 有価証券（固定・流動）
4. 外部負債 ＝ 借入金 ＋ 学校債 ＋ 未払金 ＋ 手形債務
5. 運用資産余裕比率の単位は（年）である。

令和３年度財務比率表（都道府県別）
ー専修学校法人ー

（１０－１０）

分類		比率	算式（×100）	鹿児島県	沖縄県
		法人数		6	16
事業活動収支計算書	1	人件費比率	人件費 / 経常収入	58.0%	44.5%
	2	人件費依存率	人件費 / 学生生徒等納付金	66.9	57.4
	3	教育研究（管理）経費比率	教育研究（管理）経費 / 経常収入	37.8	46.1
	4	借入金等利息比率	借入金等利息 / 経常収入	1.4	1.5
	5	事業活動収支差額比率	基本金組入前当年度収支差額 / 事業活動収入	3.4	3.6
	6	基本金組入後収支比率	事業活動支出 / 事業活動収入－基本金組入額	103.2	100.9
	7	学生生徒等納付金比率	学生生徒等納付金 / 経常収入	86.7	77.5
	8	寄付金比率	寄付金 / 事業活動収入	0.6	1.7
	8-2	経常寄付金比率	教育活動収支の寄付金 / 経常収入	0.1	1.8
	9	補助金比率	補助金 / 事業活動収入	6.7	11.7
	9-2	経常補助金比率	経常費等補助金 / 経常収入	6.7	12.1
	10	基本金組入率	基本金組入額 / 事業活動収入	6.4	4.4
	11	減価償却額比率	減価償却額 / 経常支出	8.9	6.5
	12	経常収支差額比率	経常収支差額 / 経常収入	2.9	6.1
	13	教育活動収支差額比率	教育活動収支差額 / 教育活動収入計	3.9	6.4

（注）1. 寄付金 ＝ 教育活動収支の寄付金 ＋ 特別収支の寄付金
2. 補助金 ＝ 経常費等補助金 ＋ 特別収支の補助金
3. 運用資産 ＝ 現金預金 ＋ 特定資産 ＋ 有価証券（固定・流動）
4. 外部負債 ＝ 借入金 ＋ 学校債 ＋ 未払金 ＋ 手形債務
5. 運用資産余裕比率の単位は（年）である。

分類		比率	算式（×100）	鹿児島県	沖縄県
		法人数		6	16
貸借対照表	14	固定資産構成比率	固定資産 / 総資産	74.0%	78.9%
	15	有形固定資産構成比率	有形固定資産 / 総資産	67.6	72.2
	16	特定資産構成比率	特定資産 / 総資産	0.1	3.0
	17	流動資産構成比率	流動資産 / 総資産	26.0	21.1
	18	固定負債構成比率	固定負債 / 総負債＋純資産	9.1	29.0
	19	流動負債構成比率	流動負債 / 総負債＋純資産	15.4	21.9
	20	内部留保資産比率	運用資産－総負債 / 総資産	0.4	-30.8
	21	運用資産余裕比率	運用資産－外部負債 / 経常支出	0.5	-0.4
	22	純資産構成比率	純資産 / 総負債＋純資産	75.5	49.1
	23	繰越収支差額構成比率	繰越収支差額 / 総負債＋純資産	-18.7	16.7
	24	固定比率	固定資産 / 純資産	98.0	160.8
	25	固定長期適合率	固定資産 / 純資産＋固定負債	87.4	101.1
	26	流動比率	流動資産 / 流動負債	169.2	96.2
	27	総負債比率	総負債 / 総資産	24.5	50.9
	28	負債比率	総負債 / 純資産	32.4	103.8
	29	前受金保有率	現金預金 / 前受金	275.5	102.1
	30	退職給与引当特定資産保有率	退職給与引当特定資産 / 退職給与引当金	201.5	105.3

2. 各種学校法人

■貸借対照表

■事業活動収支計算書

■資金収支計算書

■財務比率表

5 ヵ 年 連 続 貸 借 対 照 表
― 各種学校法人 ―

(資産の部)

(単位：千円)

区分	29年度			30年度			令和元年度			2年度			3年度		
法人数	145法人			139法人			139法人			142法人			138法人		
科目	金額	構成比率(%)	趨勢構造比率	金額	構成比率(%)	趨勢構造比率	金額	構成比率(%)	趨勢構造比率	金額	構成比率(%)	趨勢構造比率	金額	構成比率(%)	趨勢構造比率
(資産の部)															
固定資産	169,062,328	80.5	100.0	169,815,812	78.4	100.4	185,861,250	77.4	109.9	197,361,740	77.3	116.7	190,634,098	79.9	112.8
有形固定資産	135,485,622	64.6	100.0	134,975,131	62.3	99.6	149,356,886	62.2	110.2	156,116,258	61.1	115.2	152,927,664	64.1	112.9
土地	76,575,232	36.5	100.0	74,208,091	34.2	96.9	84,672,712	35.3	110.6	81,279,361	31.8	106.1	87,594,733	36.7	114.4
建物	51,096,804	24.3	100.0	52,589,841	24.3	102.9	52,575,196	21.9	102.9	57,270,737	22.4	112.1	56,134,484	23.5	109.9
構築物	2,274,974	1.1	100.0	2,511,206	1.2	110.4	2,701,240	1.1	118.7	2,934,378	1.1	129.0	2,648,475	1.1	116.4
教育研究用機器備品	1,619,459	0.8	100.0	1,476,641	0.7	91.2	1,570,863	0.7	97.0	1,584,652	0.6	97.9	1,767,101	0.7	109.1
その他有形固定資産	3,919,153	1.9	100.0	4,189,353	1.9	106.9	7,836,874	3.3	200.0	13,047,131	5.1	332.9	4,782,871	2.0	122.0
特定資産	18,698,894	8.9	100.0	19,066,053	8.8	102.0	17,748,164	7.4	94.9	19,740,330	7.7	105.6	17,573,131	7.4	94.0
退職給与引当特定資産	1,739,710	0.8	100.0	2,052,053	0.9	118.0	1,936,780	0.8	111.3	2,142,873	0.8	123.2	1,699,849	0.7	97.7
その他引当特定資産	16,959,184	8.1	100.0	17,014,000	7.9	100.3	15,811,383	6.6	93.2	17,597,458	6.9	103.8	15,873,282	6.7	93.6
その他の固定資産	14,877,812	7.1	100.0	15,774,628	7.3	106.0	18,756,201	7.8	126.1	21,505,151	8.4	144.5	20,133,304	8.4	135.3
有価証券	5,215,276	2.5	100.0	9,485,611	4.4	181.9	8,353,837	3.5	160.2	12,226,028	4.8	234.4	10,051,071	4.2	192.7
収益事業元入金	5,188,800	2.5	100.0	2,573,562	1.2	49.6	5,060,130	2.1	97.5	4,385,128	1.7	84.5	4,830,122	2.0	93.1
長期貸付金	1,400,119	0.7	100.0	344,288	0.2	24.6	1,335,589	0.6	95.4	1,687,124	0.7	120.5	1,267,164	0.5	90.5
その他	3,073,618	1.5	100.0	3,371,167	1.6	109.7	4,006,645	1.7	130.4	3,206,872	1.3	104.3	3,984,947	1.7	129.7
流動資産	40,828,023	19.5	100.0	46,921,306	21.6	114.9	54,292,875	22.6	133.0	57,963,587	22.7	142.0	47,982,474	20.1	117.5
現金預金	34,151,885	16.3	100.0	39,507,237	18.2	115.7	45,719,368	19.0	133.9	51,848,169	20.3	151.8	42,329,713	17.7	123.9
未収入金	1,773,191	0.8	100.0	1,938,375	0.9	109.3	1,719,689	0.7	97.0	1,724,957	0.7	97.3	1,752,912	0.7	98.9
短期貸付金	787,047	0.4	100.0	922,303	0.4	117.2	970,426	0.4	123.3	307,428	0.1	39.1	506,310	0.2	64.3
有価証券	843,276	0.4	100.0	1,490,654	0.7	176.8	1,085,314	0.5	128.7	1,048,875	0.4	124.4	1,174,020	0.5	139.2
その他流動資産	3,272,624	1.6	100.0	3,062,737	1.4	93.6	4,798,078	2.0	146.6	3,034,158	1.2	92.7	2,219,519	0.9	67.8
資産の部合計	209,890,351	100.0	100.0	216,737,118	100.0	103.3	240,154,125	100.0	114.4	255,325,327	100.0	121.6	238,616,573	100.0	113.7

(負債及び純資産の部)

(単位：千円)

区分	２９年度			３０年度			令和元年度			２年度			３年度		
法人数	145 法人			139 法人			139 法人			142 法人			138 法人		
科目	金額	構成比率(%)	趨勢構造比率	金額	構成比率(%)	趨勢構造比率	金額	構成比率(%)	趨勢構造比率	金額	構成比率(%)	趨勢構造比率	金額	構成比率(%)	趨勢構造比率
(負債の部)															
固定負債	21,567,357	10.3	100.0	26,757,078	12.3	124.1	22,549,945	9.4	104.6	35,557,065	13.9	164.9	25,237,678	10.6	117.0
長期借入金	17,117,229	8.2	100.0	21,025,544	9.7	122.8	17,630,918	7.3	103.0	30,469,587	11.9	178.0	21,759,994	9.1	127.1
学校債	536,810	0.3	100.0	580,744	0.3	108.2	344,790	0.1	64.2	394,668	0.2	73.5	362,640	0.2	67.6
長期未払金	977,968	0.5	100.0	1,189,072	0.5	121.6	829,802	0.3	84.8	1,228,684	0.5	125.6	487,566	0.2	49.9
退職給与引当金	2,407,626	1.1	100.0	3,365,243	1.6	139.8	2,945,425	1.2	122.3	3,108,295	1.2	129.1	2,262,121	0.9	94.0
その他固定負債	527,724	0.3	100.0	596,475	0.3	113.0	799,010	0.3	151.4	355,831	0.1	67.4	365,356	0.2	69.2
流動負債	14,201,593	6.8	100.0	14,655,567	6.8	103.2	16,845,899	7.0	118.6	16,788,299	6.6	118.2	17,076,860	7.2	120.2
短期借入金	1,503,030	0.7	100.0	1,487,157	0.7	98.9	2,097,473	0.9	139.5	2,458,939	1.0	163.6	3,813,635	1.6	253.7
一年以内償還予定学校債	65,155	0.0	100.0	24,200	0.0	37.1	84,696	0.0	130.0	63,650	0.0	97.7	16,054	0.0	24.6
手形債務	30,483	0.0	100.0	0	0.0	0.0	176,404	0.1	578.7	11,952	0.0	39.2	49,005	0.0	160.8
未払金	2,179,881	1.0	100.0	2,952,954	1.4	135.5	3,024,442	1.3	138.7	2,867,417	1.1	131.5	2,945,627	1.2	135.1
前受金	7,683,718	3.7	100.0	8,530,201	3.9	111.0	8,259,714	3.4	107.5	7,891,527	3.1	102.7	7,609,381	3.2	99.0
その他流動負債	2,739,326	1.3	100.0	1,661,053	0.8	60.6	3,203,170	1.3	116.9	3,494,814	1.4	127.6	2,643,158	1.1	96.5
負債の部合計	35,768,950	17.0	100.0	41,412,645	19.1	115.8	39,395,843	16.4	110.1	52,345,364	20.5	146.3	42,314,538	17.7	118.3
(純資産の部)															
基本金	172,621,839	82.2	100.0	163,665,791	75.5	94.8	189,012,561	78.7	109.5	197,222,703	77.2	114.3	193,804,154	81.2	112.3
第１号基本金	155,015,946	73.9	100.0	144,973,384	66.9	93.5	171,840,290	71.6	110.9	177,915,814	69.7	114.8	175,704,532	73.6	113.3
第２号基本金	4,665,604	2.2	100.0	4,789,420	2.2	102.7	4,117,303	1.7	88.2	5,495,299	2.2	117.8	4,469,573	1.9	95.8
第３号基本金	10,006,993	4.8	100.0	10,716,495	4.9	107.1	10,114,478	4.2	101.1	10,858,723	4.3	108.5	10,864,730	4.6	108.6
第４号基本金	2,933,295	1.4	100.0	3,186,492	1.5	108.6	2,940,491	1.2	100.2	2,952,867	1.2	100.7	2,765,318	1.2	94.3
繰越収支差額	1,499,562	0.7	100.0	11,658,682	5.4	777.5	11,745,721	4.9	783.3	5,757,260	2.3	383.9	2,497,881	1.0	166.6
翌年度繰越収支差額	1,499,562	0.7	100.0	11,658,682	5.4	777.5	11,745,721	4.9	783.3	5,757,260	2.3	383.9	2,497,881	1.0	166.6
純資産の部合計	174,121,401	83.0	100.0	175,324,473	80.9	100.7	200,758,282	83.6	115.3	202,979,963	79.5	116.6	196,302,035	82.3	112.7
負債・純資産の部合計	209,890,351	100.0	100.0	216,737,118	100.0	103.3	240,154,125	100.0	114.4	255,325,327	100.0	121.6	238,616,573	100.0	113.7

(注) 趨勢は２９年度を 100 としたものである。

令和３年度貸借対照表（都道府県別）
－各種学校法人－

（資産の部）（４－１）　　　　（単位：千円）

区分	合計			北海道			宮城・山形・福島県			茨城・栃木・群馬県			埼玉・千葉県		
法人数	138 法人			5 法人			5 法人			5 法人			5 法人		
科目	金額	構成比率(%)	趨勢構造比率	金額	構成比率(%)	趨勢構造比率	金額	構成比率(%)	趨勢構造比率	金額	構成比率(%)	趨勢構造比率	金額	構成比率(%)	趨勢構造比率
(資産の部)															
固定資産	190,634,098	79.9	100.0	3,204,662	85.1	1.7	1,674,791	55.3	0.9	1,686,094	75.9	0.9	986,431	47.8	0.5
有形固定資産	152,927,664	64.1	100.0	1,021,124	27.1	0.7	1,632,689	53.9	1.1	1,667,296	75.1	1.1	958,676	46.4	0.6
土地	87,594,733	36.7	100.0	290,781	7.7	0.3	1,171,254	38.7	1.3	233,330	10.5	0.3	386,699	18.7	0.4
建物	56,134,484	23.5	100.0	678,156	18.0	1.2	407,035	13.4	0.7	1,228,897	55.4	2.2	500,857	24.3	0.9
構築物	2,648,475	1.1	100.0	16,556	0.4	0.6	7,939	0.3	0.3	169,279	7.6	6.4	48,630	2.4	1.8
教育研究用機器備品	1,767,101	0.7	100.0	15,713	0.4	0.9	7,629	0.3	0.4	8,187	0.4	0.5	9,711	0.5	0.5
その他有形固定資産	4,782,871	2.0	100.0	19,919	0.5	0.4	38,831	1.3	0.8	27,603	1.2	0.6	12,778	0.6	0.3
特定資産	17,573,131	7.4	100.0	79,158	2.1	0.5	18,245	0.6	0.1	0	0.0	0.0	0	0.0	0.0
退職給与引当特定資産	1,699,849	0.7	100.0	18,952	0.5	1.1	18,245	0.6	1.1	0	0.0	0.0	0	0.0	0.0
その他引当特定資産	15,873,282	6.7	100.0	60,207	1.6	0.4	0	0.0	0.0	0	0.0	0.0	0	0.0	0.0
その他の固定資産	20,133,304	8.4	100.0	2,104,380	55.9	10.5	23,857	0.8	0.1	18,798	0.8	0.1	27,755	1.3	0.1
有価証券	10,051,071	4.2	100.0	2,097,995	55.7	20.9	0	0.0	0.0	0	0.0	0.0	410	0.0	0.0
収益事業元入金	4,830,122	2.0	100.0	0	0.0	0.0	0	0.0	0.0	0	0.0	0.0	0	0.0	0.0
長期貸付金	1,267,164	0.5	100.0	0	0.0	0.0	0	0.0	0.0	3,090	0.1	0.2	20,000	1.0	1.6
その他	3,984,947	1.7	100.0	6,384	0.2	0.2	23,857	0.8	0.6	15,708	0.7	0.4	7,345	0.4	0.2
流動資産	47,982,474	20.1	100.0	561,957	14.9	1.2	1,353,896	44.7	2.8	533,975	24.1	1.1	1,078,170	52.2	2.2
現金預金	42,329,713	17.7	100.0	419,632	11.1	1.0	1,045,138	34.5	2.5	486,014	21.9	1.1	1,020,922	49.4	2.4
未収入金	1,752,912	0.7	100.0	73,591	2.0	4.2	3,676	0.1	0.2	42,750	1.9	2.4	39,923	1.9	2.3
短期貸付金	506,310	0.2	100.0	50,583	1.3	10.0	302,100	10.0	59.7	56	0.0	0.0	1,010	0.0	0.2
有価証券	1,174,020	0.5	100.0	0	0.0	0.0	0	0.0	0.0	0	0.0	0.0	110	0.0	0.0
その他流動資産	2,219,519	0.9	100.0	18,150	0.5	0.8	2,982	0.1	0.1	5,156	0.2	0.2	16,205	0.8	0.7
資産の部合計	238,616,573	100.0	100.0	3,766,619	100.0	1.6	3,028,687	100.0	1.3	2,220,070	100.0	0.9	2,064,601	100.0	0.9

（負債及び純資産の部）（４－１）

（単位：千円）

区分	合計			北海道			宮城・山形・福島県			茨城・栃木・群馬県			埼玉・千葉県		
法人数	138 法人			5 法人			5 法人			5 法人			5 法人		
科目	金額	構成比率(%)	趨勢構造比率	金額	構成比率(%)	趨勢構造比率	金額	構成比率(%)	趨勢構造比率	金額	構成比率(%)	趨勢構造比率	金額	構成比率(%)	趨勢構造比率
(負債の部)															
固定負債	25,237,678	10.6	100.0	241,168	6.4	1.0	752,425	24.8	3.0	269,569	12.1	1.1	282,582	13.7	1.1
長期借入金	21,759,994	9.1	100.0	233,790	6.2	1.1	748,148	24.7	3.4	213,225	9.6	1.0	282,582	13.7	1.3
学校債	362,640	0.2	100.0	0	0.0	0.0	0	0.0	0.0	0	0.0	0.0	0	0.0	0.0
長期未払金	487,566	0.2	100.0	7,378	0.2	1.5	0	0.0	0.0	56,344	2.5	11.6	0	0.0	0.0
退職給与引当金	2,262,121	0.9	100.0	0	0.0	0.0	4,277	0.1	0.2	0	0.0	0.0	0	0.0	0.0
その他固定負債	365,356	0.2	100.0	0	0.0	0.0	0	0.0	0.0	0	0.0	0.0	0	0.0	0.0
流動負債	17,076,860	7.2	100.0	96,840	2.6	0.6	289,823	9.6	1.7	499,506	22.5	2.9	400,431	19.4	2.3
短期借入金	3,813,635	1.6	100.0	38,040	1.0	1.0	10,444	0.3	0.3	13,620	0.6	0.4	35,602	1.7	0.9
一年以内償還予定学校債	16,054	0.0	100.0	0	0.0	0.0	0	0.0	0.0	0	0.0	0.0	0	0.0	0.0
手形債務	49,005	0.0	100.0	0	0.0	0.0	17,741	0.6	36.2	0	0.0	0.0	0	0.0	0.0
未払金	2,945,627	1.2	100.0	19,269	0.5	0.7	108,026	3.6	3.7	46,752	2.1	1.6	20,051	1.0	0.7
前受金	7,609,381	3.2	100.0	35,151	0.9	0.5	141,118	4.7	1.9	122,043	5.5	1.6	334,180	16.2	4.4
その他流動負債	2,643,158	1.1	100.0	4,381	0.1	0.2	12,494	0.4	0.5	317,092	14.3	12.0	10,599	0.5	0.4
負債の部合計	42,314,538	17.7	100.0	338,008	9.0	0.8	1,042,248	34.4	2.5	769,075	34.6	1.8	683,013	33.1	1.6
(純資産の部)															
基本金	193,804,154	81.2	100.0	1,889,125	50.2	1.0	1,917,613	63.3	1.0	1,679,063	75.6	0.9	1,294,344	62.7	0.7
第1号基本金	175,704,532	73.6	100.0	1,871,009	49.7	1.1	1,917,613	63.3	1.1	1,674,063	75.4	1.0	1,288,432	62.4	0.7
第2号基本金	4,469,573	1.9	100.0	2,000	0.1	0.0	0	0.0	0.0	0	0.0	0.0	2,500	0.1	0.1
第3号基本金	10,864,730	4.6	100.0	2,197	0.1	0.0	0	0.0	0.0	0	0.0	0.0	0	0.0	0.0
第4号基本金	2,765,318	1.2	100.0	13,919	0.4	0.5	0	0.0	0.0	5,000	0.2	0.2	3,412	0.2	0.1
繰越収支差額	2,497,881	1.0	100.0	1,539,486	40.9	61.6	68,826	2.3	2.8	-228,069	-10.3	-9.1	87,244	4.2	3.5
翌年度繰越収支差額	2,497,881	1.0	100.0	1,539,486	40.9	61.6	68,826	2.3	2.8	-228,069	-10.3	-9.1	87,244	4.2	3.5
純資産の部合計	196,302,035	82.3	100.0	3,428,611	91.0	1.7	1,986,439	65.6	1.0	1,450,994	65.4	0.7	1,381,588	66.9	0.7
負債・純資産の部合計	238,616,573	100.0	100.0	3,766,619	100.0	1.6	3,028,687	100.0	1.3	2,220,070	100.0	0.9	2,064,601	100.0	0.9

（注）構造比率は各種学校法人合計を 100 としたものである。

令 和 3 年 度 貸 借 対 照 表（都道府県別）
ー 各 種 学 校 法 人 ー

（資産の部）（4－2）　　（単位：千円）

区分	東京都			神奈川県			富山・福井県			山梨・長野・岐阜県			静岡県		
法人数	30 法人			3 法人			10 法人			4 法人			5 法人		
科目	金額	構成比率(%)	趨勢構造比率	金額	構成比率(%)	趨勢構造比率	金額	構成比率(%)	趨勢構造比率	金額	構成比率(%)	趨勢構造比率	金額	構成比率(%)	趨勢構造比率
(資産の部)															
固定資産	87,444,889	82.5	45.9	21,628,115	87.4	11.3	7,643,684	58.3	4.0	1,930,145	90.0	1.0	695,331	65.7	0.4
有形固定資産	63,721,366	60.1	41.7	21,139,655	85.5	13.8	6,289,324	48.0	4.1	1,853,954	86.5	1.2	446,173	42.1	0.3
土地	37,104,397	35.0	42.4	9,775,010	39.5	11.2	3,150,069	24.0	3.6	886,398	41.3	1.0	304,474	28.8	0.3
建物	21,651,401	20.4	38.6	10,608,791	42.9	18.9	2,378,962	18.1	4.2	860,771	40.2	1.5	126,040	11.9	0.2
構築物	1,346,592	1.3	50.8	129,109	0.5	4.9	232,191	1.8	8.8	16,596	0.8	0.6	3,154	0.3	0.1
教育研究用機器備品	544,772	0.5	30.8	355,912	1.4	20.1	97,336	0.7	5.5	1,340	0.1	0.1	3,513	0.3	0.2
その他有形固定資産	3,074,204	2.9	64.3	270,833	1.1	5.7	430,766	3.3	9.0	88,848	4.1	1.9	8,992	0.8	0.2
特定資産	12,246,038	11.6	69.7	400,000	1.6	2.3	32	0.0	0.0	0	0.0	0.0	245,081	23.1	1.4
退職給与引当特定資産	665,690	0.6	39.2	150,000	0.6	8.8	0	0.0	0.0	0	0.0	0.0	0	0.0	0.0
その他引当特定資産	11,580,348	10.9	73.0	250,000	1.0	1.6	32	0.0	0.0	0	0.0	0.0	245,081	23.1	1.5
その他の固定資産	11,477,486	10.8	57.0	88,459	0.4	0.4	1,354,328	10.3	6.7	76,191	3.6	0.4	4,077	0.4	0.0
有価証券	5,494,347	5.2	54.7	0	0.0	0.0	1,105,481	8.4	11.0	10	0.0	0.0	340	0.0	0.0
収益事業元入金	2,590,739	2.4	53.6	43,989	0.2	0.9	145,115	1.1	3.0	66,520	3.1	1.4	0	0.0	0.0
長期貸付金	1,056,962	1.0	83.4	29	0.0	0.0	0	0.0	0.0	0	0.0	0.0	2,010	0.2	0.2
その他	2,335,437	2.2	58.6	44,441	0.2	1.1	103,733	0.8	2.6	9,661	0.5	0.2	1,727	0.2	0.0
流動資産	18,575,485	17.5	38.7	3,109,069	12.6	6.5	5,466,726	41.7	11.4	213,511	10.0	0.4	363,678	34.3	0.8
現金預金	16,779,933	15.8	39.6	3,047,744	12.3	7.2	4,857,770	37.1	11.5	167,129	7.8	0.4	342,894	32.4	0.8
未収入金	682,515	0.6	38.9	57,446	0.2	3.3	202,054	1.5	11.5	31,585	1.5	1.8	20,259	1.9	1.2
短期貸付金	91,926	0.1	18.2	0	0.0	0.0	0	0.0	0.0	0	0.0	0.0	0	0.0	0.0
有価証券	0	0.0	0.0	0	0.0	0.0	16,550	0.1	1.4	0	0.0	0.0	0	0.0	0.0
その他流動資産	1,021,111	1.0	46.0	3,879	0.0	0.2	390,352	3.0	17.6	14,797	0.7	0.7	525	0.0	0.0
資産の部合計	106,020,374	100.0	44.4	24,737,183	100.0	10.4	13,110,409	100.0	5.5	2,143,655	100.0	0.9	1,059,009	100.0	0.4

（負債及び純資産の部）（４－２）

（単位：千円）

区分	東京都			神奈川県			富山・福井県			山梨・長野・岐阜県			静岡県		
法人数	30 法人			3 法人			10 法人			4 法人			5 法人		
科目	金額	構成比率(%)	趨勢構造比率	金額	構成比率(%)	趨勢構造比率	金額	構成比率(%)	趨勢構造比率	金額	構成比率(%)	趨勢構造比率	金額	構成比率(%)	趨勢構造比率
(負債の部)															
固定負債	8,913,546	8.4	35.3	4,782,197	19.3	18.9	431,425	3.3	1.7	1,329,284	62.0	5.3	58,678	5.5	0.2
長期借入金	8,003,943	7.5	36.8	4,530,950	18.3	20.8	212,532	1.6	1.0	1,213,276	56.6	5.6	50,000	4.7	0.2
学校債	66,390	0.1	18.3	0	0.0	0.0	0	0.0	0.0	0	0.0	0.0	0	0.0	0.0
長期未払金	15,315	0.0	3.1	0	0.0	0.0	0	0.0	0.0	872	0.0	0.2	0	0.0	0.0
退職給与引当金	780,191	0.7	34.5	251,248	1.0	11.1	216,293	1.6	9.6	0	0.0	0.0	0	0.0	0.0
その他固定負債	47,707	0.0	13.1	0	0.0	0.0	2,600	0.0	0.7	115,136	5.4	31.5	8,678	0.8	2.4
流動負債	7,094,087	6.7	41.5	738,636	3.0	4.3	645,207	4.9	3.8	185,004	8.6	1.1	165,527	15.6	1.0
短期借入金	1,718,382	1.6	45.1	287,270	1.2	7.5	0	0.0	0.0	13,256	0.6	0.3	3,900	0.4	0.1
一年以内償還予定学校債	0	0.0	0.0	0	0.0	0.0	0	0.0	0.0	0	0.0	0.0	0	0.0	0.0
手形債務	31,264	0.0	63.8	0	0.0	0.0	0	0.0	0.0	0	0.0	0.0	0	0.0	0.0
未払金	916,125	0.9	31.1	215,416	0.9	7.3	307,428	2.3	10.4	17,662	0.8	0.6	10,673	1.0	0.4
前受金	3,382,452	3.2	44.5	158,025	0.6	2.1	244,892	1.9	3.2	135,252	6.3	1.8	115,637	10.9	1.5
その他流動負債	1,045,864	1.0	39.6	77,925	0.3	2.9	92,887	0.7	3.5	18,835	0.9	0.7	35,317	3.3	1.3
負債の部合計	16,007,633	15.1	37.8	5,520,833	22.3	13.0	1,076,632	8.2	2.5	1,514,288	70.6	3.6	224,205	21.2	0.5
(純資産の部)															
基本金	88,586,272	83.6	45.7	20,545,869	83.1	10.6	9,850,915	75.1	5.1	1,785,427	83.3	0.9	616,025	58.2	0.3
第1号基本金	77,070,348	72.7	43.9	20,309,869	82.1	11.6	8,975,691	68.5	5.1	1,761,427	82.2	1.0	523,586	49.4	0.3
第2号基本金	2,728,858	2.6	61.1	0	0.0	0.0	0	0.0	0.0	0	0.0	0.0	88,439	8.4	2.0
第3号基本金	7,961,561	7.5	73.3	0	0.0	0.0	0	0.0	0.0	0	0.0	0.0	0	0.0	0.0
第4号基本金	825,505	0.8	29.9	236,000	1.0	8.5	875,224	6.7	31.7	24,000	1.1	0.9	4,000	0.4	0.1
繰越収支差額	1,426,470	1.3	57.1	-1,329,519	-5.4	-53.2	2,182,862	16.6	87.4	-1,156,059	-53.9	-46.3	218,780	20.7	8.8
翌年度繰越収支差額	1,426,470	1.3	57.1	-1,329,519	-5.4	-53.2	2,182,862	16.6	87.4	-1,156,059	-53.9	-46.3	218,780	20.7	8.8
純資産の部合計	90,012,742	84.9	45.9	19,216,350	77.7	9.8	12,033,777	91.8	6.1	629,367	29.4	0.3	834,804	78.8	0.4
負債・純資産の部合計	106,020,374	100.0	44.4	24,737,183	100.0	10.4	13,110,409	100.0	5.5	2,143,655	100.0	0.9	1,059,009	100.0	0.4

（注）構造比率は各種学校法人合計を 100 としたものである。

令和３年度貸借対照表（都道府県別）
ー各種学校法人ー

（資産の部）　（４－３）　　　　　　　　　　　　　　　　　　　　　　　　　　　　　　　（単位：千円）

区分	愛知県			三重・奈良県			京都府			大阪府			兵庫県		
法人数	5 法人			3 法人			9 法人			9 法人			14 法人		
科目	金額	構成比率(%)	趨勢構造比率	金額	構成比率(%)	趨勢構造比率	金額	構成比率(%)	趨勢構造比率	金額	構成比率(%)	趨勢構造比率	金額	構成比率(%)	趨勢構造比率
(資産の部)															
固定資産	3,451,909	72.7	1.8	659,763	67.5	0.3	3,769,526	81.3	2.0	20,270,012	90.4	10.6	21,694,729	76.7	11.4
有形固定資産	3,132,657	66.0	2.0	658,402	67.3	0.4	3,042,926	65.7	2.0	18,487,610	82.5	12.1	16,124,566	57.0	10.5
土地	370,646	7.8	0.4	268,057	27.4	0.3	1,678,748	36.2	1.9	16,560,537	73.9	18.9	8,591,371	30.4	9.8
建物	2,546,812	53.6	4.5	374,785	38.3	0.7	1,244,448	26.9	2.2	1,608,115	7.2	2.9	6,865,663	24.3	12.2
構築物	98,530	2.1	3.7	9,438	1.0	0.4	13,997	0.3	0.5	77,464	0.3	2.9	292,568	1.0	11.0
教育研究用機器備品	48,404	1.0	2.7	1,151	0.1	0.1	68,149	1.5	3.9	83,757	0.4	4.7	175,853	0.6	10.0
その他有形固定資産	68,266	1.4	1.4	4,971	0.5	0.1	37,584	0.8	0.8	157,738	0.7	3.3	199,111	0.7	4.2
特定資産	0	0.0	0.0	0	0.0	0.0	91,668	2.0	0.5	119,166	0.5	0.7	4,363,804	15.4	24.8
退職給与引当特定資産	0	0.0	0.0	0	0.0	0.0	0	0.0	0.0	38,494	0.2	2.3	800,000	2.8	47.1
その他引当特定資産	0	0.0	0.0	0	0.0	0.0	91,668	2.0	0.6	80,672	0.4	0.5	3,563,804	12.6	22.5
その他の固定資産	319,252	6.7	1.6	1,361	0.1	0.0	634,932	13.7	3.2	1,663,236	7.4	8.3	1,206,359	4.3	6.0
有価証券	300,966	6.3	3.0	0	0.0	0.0	169,427	3.7	1.7	0	0.0	0.0	712,818	2.5	7.1
収益事業元入金	120	0.0	0.0	0	0.0	0.0	0	0.0	0.0	1,508,007	6.7	31.2	384,180	1.4	8.0
長期貸付金	0	0.0	0.0	0	0.0	0.0	0	0.0	0.0	138,500	0.6	10.9	0	0.0	0.0
その他	18,165	0.4	0.5	1,361	0.1	0.0	465,505	10.0	11.7	16,729	0.1	0.4	109,362	0.4	2.7
流動資産	1,296,941	27.3	2.7	317,914	32.5	0.7	865,232	18.7	1.8	2,146,590	9.6	4.5	6,598,332	23.3	13.8
現金預金	1,245,048	26.2	2.9	113,796	11.6	0.3	664,508	14.3	1.6	2,087,322	9.3	4.9	5,217,632	18.4	12.3
未収入金	39,236	0.8	2.2	1,200	0.1	0.1	29,759	0.6	1.7	10,469	0.0	0.6	228,453	0.8	13.0
短期貸付金	1,046	0.0	0.2	1,900	0.2	0.4	3,754	0.1	0.7	0	0.0	0.0	500	0.0	0.1
有価証券	0	0.0	0.0	0	0.0	0.0	105,934	2.3	9.0	0	0.0	0.0	982,851	3.5	83.7
その他流動資産	11,611	0.2	0.5	201,018	20.6	9.1	61,278	1.3	2.8	48,799	0.2	2.2	168,896	0.6	7.6
資産の部合計	4,748,850	100.0	2.0	977,677	100.0	0.4	4,634,758	100.0	1.9	22,416,601	100.0	9.4	28,293,061	100.0	11.9

（負債及び純資産の部）（４－３）

（単位：千円）

区分	愛知県			三重・奈良県			京都府			大阪府			兵庫県		
法人数	5 法人			3 法人			9 法人			9 法人			14 法人		
科目	金額	構成比率(%)	趨勢構造比率	金額	構成比率(%)	趨勢構造比率	金額	構成比率(%)	趨勢構造比率	金額	構成比率(%)	趨勢構造比率	金額	構成比率(%)	趨勢構造比率
(負債の部)															
固定負債	1,000,996	21.1	4.0	512,440	52.4	2.0	566,151	12.2	2.2	380,229	1.7	1.5	2,254,528	8.0	8.9
長期借入金	790,679	16.6	3.6	512,440	52.4	2.4	429,606	9.3	2.0	33,604	0.1	0.2	1,716,727	6.1	7.9
学校債	0	0.0	0.0	0	0.0	0.0	35,500	0.8	9.8	260,600	1.2	71.9	0	0.0	0.0
長期未払金	0	0.0	0.0	0	0.0	0.0	1,947	0.0	0.4	10,109	0.0	2.1	9,371	0.0	1.9
退職給与引当金	195,462	4.1	8.6	0	0.0	0.0	86,670	1.9	3.8	75,916	0.3	3.4	503,590	1.8	22.3
その他固定負債	14,855	0.3	4.1	0	0.0	0.0	12,429	0.3	3.4	0	0.0	0.0	24,840	0.1	6.8
流動負債	859,248	18.1	5.0	81,812	8.4	0.5	1,101,442	23.8	6.4	1,158,506	5.2	6.8	1,723,896	6.1	10.1
短期借入金	383,527	8.1	10.1	73,761	7.5	1.9	630,717	13.6	16.5	38,430	0.2	1.0	142,910	0.5	3.7
一年以内償還予定学校債	0	0.0	0.0	0	0.0	0.0	0	0.0	0.0	16,054	0.1	100.0	0	0.0	0.0
手形債務	0	0.0	0.0	0	0.0	0.0	0	0.0	0.0	0	0.0	0.0	0	0.0	0.0
未払金	82,800	1.7	2.8	7,183	0.7	0.2	85,733	1.8	2.9	537,696	2.4	18.3	216,107	0.8	7.3
前受金	353,598	7.4	4.6	740	0.1	0.0	317,446	6.8	4.2	438,814	2.0	5.8	927,080	3.3	12.2
その他流動負債	39,323	0.8	1.5	127	0.0	0.0	67,545	1.5	2.6	127,512	0.6	4.8	437,798	1.5	16.6
負債の部合計	1,860,244	39.2	4.4	594,252	60.8	1.4	1,667,593	36.0	3.9	1,538,735	6.9	3.6	3,978,424	14.1	9.4
(純資産の部)															
基本金	3,707,336	78.1	1.9	57,607	5.9	0.0	3,641,984	78.6	1.9	21,124,753	94.2	10.9	23,793,961	84.1	12.3
第1号基本金	3,607,336	76.0	2.1	53,117	5.4	0.0	3,513,791	75.8	2.0	20,380,338	90.9	11.6	20,414,008	72.2	11.6
第2号基本金	0	0.0	0.0	0	0.0	0.0	70,559	1.5	1.6	0	0.0	0.0	1,474,934	5.2	33.0
第3号基本金	0	0.0	0.0	0	0.0	0.0	0	0.0	0.0	483,947	2.2	4.5	1,667,026	5.9	15.3
第4号基本金	100,000	2.1	3.6	4,490	0.5	0.2	57,634	1.2	2.1	260,468	1.2	9.4	237,993	0.8	8.6
繰越収支差額	-818,730	-17.2	-32.8	325,818	33.3	13.0	-674,819	-14.6	-27.0	-246,887	-1.1	-9.9	520,676	1.8	20.8
翌年度繰越収支差額	-818,730	-17.2	-32.8	325,818	33.3	13.0	-674,819	-14.6	-27.0	-246,887	-1.1	-9.9	520,676	1.8	20.8
純資産の部合計	2,888,605	60.8	1.5	383,425	39.2	0.2	2,967,165	64.0	1.5	20,877,866	93.1	10.6	24,314,637	85.9	12.4
負債・純資産の部合計	4,748,850	100.0	2.0	977,677	100.0	0.4	4,634,758	100.0	1.9	22,416,601	100.0	9.4	28,293,061	100.0	11.9

（注）構造比率は各種学校法人合計を 100 としたものである。

令和3年度貸借対照表（都道府県別）
―各種学校法人―

（資産の部）　（４－４）　　　　（単位：千円）

区分	鳥取・島根県			岡山県			広島・山口・高知県			福岡県			長崎・熊本・沖縄県		
法人数	6法人			5法人			5法人			5法人			5法人		
科目	金額	構成比率（%）	趨勢構造比率	金額	構成比率（%）	趨勢構造比率	金額	構成比率（%）	趨勢構造比率	金額	構成比率（%）	趨勢構造比率	金額	構成比率（%）	趨勢構造比率
（資産の部）															
固定資産	3,325,402	63.9	1.7	1,196,890	63.6	0.6	2,999,329	88.9	1.6	4,500,846	77.6	2.4	1,871,552	59.6	1.0
有形固定資産	2,658,441	51.1	1.7	1,038,531	55.2	0.7	2,935,161	87.0	1.9	4,416,660	76.2	2.9	1,702,453	54.2	1.1
土地	1,949,160	37.5	2.2	640,775	34.1	0.7	1,987,765	58.9	2.3	1,549,407	26.7	1.8	695,854	22.2	0.8
建物	486,397	9.4	0.9	350,952	18.7	0.6	890,520	26.4	1.6	2,459,453	42.4	4.4	866,428	27.6	1.5
構築物	43,549	0.8	1.6	13,319	0.7	0.5	10,073	0.3	0.4	52,861	0.9	2.0	66,631	2.1	2.5
教育研究用機器備品	42,144	0.8	2.4	22,911	1.2	1.3	9,289	0.3	0.5	267,348	4.6	15.1	3,981	0.1	0.2
その他有形固定資産	137,191	2.6	2.9	10,574	0.6	0.2	37,514	1.1	0.8	87,590	1.5	1.8	69,558	2.2	1.5
特定資産	1,471	0.0	0.0	0	0.0	0.0	0	0.0	0.0	1	0.0	0.0	8,468	0.3	0.0
退職給与引当特定資産	0	0.0	0.0	0	0.0	0.0	0	0.0	0.0	1	0.0	0.0	8,468	0.3	0.5
その他引当特定資産	1,471	0.0	0.0	0	0.0	0.0	0	0.0	0.0	0	0.0	0.0	0	0.0	0.0
その他の固定資産	665,489	12.8	3.3	158,360	8.4	0.8	64,167	1.9	0.3	84,185	1.5	0.4	160,631	5.1	0.8
有価証券	89,011	1.7	0.9	0	0.0	0.0	0	0.0	0.0	0	0.0	0.0	80,265	2.6	0.8
収益事業元入金	0	0.0	0.0	0	0.0	0.0	0	0.0	0.0	58,123	1.0	1.2	33,329	1.1	0.7
長期貸付金	46,573	0.9	3.7	0	0.0	0.0	0	0.0	0.0	0	0.0	0.0	0	0.0	0.0
その他	529,906	10.2	13.3	158,360	8.4	4.0	64,167	1.9	1.6	26,062	0.4	0.7	47,037	1.5	1.2
流動資産	1,876,140	36.1	3.9	684,709	36.4	1.4	376,259	11.1	0.8	1,295,729	22.4	2.7	1,268,163	40.4	2.6
現金預金	1,533,192	29.5	3.6	585,510	31.1	1.4	352,090	10.4	0.8	1,217,721	21.0	2.9	1,145,720	36.5	2.7
未収入金	252,036	4.8	14.4	8,112	0.4	0.5	12,119	0.4	0.7	12,809	0.2	0.7	4,921	0.2	0.3
短期貸付金	0	0.0	0.0	5,709	0.3	1.1	1,000	0.0	0.2	34,126	0.6	6.7	12,600	0.4	2.5
有価証券	5	0.0	0.0	64,770	3.4	5.5	3,800	0.1	0.3	0	0.0	0.0	0	0.0	0.0
その他流動資産	90,907	1.7	4.1	20,607	1.1	0.9	7,250	0.2	0.3	31,074	0.5	1.4	104,922	3.3	4.7
資産の部合計	5,201,542	100.0	2.2	1,881,599	100.0	0.8	3,375,588	100.0	1.4	5,796,575	100.0	2.4	3,139,715	100.0	1.3

(負債及び純資産の部)　(４－４)

(単位：千円)

区分	鳥取・島根県			岡山県			広島・山口・高知県			福岡県			長崎・熊本・沖縄県		
法人数	6法人			5法人			5法人			5法人			5法人		
科目	金額	構成比率(%)	趨勢構造比率	金額	構成比率(%)	趨勢構造比率	金額	構成比率(%)	趨勢構造比率	金額	構成比率(%)	趨勢構造比率	金額	構成比率(%)	趨勢構造比率
(負債の部)															
固定負債	1,441,372	27.7	5.7	157,716	8.4	0.6	1,465,141	43.4	5.8	110,032	1.9	0.4	288,199	9.2	1.1
長期借入金	1,135,258	21.8	5.2	146,944	7.8	0.7	1,187,004	35.2	5.5	77,260	1.3	0.4	242,027	7.7	1.1
学校債	0	0.0	0.0	0	0.0	0.0	150	0.0	0.0	0	0.0	0.0	0	0.0	0.0
長期未払金	64,607	1.2	13.3	6,263	0.3	1.3	277,986	8.2	57.0	0	0.0	0.0	37,374	1.2	7.7
退職給与引当金	107,234	2.1	4.7	0	0.0	0.0	0	0.0	0.0	32,772	0.6	1.4	8,468	0.3	0.4
その他固定負債	134,273	2.6	36.8	4,509	0.2	1.2	0	0.0	0.0	0	0.0	0.0	330	0.0	0.1
流動負債	589,079	11.3	3.4	266,364	14.2	1.6	128,672	3.8	0.8	534,367	9.2	3.1	518,413	16.5	3.0
短期借入金	230,000	4.4	6.0	20,664	1.1	0.5	55,764	1.7	1.5	15,347	0.3	0.4	102,000	3.2	2.7
一年以内償還予定学校債	0	0.0	0.0	0	0.0	0.0	0	0.0	0.0	0	0.0	0.0	0	0.0	0.0
手形債務	0	0.0	0.0	0	0.0	0.0	0	0.0	0.0	0	0.0	0.0	0	0.0	0.0
未払金	143,902	2.8	4.9	36,515	1.9	1.2	24,486	0.7	0.8	100,917	1.7	3.4	48,888	1.6	1.7
前受金	93,963	1.8	1.2	173,209	9.2	2.3	1,734	0.1	0.0	333,210	5.7	4.4	300,837	9.6	4.0
その他流動負債	121,214	2.3	4.6	35,976	1.9	1.4	46,688	1.4	1.8	84,894	1.5	3.2	66,688	2.1	2.5
負債の部合計	2,030,451	39.0	4.8	424,080	22.5	1.0	1,593,813	47.2	3.8	644,399	11.1	1.5	806,611	25.7	1.9
(純資産の部)															
基本金	905,454	17.4	0.5	1,346,543	71.6	0.7	3,544,693	105.0	1.8	5,558,669	95.9	2.9	1,958,501	62.4	1.0
第1号基本金	125,454	2.4	0.1	1,315,543	69.9	0.7	3,519,403	104.3	2.0	5,516,669	95.2	3.1	1,866,834	59.5	1.1
第2号基本金	30,000	0.6	0.7	22,000	1.2	0.5	0	0.0	0.0	0	0.0	0.0	50,283	1.6	1.1
第3号基本金	750,000	14.4	6.9	0	0.0	0.0	0	0.0	0.0	0	0.0	0.0	0	0.0	0.0
第4号基本金	0	0.0	0.0	9,000	0.5	0.3	25,290	0.7	0.9	42,000	0.7	1.5	41,383	1.3	1.5
繰越収支差額	2,265,636	43.6	90.7	110,976	5.9	4.4	-1,762,918	-52.2	-70.6	-406,493	-7.0	-16.3	374,602	11.9	15.0
翌年度繰越収支差額	2,265,636	43.6	90.7	110,976	5.9	4.4	-1,762,918	-52.2	-70.6	-406,493	-7.0	-16.3	374,602	11.9	15.0
純資産の部合計	3,171,091	61.0	1.6	1,457,519	77.5	0.7	1,781,775	52.8	0.9	5,152,176	88.9	2.6	2,333,103	74.3	1.2
負債・純資産の部合計	5,201,542	100.0	2.2	1,881,599	100.0	0.8	3,375,588	100.0	1.4	5,796,575	100.0	2.4	3,139,715	100.0	1.3

(注) 構造比率は各種学校法人合計を 100 としたものである。

5ヵ年連続事業活動収支計算書
―各種学校法人―

（教育活動収支及び教育活動外収支）　　　　（単位：千円）

区分	29年度			30年度			令和元年度			2年度			3年度		
法人数	145法人			139法人			139法人			142法人			138法人		
科目	金額	構成比率(%)	趨勢構造比率	金額	構成比率(%)	趨勢構造比率	金額	構成比率(%)	趨勢構造比率	金額	構成比率(%)	趨勢構造比率	金額	構成比率(%)	趨勢構造比率
（教育活動収支・収入の部）															
学生生徒等納付金	40,989,435	72.6	100.0	45,160,681	82.5	110.2	45,328,471	71.1	110.6	43,827,105	80.7	106.9	36,118,548	73.1	88.1
手数料	973,041	1.7	100.0	1,127,724	2.1	115.9	1,228,974	1.9	126.3	1,141,795	2.1	117.3	1,087,551	2.2	111.8
寄付金	2,737,732	4.9	100.0	2,172,845	4.0	79.4	3,456,757	5.4	126.3	2,696,751	5.0	98.5	2,842,561	5.8	103.8
経常費等補助金	1,278,061	2.3	100.0	1,302,971	2.4	101.9	1,205,879	1.9	94.4	1,266,801	2.3	99.1	1,246,919	2.5	97.6
付随事業収入	2,403,848	4.3	100.0	2,518,374	4.6	104.8	3,224,282	5.1	134.1	2,050,645	3.8	85.3	1,816,718	3.7	75.6
雑収入	801,901	1.4	100.0	790,808	1.4	98.6	1,119,166	1.8	139.6	1,400,082	2.6	174.6	1,314,076	2.7	163.9
教育活動収入計	49,184,018	87.2	100.0	53,073,402	97.0	107.9	55,563,529	87.1	113.0	52,383,179	96.5	106.5	44,426,373	89.9	90.3
（教育活動収支・支出の部）															
人件費	26,843,980	47.6	100.0	28,877,354	52.8	107.6	30,493,976	47.8	113.6	31,692,136	58.4	118.1	27,244,784	55.1	101.5
教育研究（管理）経費	17,828,303	31.6	100.0	19,148,565	35.0	107.4	19,867,638	31.2	111.4	18,728,140	34.5	105.0	16,179,631	32.7	90.8
（うち減価償却額）	3,018,871	5.3	100.0	3,245,341	5.9	107.5	3,455,331	5.4	114.5	3,847,312	7.1	127.4	3,050,960	6.2	101.1
徴収不能額等	83,881	0.1	100.0	32,843	0.1	39.2	162,803	0.3	194.1	92,844	0.2	110.7	91,728	0.2	109.4
教育活動支出計	44,756,164	79.3	100.0	48,058,763	87.8	107.4	50,524,417	79.2	112.9	50,513,121	93.1	112.9	43,516,144	88.1	97.2

（教育活動外収支・収入の部）															
受取利息・配当金	488,393	0.9	100.0	353,342	0.6	72.3	526,977	0.8	107.9	405,088	0.7	82.9	287,275	0.6	58.8
その他の教育活動外収入	530,527	0.9	100.0	564,002	1.0	106.3	723,808	1.1	136.4	468,197	0.9	88.3	405,557	0.8	76.4
教育活動外収入計	1,018,920	1.8	100.0	917,344	1.7	90.0	1,250,785	2.0	122.8	873,285	1.6	85.7	692,833	1.4	68.0
（教育活動外収支・支出の部）															
借入金等利息	240,457	0.4	100.0	264,118	0.5	109.8	294,148	0.5	122.3	299,706	0.6	124.6	227,974	0.5	94.8
その他の教育活動外支出	530,954	0.9	100.0	301,186	0.6	56.7	221,373	0.3	41.7	263,923	0.5	49.7	194,670	0.4	36.7
教育活動外支出計	771,411	1.4	100.0	565,303	1.0	73.3	515,520	0.8	66.8	563,629	1.0	73.1	422,644	0.9	54.8

(特別収支)

(単位：千円)

区分	29年度			30年度			令和元年度			2年度			3年度		
法人数	145法人			139法人			139法人			142法人			138法人		
科目	金額	構成比率(%)	趨勢構造比率	金額	構成比率(%)	趨勢構造比率	金額	構成比率(%)	趨勢構造比率	金額	構成比率(%)	趨勢構造比率	金額・	構成比率(%)	趨勢構造比率
(特別収支・収入の部)															
資産売却差額	352,750	0.6	100.0	207,350	0.4	58.8	3,255,697	5.1	922.9	456,091	0.8	129.3	3,474,415	7.0	985.0
その他の特別収入	5,873,365	10.4	100.0	518,672	0.9	8.8	3,692,290	5.8	62.9	571,516	1.1	9.7	816,884	1.7	13.9
(うち寄付金)	923,297	1.6	100.0	432,320	0.8	46.8	365,948	0.6	39.6	123,803	0.2	13.4	170,034	0.3	18.4
(うち補助金)	13,029	0.0	100.0	21,529	0.0	165.2	204,595	0.3	1,570.3	108,673	0.2	834.1	112,756	0.2	865.5
特別収入計	6,226,115	11.0	100.0	726,022	1.3	11.7	6,947,987	10.9	111.6	1,027,607	1.9	16.5	4,291,299	8.7	68.9
(特別収支・支出の部)															
資産処分差額	704,292	1.2	100.0	131,060	0.2	18.6	929,762	1.5	132.0	557,754	1.0	79.2	1,725,499	3.5	245.0
その他の特別支出	297,631	0.5	100.0	224,325	0.4	75.4	3,664,274	5.7	1,231.1	537,663	1.0	180.6	1,049,331	2.1	352.6
特別支出計	1,001,923	1.8	100.0	355,385	0.6	35.5	4,594,036	7.2	458.5	1,095,417	2.0	109.3	2,774,830	5.6	277.0
基本金組入前当年度収支差額	9,899,554	17.5	100.0	5,737,317	10.5	58.0	8,128,327	12.7	82.1	2,111,903	3.9	21.3	2,696,887	5.5	27.2
経常収支差額	4,675,362	8.3	100.0	5,366,680	9.8	114.8	5,774,376	9.1	123.5	2,179,714	4.0	46.6	1,180,418	2.4	25.2
教育活動収支差額	4,427,854	7.8	100.0	5,014,639	9.2	113.3	5,039,111	7.9	113.8	1,870,058	3.4	42.2	910,230	1.8	20.6
教育活動外収支差額	247,509	0.4	100.0	352,040	0.6	142.2	735,265	1.2	297.1	309,656	0.6	125.1	270,188	0.5	109.2
特別収支差額	5,224,192	9.3	100.0	370,638	0.7	7.1	2,353,951	3.7	45.1	-67,810	-0.1	-1.3	1,516,469	3.1	29.0
基本金組入額合計	-10,351,792	-18.3	100.0	-3,806,085	-7.0	36.8	-3,958,942	-6.2	38.2	-4,331,183	-8.0	41.8	-3,481,200	-7.0	33.6
当年度収支差額	-452,237	-0.8	100.0	1,931,232	3.5	-427.0	4,169,385	6.5	-921.9	-2,219,280	-4.1	490.7	-784,313	-1.6	173.4
前年度繰越収支差額	920,437	1.6	100.0	9,526,934	17.4	1,035.0	6,280,095	9.8	682.3	7,820,169	14.4	849.6	1,910,830	3.9	207.6
基本金取崩額	1,031,362	1.8	100.0	200,516	0.4	19.4	1,296,241	2.0	125.7	156,371	0.3	15.2	1,371,364	2.8	133.0
翌年度繰越収支差額	1,499,562	2.7	100.0	11,658,682	21.3	777.5	11,745,721	18.4	783.3	5,757,260	10.6	383.9	2,497,881	5.1	166.6

(参考)

事業活動収入計	56,429,053	100.0	100.0	54,716,768	100.0	97.0	63,762,301	100.0	113.0	54,284,070	100.0	96.2	49,410,505	100.0	87.6
事業活動支出計	46,529,499	82.5	100.0	48,979,451	89.5	105.3	55,633,973	87.3	119.6	52,172,167	96.1	112.1	46,713,618	94.5	100.4

(注) 趨勢は２９年度を100としたものである。

令和3年度事業活動収支計算書（都道府県別）
－各種学校法人－

（教育活動収支及び教育活動外収支）（４－１）　　　　（単位：千円）

区分	合計			北海道			宮城・山形・福島県			茨城・栃木・群馬県			埼玉・千葉県		
法人数	138 法人			5 法人			5 法人			5 法人			5 法人		
科目	金額	構成比率(%)	趨勢構造比率	金額	構成比率(%)	趨勢構造比率	金額	構成比率(%)	趨勢構造比率	金額	構成比率(%)	趨勢構造比率	金額	構成比率(%)	趨勢構造比率
(教育活動収支・収入の部)															
学生生徒等納付金	36,118,548	73.1	100.0	544,177	47.2	1.5	239,576	70.7	0.7	498,600	74.4	1.4	299,166	58.5	0.8
手数料	1,087,551	2.2	100.0	815	0.1	0.1	7,831	2.3	0.7	1,462	0.2	0.1	4,303	0.8	0.4
寄付金	2,842,561	5.8	100.0	57,115	4.9	2.0	15,365	4.5	0.5	105,473	15.7	3.7	69,304	13.6	2.4
経常費等補助金	1,246,919	2.5	100.0	23,538	2.0	1.9	20,226	6.0	1.6	28,249	4.2	2.3	102,089	20.0	8.2
付随事業収入	1,816,718	3.7	100.0	60,042	5.2	3.3	30,285	8.9	1.7	19,712	2.9	1.1	19,025	3.7	1.0
雑収入	1,314,076	2.7	100.0	12,633	1.1	1.0	25,150	7.4	1.9	3,481	0.5	0.3	11,956	2.3	0.9
教育活動収入計	44,426,373	89.9	100.0	698,320	60.5	1.6	338,432	99.9	0.8	656,978	98.1	1.5	505,843	99.0	1.1
(教育活動収支・支出の部)															
人件費	27,244,784	55.1	100.0	453,270	39.3	1.7	207,023	61.1	0.8	356,668	53.3	1.3	329,659	64.5	1.2
教育研究（管理）経費	16,179,631	32.7	100.0	289,709	25.1	1.8	108,511	32.0	0.7	283,441	42.3	1.8	229,130	44.8	1.4
（うち減価償却額）	3,050,960	6.2	100.0	31,241	2.7	1.0	25,688	7.6	0.8	56,471	8.4	1.9	27,646	5.4	0.9
徴収不能額等	91,728	0.2	100.0	1,907	0.2	2.1	50	0.0	0.1	4,544	0.7	5.0	96	0.0	0.1
教育活動支出計	43,516,144	88.1	100.0	744,886	64.6	1.7	315,584	93.2	0.7	644,653	96.3	1.5	558,885	109.4	1.3
(教育活動外収支・収入の部)															
受取利息・配当金	287,275	0.6	100.0	28,782	2.5	10.0	4	0.0	0.0	10	0.0	0.0	462	0.1	0.2
その他の教育活動外収入	405,557	0.8	100.0	483	0.0	0.1	342	0.1	0.1	9,445	1.4	2.3	4,740	0.9	1.2
教育活動外収入計	692,833	1.4	100.0	29,265	2.5	4.2	346	0.1	0.0	9,455	1.4	1.4	5,202	1.0	0.8
(教育活動外収支・支出の部)															
借入金等利息	227,974	0.5	100.0	4,481	0.4	2.0	3,644	1.1	1.6	3,563	0.5	1.6	2,138	0.4	0.9
その他の教育活動外支出	194,670	0.4	100.0	828	0.1	0.4	174	0.1	0.1	0	0.0	0.0	0	0.0	0.0
教育活動外支出計	422,644	0.9	100.0	5,309	0.5	1.3	3,818	1.1	0.9	3,563	0.5	0.8	2,138	0.4	0.5

(特別収支)　(４－１)

(単位：千円)

区分	合計			北海道			宮城・山形・福島県			茨城・栃木・群馬県			埼玉・千葉県		
法人数	138 法人			5 法人			5 法人			5 法人			5 法人		
科目	金額	構成比率(%)	趨勢構造比率	金額	構成比率(%)	趨勢構造比率	金額	構成比率(%)	趨勢構造比率	金額	構成比率(%)	趨勢構造比率	金額	構成比率(%)	趨勢構造比率
(特別収支・収入の部)															
資産売却差額	3,474,415	7.0	100.0	229,802	19.9	6.6	0	0.0	0.0	0	0.0	0.0	0	0.0	0.0
その他の特別収入	816,884	1.7	100.0	196,477	17.0	24.1	0	0.0	0.0	3,317	0.5	0.4	0	0.0	0.0
(うち寄付金)	170,034	0.3	100.0	0	0.0	0.0	0	0.0	0.0	0	0.0	0.0	0	0.0	0.0
(うち補助金)	112,756	0.2	100.0	0	0.0	0.0	0	0.0	0.0	0	0.0	0.0	0	0.0	0.0
特別収入計	4,291,299	8.7	100.0	426,279	36.9	9.9	0	0.0	0.0	3,317	0.5	0.1	0	0.0	0.0
(特別収支・支出の部)															
資産処分差額	1,725,499	3.5	100.0	63,027	5.5	3.7	0	0.0	0.0	5,927	0.9	0.3	0	0.0	0.0
その他の特別支出	1,049,331	2.1	100.0	17,525	1.5	1.7	34	0.0	0.0	0	0.0	0.0	0	0.0	0.0
特別支出計	2,774,830	5.6	100.0	80,552	7.0	2.9	34	0.0	0.0	5,927	0.9	0.2	0	0.0	0.0
基本金組入前当年度収支差額	2,696,887	5.5	100.0	323,118	28.0	12.0	19,342	5.7	0.7	15,607	2.3	0.6	-49,977	-9.8	-1.9
経常収支差額	1,180,418	2.4	100.0	-22,609	-2.0	-1.9	19,375	5.7	1.6	18,218	2.7	1.5	-49,977	-9.8	-4.2
教育活動収支差額	910,230	1.8	100.0	-46,566	-4.0	-5.1	22,848	6.7	2.5	12,325	1.8	1.4	-53,041	-10.4	-5.8
教育活動外収支差額	270,188	0.5	100.0	23,957	2.1	8.9	-3,472	-1.0	-1.3	5,893	0.9	2.2	3,065	0.6	1.1
特別収支差額	1,516,469	3.1	100.0	345,727	30.0	22.8	-34	0.0	0.0	-2,610	-0.4	-0.2	0	0.0	0.0
基本金組入額合計	-3,481,200	-7.0	100.0	-107,830	-9.3	3.1	-77,765	-23.0	2.2	-28,515	-4.3	0.8	-17,841	-3.5	0.5
当年度収支差額	-784,313	-1.6	100.0	215,288	18.7	-27.4	-58,423	-17.2	7.4	-12,908	-1.9	1.6	-67,818	-13.3	8.6
前年度繰越収支差額	1,910,830	3.9	100.0	855,053	74.1	44.7	127,249	37.6	6.7	-241,186	-36.0	-12.6	155,062	30.3	8.1
基本金取崩額	1,371,364	2.8	100.0	469,145	40.7	34.2	0	0.0	0.0	26,025	3.9	1.9	0	0.0	0.0
翌年度繰越収支差額	2,497,881	5.1	100.0	1,539,486	133.4	61.6	68,826	20.3	2.8	-228,069	-34.1	-9.1	87,244	17.1	3.5

(参考)

事業活動収入計	49,410,505	100.0	100.0	1,153,864	100.0	2.3	338,778	100.0	0.7	669,749	100.0	1.4	511,045	100.0	1.0
事業活動支出計	46,713,618	94.5	100.0	830,746	72.0	1.8	319,436	94.3	0.7	654,142	97.7	1.4	561,022	109.8	1.2

(注) 構造比率は各種学校法人合計を 100 としたものである。

令和３年度事業活動収支計算書（都道府県別）
－各種学校法人－

（教育活動収支及び教育活動外収支）（４－２）　　　　（単位：千円）

区分	東京都			神奈川県			富山・福井県			山梨・長野・岐阜県			静岡県		
法人数	30 法人			3 法人			10 法人			4 法人			5 法人		
科目	金額	構成比率(%)	趨勢構造比率	金額	構成比率(%)	趨勢構造比率	金額	構成比率(%)	趨勢構造比率	金額	構成比率(%)	趨勢構造比率	金額	構成比率(%)	趨勢構造比率
（教育活動収支・収入の部）															
学生生徒等納付金	14,267,070	79.6	39.5	3,426,889	49.9	9.5	4,397,515	85.2	12.2	185,136	61.3	0.5	142,127	63.5	0.4
手数料	126,631	0.7	11.6	17,821	0.3	1.6	522,244	10.1	48.0	5,303	1.8	0.5	2,675	1.2	0.2
寄付金	906,071	5.1	31.9	375,906	5.5	13.2	1,610	0.0	0.1	44,181	14.6	1.6	23,437	10.5	0.8
経常費等補助金	478,503	2.7	38.4	7,036	0.1	0.6	900	0.0	0.1	18,427	6.1	1.5	17,947	8.0	1.4
付随事業収入	985,317	5.5	54.2	29,929	0.4	1.6	57,166	1.1	3.1	33,174	11.0	1.8	19,199	8.6	1.1
雑収入	652,890	3.6	49.7	65,375	1.0	5.0	163,422	3.2	12.4	10,870	3.6	0.8	16,963	7.6	1.3
教育活動収入計	17,416,482	97.2	39.2	3,922,956	57.1	8.8	5,142,857	99.6	11.6	297,090	98.3	0.7	222,348	99.3	0.5
（教育活動収支・支出の部）															
人件費	10,414,712	58.1	38.2	2,716,020	39.5	10.0	3,106,772	60.2	11.4	212,710	70.4	0.8	163,342	73.0	0.6
教育研究（管理）経費	6,203,553	34.6	38.3	812,447	11.8	5.0	1,874,697	36.3	11.6	148,650	49.2	0.9	82,679	36.9	0.5
（うち減価償却額）	1,291,772	7.2	42.3	154,131	2.2	5.1	310,604	6.0	10.2	34,607	11.5	1.1	8,663	3.9	0.3
徴収不能額等	29,445	0.2	32.1	37,283	0.5	40.6	8	0.0	0.0	763	0.3	0.8	0	0.0	0.0
教育活動支出計	16,647,710	92.9	38.3	3,565,751	51.9	8.2	4,981,477	96.5	11.4	362,123	119.8	0.8	246,022	109.9	0.6
（教育活動外収支・収入の部）															
受取利息・配当金	127,068	0.7	44.2	60	0.0	0.0	14,641	0.3	5.1	1	0.0	0.0	33	0.0	0.0
その他の教育活動外収入	166,668	0.9	41.1	2,429	0.0	0.6	3,718	0.1	0.9	5,000	1.7	1.2	1,203	0.5	0.3
教育活動外収入計	293,737	1.6	42.4	2,489	0.0	0.4	18,359	0.4	2.6	5,001	1.7	0.7	1,236	0.6	0.2
（教育活動外収支・支出の部）															
借入金等利息	90,495	0.5	39.7	42,043	0.6	18.4	1,138	0.0	0.5	10,081	3.3	4.4	260	0.1	0.1
その他の教育活動外支出	28,410	0.2	14.6	0	0.0	0.0	1,845	0.0	0.9	0	0.0	0.0	1,610	0.7	0.8
教育活動外支出計	118,904	0.7	28.1	42,043	0.6	9.9	2,982	0.1	0.7	10,081	3.3	2.4	1,870	0.8	0.4

(特別収支)　(４－２)

(単位：千円)

区分	東京都			神奈川県			富山・福井県			山梨・長野・岐阜県			静岡県		
法人数	30 法人			3 法人			10 法人			4 法人			5 法人		
科目	金額	構成比率(%)	趨勢構造比率	金額	構成比率(%)	趨勢構造比率	金額	構成比率(%)	趨勢構造比率	金額	構成比率(%)	趨勢構造比率	金額	構成比率(%)	趨勢構造比率
(特別収支・収入の部)															
資産売却差額	9,163	0.1	0.3	2,893,280	42.1	83.3	1,229	0.0	0.0	0	0.0	0.0	16	0.0	0.0
その他の特別収入	205,152	1.1	25.1	54,162	0.8	6.6	160	0.0	0.0	59	0.0	0.0	300	0.1	0.0
(うち寄付金)	115,039	0.6	67.7	36,325	0.5	21.4	0	0.0	0.0	0	0.0	0.0	0	0.0	0.0
(うち補助金)	12,443	0.1	11.0	0	0.0	0.0	0	0.0	0.0	0	0.0	0.0	0	0.0	0.0
特別収入計	214,315	1.2	5.0	2,947,442	42.9	68.7	1,389	0.0	0.0	59	0.0	0.0	316	0.1	0.0
(特別収支・支出の部)															
資産処分差額	133,894	0.7	7.8	926,644	13.5	53.7	8,429	0.2	0.5	0	0.0	0.0	71	0.0	0.0
その他の特別支出	77,822	0.4	7.4	100	0.0	0.0	34,729	0.7	3.3	0	0.0	0.0	0	0.0	0.0
特別支出計	211,716	1.2	7.6	926,744	13.5	33.4	43,158	0.8	1.6	0	0.0	0.0	71	0.0	0.0

区分	東京都 金額	構成比率(%)	趨勢構造比率	神奈川県 金額	構成比率(%)	趨勢構造比率	富山・福井県 金額	構成比率(%)	趨勢構造比率	山梨・長野・岐阜県 金額	構成比率(%)	趨勢構造比率	静岡県 金額	構成比率(%)	趨勢構造比率
基本金組入前当年度収支差額	946,204	5.3	35.1	2,338,349	34.0	86.7	134,987	2.6	5.0	-70,053	-23.2	-2.6	-24,063	-10.7	-0.9
経常収支差額	943,604	5.3	79.9	317,651	4.6	26.9	176,756	3.4	15.0	-70,112	-23.2	-5.9	-24,308	-10.9	-2.1
教育活動収支差額	768,772	4.3	84.5	357,205	5.2	39.2	161,380	3.1	17.7	-65,032	-21.5	-7.1	-23,674	-10.6	-2.6
教育活動外収支差額	174,832	1.0	64.7	-39,554	-0.6	-14.6	15,376	0.3	5.7	-5,080	-1.7	-1.9	-634	-0.3	-0.2
特別収支差額	2,599	0.0	0.2	2,020,698	29.4	133.3	-41,769	-0.8	-2.8	59	0.0	0.0	245	0.1	0.0
基本金組入額合計	-1,571,303	-8.8	45.1	-722,992	-10.5	20.8	-5,081	-0.1	0.1	-14,237	-4.7	0.4	-817	-0.4	0.0
当年度収支差額	-625,100	-3.5	79.7	1,615,357	23.5	-206.0	129,906	2.5	-16.6	-84,291	-27.9	10.7	-24,879	-11.1	3.2
前年度繰越収支差額	1,958,199	10.9	102.5	-2,946,565	-42.9	-154.2	2,052,956	39.8	107.4	-1,071,769	-354.7	-56.1	243,654	108.8	12.8
基本金取崩額	93,370	0.5	6.8	1,689	0.0	0.1	0	0.0	0.0	0	0.0	0.0	5	0.0	0.0
翌年度繰越収支差額	1,426,470	8.0	57.1	-1,329,519	-19.3	-53.2	2,182,862	42.3	87.4	-1,156,059	-382.6	-46.3	218,780	97.7	8.8

(参考)

事業活動収入計	17,924,533	100.0	36.3	6,872,887	100.0	13.9	5,162,605	100.0	10.4	302,150	100.0	0.6	223,901	100.0	0.5
事業活動支出計	16,978,330	94.7	36.3	4,534,539	66.0	9.7	5,027,618	97.4	10.8	372,204	123.2	0.8	247,963	110.7	0.5

(注) 構造比率は各種学校法人合計を 100 としたものである。

令和３年度事業活動収支計算書（都道府県別）
－各種学校法人－

（教育活動収支及び教育活動外収支）（４－３）

（単位：千円）

区分	愛知県			三重・奈良県			京都府			大阪府			兵庫県		
法人数	5 法人			3 法人			9 法人			9 法人			14 法人		
科目	金額	構成比率(%)	趨勢構造比率	金額	構成比率(%)	趨勢構造比率	金額	構成比率(%)	趨勢構造比率	金額	構成比率(%)	趨勢構造比率	金額	構成比率(%)	趨勢構造比率
（教育活動収支・収入の部）															
学生生徒等納付金	1,105,710	70.6	3.1	115,282	72.8	0.3	763,305	78.3	2.1	831,237	56.5	2.3	3,989,547	69.4	11.0
手数料	4,129	0.3	0.4	0	0.0	0.0	19,917	2.0	1.8	8,029	0.5	0.7	126,319	2.2	11.6
寄付金	96,156	6.1	3.4	2,265	1.4	0.1	21,832	2.2	0.8	207,830	14.1	7.3	607,437	10.6	21.4
経常費等補助金	61,808	3.9	5.0	26,797	16.9	2.1	5,610	0.6	0.4	53,149	3.6	4.3	357,408	6.2	28.7
付随事業収入	20,251	1.3	1.1	241	0.2	0.0	60,432	6.2	3.3	73,304	5.0	4.0	212,485	3.7	11.7
雑収入	20,820	1.3	1.6	8,648	5.5	0.7	56,215	5.8	4.3	22,899	1.6	1.7	53,525	0.9	4.1
教育活動収入計	1,308,873	83.5	2.9	153,234	96.7	0.3	927,311	95.1	2.1	1,196,448	81.3	2.7	5,346,721	93.0	12.0
（教育活動収支・支出の部）															
人件費	751,494	48.0	2.8	104,564	66.0	0.4	684,153	70.2	2.5	953,290	64.8	3.5	3,454,921	60.1	12.7
教育研究（管理）経費	508,336	32.4	3.1	46,235	29.2	0.3	295,476	30.3	1.8	524,393	35.6	3.2	1,994,567	34.7	12.3
（うち減価償却額）	144,073	9.2	4.7	4,709	3.0	0.2	30,183	3.1	1.0	81,347	5.5	2.7	531,894	9.3	17.4
徴収不能額等	0	0.0	0.0	0	0.0	0.0	0	0.0	0.0	4,576	0.3	5.0	8,255	0.1	9.0
教育活動支出計	1,259,829	80.4	2.9	150,799	95.2	0.3	979,629	100.5	2.3	1,482,259	100.7	3.4	5,457,743	95.0	12.5
（教育活動外収支・収入の部）															
受取利息・配当金	1,279	0.1	0.4	1	0.0	0.0	3,307	0.3	1.2	1,315	0.1	0.5	107,054	1.9	37.3
その他の教育活動外収入	1,240	0.1	0.3	4,557	2.9	1.1	30,536	3.1	7.5	66,660	4.5	16.4	85,269	1.5	21.0
教育活動外収入計	2,519	0.2	0.4	4,558	2.9	0.7	33,843	3.5	4.9	67,975	4.6	9.8	192,322	3.3	27.8
（教育活動外収支・支出の部）															
借入金等利息	7,768	0.5	3.4	4,239	2.7	1.9	11,356	1.2	5.0	1,667	0.1	0.7	7,530	0.1	3.3
その他の教育活動外支出	80,770	5.2	41.5	6,796	4.3	3.5	24,365	2.5	12.5	0	0.0	0.0	33,187	0.6	17.0
教育活動外支出計	88,538	5.7	20.9	11,035	7.0	2.6	35,721	3.7	8.5	1,667	0.1	0.4	40,717	0.7	9.6

(特別収支)　(４－３)

(単位：千円)

区分	愛知県			三重・奈良県			京都府			大阪府			兵庫県		
法人数	5 法人			3 法人			9 法人			9 法人			14 法人		
科目	金額	構成比率(%)	趨勢構造比率	金額	構成比率(%)	趨勢構造比率	金額	構成比率(%)	趨勢構造比率	金額	構成比率(%)	趨勢構造比率	金額	構成比率(%)	趨勢構造比率
(特別収支・収入の部)															
資産売却差額	160,000	10.2	4.6	600	0.4	0.0	500	0.1	0.0	150	0.0	0.0	178,347	3.1	5.1
その他の特別収入	95,640	6.1	11.7	0	0.0	0.0	13,197	1.4	1.6	207,654	14.1	25.4	29,762	0.5	3.6
(うち寄付金)	0	0.0	0.0	0	0.0	0.0	13,170	1.4	7.7	0	0.0	0.0	5,500	0.1	3.2
(うち補助金)	95,640	6.1	84.8	0	0.0	0.0	0	0.0	0.0	0	0.0	0.0	0	0.0	0.0
特別収入計	255,640	16.3	6.0	600	0.4	0.0	13,697	1.4	0.3	207,804	14.1	4.8	208,109	3.6	4.8
(特別収支・支出の部)															
資産処分差額	164,684	10.5	9.5	0	0.0	0.0	1,446	0.1	0.1	2,434	0.2	0.1	342,508	6.0	19.8
その他の特別支出	0	0.0	0.0	0	0.0	0.0	0	0.0	0.0	974	0.1	0.1	645	0.0	0.1
特別支出計	164,684	10.5	5.9	0	0.0	0.0	1,446	0.1	0.1	3,408	0.2	0.1	343,152	6.0	12.4
基本金組入前当年度収支差額	53,981	3.4	2.0	-3,443	-2.2	-0.1	-41,944	-4.3	-1.6	-15,106	-1.0	-0.6	-94,460	-1.6	-3.5
経常収支差額	-36,975	-2.4	-3.1	-4,043	-2.6	-0.3	-54,196	-5.6	-4.6	-219,502	-14.9	-18.6	40,584	0.7	3.4
教育活動収支差額	49,044	3.1	5.4	2,434	1.5	0.3	-52,318	-5.4	-5.7	-285,810	-19.4	-31.4	-111,022	-1.9	-12.2
教育活動外収支差額	-86,019	-5.5	-31.8	-6,477	-4.1	-2.4	-1,878	-0.2	-0.7	66,308	4.5	24.5	151,606	2.6	56.1
特別収支差額	90,956	5.8	6.0	600	0.4	0.0	12,252	1.3	0.8	204,396	13.9	13.5	-135,043	-2.3	-8.9
基本金組入額合計	-38,246	-2.4	1.1	-7,727	-4.9	0.2	-4,166	-0.4	0.1	-22,952	-1.6	0.7	-192,302	-3.3	5.5
当年度収支差額	15,735	1.0	-2.0	-11,170	-7.1	1.4	-46,110	-4.7	5.9	-38,058	-2.6	4.9	-286,762	-5.0	36.6
前年度繰越収支差額	-834,465	-53.3	-43.7	335,878	212.1	17.6	-683,141	-70.1	-35.8	-212,016	-14.4	-11.1	166,853	2.9	8.7
基本金取崩額	0	0.0	0.0	1,110	0.7	0.1	54,433	5.6	4.0	3,188	0.2	0.2	640,585	11.1	46.7
翌年度繰越収支差額	-818,730	-52.2	-32.8	325,818	205.7	13.0	-674,819	-69.2	-27.0	-246,887	-16.8	-9.9	520,676	9.1	20.8

(参考)

事業活動収入計	1,567,032	100.0	3.2	158,392	100.0	0.3	974,852	100.0	2.0	1,472,227	100.0	3.0	5,747,153	100.0	11.6
事業活動支出計	1,513,051	96.6	3.2	161,834	102.2	0.3	1,016,796	104.3	2.2	1,487,334	101.0	3.2	5,841,612	101.6	12.5

(注) 構造比率は各種学校法人合計を 100 としたものである。

令和3年度事業活動収支計算書（都道府県別）
ー各種学校法人ー

（教育活動収支及び教育活動外収支）（４－４）　　　　（単位：千円）

区分	鳥取・島根県			岡山県			広島・山口・高知県			福岡県			長崎・熊本・沖縄県		
法人数	6法人			5法人			5法人			5法人			5法人		
科目	金額	構成比率(%)	趨勢構造比率	金額	構成比率(%)	趨勢構造比率	金額	構成比率(%)	趨勢構造比率	金額	構成比率(%)	趨勢構造比率	金額	構成比率(%)	趨勢構造比率
（教育活動収支・収入の部）															
学生生徒等納付金	2,939,399	89.4	8.1	645,239	79.2	1.8	372,817	71.8	1.0	696,824	76.3	1.9	658,929	82.8	1.8
手数料	227,983	6.9	21.0	2,066	0.3	0.2	1,731	0.3	0.2	5,157	0.6	0.5	3,136	0.4	0.3
寄付金	0	0.0	0.0	85,730	10.5	3.0	70,979	13.7	2.5	138,193	15.1	4.9	13,675	1.7	0.5
経常費等補助金	0	0.0	0.0	3,720	0.5	0.3	22,388	4.3	1.8	15,716	1.7	1.3	3,409	0.4	0.3
付随事業収入	49,576	1.5	2.7	12,861	1.6	0.7	45,616	8.8	2.5	15,694	1.7	0.9	72,410	9.1	4.0
雑収入	67,614	2.1	5.1	43,467	5.3	3.3	5,575	1.1	0.4	36,444	4.0	2.8	36,129	4.5	2.7
教育活動収入計	3,284,572	99.9	7.4	793,084	97.3	1.8	519,106	100.0	1.2	908,028	99.4	2.0	787,689	99.0	1.8
（教育活動収支・支出の部）															
人件費	1,490,112	45.3	5.5	402,820	49.4	1.5	351,298	67.7	1.3	654,055	71.6	2.4	437,902	55.0	1.6
教育研究（管理）経費	1,554,503	47.3	9.6	313,889	38.5	1.9	207,830	40.0	1.3	345,967	37.9	2.1	355,618	44.7	2.2
（うち減価償却額）	135,935	4.1	4.5	38,283	4.7	1.3	36,702	7.1	1.2	45,733	5.0	1.5	61,277	7.7	2.0
徴収不能額等	0	0.0	0.0	1,315	0.2	1.4	0	0.0	0.0	3,480	0.4	3.8	5	0.0	0.0
教育活動支出計	3,044,615	92.6	7.0	718,024	88.1	1.7	559,128	107.7	1.3	1,003,502	109.8	2.3	793,525	99.7	1.8

区分	鳥取・島根県			岡山県			広島・山口・高知県			福岡県			長崎・熊本・沖縄県		
（教育活動外収支・収入の部）															
受取利息・配当金	1,783	0.1	0.6	1,123	0.1	0.4	41	0.0	0.0	9	0.0	0.0	300	0.0	0.1
その他の教育活動外収入	1,000	0.0	0.2	20,855	2.6	5.1	0	0.0	0.0	0	0.0	0.0	1,414	0.2	0.3
教育活動外収入計	2,783	0.1	0.4	21,978	2.7	3.2	41	0.0	0.0	9	0.0	0.0	1,714	0.2	0.2
（教育活動外収支・支出の部）															
借入金等利息	24,248	0.7	10.6	3,431	0.4	1.5	5,879	1.1	2.6	115	0.0	0.1	3,898	0.5	1.7
その他の教育活動外支出	16,076	0.5	8.3	0	0.0	0.0	0	0.0	0.0	0	0.0	0.0	610	0.1	0.3
教育活動外支出計	40,324	1.2	9.5	3,431	0.4	0.8	5,879	1.1	1.4	115	0.0	0.0	4,508	0.6	1.1

（特別収支）　（４－４）

（単位：千円）

区分	鳥取・島根県			岡山県			広島・山口・高知県			福岡県			長崎・熊本・沖縄県		
法人数	6法人			5法人			5法人			5法人			5法人		
科目	金額	構成比率(%)	趨勢構造比率	金額	構成比率(%)	趨勢構造比率	金額	構成比率(%)	趨勢構造比率	金額	構成比率(%)	趨勢構造比率	金額	構成比率(%)	趨勢構造比率
（特別収支・収入の部）															
資産売却差額	198	0.0	0.0	0	0.0	0.0	0	0.0	0.0	0	0.0	0.0	1,129	0.1	0.0
その他の特別収入	80	0.0	0.0	120	0.0	0.0	0	0.0	0.0	5,709	0.6	0.7	5,096	0.6	0.6
（うち寄付金）	0	0.0	0.0	0	0.0	0.0	0	0.0	0.0	0	0.0	0.0	0	0.0	0.0
（うち補助金）	63	0.0	0.1	0	0.0	0.0	0	0.0	0.0	4,610	0.5	4.1	0	0.0	0.0
特別収入計	278	0.0	0.0	120	0.0	0.0	0	0.0	0.0	5,709	0.6	0.1	6,225	0.8	0.1
（特別収支・支出の部）															
資産処分差額	1,060	0.0	0.1	52	0.0	0.0	73,468	14.2	4.3	315	0.0	0.0	1,541	0.2	0.1
その他の特別支出	42,342	1.3	4.0	7,274	0.9	0.7	867,109	167.0	82.6	30	0.0	0.0	748	0.1	0.1
特別支出計	43,402	1.3	1.6	7,326	0.9	0.3	940,576	181.2	33.9	345	0.0	0.0	2,288	0.3	0.1
基本金組入前当年度収支差額	159,291	4.8	5.9	86,401	10.6	3.2	-986,437	-190.0	-36.6	-90,217	-9.9	-3.3	-4,693	-0.6	-0.2
経常収支差額	202,416	6.2	17.1	93,607	11.5	7.9	-45,861	-8.8	-3.9	-95,581	-10.5	-8.1	-8,630	-1.1	-0.7
教育活動収支差額	239,957	7.3	26.4	75,060	9.2	8.2	-40,022	-7.7	-4.4	-95,474	-10.4	-10.5	-5,836	-0.7	-0.6
教育活動外収支差額	-37,541	-1.1	-13.9	18,547	2.3	6.9	-5,838	-1.1	-2.2	-106	0.0	0.0	-2,794	-0.4	-1.0
特別収支差額	-43,125	-1.3	-2.8	-7,206	-0.9	-0.5	-940,576	-181.2	-62.0	5,363	0.6	0.4	3,937	0.5	0.3
基本金組入額合計	-525,930	-16.0	15.1	-4,672	-0.6	0.1	-67,350	-13.0	1.9	-29,426	-3.2	0.8	-42,046	-5.3	1.2
当年度収支差額	-366,638	-11.2	46.7	81,729	10.0	-10.4	-1,053,787	-203.0	134.4	-119,643	-13.1	15.3	-46,739	-5.9	6.0
前年度繰越収支差額	2,632,275	80.1	137.8	29,247	3.6	1.5	-789,945	-152.2	-41.3	-287,850	-31.5	-15.1	421,342	53.0	22.1
基本金取崩額	0	0.0	0.0	0	0.0	0.0	80,815	15.6	5.9	1,000	0.1	0.1	0	0.0	0.0
翌年度繰越収支差額	2,265,636	68.9	90.7	110,976	13.6	4.4	-1,762,918	-339.6	-70.6	-406,493	-44.5	-16.3	374,602	47.1	15.0

（参考）

事業活動収入計	3,287,633	100.0	6.7	815,182	100.0	1.6	519,147	100.0	1.1	913,746	100.0	1.8	795,628	100.0	1.6
事業活動支出計	3,128,342	95.2	6.7	728,781	89.4	1.6	1,505,584	290.0	3.2	1,003,963	109.9	2.1	800,321	100.6	1.7

（注）構造比率は各種学校法人合計を100としたものである。

5 ヵ 年 連 続 資 金 収 支 計 算 書
― 各 種 学 校 法 人 ―

（単位：千円）

区分	29年度			30年度			令和元年度			2年度			3年度		
法人数	145法人			139法人			139法人			142法人			138法人		
科目	金額	構成比率(%)	趨勢構造比率	金額	構成比率(%)	趨勢構造比率	金額	構成比率(%)	趨勢構造比率	金額	構成比率(%)	趨勢構造比率	金額	構成比率(%)	趨勢構造比率
(収入の部)															
学生生徒等納付金収入	40,633,310	42.8	100.0	45,171,698	44.4	111.2	45,359,858	38.2	111.6	43,828,679	32.9	107.9	36,159,585	33.0	89.0
授業料収入	34,699,548	36.5	100.0	38,941,014	38.3	112.2	39,053,223	32.9	112.5	38,135,531	28.6	109.9	31,048,472	28.4	89.5
入学金収入	2,193,309	2.3	100.0	2,083,538	2.0	95.0	2,192,433	1.8	100.0	1,940,239	1.5	88.5	1,775,003	1.6	80.9
施設設備資金収入	1,605,546	1.7	100.0	2,029,694	2.0	126.4	2,151,781	1.8	134.0	2,123,313	1.6	132.2	1,420,150	1.3	88.5
施設等利用給付費収入	—	***.*	***.*	—	***.*	***.*	—	***.*	***.*	0	0.0	***.*	0	0.0	***.*
施設型給付費収入	—	***.*	***.*	—	***.*	***.*	—	***.*	***.*	0	0.0	***.*	0	0.0	***.*
その他収入	2,134,908	2.2	100.0	2,117,452	2.1	99.2	1,962,421	1.7	91.9	1,629,595	1.2	76.3	1,915,959	1.8	89.7
手数料収入	985,428	1.0	100.0	1,153,862	1.1	117.1	1,258,930	1.1	127.8	1,147,662	0.9	116.5	1,090,822	1.0	110.7
入学検定料収入	437,572	0.5	100.0	420,877	0.4	96.2	511,445	0.4	116.9	341,070	0.3	77.9	403,555	0.4	92.2
その他収入	547,856	0.6	100.0	732,985	0.7	133.8	747,485	0.6	136.4	806,592	0.6	147.2	687,266	0.6	125.4
寄付金収入	2,952,613	3.1	100.0	2,562,636	2.5	86.8	3,762,970	3.2	127.4	2,844,988	2.1	96.4	3,008,412	2.7	101.9
補助金収入	1,348,405	1.4	100.0	1,323,571	1.3	98.2	1,406,342	1.2	104.3	1,380,614	1.0	102.4	1,359,660	1.2	100.8
国庫補助金収入	500,155	0.5	100.0	512,366	0.5	102.4	498,856	0.4	99.7	400,272	0.3	80.0	488,156	0.4	97.6
地方公共団体補助金収入	846,423	0.9	100.0	810,900	0.8	95.8	907,486	0.8	107.2	972,487	0.7	114.9	871,504	0.8	103.0
授業料等減免費負担金収入	—	***.*	***.*	—	***.*	***.*	—	***.*	***.*	0	0.0	***.*	0	0.0	***.*
その他地方公共団体補助金収入	—	***.*	***.*	—	***.*	***.*	—	***.*	***.*	972,487	0.7	***.*	871,504	0.8	***.*
施設型給付費収入	1,827	0.0	100.0	304	0.0	16.7	0	0.0	0.0	7,855	0.0	430.0	0	0.0	0.0
資産売却収入	2,632,158	2.8	100.0	1,000,066	1.0	38.0	6,026,575	5.1	229.0	4,401,061	3.3	167.2	8,324,398	7.6	316.3
付随事業・収益事業収入	2,760,956	2.9	100.0	2,866,882	2.8	103.8	3,808,318	3.2	137.9	2,404,457	1.8	87.1	2,138,987	2.0	77.5
施設等利用給付費収入	—	***.*	***.*	—	***.*	***.*	—	***.*	***.*	0	0.0	***.*	9,818	0.0	***.*
その他付随事業等収入	—	***.*	***.*	—	***.*	***.*	—	***.*	***.*	2,404,457	1.8	***.*	2,129,168	1.9	***.*
受取利息・配当金収入	499,603	0.5	100.0	353,354	0.3	70.7	544,948	0.5	109.1	381,790	0.3	76.4	287,280	0.3	57.5
雑収入	862,735	0.9	100.0	719,298	0.7	83.4	1,060,520	0.9	122.9	1,382,713	1.0	160.3	1,090,905	1.0	126.4
借入金等収入	1,789,704	1.9	100.0	5,105,169	5.0	285.3	4,278,920	3.6	239.1	13,857,703	10.4	774.3	3,346,330	3.1	187.0
長期借入金収入	1,115,419	1.2	100.0	4,373,850	4.3	392.1	2,754,551	2.3	247.0	12,978,980	9.7	1,163.6	1,452,875	1.3	130.3
短期借入金収入	616,284	0.6	100.0	678,819	0.7	110.1	1,471,869	1.2	238.8	815,572	0.6	132.3	1,826,955	1.7	296.4
学校債収入	58,000	0.1	100.0	52,500	0.1	90.5	52,500	0.0	90.5	63,151	0.0	108.9	66,500	0.1	114.7
計	54,464,912	57.3	100.0	60,256,536	59.3	110.6	67,507,381	56.9	123.9	71,629,667	53.8	131.5	56,806,379	51.9	104.3
前受金収入	8,094,091	8.5	100.0	8,626,437	8.5	106.6	8,763,704	7.4	108.3	7,266,855	5.5	89.8	7,273,490	6.6	89.9
その他の収入	11,701,891	12.3	100.0	8,368,201	8.2	71.5	16,052,781	13.5	137.2	15,669,037	11.8	133.9	9,989,253	9.1	85.4
資金収入調整勘定	-8,066,915	-8.5	100.0	-8,906,422	-8.8	110.4	-11,350,823	-9.6	140.7	-8,724,161	-6.5	108.1	-8,108,442	-7.4	100.5
前年度繰越支払資金	28,818,986	30.3	100.0	33,338,775	32.8	115.7	37,642,804	31.7	130.6	47,361,852	35.6	164.3	43,515,028	39.7	151.0
収入の部合計	95,012,965	100.0	100.0	101,683,528	100.0	107.0	118,615,847	100.0	124.8	133,203,249	100.0	140.2	109,475,707	100.0	115.2

（注）趨勢は２９年度を100としたものである。

５ ヵ 年 連 続 資 金 収 支 計 算 書
ー 各 種 学 校 法 人 ー

（単位：千円）

区分	29年度			30年度			令和元年度			2年度			3年度		
法人数	145法人			139法人			139法人			142法人			138法人		
科目	金額	構成比率(%)	趨勢構造比率	金額	構成比率(%)	趨勢構造比率	金額	構成比率(%)	趨勢構造比率	金額	構成比率(%)	趨勢構造比率	金額	構成比率(%)	趨勢構造比率
(支出の部)															
人件費支出	26,889,147	28.3	100.0	28,734,061	28.3	106.9	30,401,169	25.6	113.1	31,701,621	23.8	117.9	27,326,053	25.0	101.6
教員人件費支出	19,493,887	20.5	100.0	20,633,210	20.3	105.8	20,607,242	17.4	105.7	21,696,718	16.3	111.3	19,350,360	17.7	99.3
本務教員	18,112,341	19.1	100.0	19,391,771	19.1	107.1	19,277,143	16.3	106.4	20,729,872	15.6	114.5	18,471,956	16.9	102.0
(うち所定福利費)	1,666,437	1.8	100.0	1,596,126	1.6	95.8	1,794,895	1.5	107.7	1,801,868	1.4	108.1	1,948,803	1.8	116.9
兼務教員	1,381,546	1.5	100.0	1,241,439	1.2	89.9	1,330,098	1.1	96.3	966,846	0.7	70.0	878,403	0.8	63.6
職員人件費支出	5,900,984	6.2	100.0	6,238,132	6.1	105.7	7,339,450	6.2	124.4	7,679,398	5.8	130.1	6,540,090	6.0	110.8
本務職員	5,598,211	5.9	100.0	5,951,096	5.9	106.3	7,020,376	5.9	125.4	7,338,004	5.5	131.1	6,081,060	5.6	108.6
(うち所定福利費)	651,456	0.7	100.0	660,531	0.6	101.4	754,875	0.6	115.9	722,136	0.5	110.8	725,287	0.7	111.3
兼務職員	302,773	0.3	100.0	287,035	0.3	94.8	319,075	0.3	105.4	341,394	0.3	112.8	459,030	0.4	151.6
役員報酬支出	853,921	0.9	100.0	859,073	0.8	100.6	871,521	0.7	102.1	825,627	0.6	96.7	784,945	0.7	91.9
退職金支出	434,425	0.5	100.0	680,210	0.7	156.6	779,705	0.7	179.5	796,093	0.6	183.3	469,231	0.4	108.0
その他支出	205,930	0.2	100.0	323,436	0.3	157.1	803,251	0.7	390.1	703,785	0.5	341.8	181,428	0.2	88.1
教育研究（管理）経費支出	14,753,340	15.5	100.0	15,765,729	15.5	106.9	16,529,568	13.9	112.0	14,850,446	11.1	100.7	12,947,086	11.8	87.8
借入金等利息支出	270,638	0.3	100.0	260,185	0.3	96.1	260,981	0.2	96.4	300,192	0.2	110.9	228,260	0.2	84.3
借入金等返済支出	3,064,399	3.2	100.0	3,041,042	3.0	99.2	4,566,828	3.9	149.0	3,061,334	2.3	99.9	6,830,281	6.2	222.9
施設関係支出	2,719,820	2.9	100.0	6,231,951	6.1	229.1	4,506,699	3.8	165.7	10,373,019	7.8	381.4	7,010,878	6.4	257.8
土地支出	458,531	0.5	100.0	3,942,204	3.9	859.7	356,070	0.3	77.7	1,366,567	1.0	298.0	14,661	0.0	3.2
建物支出	866,339	0.9	100.0	1,349,634	1.3	155.8	1,108,163	0.9	127.9	2,079,505	1.6	240.0	5,423,229	5.0	626.0
構築物支出	192,502	0.2	100.0	267,279	0.3	138.8	472,594	0.4	245.5	239,190	0.2	124.3	872,233	0.8	453.1
その他支出	1,202,448	1.3	100.0	672,834	0.7	56.0	2,569,872	2.2	213.7	6,687,757	5.0	556.2	700,754	0.6	58.3
設備関係支出	1,019,858	1.1	100.0	877,327	0.9	86.0	808,279	0.7	79.3	985,799	0.7	96.7	997,440	0.9	97.8
教育研究用機器備品支出	386,274	0.4	100.0	335,958	0.3	87.0	354,173	0.3	91.7	325,282	0.2	84.2	616,570	0.6	159.6
図書支出	44,414	0.0	100.0	54,948	0.1	123.7	69,334	0.1	156.1	38,526	0.0	86.7	26,573	0.0	59.8
その他支出	589,169	0.6	100.0	486,421	0.5	82.6	384,771	0.3	65.3	621,991	0.5	105.6	354,297	0.3	60.1
計	48,717,202	51.3	100.0	54,910,295	54.0	112.7	57,073,524	48.1	117.2	61,272,410	46.0	125.8	55,339,998	50.6	113.6
資産運用支出	4,168,738	4.4	100.0	2,432,628	2.4	58.4	2,760,828	2.3	66.2	12,746,483	9.6	305.8	5,606,015	5.1	134.5
その他の支出	11,249,953	11.8	100.0	8,823,365	8.7	78.4	17,735,811	15.0	157.7	10,899,538	8.2	96.9	11,271,761	10.3	100.2
資金支出調整勘定	-3,263,584	-3.4	100.0	-3,989,998	-3.9	122.3	-4,673,684	-3.9	143.2	-3,563,351	-2.7	109.2	-5,071,780	-4.6	155.4
翌年度繰越支払資金	34,144,179	35.9	100.0	39,507,237	38.9	115.7	45,719,368	38.5	133.9	51,848,169	38.9	151.9	42,329,713	38.7	124.0
支出の部合計	95,016,488	100.0	100.0	101,683,528	100.0	107.0	118,615,847	100.0	124.8	133,203,249	100.0	140.2	109,475,707	100.0	115.2
収支差額（その他法人・個人のみ）	0		100.0	0		0.0	0		0.0	0		0.0	0		0.0

（注）趨勢は２９年度を100としたものである。

５ ヵ 年 連 続 財 務 比 率 表
－各種学校法人－

分類		比率	算式（×100）	29年度	30年度	令和元年度	2年度	3年度
		法人数		145	139	139	142	138
事業活動収支計算書	1	人件費比率	人件費 / 経常収入	% 53.5	% 53.5	% 53.7	% 59.5	% 60.4
	2	人件費依存率	人件費 / 学生生徒等納付金	65.5	63.9	67.3	72.3	75.4
	3	教育研究（管理）経費比率	教育研究（管理）経費 / 経常収入	35.5	35.5	35.0	35.2	35.9
	4	借入金等利息比率	借入金等利息 / 経常収入	0.5	0.5	0.5	0.6	0.5
	5	事業活動収支差額比率	基本金組入前当年度収支差額 / 事業活動収入	17.5	10.5	12.7	3.9	5.5
	6	基本金組入後収支比率	事業活動支出 / 事業活動収入－基本金組入額	101.0	96.2	93.0	104.4	101.7
	7	学生生徒等納付金比率	学生生徒等納付金 / 経常収入	81.6	83.6	79.8	82.3	80.1
	8	寄付金比率	寄付金 / 事業活動収入	6.5	4.8	6.0	5.2	6.1
	8-2	経常寄付金比率	教育活動収支の寄付金 / 経常収入	5.5	4.0	6.1	5.1	6.3
	9	補助金比率	補助金 / 事業活動収入	2.3	2.4	2.2	2.5	2.8
	9-2	経常補助金比率	経常費等補助金 / 経常収入	2.5	2.4	2.1	2.4	2.8
	10	基本金組入率	基本金組入額 / 事業活動収入	18.3	7.0	6.2	8.0	7.0
	11	減価償却額比率	減価償却額 / 経常支出	6.6	6.7	6.8	7.5	6.9
	12	経常収支差額比率	経常収支差額 / 経常収入	9.3	9.9	10.2	4.1	2.6
	13	教育活動収支差額比率	教育活動収支差額 / 教育活動収入計	9.0	9.4	9.1	3.6	2.0

（注）1. 寄付金 ＝ 教育活動収支の寄付金 ＋ 特別収支の寄付金
2. 補助金 ＝ 経常費等補助金 ＋ 特別収支の補助金
3. 運用資産 ＝ 現金預金 ＋ 特定資産 ＋ 有価証券（固定・流動）
4. 外部負債 ＝ 借入金 ＋ 学校債 ＋ 未払金 ＋ 手形債務
5. 運用資産余裕比率の単位は（年）である。

分類		比率	算式（×100）	29年度	30年度	令和元年度	2年度	3年度
		法人数		145	139	139	142	138
貸借対照表	14	固定資産構成比率	固定資産 / 総資産	% 80.5	% 78.4	% 77.4	% 77.3	% 79.9
	15	有形固定資産構成比率	有形固定資産 / 総資産	64.6	62.3	62.2	61.1	64.1
	16	特定資産構成比率	特定資産 / 総資産	8.9	8.8	7.4	7.7	7.4
	17	流動資産構成比率	流動資産 / 総資産	19.5	21.6	22.6	22.7	20.1
	18	固定負債構成比率	固定負債 / 総負債＋純資産	10.3	12.3	9.4	13.9	10.6
	19	流動負債構成比率	流動負債 / 総負債＋純資産	6.8	6.8	7.0	6.6	7.2
	20	内部留保資産比率	運用資産－総負債 / 総資産	11.0	13.0	14.0	12.7	12.1
	21	運用資産余裕比率	運用資産－外部負債 / 経常支出	0.8	0.9	1.0	0.9	0.9
	22	純資産構成比率	純資産 / 総負債＋純資産	83.0	80.9	83.6	79.5	82.3
	23	繰越収支差額構成比率	繰越収支差額 / 総負債＋純資産	0.7	5.4	4.9	2.3	1.0
	24	固定比率	固定資産 / 純資産	97.1	96.9	92.6	97.2	97.1
	25	固定長期適合率	固定資産 / 純資産＋固定負債	86.4	84.0	83.2	82.7	86.0
	26	流動比率	流動資産 / 流動負債	287.5	320.2	322.3	345.3	281.0
	27	総負債比率	総負債 / 総資産	17.0	19.1	16.4	20.5	17.7
	28	負債比率	総負債 / 純資産	20.5	23.6	19.6	25.8	21.6
	29	前受金保有率	現金預金 / 前受金	444.5	463.1	553.5	657.0	556.3
	30	退職給与引当特定資産保有率	退職給与引当特定資産 / 退職給与引当金	72.3	61.0	65.8	68.9	75.1

令 和 3 年 度 財 務 比 率 表（都道府県別）

ー 各 種 学 校 法 人 ー

（4－1）

分類		比率	算式（×100）	合計	北海道	宮城・山形・福島県	茨城・栃木・群馬県	埼玉・千葉県
		法人数		138	5	5	5	5
事業活動収支計算書	1	人件費比率	人件費 / 経常収入	% 60.4	% 62.3	% 61.1	% 53.5	% 64.5
	2	人件費依存率	人件費 / 学生生徒等納付金	75.4	83.3	86.4	71.5	110.2
	3	教育研究（管理）経費比率	教育研究（管理）経費 / 経常収入	35.9	39.8	32.0	42.5	44.8
	4	借入金等利息比率	借入金等利息 / 経常収入	0.5	0.6	1.1	0.5	0.4
	5	事業活動収支差額比率	基本金組入前当年度収支差額 / 事業活動収入	5.5	28.0	5.7	2.3	-9.8
	6	基本金組入後収支比率	事業活動支出 / 事業活動収入－基本金組入額	101.7	79.4	122.4	102.0	113.8
	7	学生生徒等納付金比率	学生生徒等納付金 / 経常収入	80.1	74.8	70.7	74.8	58.5
	8	寄付金比率	寄付金 / 事業活動収入	6.1	4.9	4.5	15.7	13.6
	8-2	経常寄付金比率	教育活動収支の寄付金 / 経常収入	6.3	7.8	4.5	15.8	13.6
	9	補助金比率	補助金 / 事業活動収入	2.8	2.0	6.0	4.2	20.0
	9-2	経常補助金比率	経常費等補助金 / 経常収入	2.8	3.2	6.0	4.2	20.0
	10	基本金組入率	基本金組入額 / 事業活動収入	7.0	9.3	23.0	4.3	3.5
	11	減価償却額比率	減価償却額 / 経常支出	6.9	4.2	8.0	8.7	4.9
	12	経常収支差額比率	経常収支差額 / 経常収入	2.6	-3.1	5.7	2.7	-9.8
	13	教育活動収支差額比率	教育活動収支差額 / 教育活動収入計	2.0	-6.7	6.8	1.9	-10.5

（注）1. 寄付金 ＝ 教育活動収支の寄付金 ＋ 特別収支の寄付金
2. 補助金 ＝ 経常費等補助金 ＋ 特別収支の補助金
3. 運用資産 ＝ 現金預金 ＋ 特定資産 ＋ 有価証券（固定・流動）
4. 外部負債 ＝ 借入金 ＋ 学校債 ＋ 未払金 ＋ 手形債務
5. 運用資産余裕比率の単位は（年）である。

分類		比率	算式（×100）	合計	北海道	宮城・山形・福島県	茨城・栃木・群馬県	埼玉・千葉県
		法人数		138	5	5	5	5
貸借対照表	14	固定資産構成比率	固定資産 / 総資産	% 79.9	% 85.1	% 55.3	% 75.9	% 47.8
	15	有形固定資産構成比率	有形固定資産 / 総資産	64.1	27.1	53.9	75.1	46.4
	16	特定資産構成比率	特定資産 / 総資産	7.4	2.1	0.6	0.0	0.0
	17	流動資産構成比率	流動資産 / 総資産	20.1	14.9	44.7	24.1	52.2
	18	固定負債構成比率	固定負債 / 総負債＋純資産	10.6	6.4	24.8	12.1	13.7
	19	流動負債構成比率	流動負債 / 総負債＋純資産	7.2	2.6	9.6	22.5	19.4
	20	内部留保資産比率	運用資産－総負債 / 総資産	12.1	60.0	0.7	-12.8	16.4
	21	運用資産余裕比率	運用資産－外部負債 / 経常支出	0.9	3.1	0.6	0.2	1.2
	22	純資産構成比率	純資産 / 総負債＋純資産	82.3	91.0	65.6	65.4	66.9
	23	繰越収支差額構成比率	繰越収支差額 / 総負債＋純資産	1.0	40.9	2.3	-10.3	4.2
	24	固定比率	固定資産 / 純資産	97.1	93.5	84.3	116.2	71.4
	25	固定長期適合率	固定資産 / 純資産＋固定負債	86.0	87.3	61.1	98.0	59.3
	26	流動比率	流動資産 / 流動負債	281.0	580.3	467.1	106.9	269.3
	27	総負債比率	総負債 / 総資産	17.7	9.0	34.4	34.6	33.1
	28	負債比率	総負債 / 純資産	21.6	9.9	52.5	53.0	49.4
	29	前受金保有率	現金預金 / 前受金	556.3	1,193.8	740.6	398.2	305.5
	30	退職給与引当特定資産保有率	退職給与引当特定資産 / 退職給与引当金	75.1	0.0	426.6	0.0	0.0

令和３年度財務比率表（都道府県別）

－各種学校法人－

（４－２）

分類		比率	算式（×100）	東京都	神奈川県	富山・福井県	山梨・長野・岐阜県	静岡県
		法人数		30	3	10	4	5
事業活動収支計算書	1	人件費比率	人件費 / 経常収入	% 58.8	% 69.2	% 60.2	% 70.4	% 73.1
	2	人件費依存率	人件費 / 学生生徒等納付金	73.0	79.3	70.6	114.9	114.9
	3	教育研究（管理）経費比率	教育研究（管理）経費 / 経常収入	35.0	20.7	36.3	49.2	37.0
	4	借入金等利息比率	借入金等利息 / 経常収入	0.5	1.1	0.0	3.3	0.1
	5	事業活動収支差額比率	基本金組入前当年度収支差額 / 事業活動収入	5.3	34.0	2.6	-23.2	-10.7
	6	基本金組入後収支比率	事業活動支出 / 事業活動収入－基本金組入額	103.8	73.7	97.5	129.3	111.2
	7	学生生徒等納付金比率	学生生徒等納付金 / 経常収入	80.6	87.3	85.2	61.3	63.6
	8	寄付金比率	寄付金 / 事業活動収入	5.7	6.0	0.0	14.6	10.5
	8-2	経常寄付金比率	教育活動収支の寄付金 / 経常収入	5.1	9.6	0.0	14.6	10.5
	9	補助金比率	補助金 / 事業活動収入	2.7	0.1	0.0	6.1	8.0
	9-2	経常補助金比率	経常費等補助金 / 経常収入	2.7	0.2	0.0	6.1	8.0
	10	基本金組入率	基本金組入額 / 事業活動収入	8.8	10.5	0.1	4.7	0.4
	11	減価償却額比率	減価償却額 / 経常支出	7.7	4.3	6.2	9.3	3.5
	12	経常収支差額比率	経常収支差額 / 経常収入	5.3	8.1	3.4	-23.2	-10.9
	13	教育活動収支差額比率	教育活動収支差額 / 教育活動収入計	4.4	9.1	3.1	-21.9	-10.6

（注）1. 寄付金 ＝ 教育活動収支の寄付金 ＋ 特別収支の寄付金
2. 補助金 ＝ 経常費等補助金 ＋ 特別収支の補助金
3. 運用資産 ＝ 現金預金 ＋ 特定資産 ＋ 有価証券（固定・流動）
4. 外部負債 ＝ 借入金 ＋ 学校債 ＋ 未払金 ＋ 手形債務
5. 運用資産余裕比率の単位は（年）である。

分類		比率	算式（×100）	東京都	神奈川県	富山・福井県	山梨・長野・岐阜県	静岡県
		法人数		30	3	10	4	5
貸借対照表	14	固定資産構成比率	固定資産 / 総資産	% 82.5	% 87.4	% 58.3	% 90.0	% 65.7
	15	有形固定資産構成比率	有形固定資産 / 総資産	60.1	85.5	48.0	86.5	42.1
	16	特定資産構成比率	特定資産 / 総資産	11.6	1.6	0.0	0.0	23.1
	17	流動資産構成比率	流動資産 / 総資産	17.5	12.6	41.7	10.0	34.3
	18	固定負債構成比率	固定負債 / 総負債＋純資産	8.4	19.3	3.3	62.0	5.5
	19	流動負債構成比率	流動負債 / 総負債＋純資産	6.7	3.0	4.9	8.6	15.6
	20	内部留保資産比率	運用資産－総負債 / 総資産	17.5	-8.4	37.4	-62.8	34.4
	21	運用資産余裕比率	運用資産－外部負債 / 経常支出	1.4	-0.4	1.1	-2.9	2.1
	22	純資産構成比率	純資産 / 総負債＋純資産	84.9	77.7	91.8	29.4	78.8
	23	繰越収支差額構成比率	繰越収支差額 / 総負債＋純資産	1.3	-5.4	16.6	-53.9	20.7
	24	固定比率	固定資産 / 純資産	97.1	112.6	63.5	306.7	83.3
	25	固定長期適合率	固定資産 / 純資産＋固定負債	88.4	90.1	61.3	98.5	77.8
	26	流動比率	流動資産 / 流動負債	261.8	420.9	847.3	115.4	219.7
	27	総負債比率	総負債 / 総資産	15.1	22.3	8.2	70.6	21.2
	28	負債比率	総負債 / 純資産	17.8	28.7	8.9	240.6	26.9
	29	前受金保有率	現金預金 / 前受金	496.1	1,928.6	1,983.6	123.6	296.5
	30	退職給与引当特定資産保有率	退職給与引当特定資産 / 退職給与引当金	85.3	59.7	0.0	0.0	0.0

令和３年度財務比率表（都道府県別）
―各種学校法人―

（４－３）

分類		比率	算式（×100）	愛知県	三重・奈良県	京都府	大阪府	兵庫県
		法人数		5	3	9	9	14
事業活動収支計算書	1	人件費比率	人件費 / 経常収入	% 57.3	% 66.3	% 71.2	% 75.4	% 62.4
	2	人件費依存率	人件費 / 学生生徒等納付金	68.0	90.7	89.6	114.7	86.6
	3	教育研究（管理）経費比率	教育研究（管理）経費 / 経常収入	38.8	29.3	30.7	41.5	36.0
	4	借入金等利息比率	借入金等利息 / 経常収入	0.6	2.7	1.2	0.1	0.1
	5	事業活動収支差額比率	基本金組入前当年度収支差額 / 事業活動収入	3.4	-2.2	-4.3	-1.0	-1.6
	6	基本金組入後収支比率	事業活動支出 / 事業活動収入－基本金組入額	99.0	107.4	104.8	102.6	105.2
	7	学生生徒等納付金比率	学生生徒等納付金 / 経常収入	84.3	73.1	79.4	65.7	72.0
	8	寄付金比率	寄付金 / 事業活動収入	6.1	1.4	3.6	14.1	10.7
	8-2	経常寄付金比率	教育活動収支の寄付金 / 経常収入	7.3	1.4	2.3	16.4	11.0
	9	補助金比率	補助金 / 事業活動収入	10.0	16.9	0.6	3.6	6.2
	9-2	経常補助金比率	経常費等補助金 / 経常収入	4.7	17.0	0.6	4.2	6.5
	10	基本金組入率	基本金組入額 / 事業活動収入	2.4	4.9	0.4	1.6	3.3
	11	減価償却額比率	減価償却額 / 経常支出	10.7	2.9	3.0	5.5	9.7
	12	経常収支差額比率	経常収支差額 / 経常収入	-2.8	-2.6	-5.6	-17.4	0.7
	13	教育活動収支差額比率	教育活動収支差額 / 教育活動収入計	3.7	1.6	-5.6	-23.9	-2.1

（注）1. 寄付金 ＝ 教育活動収支の寄付金 ＋ 特別収支の寄付金
2. 補助金 ＝ 経常費等補助金 ＋ 特別収支の補助金
3. 運用資産 ＝ 現金預金 ＋ 特定資産 ＋ 有価証券（固定・流動）
4. 外部負債 ＝ 借入金 ＋ 学校債 ＋ 未払金 ＋ 手形債務
5. 運用資産余裕比率の単位は（年）である。

分類		比率	算式（×100）	愛知県	三重・奈良県	京都府	大阪府	兵庫県
		法人数		5	3	9	9	14
貸借対照表	14	固定資産構成比率	固定資産 / 総資産	% 72.7	% 67.5	% 81.3	% 90.4	% 76.7
	15	有形固定資産構成比率	有形固定資産 / 総資産	66.0	67.3	65.7	82.5	57.0
	16	特定資産構成比率	特定資産 / 総資産	0.0	0.0	2.0	0.5	15.4
	17	流動資産構成比率	流動資産 / 総資産	27.3	32.5	18.7	9.6	23.3
	18	固定負債構成比率	固定負債 / 総負債＋純資産	21.1	52.4	12.2	1.7	8.0
	19	流動負債構成比率	流動負債 / 総負債＋純資産	18.1	8.4	23.8	5.2	6.1
	20	内部留保資産比率	運用資産－総負債 / 総資産	-6.6	-49.1	-13.7	3.0	25.8
	21	運用資産余裕比率	運用資産－外部負債 / 経常支出	0.2	-3.0	-0.1	0.9	1.7
	22	純資産構成比率	純資産 / 総負債＋純資産	60.8	39.2	64.0	93.1	85.9
	23	繰越収支差額構成比率	繰越収支差額 / 総負債＋純資産	-17.2	33.3	-14.6	-1.1	1.8
	24	固定比率	固定資産 / 純資産	119.5	172.1	127.0	97.1	89.2
	25	固定長期適合率	固定資産 / 純資産＋固定負債	88.7	73.6	106.7	95.4	81.7
	26	流動比率	流動資産 / 流動負債	150.9	388.6	78.6	185.3	382.8
	27	総負債比率	総負債 / 総資産	39.2	60.8	36.0	6.9	14.1
	28	負債比率	総負債 / 純資産	64.4	155.0	56.2	7.4	16.4
	29	前受金保有率	現金預金 / 前受金	352.1	15,371.8	209.3	475.7	562.8
	30	退職給与引当特定資産保有率	退職給与引当特定資産 / 退職給与引当金	0.0	0.0	0.0	50.7	158.9

令和３年度財務比率表（都道府県別）
－各種学校法人－

（4－4）

分類		比率	算式（×100）	鳥取・島根県	岡山県	広島・山口・高知県	福岡県	長崎・熊本・沖縄県
法人数				6	5	5	5	5
事業活動収支計算書	1	人件費比率	人件費 / 経常収入	% 45.3	% 49.4	% 67.7	% 72.0	% 55.5
	2	人件費依存率	人件費 / 学生生徒等納付金	50.7	62.4	94.2	93.9	66.5
	3	教育研究（管理）経費比率	教育研究（管理）経費 / 経常収入	47.3	38.5	40.0	38.1	45.0
	4	借入金等利息比率	借入金等利息 / 経常収入	0.7	0.4	1.1	0.0	0.5
	5	事業活動収支差額比率	基本金組入前当年度収支差額 / 事業活動収入	4.8	10.6	-190.0	-9.9	-0.6
	6	基本金組入後収支比率	事業活動支出 / 事業活動収入－基本金組入額	113.3	89.9	333.2	113.5	106.2
	7	学生生徒等納付金比率	学生生徒等納付金 / 経常収入	89.4	79.2	71.8	76.7	83.5
	8	寄付金比率	寄付金 / 事業活動収入	0.0	10.5	13.7	15.1	1.7
	8-2	経常寄付金比率	教育活動収支の寄付金 / 経常収入	0.0	10.5	13.7	15.2	1.7
	9	補助金比率	補助金 / 事業活動収入	0.0	0.5	4.3	2.2	0.4
	9-2	経常補助金比率	経常費等補助金 / 経常収入	0.0	0.5	4.3	1.7	0.4
	10	基本金組入率	基本金組入額 / 事業活動収入	16.0	0.6	13.0	3.2	5.3
	11	減価償却額比率	減価償却額 / 経常支出	4.4	5.3	6.5	4.6	7.7
	12	経常収支差額比率	経常収支差額 / 経常収入	6.2	11.5	-8.8	-10.5	-1.1
	13	教育活動収支差額比率	教育活動収支差額 / 教育活動収入計	7.3	9.5	-7.7	-10.5	-0.7

分類		比率	算式（×100）	鳥取・島根県	岡山県	広島・山口・高知県	福岡県	長崎・熊本・沖縄県
法人数				6	5	5	5	5
貸借対照表	14	固定資産構成比率	固定資産 / 総資産	% 63.9	% 63.6	% 88.9	% 77.6	% 59.6
	15	有形固定資産構成比率	有形固定資産 / 総資産	51.1	55.2	87.0	76.2	54.2
	16	特定資産構成比率	特定資産 / 総資産	0.0	0.0	0.0	0.0	0.3
	17	流動資産構成比率	流動資産 / 総資産	36.1	36.4	11.1	22.4	40.4
	18	固定負債構成比率	固定負債 / 総負債＋純資産	27.7	8.4	43.4	1.9	9.2
	19	流動負債構成比率	流動負債 / 総負債＋純資産	11.3	14.2	3.8	9.2	16.5
	20	内部留保資産比率	運用資産－総負債 / 総資産	-7.8	12.0	-36.7	9.9	13.6
	21	運用資産余裕比率	運用資産－外部負債 / 経常支出	0.0	0.6	-2.1	1.0	1.0
	22	純資産構成比率	純資産 / 総負債＋純資産	61.0	77.5	52.8	88.9	74.3
	23	繰越収支差額構成比率	繰越収支差額 / 総負債＋純資産	43.6	5.9	-52.2	-7.0	11.9
	24	固定比率	固定資産 / 純資産	104.9	82.1	168.3	87.4	80.2
	25	固定長期適合率	固定資産 / 純資産＋固定負債	72.1	74.1	92.4	85.5	71.4
	26	流動比率	流動資産 / 流動負債	318.5	257.1	292.4	242.5	244.6
	27	総負債比率	総負債 / 総資産	39.0	22.5	47.2	11.1	25.7
	28	負債比率	総負債 / 純資産	64.0	29.1	89.5	12.5	34.6
	29	前受金保有率	現金預金 / 前受金	1,631.7	338.0	20,299.8	365.5	380.8
	30	退職給与引当特定資産保有率	退職給与引当特定資産 / 退職給与引当金	0.0	0.0	0.0	0.0	100.0

（注）1. 寄付金 ＝ 教育活動収支の寄付金 ＋ 特別収支の寄付金
2. 補助金 ＝ 経常費等補助金 ＋ 特別収支の補助金
3. 運用資産 ＝ 現金預金 ＋ 特定資産 ＋ 有価証券（固定・流動）
4. 外部負債 ＝ 借入金 ＋ 学校債 ＋ 未払金 ＋ 手形債務
5. 運用資産余裕比率の単位は（年）である。

3. 専 修 学 校 部 門

■事業活動収支計算書

■資金収支計算書

■財 務 比 率 表

５ ヵ 年 連 続 事 業 活 動 収 支 計 算 書
― 専 修 学 校 部 門 ―

（教育活動収支及び教育活動外収支）　　　　　　　　　　　　　　　　　　　　　　　（単位：千円）

区分	29年度			30年度			令和元年度			2年度			3年度		
学校数　学生生徒等数 専任教員数　専任職員数	1,933 校 28,514 人		486,258 人 11,694 人	1,981 校 29,339 人		505,975 人 11,806 人	1,861 校 27,430 人		488,104 人 11,151 人	1,869 校 27,335 人		496,333 人 11,158 人	1,862 校 27,907 人		509,212 人 11,687 人
科目	金額	構成比率(%)	趨勢構造比率	金額	構成比率(%)	趨勢構造比率	金額	構成比率(%)	趨勢構造比率	金額	構成比率(%)	趨勢構造比率	金額	構成比率(%)	趨勢構造比率
（教育活動収支・収入の部）															
学生生徒等納付金	537,437,370	83.9	100.0	576,206,879	83.9	107.2	550,883,363	81.7	102.5	567,662,886	83.5	105.6	577,337,067	80.4	107.4
手数料	5,761,651	0.9	100.0	6,319,874	0.9	109.7	6,141,274	0.9	106.6	5,668,339	0.8	98.4	5,377,343	0.7	93.3
寄付金	5,349,846	0.8	100.0	8,259,462	1.2	154.4	6,281,189	0.9	117.4	3,718,224	0.5	69.5	4,521,246	0.6	84.5
経常費等補助金	12,873,791	2.0	100.0	13,374,491	1.9	103.9	11,690,337	1.7	90.8	30,712,542	4.5	238.6	36,248,027	5.0	281.6
付随事業収入	45,859,638	7.2	100.0	48,431,421	7.1	105.6	46,884,427	7.0	102.2	42,518,210	6.3	92.7	42,046,190	5.9	91.7
雑収入	13,941,854	2.2	100.0	16,162,659	2.4	115.9	13,978,787	2.1	100.3	13,580,817	2.0	97.4	14,047,089	2.0	100.8
教育活動収入計	621,224,149	97.0	100.0	668,754,786	97.4	107.7	635,859,376	94.3	102.4	663,861,018	97.6	106.9	679,576,962	94.7	109.4
（教育活動収支・支出の部）															
人件費	270,804,221	42.3	100.0	283,503,823	41.3	104.7	266,798,138	39.6	98.5	272,081,262	40.0	100.5	272,144,162	37.9	100.5
教育研究（管理）経費	284,753,933	44.4	100.0	301,440,253	43.9	105.9	284,663,839	42.2	100.0	299,370,749	44.0	105.1	310,489,651	43.2	109.0
（うち減価償却額）	53,106,092	8.3	100.0	56,088,433	8.2	105.6	52,608,950	7.8	99.1	54,391,639	8.0	102.4	55,008,578	7.7	103.6
徴収不能額等	1,113,257	0.2	100.0	1,028,369	0.1	92.4	1,202,704	0.2	108.0	965,782	0.1	86.8	829,043	0.1	74.5
教育活動支出計	556,671,412	86.9	100.0	585,972,446	85.3	105.3	552,664,682	81.9	99.3	572,417,793	84.2	102.8	583,462,856	81.3	104.8

（教育活動外収支・収入の部）															
受取利息・配当金	6,808,649	1.1	100.0	7,693,612	1.1	113.0	7,831,628	1.2	115.0	2,903,446	0.4	42.6	11,150,122	1.6	163.8
その他の教育活動外収入	2,609,611	0.4	100.0	3,374,767	0.5	129.3	3,165,378	0.5	121.3	3,404,557	0.5	130.5	3,110,712	0.4	119.2
教育活動外収入計	9,418,260	1.5	100.0	11,068,379	1.6	117.5	10,997,006	1.6	116.8	6,308,003	0.9	67.0	14,260,834	2.0	151.4
（教育活動外収支・支出の部）															
借入金等利息	1,923,853	0.3	100.0	1,933,157	0.3	100.5	1,712,637	0.3	89.0	1,665,230	0.2	86.6	1,441,404	0.2	74.9
その他の教育活動外支出	2,219,632	0.3	100.0	1,192,618	0.2	53.7	1,021,112	0.2	46.0	1,025,776	0.2	46.2	896,606	0.1	40.4
教育活動外支出計	4,143,484	0.6	100.0	3,125,775	0.5	75.4	2,733,749	0.4	66.0	2,691,005	0.4	64.9	2,338,010	0.3	56.4

（特別収支）

（単位：千円）

区分	29年度			30年度			令和元年度			2年度			3年度		
学校数 学生生徒等数 専任教員数 専任職員数	1,933 校 486,258 人 28,514 人 11,694 人			1,981 校 505,975 人 29,339 人 11,806 人			1,861 校 488,104 人 27,430 人 11,151 人			1,869 校 496,333 人 27,335 人 11,158 人			1,862 校 509,212 人 27,907 人 11,687 人		
科目	金額	構成比率(%)	趨勢構造比率	金額	構成比率(%)	趨勢構造比率	金額	構成比率(%)	趨勢構造比率	金額	構成比率(%)	趨勢構造比率	金額	構成比率(%)	趨勢構造比率
（特別収支・収入の部）															
資産売却差額	3,874,277	0.6	100.0	4,366,529	0.6	112.7	4,695,054	0.7	121.2	5,474,999	0.8	141.3	6,010,251	0.8	155.1
その他の特別収入	6,114,619	1.0	100.0	2,651,962	0.4	43.4	22,912,278	3.4	374.7	4,251,995	0.6	69.5	18,086,024	2.5	295.8
（うち寄付金）	576,964	0.1	100.0	407,739	0.1	70.7	5,374,415	0.8	931.5	820,671	0.1	142.2	827,480	0.1	143.4
（うち補助金）	1,358,452	0.2	100.0	994,023	0.1	73.2	1,440,348	0.2	106.0	1,602,285	0.2	117.9	1,210,754	0.2	89.1
特別収入計	9,988,896	1.6	100.0	7,018,491	1.0	70.3	27,607,332	4.1	276.4	9,726,994	1.4	97.4	24,096,276	3.4	241.2
（特別収支・支出の部）															
資産処分差額	5,758,003	0.9	100.0	4,228,188	0.6	73.4	5,485,689	0.8	95.3	5,649,014	0.8	98.1	4,404,128	0.6	76.5
その他の特別支出	2,857,709	0.4	100.0	1,717,277	0.3	60.1	6,047,282	0.9	211.6	3,260,589	0.5	114.1	3,423,966	0.5	119.8
特別支出計	8,615,712	1.3	100.0	5,945,465	0.9	69.0	11,532,971	1.7	133.9	8,909,604	1.3	103.4	7,828,095	1.1	90.9
基本金組入前当年度収支差額	71,200,697	11.1	100.0	91,797,971	13.4	128.9	107,532,313	15.9	151.0	95,877,612	14.1	134.7	124,305,110	17.3	174.6
経常収支差額	69,827,512	10.9	100.0	90,724,944	13.2	129.9	91,457,952	13.6	131.0	95,060,223	14.0	136.1	108,036,929	15.0	154.7
教育活動収支差額	64,552,737	10.1	100.0	82,782,340	12.1	128.2	83,194,695	12.3	128.9	91,443,225	13.4	141.7	96,114,105	13.4	148.9
教育活動外収支差額	5,274,775	0.8	100.0	7,942,604	1.2	150.6	8,263,257	1.2	156.7	3,616,998	0.5	68.6	11,922,823	1.7	226.0
特別収支差額	1,373,185	0.2	100.0	1,073,027	0.2	78.1	16,074,361	2.4	1,170.6	817,390	0.1	59.5	16,268,181	2.3	1,184.7
基本金組入額合計	-50,152,931	-7.8	100.0	-51,764,232	-7.5	103.2	-68,478,982	-10.2	136.5	-51,978,409	-7.6	103.6	-79,248,040	-11.0	158.0
当年度収支差額	21,047,766	3.3	100.0	40,033,739	5.8	190.2	39,053,331	5.8	185.5	43,899,203	6.5	208.6	45,057,070	6.3	214.1

（参考）

事業活動収入計	640,631,305	100.0	100.0	686,841,657	100.0	107.2	674,463,715	100.0	105.3	679,896,015	100.0	106.1	717,934,071	100.0	112.1
事業活動支出計	569,430,608	88.9	100.0	595,043,685	86.6	104.5	566,931,402	84.1	99.6	584,018,403	85.9	102.6	593,628,961	82.7	104.2

（注）趨勢は２９年度を 100 としたものである。

令和３年度事業活動収支計算書（設置者別）
ー専修学校部門ー

（教育活動収支及び教育活動外収支）（２－１）　　　　（単位：千円）

区分	合計			大学法人			短期大学法人			高校・中等教育・中学校法人			幼稚園法人		
学校数 学生生徒等数 専任教員数 専任職員数	1,862 校 509,212 人 27,907 人 11,687 人			394 校 155,458 人 7,503 人 2,590 人			38 校 9,440 人 584 人 218 人			79 校 13,244 人 1,155 人 315 人			105 校 18,087 人 1,204 人 575 人		
科目	金額	構成比率(%)	趨勢構造比率	金額	構成比率(%)	趨勢構造比率	金額	構成比率(%)	趨勢構造比率	金額	構成比率(%)	趨勢構造比率	金額	構成比率(%)	趨勢構造比率
（教育活動収支・収入の部）															
学生生徒等納付金	577,337,067	80.4	100.0	176,028,700	85.8	30.5	10,763,635	84.4	1.9	13,285,645	79.7	2.3	17,574,802	78.8	3.0
手数料	5,377,343	0.7	100.0	1,464,063	0.7	27.2	103,877	0.8	1.9	191,350	1.1	3.6	208,944	0.9	3.9
寄付金	4,521,246	0.6	100.0	642,190	0.3	14.2	177,364	1.4	3.9	254,747	1.5	5.6	331,070	1.5	7.3
経常費等補助金	36,248,027	5.0	100.0	12,514,333	6.1	34.5	755,938	5.9	2.1	1,080,150	6.5	3.0	1,634,167	7.3	4.5
付随事業収入	42,046,190	5.9	100.0	7,871,131	3.8	18.7	437,192	3.4	1.0	1,146,258	6.9	2.7	1,302,873	5.8	3.1
雑収入	14,047,089	2.0	100.0	5,422,015	2.6	38.6	330,139	2.6	2.4	455,630	2.7	3.2	486,288	2.2	3.5
教育活動収入計	679,576,962	94.7	100.0	203,942,432	99.4	30.0	12,568,144	98.5	1.8	16,413,780	98.5	2.4	21,538,145	96.6	3.2
（教育活動収支・支出の部）															
人件費	272,144,162	37.9	100.0	76,251,854	37.2	28.0	5,356,856	42.0	2.0	9,767,770	58.6	3.6	11,245,183	50.4	4.1
教育研究（管理）経費	310,489,651	43.2	100.0	85,350,669	41.6	27.5	6,275,596	49.2	2.0	6,951,220	41.7	2.2	8,826,190	39.6	2.8
（うち減価償却額）	55,008,578	7.7	100.0	15,496,987	7.6	28.2	1,012,770	7.9	1.8	1,703,867	10.2	3.1	2,174,067	9.7	4.0
徴収不能額等	829,043	0.1	100.0	140,625	0.1	17.0	50,267	0.4	6.1	10,985	0.1	1.3	11,912	0.1	1.4
教育活動支出計	583,462,856	81.3	100.0	161,743,148	78.9	27.7	11,682,719	91.6	2.0	16,729,975	100.4	2.9	20,083,285	90.1	3.4

区分	合計 金額	構成比率(%)	趨勢構造比率	大学法人 金額	構成比率(%)	趨勢構造比率	短期大学法人 金額	構成比率(%)	趨勢構造比率	高校・中等教育・中学校法人 金額	構成比率(%)	趨勢構造比率	幼稚園法人 金額	構成比率(%)	趨勢構造比率
（教育活動外収支・収入の部）															
受取利息・配当金	11,150,122	1.6	100.0	119,671	0.1	1.1	45,105	0.4	0.4	6,209	0.0	0.1	154,825	0.7	1.4
その他の教育活動外収入	3,110,712	0.4	100.0	36,044	0.0	1.2	1,202	0.0	0.0	17,524	0.1	0.6	31,162	0.1	1.0
教育活動外収入計	14,260,834	2.0	100.0	155,714	0.1	1.1	46,307	0.4	0.3	23,733	0.1	0.2	185,987	0.8	1.3
（教育活動外収支・支出の部）															
借入金等利息	1,441,404	0.2	100.0	94,331	0.0	6.5	7,369	0.1	0.5	59,106	0.4	4.1	60,754	0.3	4.2
その他の教育活動外支出	896,606	0.1	100.0	7,962	0.0	0.9	0	0.0	0.0	1,378	0.0	0.2	1,686	0.0	0.2
教育活動外支出計	2,338,010	0.3	100.0	102,294	0.0	4.4	7,369	0.1	0.3	60,484	0.4	2.6	62,440	0.3	2.7

（特別収支）　（２－１）

（単位：千円）

区分	合計			大学法人			短期大学法人			高校・中等教育・中学校法人			幼稚園法人		
学校数　学生生徒等数 専任教員数　専任職員数	1,862 校 27,907 人		509,212 人 11,687 人	394 校 7,503 人		155,458 人 2,590 人	38 校 584 人		9,440 人 218 人	79 校 1,155 人		13,244 人 315 人	105 校 1,204 人		18,087 人 575 人
科目	金額	構成比率（%）	趨勢構造比率	金額	構成比率（%）	趨勢構造比率	金額	構成比率（%）	趨勢構造比率	金額	構成比率（%）	趨勢構造比率	金額	構成比率（%）	趨勢構造比率
（特別収支・収入の部）															
資産売却差額	6,010,251	0.8	100.0	308,654	0.2	5.1	49,641	0.4	0.8	2,530	0.0	0.0	6,457	0.0	0.1
その他の特別収入	18,086,024	2.5	100.0	672,902	0.3	3.7	90,718	0.7	0.5	231,511	1.4	1.3	571,502	2.6	3.2
（うち寄付金）	827,480	0.1	100.0	92,968	0.0	11.2	143	0.0	0.0	194,067	1.2	23.5	9,695	0.0	1.2
（うち補助金）	1,210,754	0.2	100.0	549,669	0.3	45.4	89,246	0.7	7.4	21,477	0.1	1.8	24,086	0.1	2.0
特別収入計	24,096,276	3.4	100.0	981,555	0.5	4.1	140,359	1.1	0.6	234,041	1.4	1.0	577,959	2.6	2.4
（特別収支・支出の部）															
資産処分差額	4,404,128	0.6	100.0	345,100	0.2	7.8	87,421	0.7	2.0	155,623	0.9	3.5	389,214	1.7	8.8
その他の特別支出	3,423,966	0.5	100.0	70,185	0.0	2.0	2,703	0.0	0.1	32,990	0.2	1.0	180,124	0.8	5.3
特別支出計	7,828,095	1.1	100.0	415,285	0.2	5.3	90,124	0.7	1.2	188,613	1.1	2.4	569,337	2.6	7.3
基本金組入前当年度収支差額	124,305,110	17.3	100.0	42,818,975	20.9	34.4	974,597	7.6	0.8	-307,518	-1.8	-0.2	1,587,029	7.1	1.3
経常収支差額	108,036,929	15.0	100.0	42,252,705	20.6	39.1	924,363	7.2	0.9	-352,947	-2.1	-0.3	1,578,408	7.1	1.5
教育活動収支差額	96,114,105	13.4	100.0	42,199,284	20.6	43.9	885,425	6.9	0.9	-316,195	-1.9	-0.3	1,454,861	6.5	1.5
教育活動外収支差額	11,922,823	1.7	100.0	53,420	0.0	0.4	38,938	0.3	0.3	-36,751	-0.2	-0.3	123,547	0.6	1.0
特別収支差額	16,268,181	2.3	100.0	566,270	0.3	3.5	50,235	0.4	0.3	45,428	0.3	0.3	8,621	0.0	0.1
基本金組入額合計	-79,248,040	-11.0	100.0	-22,185,098	-10.8	28.0	-418,419	-3.3	0.5	-671,991	-4.0	0.8	-2,180,620	-9.8	2.8
当年度収支差額	45,057,070	6.3	100.0	20,633,877	10.1	45.8	556,179	4.4	1.2	-979,509	-5.9	-2.2	-593,591	-2.7	-1.3

（参考）

事業活動収入計	717,934,071	100.0	100.0	205,079,702	100.0	28.6	12,754,810	100.0	1.8	16,671,554	100.0	2.3	22,302,091	100.0	3.1
事業活動支出計	593,628,961	82.7	100.0	162,260,727	79.1	27.3	11,780,213	92.4	2.0	16,979,073	101.8	2.9	20,715,062	92.9	3.5

（注）構造比率は専修学校部門合計を 100 としたものである。

令和３年度事業活動収支計算書（設置者別）
ー専修学校部門ー

（教育活動収支及び教育活動外収支）　（２－２）　（単位：千円）

区分	専修学校法人		
学校数　学生生徒等数 専任教員数　専任職員数	1,246 校　312,983 人 17,461 人　7,989 人		
科目	金額	構成比率(%)	趨勢構造比率
（教育活動収支・収入の部）			
学生生徒等納付金	359,684,284	78.0	62.3
手数料	3,409,108	0.7	63.4
寄付金	3,115,876	0.7	68.9
経常費等補助金	20,263,438	4.4	55.9
付随事業収入	31,288,737	6.8	74.4
雑収入	7,353,017	1.6	52.3
教育活動収入計	425,114,460	92.2	62.6
（教育活動収支・支出の部）			
人件費	169,522,500	36.8	62.3
教育研究（管理）経費	203,085,975	44.0	65.4
（うち減価償却額）	34,620,885	7.5	62.9
徴収不能額等	615,253	0.1	74.2
教育活動支出計	373,223,729	80.9	64.0

（教育活動外収支・収入の部）			
受取利息・配当金	10,824,311	2.3	97.1
その他の教育活動外収入	3,024,781	0.7	97.2
教育活動外収入計	13,849,092	3.0	97.1
（教育活動外収支・支出の部）			
借入金等利息	1,219,843	0.3	84.6
その他の教育活動外支出	885,580	0.2	98.8
教育活動外支出計	2,105,423	0.5	90.1

(特別収支)　(２－２)　(単位：千円)

区分	専修学校法人		
学校数　学生生徒等数 専任教員数　専任職員数	1,246 校　312,983 人 17,461 人　7,989 人		
科目	金額	構成比率(%)	趨勢構造比率
(特別収支・収入の部)			
資産売却差額	5,642,969	1.2	93.9
その他の特別収入	16,519,392	3.6	91.3
(うち寄付金)	530,606	0.1	64.1
(うち補助金)	526,276	0.1	43.5
特別収入計	22,162,361	4.8	92.0
(特別収支・支出の部)			
資産処分差額	3,426,771	0.7	77.8
その他の特別支出	3,137,964	0.7	91.6
特別支出計	6,564,735	1.4	83.9

基本金組入前当年度収支差額	79,232,027	17.2	63.7
経常収支差額	63,634,400	13.8	58.9
教育活動収支差額	51,890,731	11.3	54.0
教育活動外収支差額	11,743,669	2.5	98.5
特別収支差額	15,597,627	3.4	95.9
基本金組入額合計	-53,791,912	-11.7	67.9
当年度収支差額	25,440,115	5.5	56.5

(参考)

事業活動収入計	461,125,914	100.0	64.2
事業活動支出計	381,893,887	82.8	64.3

(注) 構造比率は専修学校部門合計を 100 としたものである。

令和３年度事業.活動収支計算書（都道府県別）
ー専修学校部門ー

（教育活動収支及び教育活動外収支）（１０－１）　　（単位：千円）

区分	合計			北海道			青森県			岩手県			宮城県		
学校数 / 専任教員数 / 学生生徒等数 / 専任職員数	1,862 校 / 27,907 人		509,212 人 / 11,687 人	95 校 / 1,314 人		20,753 人 / 529 人	12 校 / 97 人		1,000 人 / 21 人	17 校 / 187 人		2,891 人 / 74 人	45 校 / 728 人		14,999 人 / 242 人
科目	金額	構成比率(%)	趨勢構造比率	金額	構成比率(%)	趨勢構造比率	金額	構成比率(%)	趨勢構造比率	金額	構成比率(%)	趨勢構造比率	金額	構成比率(%)	趨勢構造比率
（教育活動収支・収入の部）															
学生生徒等納付金	577,337,067	80.4	100.0	21,976,372	82.7	3.8	894,756	70.8	0.2	2,634,803	87.7	0.5	15,822,882	83.8	2.7
手数料	5,377,343	0.7	100.0	228,365	0.9	4.2	20,842	1.6	0.4	28,272	0.9	0.5	126,334	0.7	2.3
寄付金	4,521,246	0.6	100.0	141,202	0.5	3.1	4,700	0.4	0.1	9,246	0.3	0.2	138,251	0.7	3.1
経常費等補助金	36,248,027	5.0	100.0	2,444,957	9.2	6.7	118,565	9.4	0.3	125,884	4.2	0.3	1,095,646	5.8	3.0
付随事業収入	42,046,190	5.9	100.0	1,106,719	4.2	2.6	41,457	3.3	0.1	101,062	3.4	0.2	908,650	4.8	2.2
雑収入	14,047,089	2.0	100.0	529,899	2.0	3.8	12,915	1.0	0.1	70,571	2.3	0.5	479,403	2.5	3.4
教育活動収入計	679,576,962	94.7	100.0	26,427,513	99.5	3.9	1,093,235	86.5	0.2	2,969,837	98.9	0.4	18,571,167	98.3	2.7
（教育活動収支・支出の部）															
人件費	272,144,162	37.9	100.0	11,268,896	42.4	4.1	610,450	48.3	0.2	1,417,206	47.2	0.5	6,597,575	34.9	2.4
教育研究（管理）経費	310,489,651	43.2	100.0	14,311,839	53.9	4.6	508,626	40.2	0.2	1,412,673	47.0	0.5	9,604,192	50.9	3.1
（うち減価償却額）	55,008,578	7.7	100.0	2,759,960	10.4	5.0	89,704	7.1	0.2	282,767	9.4	0.5	1,666,907	8.8	3.0
徴収不能額等	829,043	0.1	100.0	15,999	0.1	1.9	445	0.0	0.1	4,703	0.2	0.6	8,207	0.0	1.0
教育活動支出計	583,462,856	81.3	100.0	25,596,733	96.4	4.4	1,119,521	88.5	0.2	2,834,581	94.4	0.5	16,209,974	85.8	2.8

（教育活動外収支・収入の部）															
受取利息・配当金	11,150,122	1.6	100.0	26,405	0.1	0.2	270	0.0	0.0	469	0.0	0.0	92,036	0.5	0.8
その他の教育活動外収入	3,110,712	0.4	100.0	23,650	0.1	0.8	17,633	1.4	0.6	26,435	0.9	0.8	167,675	0.9	5.4
教育活動外収入計	14,260,834	2.0	100.0	50,055	0.2	0.4	17,902	1.4	0.1	26,904	0.9	0.2	259,711	1.4	1.8
（教育活動外収支・支出の部）															
借入金等利息	1,441,404	0.2	100.0	29,570	0.1	2.1	2,533	0.2	0.2	4,272	0.1	0.3	27,729	0.1	1.9
その他の教育活動外支出	896,606	0.1	100.0	1,686	0.0	0.2	15,036	1.2	1.7	0	0.0	0.0	2,057	0.0	0.2
教育活動外支出計	2,338,010	0.3	100.0	31,256	0.1	1.3	17,569	1.4	0.8	4,272	0.1	0.2	29,786	0.2	1.3

(特別収支)　(１０－１)

(単位：千円)

区　分	合計			北海道			青森県			岩手県			宮城県		
学校数 / 学生生徒等数 専任教員数 / 専任職員数	1,862 校 27,907 人	509,212 人 11,687 人		95 校 1,314 人	20,753 人 529 人		12 校 97 人	1,000 人 21 人		17 校 187 人	2,891 人 74 人		45 校 728 人	14,999 人 242 人	
科　目	金　額	構成比率(%)	趨勢構造比率	金　額	構成比率(%)	趨勢構造比率	金　額	構成比率(%)	趨勢構造比率	金　額	構成比率(%)	趨勢構造比率	金　額	構成比率(%)	趨勢構造比率
(特別収支・収入の部)															
資産売却差額	6,010,251	0.8	100.0	6,831	0.0	0.1	0	0.0	0.0	0	0.0	0.0	10,514	0.1	0.2
その他の特別収入	18,086,024	2.5	100.0	76,157	0.3	0.4	153,299	12.1	0.8	6,315	0.2	0.0	45,429	0.2	0.3
(うち寄付金)	827,480	0.1	100.0	12,661	0.0	1.5	146,825	11.6	17.7	400	0.0	0.0	9,738	0.1	1.2
(うち補助金)	1,210,754	0.2	100.0	62,956	0.2	5.2	0	0.0	0.0	2,229	0.1	0.2	10,157	0.1	0.8
特別収入計	24,096,276	3.4	100.0	82,988	0.3	0.3	153,299	12.1	0.6	6,315	0.2	0.0	55,943	0.3	0.2
(特別収支・支出の部)															
資産処分差額	4,404,128	0.6	100.0	421,318	1.6	9.6	0	0.0	0.0	6,385	0.2	0.1	2,703	0.0	0.1
その他の特別支出	3,423,966	0.5	100.0	13,465	0.1	0.4	6,473	0.5	0.2	674	0.0	0.0	5,615	0.0	0.2
特別支出計	7,828,095	1.1	100.0	434,783	1.6	5.6	6,473	0.5	0.1	7,059	0.2	0.1	8,318	0.0	0.1
基本金組入前当年度収支差額	124,305,110	17.3	100.0	497,785	1.9	0.4	120,873	9.6	0.1	157,143	5.2	0.1	2,638,744	14.0	2.1
経常収支差額	108,036,929	15.0	100.0	849,580	3.2	0.8	-25,952	-2.1	0.0	157,887	5.3	0.1	2,591,119	13.7	2.4
教育活動収支差額	96,114,105	13.4	100.0	830,780	3.1	0.9	-26,286	-2.1	0.0	135,256	4.5	0.1	2,361,194	12.5	2.5
教育活動外収支差額	11,922,823	1.7	100.0	18,800	0.1	0.2	333	0.0	0.0	22,631	0.8	0.2	229,925	1.2	1.9
特別収支差額	16,268,181	2.3	100.0	-351,795	-1.3	-2.2	146,825	11.6	0.9	-744	0.0	0.0	47,625	0.3	0.3
基本金組入額合計	-79,248,040	-11.0	100.0	-1,723,275	-6.5	2.2	-190,198	-15.0	0.2	-10,380	-0.3	0.0	-1,239,905	-6.6	1.6
当年度収支差額	45,057,070	6.3	100.0	-1,225,490	-4.6	-2.7	-69,325	-5.5	-0.2	146,763	4.9	0.3	1,398,839	7.4	3.1

(参考)

事業活動収入計	717,934,071	100.0	100.0	26,560,556	100.0	3.7	1,264,437	100.0	0.2	3,003,056	100.0	0.4	18,886,822	100.0	2.6
事業活動支出計	593,628,961	82.7	100.0	26,062,772	98.1	4.4	1,143,564	90.4	0.2	2,845,913	94.8	0.5	16,248,078	86.0	2.7

(注) 構造比率は専修学校部門合計を 100 としたものである。

令和３年度事業活動収支計算書（都道府県別）
―専修学校部門―

（教育活動収支及び教育活動外収支）（１０－２）　　（単位：千円）

区分	秋田県			山形県			福島県			茨城県			栃木県		
学校数 / 専任教員数	8 校 / 61 人			10 校 / 83 人			14 校 / 263 人			34 校 / 359 人			33 校 / 465 人		
学生生徒等数 / 専任職員数	748 人 / 23 人			1,079 人 / 27 人			1,873 人 / 75 人			4,965 人 / 113 人			6,277 人 / 146 人		
科目	金額	構成比率(%)	趨勢構造比率	金額	構成比率(%)	趨勢構造比率	金額	構成比率(%)	趨勢構造比率	金額	構成比率(%)	趨勢構造比率	金額	構成比率(%)	趨勢構造比率
（教育活動収支・収入の部）															
学生生徒等納付金	717,246	73.9	0.1	1,190,999	84.1	0.2	1,846,345	89.1	0.3	5,351,693	73.1	0.9	5,694,136	73.7	1.0
手数料	7,320	0.8	0.1	8,947	0.6	0.2	22,748	1.1	0.4	59,402	0.8	1.1	66,194	0.9	1.2
寄付金	451	0.0	0.0	6,957	0.5	0.2	5,145	0.2	0.1	52,026	0.7	1.2	147,263	1.9	3.3
経常費等補助金	155,354	16.0	0.4	134,677	9.5	0.4	106,885	5.2	0.3	343,781	4.7	0.9	344,978	4.5	1.0
付随事業収入	35,094	3.6	0.1	40,965	2.9	0.1	50,460	2.4	0.1	347,369	4.7	0.8	1,216,499	15.7	2.9
雑収入	51,282	5.3	0.4	26,706	1.9	0.2	35,762	1.7	0.3	99,743	1.4	0.7	148,282	1.9	1.1
教育活動収入計	966,747	99.6	0.1	1,409,251	99.5	0.2	2,067,346	99.7	0.3	6,254,013	85.5	0.9	7,617,352	98.5	1.1
（教育活動収支・支出の部）															
人件費	484,866	50.0	0.2	666,810	47.1	0.2	1,202,405	58.0	0.4	2,671,521	36.5	1.0	3,276,267	42.4	1.2
教育研究（管理）経費	505,089	52.0	0.2	665,715	47.0	0.2	870,841	42.0	0.3	2,454,082	33.5	0.8	2,724,662	35.2	0.9
（うち減価償却額）	96,725	10.0	0.2	200,694	14.2	0.4	189,390	9.1	0.3	468,584	6.4	0.9	720,581	9.3	1.3
徴収不能額等	0	0.0	0.0	0	0.0	0.0	0	0.0	0.0	3,346	0.0	0.4	10,068	0.1	1.2
教育活動支出計	989,954	102.0	0.2	1,332,525	94.1	0.2	2,073,246	100.0	0.4	5,128,949	70.1	0.9	6,010,996	77.8	1.0
（教育活動外収支・収入の部）															
受取利息・配当金	3,535	0.4	0.0	877	0.1	0.0	5,031	0.2	0.0	16,464	0.2	0.1	23,354	0.3	0.2
その他の教育活動外収入	258	0.0	0.0	2,732	0.2	0.1	0	0.0	0.0	16,448	0.2	0.5	954	0.0	0.0
教育活動外収入計	3,793	0.4	0.0	3,609	0.3	0.0	5,031	0.2	0.0	32,911	0.4	0.2	24,307	0.3	0.2
（教育活動外収支・支出の部）															
借入金等利息	1,681	0.2	0.1	7,095	0.5	0.5	7,451	0.4	0.5	29,646	0.4	2.1	33,630	0.4	2.3
その他の教育活動外支出	0	0.0	0.0	179	0.0	0.0	40	0.0	0.0	31,301	0.4	3.5	7,084	0.1	0.8
教育活動外支出計	1,681	0.2	0.1	7,274	0.5	0.3	7,491	0.4	0.3	60,947	0.8	2.6	40,714	0.5	1.7

（特別収支）　（１０－２）

（単位：千円）

区分	秋田県			山形県			福島県			茨城県			栃木県		
学校数 学生生徒等数 専任教員数 専任職員数	8 校 748 人 61 人 23 人			10 校 1,079 人 83 人 27 人			14 校 1,873 人 263 人 75 人			34 校 4,965 人 359 人 113 人			33 校 6,277 人 465 人 146 人		
科目	金額	構成比率(%)	趨勢構造比率	金額	構成比率(%)	趨勢構造比率	金額	構成比率(%)	趨勢構造比率	金額	構成比率(%)	趨勢構造比率	金額	構成比率(%)	趨勢構造比率
（特別収支・収入の部）															
資産売却差額	0	0.0	0.0	0	0.0	0.0	121	0.0	0.0	0	0.0	0.0	236	0.0	0.0
その他の特別収入	80	0.0	0.0	3,481	0.2	0.0	498	0.0	0.0	1,029,835	14.1	5.7	88,261	1.1	0.5
（うち寄付金）	0	0.0	0.0	455	0.0	0.1	0	0.0	0.0	0	0.0	0.0	82,948	1.1	10.0
（うち補助金）	0	0.0	0.0	1,265	0.1	0.1	0	0.0	0.0	15,095	0.2	1.2	1,133	0.0	0.1
特別収入計	80	0.0	0.0	3,481	0.2	0.0	619	0.0	0.0	1,029,835	14.1	4.3	88,497	1.1	0.4
（特別収支・支出の部）															
資産処分差額	395	0.0	0.0	107	0.0	0.0	47,026	2.3	1.1	6,197	0.1	0.1	36,450	0.5	0.8
その他の特別支出	0	0.0	0.0	0	0.0	0.0	151,310	7.3	4.4	1,266,205	17.3	37.0	2,456	0.0	0.1
特別支出計	395	0.0	0.0	107	0.0	0.0	198,336	9.6	2.5	1,272,401	17.4	16.3	38,905	0.5	0.5
基本金組入前当年度収支差額	-21,410	-2.2	0.0	76,435	5.4	0.1	-206,077	-9.9	-0.2	854,463	11.7	0.7	1,639,541	21.2	1.3
経常収支差額	-21,095	-2.2	0.0	73,061	5.2	0.1	-8,360	-0.4	0.0	1,097,029	15.0	1.0	1,589,950	20.6	1.5
教育活動収支差額	-23,207	-2.4	0.0	76,726	5.4	0.1	-5,900	-0.3	0.0	1,125,065	15.4	1.2	1,606,356	20.8	1.7
教育活動外収支差額	2,112	0.2	0.0	-3,665	-0.3	0.0	-2,460	-0.1	0.0	-28,036	-0.4	-0.2	-16,406	-0.2	-0.1
特別収支差額	-315	0.0	0.0	3,374	0.2	0.0	-197,717	-9.5	-1.2	-242,566	-3.3	-1.5	49,592	0.6	0.3
基本金組入額合計	-22,318	-2.3	0.0	-276,325	-19.5	0.3	-477,713	-23.0	0.6	-1,796,494	-24.6	2.3	-208,987	-2.7	0.3
当年度収支差額	-43,728	-4.5	-0.1	-199,891	-14.1	-0.4	-683,790	-33.0	-1.5	-942,031	-12.9	-2.1	1,430,554	18.5	3.2

（参考）

事業活動収入計	970,620	100.0	0.1	1,416,341	100.0	0.2	2,072,996	100.0	0.3	7,316,760	100.0	1.0	7,730,157	100.0	1.1
事業活動支出計	992,030	102.2	0.2	1,339,906	94.6	0.2	2,279,072	109.9	0.4	6,462,297	88.3	1.1	6,090,615	78.8	1.0

（注）構造比率は専修学校部門合計を 100 としたものである。

令和３年度事業活動収支計算書（都道府県別）
－専修学校部門－

（教育活動収支及び教育活動外収支）（１０－３）

（単位：千円）

区分	群馬県			埼玉県			千葉県			東京都			神奈川県		
学校数 学生生徒等数 専任教員数 専任職員数	46 校 572 人	8,935 人 200 人		67 校 959 人	16,618 人 343 人		53 校 771 人	16,684 人 386 人		314 校 6,394 人	133,776 人 3,426 人		79 校 1,091 人	22,611 人 474 人	
科目	金額	構成比率(%)	趨勢構造比率	金額	構成比率(%)	趨勢構造比率	金額	構成比率(%)	趨勢構造比率	金額	構成比率(%)	趨勢構造比率	金額	構成比率(%)	趨勢構造比率
（教育活動収支・収入の部）															
学生生徒等納付金	9,414,618	86.9	1.6	20,269,186	69.7	3.5	18,477,948	82.5	3.2	164,973,696	79.7	28.6	25,043,339	75.6	4.3
手数料	110,983	1.0	2.1	183,790	0.6	3.4	132,985	0.6	2.5	1,309,144	0.6	24.3	280,638	0.8	5.2
寄付金	20,014	0.2	0.4	122,326	0.4	2.7	262,438	1.2	5.8	594,057	0.3	13.1	246,628	0.7	5.5
経常費等補助金	643,469	5.9	1.8	893,807	3.1	2.5	956,685	4.3	2.6	5,794,465	2.8	16.0	2,407,099	7.3	6.6
付随事業収入	290,634	2.7	0.7	4,601,195	15.8	10.9	2,116,194	9.4	5.0	14,039,875	6.8	33.4	3,209,715	9.7	7.6
雑収入	273,433	2.5	1.9	480,356	1.7	3.4	394,621	1.8	2.8	5,182,282	2.5	36.9	758,309	2.3	5.4
教育活動収入計	10,753,152	99.2	1.6	26,550,659	91.3	3.9	22,340,870	99.7	3.3	191,893,520	92.7	28.2	31,945,729	96.4	4.7
（教育活動収支・支出の部）															
人件費	4,559,178	42.1	1.7	10,881,614	37.4	4.0	9,095,235	40.6	3.3	74,770,591	36.1	27.5	12,858,101	38.8	4.7
教育研究（管理）経費	4,317,419	39.8	1.4	10,937,525	37.6	3.5	8,133,163	36.3	2.6	94,496,150	45.6	30.4	12,190,340	36.8	3.9
（うち減価償却額）	841,045	7.8	1.5	1,855,939	6.4	3.4	1,663,032	7.4	3.0	16,721,866	8.1	30.4	2,386,897	7.2	4.3
徴収不能額等	30,461	0.3	3.7	96,451	0.3	11.6	104,074	0.5	12.6	225,592	0.1	27.2	27,841	0.1	3.4
教育活動支出計	8,907,058	82.2	1.5	21,915,591	75.3	3.8	17,332,473	77.4	3.0	169,492,333	81.8	29.0	25,076,282	75.7	4.3
（教育活動外収支・収入の部）															
受取利息・配当金	15,810	0.1	0.1	62,503	0.2	0.6	11,805	0.1	0.1	9,028,083	4.4	81.0	149,427	0.5	1.3
その他の教育活動外収入	14,924	0.1	0.5	38,574	0.1	1.2	12,045	0.1	0.4	627,289	0.3	20.2	316,928	1.0	10.2
教育活動外収入計	30,734	0.3	0.2	101,076	0.3	0.7	23,850	0.1	0.2	9,655,372	4.7	67.7	466,355	1.4	3.3
（教育活動外収支・支出の部）															
借入金等利息	30,362	0.3	2.1	12,426	0.0	0.9	27,675	0.1	1.9	363,217	0.2	25.2	77,110	0.2	5.3
その他の教育活動外支出	9,151	0.1	1.0	29,024	0.1	3.2	0	0.0	0.0	161,173	0.1	18.0	2	0.0	0.0
教育活動外支出計	39,514	0.4	1.7	41,450	0.1	1.8	27,675	0.1	1.2	524,390	0.3	22.4	77,112	0.2	3.3

（特別収支）　（１０－３）

（単位：千円）

区分	群馬県			埼玉県			千葉県			東京都			神奈川県		
学校数 専任教員数 / 学生生徒等数 専任職員数	46 校 572 人		8,935 人 200 人	67 校 959 人		16,618 人 343 人	53 校 771 人		16,684 人 386 人	314 校 6,394 人		133,776 人 3,426 人	79 校 1,091 人		22,611 人 474 人
科目	金額	構成比率（%）	趨勢構造比率	金額	構成比率（%）	趨勢構造比率	金額	構成比率（%）	趨勢構造比率	金額	構成比率（%）	趨勢構造比率	金額	構成比率（%）	趨勢構造比率
（特別収支・収入の部）															
資産売却差額	1,422	0.0	0.0	9,854	0.0	0.2	4,050	0.0	0.1	3,549,553	1.7	59.1	295,600	0.9	4.9
その他の特別収入	50,691	0.5	0.3	2,426,307	8.3	13.4	30,060	0.1	0.2	2,017,964	1.0	11.2	415,546	1.3	2.3
（うち寄付金）	33,000	0.3	4.0	120,806	0.4	14.6	610	0.0	0.1	41,498	0.0	5.0	4,252	0.0	0.5
（うち補助金）	17,322	0.2	1.4	1,394	0.0	0.1	28,602	0.1	2.4	483,750	0.2	40.0	31,369	0.1	2.6
特別収入計	52,112	0.5	0.2	2,436,161	8.4	10.1	34,110	0.2	0.1	5,567,517	2.7	23.1	711,146	2.1	3.0
（特別収支・支出の部）															
資産処分差額	11,480	0.1	0.3	171,199	0.6	3.9	4,994	0.0	0.1	1,029,062	0.5	23.4	104,603	0.3	2.4
その他の特別支出	17,308	0.2	0.5	3,243	0.0	0.1	122,626	0.5	3.6	626,540	0.3	18.3	45,695	0.1	1.3
特別支出計	28,788	0.3	0.4	174,442	0.6	2.2	127,620	0.6	1.6	1,655,602	0.8	21.1	150,298	0.5	1.9
基本金組入前当年度収支差額	1,860,639	17.2	1.5	6,956,414	23.9	5.6	4,911,062	21.9	4.0	35,444,084	17.1	28.5	7,819,539	23.6	6.3
経常収支差額	1,837,315	17.0	1.7	4,694,695	16.1	4.3	5,004,572	22.3	4.6	31,532,169	15.2	29.2	7,258,690	21.9	6.7
教育活動収支差額	1,846,094	17.0	1.9	4,635,069	15.9	4.8	5,008,397	22.4	5.2	22,401,187	10.8	23.3	6,869,447	20.7	7.1
教育活動外収支差額	-8,779	-0.1	-0.1	59,626	0.2	0.5	-3,825	0.0	0.0	9,130,982	4.4	76.6	389,244	1.2	3.3
特別収支差額	23,324	0.2	0.1	2,261,719	7.8	13.9	-93,510	-0.4	-0.6	3,911,914	1.9	24.0	560,848	1.7	3.4
基本金組入額合計	-337,555	-3.1	0.4	-4,710,934	-16.2	5.9	-1,714,801	-7.7	2.2	-31,097,443	-15.0	39.2	-5,039,015	-15.2	6.4
当年度収支差額	1,523,084	14.1	3.4	2,245,479	7.7	5.0	3,196,260	14.3	7.1	4,346,641	2.1	9.6	2,780,524	8.4	6.2

（参考）

事業活動収入計	10,835,999	100.0	1.5	29,087,896	100.0	4.1	22,398,830	100.0	3.1	207,116,409	100.0	28.8	33,123,230	100.0	4.6
事業活動支出計	8,975,360	82.8	1.5	22,131,483	76.1	3.7	17,487,769	78.1	2.9	171,672,325	82.9	28.9	25,303,691	76.4	4.3

（注）構造比率は専修学校部門合計を 100 としたものである。

令 和 3 年 度 事 業 活 動 収 支 計 算 書（都道府県別）
ー 専 修 学 校 部 門 ー

（教育活動収支及び教育活動外収支）（１０－４）　　（単位：千円）

区分	新潟県			富山県			石川県			福井県			山梨県		
学校数 学生生徒等数 専任教員数 専任職員数	24 校 349 人	4,677 人 127 人		10 校 127 人	1,576 人 45 人		24 校 258 人	3,698 人 90 人		11 校 82 人	827 人 22 人		9 校 97 人	1,577 人 29 人	
科目	金額	構成比率(%)	趨勢構造比率	金額	構成比率(%)	趨勢構造比率	金額	構成比率(%)	趨勢構造比率	金額	構成比率(%)	趨勢構造比率	金額	構成比率(%)	趨勢構造比率
(教育活動収支・収入の部)															
学生生徒等納付金	5,557,474	86.5	1.0	1,319,598	77.2	0.2	4,101,792	80.8	0.7	922,678	84.2	0.2	1,306,522	82.7	0.2
手数料	50,716	0.8	0.9	20,028	1.2	0.4	42,690	0.8	0.8	3,572	0.3	0.1	14,538	0.9	0.3
寄付金	99,100	1.5	2.2	73,280	4.3	1.6	34,559	0.7	0.8	3,176	0.3	0.1	211	0.0	0.0
経常費等補助金	292,681	4.6	0.8	144,564	8.5	0.4	288,868	5.7	0.8	91,376	8.3	0.3	217,980	13.8	0.6
付随事業収入	206,584	3.2	0.5	42,642	2.5	0.1	330,130	6.5	0.8	34,851	3.2	0.1	22,601	1.4	0.1
雑収入	195,321	3.0	1.4	31,729	1.9	0.2	93,128	1.8	0.7	30,058	2.7	0.2	11,540	0.7	0.1
教育活動収入計	6,401,876	99.6	0.9	1,631,842	95.5	0.2	4,891,168	96.4	0.7	1,085,711	99.1	0.2	1,573,393	99.6	0.2
(教育活動収支・支出の部)															
人件費	3,229,047	50.2	1.2	851,550	49.8	0.3	1,887,968	37.2	0.7	504,931	46.1	0.2	863,141	54.7	0.3
教育研究（管理）経費	3,560,758	55.4	1.1	854,698	50.0	0.3	2,228,623	43.9	0.7	613,396	56.0	0.2	563,119	35.7	0.2
（うち減価償却額）	712,526	11.1	1.3	286,767	16.8	0.5	464,999	9.2	0.8	113,681	10.4	0.2	151,545	9.6	0.3
徴収不能額等	3,755	0.1	0.5	2,808	0.2	0.3	374	0.0	0.0	0	0.0	0.0	0	0.0	0.0
教育活動支出計	6,793,560	105.7	1.2	1,709,056	100.0	0.3	4,116,965	81.1	0.7	1,118,327	102.1	0.2	1,426,260	90.3	0.2
(教育活動外収支・収入の部)															
受取利息・配当金	7,174	0.1	0.1	28,730	1.7	0.3	1,980	0.0	0.0	940	0.1	0.0	2,463	0.2	0.0
その他の教育活動外収入	3,470	0.1	0.1	45,551	2.7	1.5	2,118	0.0	0.1	2,573	0.2	0.1	3,422	0.2	0.1
教育活動外収入計	10,645	0.2	0.1	74,281	4.3	0.5	4,098	0.1	0.0	3,513	0.3	0.0	5,884	0.4	0.0
(教育活動外収支・支出の部)															
借入金等利息	36,057	0.6	2.5	7,452	0.4	0.5	21,451	0.4	1.5	2,043	0.2	0.1	0	0.0	0.0
その他の教育活動外支出	5,605	0.1	0.6	33,814	2.0	3.8	0	0.0	0.0	7,088	0.6	0.8	1,378	0.1	0.2
教育活動外支出計	41,662	0.6	1.8	41,267	2.4	1.8	21,451	0.4	0.9	9,131	0.8	0.4	1,378	0.1	0.1

（特別収支）　（１０－４）

（単位：千円）

区　分	新潟県			富山県			石川県			福井県			山梨県		
学校数 学生生徒等数 専任教員数 専任職員数	24 校 4,677 人 349 人 127 人			10 校 1,576 人 127 人 45 人			24 校 3,698 人 258 人 90 人			11 校 827 人 82 人 22 人			9 校 1,577 人 97 人 29 人		
科　目	金　額	構成比率(%)	趨勢構造比率	金　額	構成比率(%)	趨勢構造比率	金　額	構成比率(%)	趨勢構造比率	金　額	構成比率(%)	趨勢構造比率	金　額	構成比率(%)	趨勢構造比率
（特別収支・収入の部）															
資産売却差額	45	0.0	0.0	0	0.0	0.0	150	0.0	0.0	0	0.0	0.0	0	0.0	0.0
その他の特別収入	15,104	0.2	0.1	2,598	0.2	0.0	179,155	3.5	1.0	5,947	0.5	0.0	61	0.0	0.0
（うち寄付金）	480	0.0	0.1	0	0.0	0.0	170,548	3.4	20.6	0	0.0	0.0	29	0.0	0.0
（うち補助金）	4,387	0.1	0.4	2,597	0.2	0.2	8,580	0.2	0.7	3,389	0.3	0.3	0	0.0	0.0
特別収入計	15,150	0.2	0.1	2,598	0.2	0.0	179,305	3.5	0.7	5,947	0.5	0.0	61	0.0	0.0
（特別収支・支出の部）															
資産処分差額	13,942	0.2	0.3	97	0.0	0.0	2,505	0.0	0.1	1,852	0.2	0.0	23,660	1.5	0.5
その他の特別支出	368	0.0	0.0	0	0.0	0.0	58	0.0	0.0	610	0.1	0.0	0	0.0	0.0
特別支出計	14,310	0.2	0.2	97	0.0	0.0	2,563	0.1	0.0	2,461	0.2	0.0	23,660	1.5	0.3
基本金組入前当年度収支差額	-421,862	-6.6	-0.3	-41,699	-2.4	0.0	933,591	18.4	0.8	-34,748	-3.2	0.0	128,040	8.1	0.1
経常収支差額	-422,701	-6.6	-0.4	-44,200	-2.6	0.0	756,849	14.9	0.7	-38,234	-3.5	0.0	151,639	9.6	0.1
教育活動収支差額	-391,684	-6.1	-0.4	-77,214	-4.5	-0.1	774,203	15.3	0.8	-32,616	-3.0	0.0	147,133	9.3	0.2
教育活動外収支差額	-31,017	-0.5	-0.3	33,014	1.9	0.3	-17,354	-0.3	-0.1	-5,618	-0.5	0.0	4,506	0.3	0.0
特別収支差額	839	0.0	0.0	2,501	0.1	0.0	176,742	3.5	1.1	3,486	0.3	0.0	-23,599	-1.5	-0.1
基本金組入額合計	-321,884	-5.0	0.4	-69,924	-4.1	0.1	-203,194	-4.0	0.3	-656,365	-59.9	0.8	-26,780	-1.7	0.0
当年度収支差額	-743,746	-11.6	-1.7	-111,623	-6.5	-0.2	730,397	14.4	1.6	-691,113	-63.1	-1.5	101,261	6.4	0.2

（参考）

事業活動収入計	6,427,670	100.0	0.9	1,708,721	100.0	0.2	5,074,570	100.0	0.7	1,095,171	100.0	0.2	1,579,338	100.0	0.2
事業活動支出計	6,849,532	106.6	1.2	1,750,420	102.4	0.3	4,140,979	81.6	0.7	1,129,920	103.2	0.2	1,451,298	91.9	0.2

（注）構造比率は専修学校部門合計を 100 としたものである。

令和３年度事業活動収支計算書（都道府県別）
－専修学校部門－

（教育活動収支及び教育活動外収支）（１０－５）

（単位：千円）

区分	長野県			岐阜県			静岡県			愛知県			三重県		
学校数 / 学生生徒等数 / 専任教員数 / 専任職員数	29 校 / 306 人		4,147 人 / 100 人	16 校 / 164 人		2,005 人 / 42 人	68 校 / 721 人		11,854 人 / 273 人	121 校 / 1,991 人		41,616 人 / 655 人	16 校 / 136 人		1,572 人 / 35 人
科目	金額	構成比率(%)	趨勢構造比率	金額	構成比率(%)	趨勢構造比率	金額	構成比率(%)	趨勢構造比率	金額	構成比率(%)	趨勢構造比率	金額	構成比率(%)	趨勢構造比率
（教育活動収支・収入の部）															
学生生徒等納付金	4,369,164	81.7	0.8	1,961,440	83.4	0.3	12,264,991	79.1	2.1	44,603,691	71.1	7.7	1,514,865	72.9	0.3
手数料	47,176	0.9	0.9	18,127	0.8	0.3	143,337	0.9	2.7	462,876	0.7	8.6	13,600	0.7	0.3
寄付金	218,198	4.1	4.8	36,289	1.5	0.8	335,109	2.2	7.4	212,469	0.3	4.7	3,593	0.2	0.1
経常費等補助金	294,166	5.5	0.8	173,268	7.4	0.5	962,988	6.2	2.7	3,091,275	4.9	8.5	94,574	4.6	0.3
付随事業収入	291,255	5.4	0.7	11,761	0.5	0.0	693,266	4.5	1.6	2,009,963	3.2	4.8	401,429	19.3	1.0
雑収入	92,570	1.7	0.7	80,788	3.4	0.6	406,677	2.6	2.9	544,242	0.9	3.9	47,510	2.3	0.3
教育活動収入計	5,312,529	99.3	0.8	2,281,673	97.0	0.3	14,806,368	95.5	2.2	50,924,515	81.2	7.5	2,075,571	99.9	0.3
（教育活動収支・支出の部）															
人件費	2,276,630	42.6	0.8	1,200,361	51.0	0.4	6,608,478	42.6	2.4	20,016,355	31.9	7.4	1,024,975	49.3	0.4
教育研究（管理）経費	2,182,592	40.8	0.7	1,007,550	42.8	0.3	5,903,120	38.1	1.9	21,408,563	34.1	6.9	918,835	44.2	0.3
（うち減価償却額）	437,004	8.2	0.8	218,136	9.3	0.4	1,184,448	7.6	2.2	4,347,507	6.9	7.9	125,276	6.0	0.2
徴収不能額等	2,545	0.0	0.3	3,356	0.1	0.4	5,961	0.0	0.7	35,367	0.1	4.3	34	0.0	0.0
教育活動支出計	4,461,766	83.4	0.8	2,211,266	94.0	0.4	12,517,558	80.7	2.1	41,460,286	66.1	7.1	1,943,845	93.6	0.3

区分	長野県 金額	構成比率(%)	趨勢構造比率	岐阜県 金額	構成比率(%)	趨勢構造比率	静岡県 金額	構成比率(%)	趨勢構造比率	愛知県 金額	構成比率(%)	趨勢構造比率	三重県 金額	構成比率(%)	趨勢構造比率
（教育活動外収支・収入の部）															
受取利息・配当金	5,209	0.1	0.0	11,341	0.5	0.1	48,356	0.3	0.4	103,095	0.2	0.9	960	0.0	0.0
その他の教育活動外収入	28,618	0.5	0.9	17,048	0.7	0.5	358	0.0	0.0	188,961	0.3	6.1	0	0.0	0.0
教育活動外収入計	33,828	0.6	0.2	28,389	1.2	0.2	48,714	0.3	0.3	292,057	0.5	2.0	960	0.0	0.0
（教育活動外収支・支出の部）															
借入金等利息	14,466	0.3	1.0	7,242	0.3	0.5	44,837	0.3	3.1	80,357	0.1	5.6	7,825	0.4	0.5
その他の教育活動外支出	17,730	0.3	2.0	347	0.0	0.0	0	0.0	0.0	1,499	0.0	0.2	185	0.0	0.0
教育活動外支出計	32,196	0.6	1.4	7,589	0.3	0.3	44,837	0.3	1.9	81,856	0.1	3.5	8,010	0.4	0.3

（特別収支）（１０－５）

（単位：千円）

区分	長野県			岐阜県			静岡県			愛知県			三重県		
学校数 学生生徒等数 専任教員数 専任職員数	29 校 4,147 人 306 人 100 人			16 校 2,005 人 164 人 42 人			68 校 11,854 人 721 人 273 人			121 校 41,616 人 1,991 人 655 人			16 校 1,572 人 136 人 35 人		
科目	金額	構成比率(%)	趨勢構造比率	金額	構成比率(%)	趨勢構造比率	金額	構成比率(%)	趨勢構造比率	金額	構成比率(%)	趨勢構造比率	金額	構成比率(%)	趨勢構造比率
（特別収支・収入の部）															
資産売却差額	832	0.0	0.0	32,373	1.4	0.5	2,999	0.0	0.0	1,266,222	2.0	21.1	9	0.0	0.0
その他の特別収入	352	0.0	0.0	10,177	0.4	0.1	649,588	4.2	3.6	10,226,445	16.3	56.5	843	0.0	0.0
（うち寄付金）	0	0.0	0.0	6,566	0.3	0.8	12,591	0.1	1.5	45,682	0.1	5.5	243	0.0	0.0
（うち補助金）	0	0.0	0.0	3,611	0.2	0.3	17,637	0.1	1.5	211,857	0.3	17.5	600	0.0	0.0
特別収入計	1,184	0.0	0.0	42,550	1.8	0.2	652,587	4.2	2.7	11,492,667	18.3	47.7	852	0.0	0.0
（特別収支・支出の部）															
資産処分差額	658,569	12.3	15.0	973	0.0	0.0	107,480	0.7	2.4	436,893	0.7	9.9	256	0.0	0.0
その他の特別支出	0	0.0	0.0	1,249	0.1	0.0	356,351	2.3	10.4	421,679	0.7	12.3	1,247	0.1	0.0
特別支出計	658,569	12.3	8.4	2,222	0.1	0.0	463,831	3.0	5.9	858,572	1.4	11.0	1,503	0.1	0.0
基本金組入前当年度収支差額	195,010	3.6	0.2	131,534	5.6	0.1	2,481,444	16.0	2.0	20,308,525	32.4	16.3	124,026	6.0	0.1
経常収支差額	852,395	15.9	0.8	91,206	3.9	0.1	2,292,688	14.8	2.1	9,674,430	15.4	9.0	124,677	6.0	0.1
教育活動収支差額	850,763	15.9	0.9	70,407	3.0	0.1	2,288,810	14.8	2.4	9,464,230	15.1	9.8	131,727	6.3	0.1
教育活動外収支差額	1,632	0.0	0.0	20,799	0.9	0.2	3,877	0.0	0.0	210,201	0.3	1.8	-7,050	-0.3	-0.1
特別収支差額	-657,385	-12.3	-4.0	40,328	1.7	0.2	188,756	1.2	1.2	10,634,095	17.0	65.4	-651	0.0	0.0
基本金組入額合計	-168,298	-3.1	0.2	-212,346	-9.0	0.3	-1,855,613	-12.0	2.3	-13,812,786	-22.0	17.4	-135,746	-6.5	0.2
当年度収支差額	26,712	0.5	0.1	-80,812	-3.4	-0.2	625,831	4.0	1.4	6,495,739	10.4	14.4	-11,720	-0.6	0.0

（参考）

事業活動収入計	5,347,541	100.0	0.7	2,352,612	100.0	0.3	15,507,669	100.0	2.2	62,709,239	100.0	8.7	2,077,384	100.0	0.3
事業活動支出計	5,152,530	96.4	0.9	2,221,078	94.4	0.4	13,026,225	84.0	2.2	42,400,714	67.6	7.1	1,953,358	94.0	0.3

（注）構造比率は専修学校部門合計を 100 としたものである。

令和３年度事業活動収支計算書（都道府県別）
－専修学校部門－

（教育活動収支及び教育活動外収支）（１０－６）　　　　（単位：千円）

区分	滋賀県			京都府			大阪府			兵庫県			奈良県		
学校数 学生生徒等数 専任教員数 専任職員数	5校 27人	275人 23人		34校 594人	13,502人 342人		145校 2,765人	57,532人 1,261人		56校 838人	15,026人 263人		8校 79人	863人 31人	
科目	金額	構成比率(%)	趨勢構造比率	金額	構成比率(%)	趨勢構造比率	金額	構成比率(%)	趨勢構造比率	金額	構成比率(%)	趨勢構造比率	金額	構成比率(%)	趨勢構造比率
（教育活動収支・収入の部）															
学生生徒等納付金	258,227	56.8	0.0	16,711,370	83.8	2.9	71,805,458	87.1	12.4	17,097,380	84.8	3.0	776,517	73.6	0.1
手数料	4,596	1.0	0.1	147,498	0.7	2.7	527,299	0.6	9.8	161,140	0.8	3.0	7,229	0.7	0.1
寄付金	85,455	18.8	1.9	289,009	1.4	6.4	247,369	0.3	5.5	49,899	0.2	1.1	1,000	0.1	0.0
経常費等補助金	3,087	0.7	0.0	1,073,112	5.4	3.0	4,980,356	6.0	13.7	1,162,881	5.8	3.2	58,192	5.5	0.2
付随事業収入	87,953	19.3	0.2	1,143,083	5.7	2.7	2,212,653	2.7	5.3	757,703	3.8	1.8	46,881	4.4	0.1
雑収入	7,170	1.6	0.1	302,498	1.5	2.2	1,223,405	1.5	8.7	375,488	1.9	2.7	28,453	2.7	0.2
教育活動収入計	446,487	98.2	0.1	19,666,569	98.7	2.9	80,996,541	98.2	11.9	19,604,491	97.3	2.9	918,271	87.0	0.1
（教育活動収支・支出の部）															
人件費	305,640	67.2	0.1	6,112,799	30.7	2.2	28,691,625	34.8	10.5	7,073,275	35.1	2.6	626,048	59.3	0.2
教育研究（管理）経費	244,534	53.8	0.1	8,749,825	43.9	2.8	38,740,592	47.0	12.5	8,799,359	43.7	2.8	303,426	28.8	0.1
（うち減価償却額）	73,846	16.2	0.1	1,781,963	8.9	3.2	5,179,146	6.3	9.4	1,421,009	7.1	2.6	43,479	4.1	0.1
徴収不能額等	45	0.0	0.0	1,046	0.0	0.1	41,595	0.1	5.0	8,819	0.0	1.1	0	0.0	0.0
教育活動支出計	550,219	121.0	0.1	14,863,670	74.6	2.5	67,473,813	81.8	11.6	15,881,452	78.8	2.7	929,473	88.1	0.2
（教育活動外収支・収入の部）															
受取利息・配当金	5,193	1.1	0.0	111,216	0.6	1.0	679,328	0.8	6.1	63,210	0.3	0.6	13,079	1.2	0.1
その他の教育活動外収入	2,531	0.6	0.1	76,358	0.4	2.5	464,030	0.6	14.9	47,056	0.2	1.5	123,924	11.7	4.0
教育活動外収入計	7,723	1.7	0.1	187,574	0.9	1.3	1,143,358	1.4	8.0	110,266	0.5	0.8	137,003	13.0	1.0
（教育活動外収支・支出の部）															
借入金等利息	799	0.2	0.1	27,198	0.1	1.9	100,435	0.1	7.0	86,672	0.4	6.0	4,802	0.5	0.3
その他の教育活動外支出	475	0.1	0.1	0	0.0	0.0	139,513	0.2	15.6	25,335	0.1	2.8	65,890	6.2	7.3
教育活動外支出計	1,274	0.3	0.1	27,198	0.1	1.2	239,948	0.3	10.3	112,007	0.6	4.8	70,692	6.7	3.0

(特別収支)　(１０－６)

(単位：千円)

区分	滋賀県			京都府			大阪府			兵庫県			奈良県		
学校数 / 専任教員数 / 学生生徒等数 / 専任職員数	5 校 / 27 人		275 人 / 23 人	34 校 / 594 人		13,502 人 / 342 人	145 校 / 2,765 人		57,532 人 / 1,261 人	56 校 / 838 人		15,026 人 / 263 人	8 校 / 79 人		863 人 / 31 人
科目	金額	構成比率(%)	趨勢構造比率	金額	構成比率(%)	趨勢構造比率	金額	構成比率(%)	趨勢構造比率	金額	構成比率(%)	趨勢構造比率	金額	構成比率(%)	趨勢構造比率
(特別収支・収入の部)															
資産売却差額	330	0.1	0.0	536	0.0	0.0	214,323	0.3	3.6	420,526	2.1	7.0	0	0.0	0.0
その他の特別収入	235	0.1	0.0	79,243	0.4	0.4	102,139	0.1	0.6	20,686	0.1	0.1	0	0.0	0.0
(うち寄付金)	235	0.1	0.0	56,649	0.3	6.8	56,191	0.1	6.8	383	0.0	0.0	0	0.0	0.0
(うち補助金)	0	0.0	0.0	14,148	0.1	1.2	32,398	0.0	2.7	3,467	0.0	0.3	0	0.0	0.0
特別収入計	565	0.1	0.0	79,780	0.4	0.3	316,462	0.4	1.3	441,211	2.2	1.8	0	0.0	0.0
(特別収支・支出の部)															
資産処分差額	204	0.0	0.0	4,747	0.0	0.1	484,339	0.6	11.0	1,119	0.0	0.0	0	0.0	0.0
その他の特別支出	0	0.0	0.0	848	0.0	0.0	57,947	0.1	1.7	15,928	0.1	0.5	0	0.0	0.0
特別支出計	204	0.0	0.0	5,596	0.0	0.1	542,286	0.7	6.9	17,046	0.1	0.2	0	0.0	0.0
基本金組入前当年度収支差額	-96,921	-21.3	-0.1	5,037,460	25.3	4.1	14,200,314	17.2	11.4	4,145,463	20.6	3.3	55,108	5.2	0.0
経常収支差額	-97,282	-21.4	-0.1	4,963,275	24.9	4.6	14,426,138	17.5	13.4	3,721,298	18.5	3.4	55,108	5.2	0.1
教育活動収支差額	-103,732	-22.8	-0.1	4,802,900	24.1	5.0	13,522,728	16.4	14.1	3,723,038	18.5	3.9	-11,203	-1.1	0.0
教育活動外収支差額	6,449	1.4	0.1	160,376	0.8	1.3	903,410	1.1	7.6	-1,741	0.0	0.0	66,311	6.3	0.6
特別収支差額	361	0.1	0.0	74,184	0.4	0.5	-225,824	-0.3	-1.4	424,165	2.1	2.6	0	0.0	0.0
基本金組入額合計	-23,244	-5.1	0.0	-996,730	-5.0	1.3	-3,394,557	-4.1	4.3	-1,111,867	-5.5	1.4	0	0.0	0.0
当年度収支差額	-120,165	-26.4	-0.3	4,040,730	20.3	9.0	10,805,757	13.1	24.0	3,033,595	15.1	6.7	55,108	5.2	0.1

(参考)

事業活動収入計	454,775	100.0	0.1	19,933,923	100.0	2.8	82,456,360	100.0	11.5	20,155,968	100.0	2.8	1,055,274	100.0	0.1
事業活動支出計	551,697	121.3	0.1	14,896,463	74.7	2.5	68,256,046	82.8	11.5	16,010,505	79.4	2.7	1,000,165	94.8	0.2

(注) 構造比率は専修学校部門合計を 100 としたものである。

令和３年度事業活動収支計算書（都道府県別）
－専修学校部門－

（教育活動収支及び教育活動外収支）（１０－７）

（単位：千円）

区分	和歌山県			鳥取県			島根県			岡山県			広島県		
学校数 学生生徒等数 専任教員数 専任職員数	10 校 1,055 人 79 人 39 人			11 校 1,242 人 119 人 38 人			14 校 2,044 人 186 人 67 人			31 校 7,735 人 473 人 184 人			44 校 8,716 人 519 人 186 人		
科目	金額	構成比率(%)	趨勢構造比率	金額	構成比率(%)	趨勢構造比率	金額	構成比率(%)	趨勢構造比率	金額	構成比率(%)	趨勢構造比率	金額	構成比率(%)	趨勢構造比率
（教育活動収支・収入の部）															
学生生徒等納付金	1,138,873	83.8	0.2	1,226,044	72.1	0.2	2,192,976	74.3	0.4	7,369,505	86.1	1.3	8,535,886	84.3	1.5
手数料	11,059	0.8	0.2	12,258	0.7	0.2	24,857	0.8	0.5	98,352	1.1	1.8	98,138	1.0	1.8
寄付金	194	0.0	0.0	8,450	0.5	0.2	92,374	3.1	2.0	30,862	0.4	0.7	65,184	0.6	1.4
経常費等補助金	80,117	5.9	0.2	129,892	7.6	0.4	366,728	12.4	1.0	561,906	6.6	1.6	554,665	5.5	1.5
付随事業収入	85,758	6.3	0.2	189,651	11.1	0.5	168,760	5.7	0.4	266,399	3.1	0.6	305,499	3.0	0.7
雑収入	42,285	3.1	0.3	106,672	6.3	0.8	95,026	3.2	0.7	176,194	2.1	1.3	212,162	2.1	1.5
教育活動収入計	1,358,287	100.0	0.2	1,672,967	98.3	0.2	2,940,720	99.7	0.4	8,503,218	99.3	1.3	9,771,534	96.5	1.4
（教育活動収支・支出の部）															
人件費	723,113	53.2	0.3	913,494	53.7	0.3	1,331,097	45.1	0.5	4,065,950	47.5	1.5	4,238,804	41.9	1.6
教育研究（管理）経費	658,524	48.5	0.2	681,463	40.0	0.2	1,469,409	49.8	0.5	3,664,982	42.8	1.2	4,335,622	42.8	1.4
（うち減価償却額）	126,905	9.3	0.2	115,661	6.8	0.2	317,343	10.8	0.6	867,596	10.1	1.6	881,867	8.7	1.6
徴収不能額等	50	0.0	0.0	200	0.0	0.0	2,978	0.1	0.4	679	0.0	0.1	3,589	0.0	0.4
教育活動支出計	1,381,686	101.7	0.2	1,595,157	93.7	0.3	2,803,485	95.0	0.5	7,731,611	90.3	1.3	8,578,015	84.7	1.5
（教育活動外収支・収入の部）															
受取利息・配当金	8	0.0	0.0	3,487	0.2	0.0	2,831	0.1	0.0	34,773	0.4	0.3	42,778	0.4	0.4
その他の教育活動外収入	0	0.0	0.0	2,000	0.1	0.1	6,027	0.2	0.2	7,329	0.1	0.2	274,544	2.7	8.8
教育活動外収入計	8	0.0	0.0	5,487	0.3	0.0	8,858	0.3	0.1	42,102	0.5	0.3	317,322	3.1	2.2
（教育活動外収支・支出の部）															
借入金等利息	5,456	0.4	0.4	9,621	0.6	0.7	41,271	1.4	2.9	52,883	0.6	3.7	22,616	0.2	1.6
その他の教育活動外支出	0	0.0	0.0	2,163	0.1	0.2	3,644	0.1	0.4	0	0.0	0.0	0	0.0	0.0
教育活動外支出計	5,456	0.4	0.2	11,784	0.7	0.5	44,915	1.5	1.9	52,883	0.6	2.3	22,616	0.2	1.0

（特別収支）（１０－７）

（単位：千円）

区分	和歌山県			鳥取県			島根県			岡山県			広島県		
学校数 学生生徒等数 専任教員数 専任職員数	10 校 79 人		1,055 人 39 人	11 校 119 人		1,242 人 38 人	14 校 186 人		2,044 人 67 人	31 校 473 人		7,735 人 184 人	44 校 519 人		8,716 人 186 人
科目	金額	構成比率（%）	趨勢構造比率	金額	構成比率（%）	趨勢構造比率	金額	構成比率（%）	趨勢構造比率	金額	構成比率（%）	趨勢構造比率	金額	構成比率（%）	趨勢構造比率
（特別収支・収入の部）															
資産売却差額	0	0.0	0.0	13,444	0.8	0.2	15	0.0	0.0	1,511	0.0	0.0	33,826	0.3	0.6
その他の特別収入	300	0.0	0.0	9,699	0.6	0.1	174	0.0	0.0	14,945	0.2	0.1	5,032	0.0	0.0
（うち寄付金）	0	0.0	0.0	0	0.0	0.0	0	0.0	0.0	2,214	0.0	0.3	782	0.0	0.1
（うち補助金）	300	0.0	0.0	9,699	0.6	0.8	0	0.0	0.0	11,912	0.1	1.0	2,288	0.0	0.2
特別収入計	300	0.0	0.0	23,143	1.4	0.1	189	0.0	0.0	16,456	0.2	0.1	38,859	0.4	0.2
（特別収支・支出の部）															
資産処分差額	18	0.0	0.0	0	0.0	0.0	0	0.0	0.0	11,488	0.1	0.3	17,576	0.2	0.4
その他の特別支出	0	0.0	0.0	1,966	0.1	0.1	99,069	3.4	2.9	51,316	0.6	1.5	6,428	0.1	0.2
特別支出計	18	0.0	0.0	1,966	0.1	0.0	99,069	3.4	1.3	62,804	0.7	0.8	24,004	0.2	0.3
基本金組入前当年度収支差額	-28,566	-2.1	0.0	92,691	5.4	0.1	2,299	0.1	0.0	714,478	8.3	0.6	1,503,080	14.8	1.2
経常収支差額	-28,847	-2.1	0.0	71,514	4.2	0.1	101,179	3.4	0.1	760,826	8.9	0.7	1,488,225	14.7	1.4
教育活動収支差額	-23,399	-1.7	0.0	77,811	4.6	0.1	137,235	4.7	0.1	771,606	9.0	0.8	1,193,519	11.8	1.2
教育活動外収支差額	-5,448	-0.4	0.0	-6,297	-0.4	-0.1	-36,056	-1.2	-0.3	-10,781	-0.1	-0.1	294,706	2.9	2.5
特別収支差額	282	0.0	0.0	21,177	1.2	0.1	-98,880	-3.4	-0.6	-46,348	-0.5	-0.3	14,855	0.1	0.1
基本金組入額合計	-7,370	-0.5	0.0	-83,944	-4.9	0.1	-146,958	-5.0	0.2	-1,105,409	-12.9	1.4	-854,902	-8.4	1.1
当年度収支差額	-35,936	-2.6	-0.1	8,747	0.5	0.0	-144,659	-4.9	-0.3	-390,931	-4.6	-0.9	648,178	6.4	1.4

（参考）

事業活動収入計	1,358,595	100.0	0.2	1,701,598	100.0	0.2	2,949,767	100.0	0.4	8,561,776	100.0	1.2	10,127,714	100.0	1.4
事業活動支出計	1,387,161	102.1	0.2	1,608,907	94.6	0.3	2,947,468	99.9	0.5	7,847,298	91.7	1.3	8,624,635	85.2	1.5

（注）構造比率は専修学校部門合計を 100 としたものである。

令和３年度事業活動収支計算書（都道府県別）
－専修学校部門－

（教育活動収支及び教育活動外収支）　（１０－８）　　　　（単位：千円）

区分	山口県			徳島県			香川県			愛媛県			高知県		
学校数　学生生徒等数 専任教員数　専任職員数	20校　2,042人 189人　57人			4校　413人 30人　9人			14校　2,964人 225人　80人			20校　3,375人 263人　111人			14校　2,077人 196人　42人		
科目	金額	構成比率(%)	趨勢構造比率	金額	構成比率(%)	趨勢構造比率	金額	構成比率(%)	趨勢構造比率	金額	構成比率(%)	趨勢構造比率	金額	構成比率(%)	趨勢構造比率
（教育活動収支・収入の部）															
学生生徒等納付金	2,027,117	76.2	0.4	394,050	75.2	0.1	3,636,100	86.9	0.6	4,120,943	81.7	0.7	2,180,291	82.3	0.4
手数料	18,424	0.7	0.3	5,467	1.0	0.1	40,741	1.0	0.8	36,276	0.7	0.7	31,101	1.2	0.6
寄付金	93,020	3.5	2.1	0	0.0	0.0	34,362	0.8	0.8	2,570	0.1	0.1	8,946	0.3	0.2
経常費等補助金	74,065	2.8	0.2	42,539	8.1	0.1	208,645	5.0	0.6	435,175	8.6	1.2	224,854	8.5	0.6
付随事業収入	379,630	14.3	0.9	66,496	12.7	0.2	151,435	3.6	0.4	351,320	7.0	0.8	111,965	4.2	0.3
雑収入	26,407	1.0	0.2	9,911	1.9	0.1	29,689	0.7	0.2	58,957	1.2	0.4	46,733	1.8	0.3
教育活動収入計	2,618,663	98.4	0.4	518,463	98.9	0.1	4,100,972	98.0	0.6	5,005,242	99.2	0.7	2,603,890	98.3	0.4
（教育活動収支・支出の部）															
人件費	1,258,668	47.3	0.5	218,311	41.6	0.1	1,818,021	43.5	0.7	1,757,617	34.8	0.6	1,809,628	68.3	0.7
教育研究（管理）経費	932,878	35.1	0.3	215,998	41.2	0.1	1,594,149	38.1	0.5	2,186,989	43.3	0.7	1,025,394	38.7	0.3
（うち減価償却額）	193,674	7.3	0.4	34,818	6.6	0.1	270,562	6.5	0.5	197,948	3.9	0.4	258,494	9.8	0.5
徴収不能額等	0	0.0	0.0	2,968	0.6	0.4	3,000	0.1	0.4	5,570	0.1	0.7	0	0.0	0.0
教育活動支出計	2,191,546	82.4	0.4	437,276	83.4	0.1	3,415,170	81.6	0.6	3,950,177	78.3	0.7	2,835,021	107.1	0.5
（教育活動外収支・収入の部）															
受取利息・配当金	5,049	0.2	0.0	4,496	0.9	0.0	91	0.0	0.0	4,394	0.1	0.0	5,050	0.2	0.0
その他の教育活動外収入	3,715	0.1	0.1	1,199	0.2	0.0	0	0.0	0.0	16,573	0.3	0.5	10,115	0.4	0.3
教育活動外収入計	8,764	0.3	0.1	5,695	1.1	0.0	91	0.0	0.0	20,967	0.4	0.1	15,165	0.6	0.1
（教育活動外収支・支出の部）															
借入金等利息	2,552	0.1	0.2	0	0.0	0.0	5,762	0.1	0.4	952	0.0	0.1	21,898	0.8	1.5
その他の教育活動外支出	0	0.0	0.0	0	0.0	0.0	0	0.0	0.0	0	0.0	0.0	83	0.0	0.0
教育活動外支出計	2,552	0.1	0.1	0	0.0	0.0	5,762	0.1	0.2	952	0.0	0.0	21,981	0.8	0.9

(特別収支)　(１０－８)　　(単位：千円)

区分	山口県			徳島県			香川県			愛媛県			高知県		
学校数　学生生徒等数 専任教員数　専任職員数	20 校　2,042 人 189 人　57 人			4 校　413 人 30 人　9 人			14 校　2,964 人 225 人　80 人			20 校　3,375 人 263 人　111 人			14 校　2,077 人 196 人　42 人		
科目	金額	構成比率(%)	趨勢構造比率	金額	構成比率(%)	趨勢構造比率	金額	構成比率(%)	趨勢構造比率	金額	構成比率(%)	趨勢構造比率	金額	構成比率(%)	趨勢構造比率
(特別収支・収入の部)															
資産売却差額	30	0.0	0.0	0	0.0	0.0	0	0.0	0.0	0	0.0	0.0	25,805	1.0	0.4
その他の特別収入	32,637	1.2	0.2	0	0.0	0.0	82,033	2.0	0.5	20,564	0.4	0.1	3,122	0.1	0.0
(うち寄付金)	0	0.0	0.0	0	0.0	0.0	0	0.0	0.0	0	0.0	0.0	0	0.0	0.0
(うち補助金)	32,637	1.2	2.7	0	0.0	0.0	79,256	1.9	6.5	1,629	0.0	0.1	2,890	0.1	0.2
特別収入計	32,667	1.2	0.1	0	0.0	0.0	82,033	2.0	0.3	20,564	0.4	0.1	28,928	1.1	0.1
(特別収支・支出の部)															
資産処分差額	740	0.0	0.0	2,579	0.5	0.1	1,829	0.0	0.0	3,752	0.1	0.1	74,551	2.8	1.7
その他の特別支出	0	0.0	0.0	0	0.0	0.0	949	0.0	0.0	4,053	0.1	0.1	363	0.0	0.0
特別支出計	740	0.0	0.0	2,579	0.5	0.0	2,778	0.1	0.0	7,806	0.2	0.1	74,914	2.8	1.0

基本金組入前当年度収支差額	465,257	17.5	0.4	84,303	16.1	0.1	759,386	18.2	0.6	1,087,838	21.6	0.9	-283,934	-10.7	-0.2
経常収支差額	433,330	16.3	0.4	86,882	16.6	0.1	680,131	16.3	0.6	1,075,080	21.3	1.0	-237,947	-9.0	-0.2
教育活動収支差額	427,117	16.1	0.4	81,187	15.5	0.1	685,802	16.4	0.7	1,055,065	20.9	1.1	-231,131	-8.7	-0.2
教育活動外収支差額	6,213	0.2	0.1	5,695	1.1	0.0	-5,671	-0.1	0.0	20,015	0.4	0.2	-6,816	-0.3	-0.1
特別収支差額	31,927	1.2	0.2	-2,579	-0.5	0.0	79,255	1.9	0.5	12,758	0.3	0.1	-45,987	-1.7	-0.3
基本金組入額合計	-78,425	-2.9	0.1	-90,707	-17.3	0.1	-3,245	-0.1	0.0	-163,266	-3.2	0.2	-113,499	-4.3	0.1
当年度収支差額	386,832	14.5	0.9	-6,404	-1.2	0.0	756,141	18.1	1.7	924,572	18.3	2.1	-397,433	-15.0	-0.9

(参考)

事業活動収入計	2,660,094	100.0	0.4	524,158	100.0	0.1	4,183,096	100.0	0.6	5,046,772	100.0	0.7	2,647,983	100.0	0.4
事業活動支出計	2,194,837	82.5	0.4	439,855	83.9	0.1	3,423,710	81.8	0.6	3,958,934	78.4	0.7	2,931,917	110.7	0.5

(注) 構造比率は専修学校部門合計を 100 としたものである。

令 和 3 年 度 事 業 活 動 収 支 計 算 書（都道府県別）
― 専 修 学 校 部 門 ―

（教育活動収支及び教育活動外収支）（１０－９）　　　　（単位：千円）

区分	福岡県			佐賀県			長崎県			熊本県			大分県		
学校数 専任教員数 / 学生生徒等数 専任職員数	109 校 1,797 人		37,823 人 764 人	15 校 155 人		1,965 人 63 人	14 校 125 人		1,499 人 37 人	30 校 328 人		5,022 人 142 人	31 校 295 人		3,305 人 70 人
科目	金額	構成比率(%)	趨勢構造比率	金額	構成比率(%)	趨勢構造比率	金額	構成比率(%)	趨勢構造比率	金額	構成比率(%)	趨勢構造比率	金額	構成比率(%)	趨勢構造比率
(教育活動収支・収入の部)															
学生生徒等納付金	40,964,082	84.7	7.1	1,763,479	79.1	0.3	1,476,914	84.8	0.3	4,973,229	83.8	0.9	3,579,944	85.1	0.6
手数料	435,199	0.9	8.1	17,786	0.8	0.3	16,330	0.9	0.3	52,353	0.9	1.0	34,279	0.8	0.6
寄付金	568,310	1.2	12.6	2,336	0.1	0.1	17,702	1.0	0.4	40,586	0.7	0.9	3,202	0.1	0.1
経常費等補助金	2,735,689	5.7	7.5	256,111	11.5	0.7	82,041	4.7	0.2	358,635	6.0	1.0	213,907	5.1	0.6
付随事業収入	2,330,856	4.8	5.5	57,879	2.6	0.1	120,839	6.9	0.3	152,173	2.6	0.4	182,676	4.3	0.4
雑収入	595,658	1.2	4.2	53,337	2.4	0.4	26,891	1.5	0.2	140,819	2.4	1.0	124,079	3.0	0.9
教育活動収入計	47,629,795	98.5	7.0	2,150,927	96.5	0.3	1,740,717	99.9	0.3	5,717,795	96.4	0.8	4,138,087	98.4	0.6
(教育活動収支・支出の部)															
人件費	17,126,013	35.4	6.3	1,222,251	54.9	0.4	981,825	56.3	0.4	2,733,378	46.1	1.0	2,374,598	56.5	0.9
教育研究（管理）経費	22,318,257	46.1	7.2	797,390	35.8	0.3	812,045	46.6	0.3	2,373,686	40.0	0.8	1,636,562	38.9	0.5
（うち減価償却額）	3,067,861	6.3	5.6	138,165	6.2	0.3	135,859	7.8	0.2	370,483	6.2	0.7	326,555	7.8	0.6
徴収不能額等	79,469	0.2	9.6	3,663	0.2	0.4	265	0.0	0.0	81,601	1.4	9.8	11,666	0.3	1.4
教育活動支出計	39,523,739	81.7	6.8	2,023,304	90.8	0.3	1,794,135	103.0	0.3	5,188,665	87.4	0.9	4,022,826	95.7	0.7
(教育活動外収支・収入の部)															
受取利息・配当金	474,888	1.0	4.3	12,276	0.6	0.1	38	0.0	0.0	21,646	0.4	0.2	14,781	0.4	0.1
その他の教育活動外収入	164,829	0.3	5.3	12,010	0.5	0.4	1,827	0.1	0.1	127,322	2.1	4.1	5,176	0.1	0.2
教育活動外収入計	639,717	1.3	4.5	24,286	1.1	0.2	1,865	0.1	0.0	148,968	2.5	1.0	19,957	0.5	0.1
(教育活動外収支・支出の部)															
借入金等利息	44,099	0.1	3.1	6,300	0.3	0.4	5,403	0.3	0.4	15,009	0.3	1.0	26,581	0.6	1.8
その他の教育活動外支出	60,842	0.1	6.8	7,343	0.3	0.8	106	0.0	0.0	109,923	1.9	12.3	108	0.0	0.0
教育活動外支出計	104,941	0.2	4.5	13,643	0.6	0.6	5,509	0.3	0.2	124,932	2.1	5.3	26,689	0.6	1.1

(特別収支) （１０－９） (単位：千円)

区分	福岡県			佐賀県			長崎県			熊本県			大分県		
学校数 学生生徒等数 専任教員数 専任職員数	109 校 37,823 人 1,797 人 764 人			15 校 1,965 人 155 人 63 人			14 校 1,499 人 125 人 37 人			30 校 5,022 人 328 人 142 人			31 校 3,305 人 295 人 70 人		
科目	金額	構成比率(%)	趨勢構造比率	金額	構成比率(%)	趨勢構造比率	金額	構成比率(%)	趨勢構造比率	金額	構成比率(%)	趨勢構造比率	金額	構成比率(%)	趨勢構造比率
(特別収支・収入の部)															
資産売却差額	41,586	0.1	0.7	1,424	0.1	0.0	0	0.0	0.0	33,569	0.6	0.6	41,092	1.0	0.7
その他の特別収入	58,286	0.1	0.3	51,634	2.3	0.3	0	0.0	0.0	33,209	0.6	0.2	5,801	0.1	0.0
(うち寄付金)	2,805	0.0	0.3	2,000	0.1	0.2	0	0.0	0.0	5,772	0.1	0.7	1,654	0.0	0.2
(うち補助金)	50,708	0.1	4.2	48,942	2.2	4.0	0	0.0	0.0	3,826	0.1	0.3	4,147	0.1	0.3
特別収入計	99,872	0.2	0.4	53,057	2.4	0.2	0	0.0	0.0	66,778	1.1	0.3	46,893	1.1	0.2
(特別収支・支出の部)															
資産処分差額	357,794	0.7	8.1	0	0.0	0.0	6,885	0.4	0.2	327,487	5.5	7.4	16,671	0.4	0.4
その他の特別支出	78,351	0.2	2.3	211	0.0	0.0	0	0.0	0.0	56	0.0	0.0	0	0.0	0.0
特別支出計	436,145	0.9	5.6	211	0.0	0.0	6,885	0.4	0.1	327,543	5.5	4.2	16,671	0.4	0.2
基本金組入前当年度収支差額	8,304,559	17.2	6.7	191,112	8.6	0.2	-63,948	-3.7	-0.1	292,402	4.9	0.2	138,751	3.3	0.1
経常収支差額	8,640,832	17.9	8.0	138,266	6.2	0.1	-57,063	-3.3	-0.1	553,166	9.3	0.5	108,529	2.6	0.1
教育活動収支差額	8,106,056	16.8	8.4	127,623	5.7	0.1	-53,419	-3.1	-0.1	529,130	8.9	0.6	115,261	2.7	0.1
教育活動外収支差額	534,776	1.1	4.5	10,643	0.5	0.1	-3,644	-0.2	0.0	24,036	0.4	0.2	-6,732	-0.2	-0.1
特別収支差額	-336,273	-0.7	-2.1	52,846	2.4	0.3	-6,885	-0.4	0.0	-260,765	-4.4	-1.6	30,222	0.7	0.2
基本金組入額合計	-3,059,494	-6.3	3.9	-85,084	-3.8	0.1	-31,775	-1.8	0.0	-270,260	-4.6	0.3	-426,765	-10.1	0.5
当年度収支差額	5,245,065	10.8	11.6	106,028	4.8	0.2	-95,722	-5.5	-0.2	22,142	0.4	0.0	-288,014	-6.8	-0.6

(参考)

事業活動収入計	48,369,384	100.0	6.7	2,228,270	100.0	0.3	1,742,582	100.0	0.2	5,933,541	100.0	0.8	4,204,937	100.0	0.6
事業活動支出計	40,064,825	82.8	6.7	2,037,158	91.4	0.3	1,806,530	103.7	0.3	5,641,140	95.1	1.0	4,066,186	96.7	0.7

(注) 構造比率は専修学校部門合計を 100 としたものである。

令和３年度事業活動収支計算書（都道府県別）
ー専修学校部門ー

（教育活動収支及び教育活動外収支）（１０－１０）　　（単位：千円）

区分	宮崎県			鹿児島県			沖縄県		
学校数 専任教員数 / 学生生徒等数 専任職員数	22 校 228 人		2,658 人 100 人	21 校 400 人		4,988 人 128 人	35 校 422 人		6,333 人 153 人
科目	金額	構成比率(%)	趨勢構造比率	金額	構成比率(%)	趨勢構造比率	金額	構成比率(%)	趨勢構造比率
（教育活動収支・収入の部）									
学生生徒等納付金	2,357,383	78.7	0.4	5,222,789	84.2	0.9	5,298,277	78.2	0.9
手数料	46,352	1.5	0.9	52,611	0.8	1.0	95,373	1.4	1.8
寄付金	10,581	0.4	0.2	6,491	0.1	0.1	96,653	1.4	2.1
経常費等補助金	282,879	9.4	0.8	398,839	6.4	1.1	745,722	11.0	2.1
付随事業収入	219,315	7.3	0.5	241,452	3.9	0.6	265,442	3.9	0.6
雑収入	68,479	2.3	0.5	133,392	2.1	0.9	86,258	1.3	0.6
教育活動収入計	2,984,989	99.7	0.4	6,055,573	97.6	0.9	6,587,725	97.2	1.0
（教育活動収支・支出の部）									
人件費	1,704,393	56.9	0.6	3,370,228	54.3	1.2	2,863,239	42.3	1.1
教育研究（管理）経費	1,196,956	40.0	0.4	2,349,318	37.9	0.8	3,028,725	44.7	1.0
（うち減価償却額）	192,333	6.4	0.3	541,859	8.7	1.0	485,170	7.2	0.9
徴収不能額等	0	0.0	0.0	119	0.0	0.0	335	0.0	0.0
教育活動支出計	2,901,349	96.9	0.5	5,719,665	92.2	1.0	5,892,298	87.0	1.0

（教育活動外収支・収入の部）									
受取利息・配当金	2,056	0.1	0.0	841	0.0	0.0	2,296	0.0	0.0
その他の教育活動外収入	6,247	0.2	0.2	119,156	1.9	3.8	81,082	1.2	2.6
教育活動外収入計	8,302	0.3	0.1	119,998	1.9	0.8	83,378	1.2	0.6
（教育活動外収支・支出の部）									
借入金等利息	7,438	0.2	0.5	48,186	0.8	3.3	29,345	0.4	2.0
その他の教育活動外支出	8,970	0.3	1.0	99,812	1.6	11.1	48,021	0.7	5.4
教育活動外支出計	16,408	0.5	0.7	147,999	2.4	6.3	77,366	1.1	3.3

(特別収支)　(１０－１０)

(単位：千円)

区分	宮崎県			鹿児島県			沖縄県		
学校数 専任教員数 / 学生生徒等数 専任職員数	22 校 228 人		2,658 人 100 人	21 校 400 人		4,988 人 128 人	35 校 422 人		6,333 人 153 人
科目	金額	構成比率(%)	趨勢構造比率	金額	構成比率(%)	趨勢構造比率	金額	構成比率(%)	趨勢構造比率
(特別収支・収入の部)									
資産売却差額	440	0.0	0.0	983	0.0	0.0	0	0.0	0.0
その他の特別収入	707	0.0	0.0	28,446	0.5	0.2	102,941	1.5	0.6
(うち寄付金)	707	0.0	0.1	8,757	0.1	1.1	0	0.0	0.0
(うち補助金)	0	0.0	0.0	4,576	0.1	0.4	0	0.0	0.0
特別収入計	1,147	0.0	0.0	29,429	0.5	0.1	102,941	1.5	0.4
(特別収支・支出の部)									
資産処分差額	14	0.0	0.0	2,516	0.0	0.1	1,675	0.0	0.0
その他の特別支出	0	0.0	0.0	49,470	0.8	1.4	13,840	0.2	0.4
特別支出計	14	0.0	0.0	51,985	0.8	0.7	15,515	0.2	0.2
基本金組入前当年度収支差額	76,669	2.6	0.1	285,351	4.6	0.2	788,865	11.6	0.6
経常収支差額	75,535	2.5	0.1	307,907	5.0	0.3	701,438	10.4	0.6
教育活動収支差額	83,640	2.8	0.1	335,909	5.4	0.3	695,426	10.3	0.7
教育活動外収支差額	-8,105	-0.3	-0.1	-28,001	-0.5	-0.2	6,012	0.1	0.1
特別収支差額	1,133	0.0	0.0	-22,556	-0.4	-0.1	87,426	1.3	0.5
基本金組入額合計	-55,128	-1.8	0.1	-356,364	-5.7	0.4	-480,769	-7.1	0.6
当年度収支差額	21,541	0.7	0.0	-71,013	-1.1	-0.2	308,096	4.5	0.7

(参考)

事業活動収入計	2,994,438	100.0	0.4	6,205,000	100.0	0.9	6,774,043	100.0	0.9
事業活動支出計	2,917,770	97.4	0.5	5,919,649	95.4	1.0	5,985,179	88.4	1.0

(注) 構造比率は専修学校部門合計を 100 としたものである。

５ ヵ 年 連 続 資 金 収 支 計 算 書
― 専 修 学 校 部 門 ―

（単位：千円）

区分	29年度 金額	29年度 構成比率(%)	29年度 趨勢構造比率	30年度 金額	30年度 構成比率(%)	30年度 趨勢構造比率	令和元年度 金額	令和元年度 構成比率(%)	令和元年度 趨勢構造比率	2年度 金額	2年度 構成比率(%)	2年度 趨勢構造比率	3年度 金額	3年度 構成比率(%)	3年度 趨勢構造比率
学校数 / 学生生徒等数	2,525 校		562,632 人	2,560 校		580,089 人	2,410 校		559,093 人	2,398 校		564,361 人	2,378 校		575,387 人
専任教員数 / 専任職員数	34,526 人		13,464 人	35,389 人		13,634 人	33,208 人		12,785 人	32,860 人		12,774 人	33,264 人		13,258 人
(収入の部)															
学生生徒等納付金収入	594,316,225	69.0	100.0	631,854,107	70.0	106.3	603,829,358	69.2	101.6	618,567,925	75.7	104.1	627,369,460	71.6	105.6
授業料収入	382,394,164	44.4	100.0	407,625,860	45.1	106.6	390,621,898	44.7	102.2	397,911,716	48.7	104.1	402,473,135	46.0	105.3
入学金収入	42,140,891	4.9	100.0	43,459,114	4.8	103.1	41,578,607	4.8	98.7	42,366,227	5.2	100.5	41,948,462	4.8	99.5
施設設備資金収入	79,264,523	9.2	100.0	84,418,689	9.3	106.5	79,552,415	9.1	100.4	84,647,876	10.4	106.8	86,196,454	9.8	108.7
施設等利用給付費収入	—	***.*	***.*	—	***.*	***.*	—	***.*	***.*	0	0.0	***.*	0	0.0	***.*
施設型給付費収入	—	***.*	***.*	—	***.*	***.*	—	***.*	***.*	0	0.0	***.*	0	0.0	***.*
その他収入	90,516,648	10.5	100.0	96,350,443	10.7	106.4	92,076,437	10.5	101.7	93,642,106	11.5	103.5	96,751,408	11.0	106.9
手数料収入	7,436,092	0.9	100.0	7,922,901	0.9	106.5	7,551,385	0.9	101.6	6,978,539	0.9	93.8	6,557,343	0.7	88.2
入学検定料収入	5,020,603	0.6	100.0	5,423,789	0.6	108.0	5,236,787	0.6	104.3	4,845,111	0.6	96.5	4,359,486	0.5	86.8
その他収入	2,415,488	0.3	100.0	2,499,112	0.3	103.5	2,314,598	0.3	95.8	2,133,428	0.3	88.3	2,197,857	0.3	91.0
寄付金収入	6,790,472	0.8	100.0	6,675,009	0.7	98.3	12,643,799	1.4	186.2	6,894,010	0.8	101.5	6,260,495	0.7	92.2
補助金収入	24,016,651	2.8	100.0	24,175,153	2.7	100.7	22,462,380	2.6	93.5	43,467,076	5.3	181.0	47,899,707	5.5	199.4
国庫補助金収入	2,714,018	0.3	100.0	2,480,316	0.3	91.4	2,807,634	0.3	103.4	3,156,157	0.4	116.3	3,266,179	0.4	120.3
地方公共団体補助金収入	21,266,302	2.5	100.0	21,692,343	2.4	102.0	19,653,010	2.3	92.4	40,310,919	4.9	189.6	44,633,528	5.1	209.9
授業料等減免費負担金収入	—	***.*	***.*	—	***.*	***.*	—	***.*	***.*	20,134,188	2.5	***.*	23,243,253	2.7	***.*
その他地方公共団体補助金収入	—	***.*	***.*	—	***.*	***.*	—	***.*	***.*	20,176,731	2.5	***.*	21,390,275	2.4	***.*
施設型給付費収入	36,331	0.0	100.0	2,494	0.0	6.9	1,736	0.0	4.8	0	0.0	0.0	0	0.0	0.0
資産売却収入	113,195,287	13.1	100.0	112,675,363	12.5	99.5	113,568,732	13.0	100.3	35,773,702	4.4	31.6	82,885,536	9.5	73.2
付随事業・収益事業収入	50,502,382	5.9	100.0	53,544,016	5.9	106.0	52,120,612	6.0	103.2	54,864,085	6.7	108.6	46,667,992	5.3	92.4
施設等利用給付費収入	—	***.*	***.*	—	***.*	***.*	—	***.*	***.*	0	0.0	***.*	0	0.0	***.*
その他付随事業等収入	—	***.*	***.*	—	***.*	***.*	—	***.*	***.*	54,864,085	6.7	***.*	46,667,992	5.3	***.*
受取利息・配当金収入	9,456,294	1.1	100.0	8,534,650	0.9	90.3	8,714,376	1.0	92.2	3,301,411	0.4	34.9	12,763,587	1.5	135.0
雑収入	16,146,110	1.9	100.0	18,194,136	2.0	112.7	22,575,007	2.6	139.8	15,818,510	1.9	98.0	22,069,589	2.5	136.7
借入金等収入	40,003,851	4.6	100.0	39,516,243	4.4	98.8	29,718,080	3.4	74.3	31,001,979	3.8	77.5	23,223,567	2.7	58.1
長期借入金収入	23,336,412	2.7	100.0	22,315,870	2.5	95.6	15,253,652	1.7	65.4	21,076,245	2.6	90.3	13,295,876	1.5	57.0
短期借入金収入	16,549,154	1.9	100.0	16,559,949	1.8	100.1	14,341,299	1.6	86.7	9,560,965	1.2	57.8	9,911,409	1.1	59.9
学校債収入	118,286	0.0	100.0	640,424	0.1	541.4	123,129	0.0	104.1	364,769	0.0	308.4	16,283	0.0	13.8
計	861,863,364	100.0	100.0	903,091,577	100.0	104.8	873,183,729	100.0	101.3	816,667,236	100.0	94.8	875,697,275	100.0	101.6

（注）趨勢は２９年度を100としたものである。

5 ヵ年連続資金収支計算書
ー専修学校部門ー

(単位：千円)

区分	29年度			30年度			令和元年度			2年度			3年度		
学校数 学生生徒等数 専任教員数 専任職員数	2,525 校 562,632 人 34,526 人 13,464 人			2,560 校 580,089 人 35,389 人 13,634 人			2,410 校 559,093 人 33,208 人 12,785 人			2,398 校 564,361 人 32,860 人 12,774 人			2,378 校 575,387 人 33,264 人 13,258 人		
科目	金額	構成比率(%)	趨勢構造比率	金額	構成比率(%)	趨勢構造比率	金額	構成比率(%)	趨勢構造比率	金額	構成比率(%)	趨勢構造比率	金額	構成比率(%)	趨勢構造比率
(支出の部)															
人件費支出	322,091,881	45.7	100.0	333,673,137	47.0	103.6	313,444,558	46.2	97.3	321,942,207	46.8	100.0	317,085,460	45.9	98.4
教員人件費支出	231,555,939	32.9	100.0	240,081,206	33.8	103.7	224,955,238	33.2	97.1	225,961,340	32.8	97.6	224,127,976	32.5	96.8
本務教員	195,401,895	27.7	100.0	202,960,364	28.6	103.9	190,321,175	28.0	97.4	192,271,308	27.9	98.4	190,722,602	27.6	97.6
(うち所定福利費)	22,650,960	3.2	100.0	23,941,160	3.4	105.7	22,910,197	3.4	101.1	23,452,660	3.4	103.5	23,450,645	3.4	103.5
兼務教員	36,154,044	5.1	100.0	37,120,842	5.2	102.7	34,634,063	5.1	95.8	33,690,032	4.9	93.2	33,405,374	4.8	92.4
職員人件費支出	75,822,530	10.8	100.0	78,549,944	11.1	103.6	74,227,962	10.9	97.9	81,112,592	11.8	107.0	77,978,854	11.3	102.8
本務職員	71,504,223	10.1	100.0	74,481,836	10.5	104.2	70,358,614	10.4	98.4	77,203,178	11.2	108.0	74,100,595	10.7	103.6
(うち所定福利費)	8,289,960	1.2	100.0	8,918,155	1.3	107.6	8,400,304	1.2	101.3	9,178,816	1.3	110.7	9,029,828	1.3	108.9
兼務職員	4,318,307	0.6	100.0	4,068,108	0.6	94.2	3,869,348	0.6	89.6	3,909,414	0.6	90.5	3,878,259	0.6	89.8
役員報酬支出	2,237,691	0.3	100.0	2,214,264	0.3	99.0	2,199,709	0.3	98.3	2,234,786	0.3	99.9	2,244,639	0.3	100.3
退職金支出	8,108,651	1.2	100.0	8,455,662	1.2	104.3	7,926,343	1.2	97.8	8,421,631	1.2	103.9	9,507,649	1.4	117.3
その他支出	4,367,070	0.6	100.0	4,372,062	0.6	100.1	4,135,306	0.6	94.7	4,211,858	0.6	96.4	3,226,341	0.5	73.9
教育研究(管理)経費支出	251,030,712	35.6	100.0	265,422,091	37.4	105.7	251,015,092	37.0	100.0	264,100,003	38.4	105.2	272,815,615	39.5	108.7
借入金等利息支出	2,393,377	0.3	100.0	2,922,558	0.4	122.1	2,115,645	0.3	88.4	1,955,454	0.3	81.7	1,663,888	0.2	69.5
借入金等返済支出	48,507,500	6.9	100.0	39,524,814	5.6	81.5	40,973,683	6.0	84.5	31,459,544	4.6	64.9	29,633,246	4.3	61.1
施設関係支出	65,257,782	9.3	100.0	52,022,150	7.3	79.7	53,691,633	7.9	82.3	50,799,215	7.4	77.8	52,064,936	7.5	79.8
土地支出	11,400,181	1.6	100.0	10,045,845	1.4	88.1	10,888,487	1.6	95.5	13,173,235	1.9	115.6	12,332,086	1.8	108.2
建物支出	33,032,173	4.7	100.0	25,567,216	3.6	77.4	28,581,318	4.2	86.5	27,306,662	4.0	82.7	27,374,616	4.0	82.9
構築物支出	1,145,379	0.2	100.0	864,257	0.1	75.5	1,297,814	0.2	113.3	1,228,938	0.2	107.3	750,986	0.1	65.6
その他支出	19,680,050	2.8	100.0	15,544,833	2.2	79.0	12,924,014	1.9	65.7	9,090,380	1.3	46.2	11,607,248	1.7	59.0
設備関係支出	15,544,629	2.2	100.0	15,717,813	2.2	101.1	17,310,463	2.6	111.4	17,698,525	2.6	113.9	17,292,517	2.5	111.2
教育研究用機器備品支出	10,726,835	1.5	100.0	10,800,207	1.5	100.7	11,930,008	1.8	111.2	12,834,713	1.9	119.7	11,929,899	1.7	111.2
図書支出	727,252	0.1	100.0	686,622	0.1	94.4	745,807	0.1	102.6	610,584	0.1	84.0	591,276	0.1	81.3
その他支出	4,090,542	0.6	100.0	4,230,983	0.6	103.4	4,634,649	0.7	113.3	4,253,228	0.6	104.0	4,771,342	0.7	116.6
計	704,825,881	100.0	100.0	709,282,563	100.0	100.6	678,551,074	100.0	96.3	687,954,948	100.0	97.6	690,555,660	100.0	98.0
収支差額 (その他法人・個人のみ)	-3,269,634		100.0	-4,632,929		141.7	-3,976,428		121.6	-890,688		27.2	-1,324,243		40.5

(注) 趨勢は29年度を100としたものである。

令 和 3 年 度 資 金 収 支 計 算 書（設置者別）
ー 専 修 学 校 部 門 ー

（2－1）　　　　　　　　　　　　　　　　　　　　　　　　　　　　　　　　　　　　　（単位：千円）

区分	合計			大学法人			短期大学法人			高校・中等教育・中学校法人			幼稚園法人		
学校数 専任教員数 / 学生生徒等数 専任職員数	2,378 校 33,264 人		575,387 人 13,258 人	394 校 7,503 人		155,458 人 2,590 人	38 校 584 人		9,440 人 218 人	79 校 1,155 人		13,244 人 315 人	105 校 1,204 人		18,087 人 575 人
科目	金額	構成比率(%)	趨勢構造比率	金額	構成比率(%)	趨勢構造比率	金額	構成比率(%)	趨勢構造比率	金額	構成比率(%)	趨勢構造比率	金額	構成比率(%)	趨勢構造比率
(収入の部)															
学生生徒等納付金収入	627,369,460	71.6	100.0	176,028,647	85.2	28.1	10,763,635	78.3	1.7	13,285,645	79.9	2.1	17,574,802	72.6	2.8
授業料収入	402,473,135	46.0	100.0	109,669,116	53.1	27.2	6,373,603	46.4	1.6	8,152,255	49.0	2.0	12,150,179	50.2	3.0
入学金収入	41,948,462	4.8	100.0	11,981,937	5.8	28.6	747,401	5.4	1.8	1,057,319	6.4	2.5	1,377,394	5.7	3.3
施設設備資金収入	86,196,454	9.8	100.0	27,582,787	13.4	32.0	763,727	5.6	0.9	2,048,363	12.3	2.4	2,098,616	8.7	2.4
施設等利用給付費収入	0	0.0	100.0	0	0.0	0.0	0	0.0	0.0	0	0.0	0.0	0	0.0	0.0
施設型給付費収入	0	0.0	100.0	0	0.0	0.0	0	0.0	0.0	0	0.0	0.0	0	0.0	0.0
その他収入	96,751,408	11.0	100.0	26,794,807	13.0	27.7	2,878,905	20.9	3.0	2,027,708	12.2	2.1	1,948,613	8.1	2.0
手数料収入	6,557,343	0.7	100.0	1,464,059	0.7	22.3	103,877	0.8	1.6	191,350	1.2	2.9	208,944	0.9	3.2
入学検定料収入	4,359,486	0.5	100.0	1,165,070	0.6	26.7	75,710	0.6	1.7	107,190	0.6	2.5	138,735	0.6	3.2
その他収入	2,197,857	0.3	100.0	298,989	0.1	13.6	28,166	0.2	1.3	84,161	0.5	3.8	70,209	0.3	3.2
寄付金収入	6,260,495	0.7	100.0	670,718	0.3	10.7	160,640	1.2	2.6	248,493	1.5	4.0	334,656	1.4	5.3
補助金収入	47,899,707	5.5	100.0	13,066,561	6.3	27.3	845,184	6.1	1.8	1,101,627	6.6	2.3	1,658,253	6.9	3.5
国庫補助金収入	3,266,179	0.4	100.0	346,130	0.2	10.6	16,098	0.1	0.5	53,438	0.3	1.6	31,498	0.1	1.0
地方公共団体補助金収入	44,633,528	5.1	100.0	12,720,430	6.2	28.5	829,086	6.0	1.9	1,048,189	6.3	2.3	1,626,755	6.7	3.6
授業料等減免費負担金収入	23,243,253	2.7	100.0	7,840,921	3.8	33.7	595,706	4.3	2.6	334,389	2.0	1.4	706,701	2.9	3.0
その他地方公共団体補助金収入	21,390,275	2.4	100.0	4,879,510	2.4	22.8	233,380	1.7	1.1	713,801	4.3	3.3	920,055	3.8	4.3
施設型給付費収入	0	0.0	100.0	0	0.0	0.0	0	0.0	0.0	0	0.0	0.0	0	0.0	0.0
資産売却収入	82,885,536	9.5	100.0	1,893,063	0.9	2.3	916,295	6.7	1.1	2,564	0.0	0.0	2,059,070	8.5	2.5
付随事業・収益事業収入	46,667,992	5.3	100.0	7,913,122	3.8	17.0	435,496	3.2	0.9	1,163,577	7.0	2.5	1,333,735	5.5	2.9
施設等利用給付費収入	0	0.0	100.0	0	0.0	0.0	0	0.0	0.0	0	0.0	0.0	0	0.0	0.0
その他付随事業等収入	46,667,992	5.3	100.0	7,913,122	3.8	17.0	435,496	3.2	0.9	1,163,577	7.0	2.5	1,333,735	5.5	2.9
受取利息・配当金収入	12,763,587	1.5	100.0	119,674	0.1	0.9	45,105	0.3	0.4	6,209	0.0	0.0	154,825	0.6	1.2
雑収入	22,069,589	2.5	100.0	5,376,122	2.6	24.4	299,600	2.2	1.4	443,939	2.7	2.0	473,800	2.0	2.1
借入金等収入	23,223,567	2.7	100.0	0	0.0	0.0	173,153	1.3	0.7	182,928	1.1	0.8	407,430	1.7	1.8
長期借入金収入	13,295,876	1.5	100.0	0	0.0	0.0	121,772	0.9	0.9	148,519	0.9	1.1	307,430	1.3	2.3
短期借入金収入	9,911,409	1.1	100.0	0	0.0	0.0	51,381	0.4	0.5	34,410	0.2	0.3	100,000	0.4	1.0
学校債収入	16,283	0.0	100.0	0	0.0	0.0	0	0.0	0.0	0	0.0	0.0	0	0.0	0.0
計	875,697,275	100.0	100.0	206,531,965	100.0	23.6	13,742,986	100.0	1.6	16,626,333	100.0	1.9	24,205,516	100.0	2.8

（注）構造比率は専修学校部門合計を 100 としたものである。

令和３年度資金収支計算書（設置者別）
―専修学校部門―

（２－１）　　　　（単位：千円）

区分	合計			大学法人			短期大学法人			高校・中等教育・中学校法人			幼稚園法人		
学校数 専任教員数 / 学生生徒等数 専任職員数	2,378 校 33,264 人	575,387 人 13,258 人		394 校 7,503 人	155,458 人 2,590 人		38 校 584 人	9,440 人 218 人		79 校 1,155 人	13,244 人 315 人		105 校 1,204 人	18,087 人 575 人	
科目	金額	構成比率(%)	趨勢構造比率	金額	構成比率(%)	趨勢構造比率	金額	構成比率(%)	趨勢構造比率	金額	構成比率(%)	趨勢構造比率	金額	構成比率(%)	趨勢構造比率
（支出の部）															
人件費支出	317,085,460	45.9	100.0	76,005,160	44.9	24.0	5,365,424	44.4	1.7	9,736,097	55.9	3.1	11,324,979	55.2	3.6
教員人件費支出	224,127,976	32.5	100.0	57,293,038	33.8	25.6	4,042,205	33.5	1.8	7,442,591	42.8	3.3	8,116,746	39.6	3.6
本務教員	190,722,602	27.6	100.0	49,053,982	29.0	25.7	3,527,961	29.2	1.8	6,388,156	36.7	3.3	6,738,484	32.9	3.5
（うち所定福利費）	23,450,645	3.4	100.0	6,311,858	3.7	26.9	466,719	3.9	2.0	896,252	5.1	3.8	949,001	4.6	4.0
兼務教員	33,405,374	4.8	100.0	8,239,056	4.9	24.7	514,244	4.3	1.5	1,054,435	6.1	3.2	1,378,262	6.7	4.1
職員人件費支出	77,978,854	11.3	100.0	16,302,109	9.6	20.9	1,115,812	9.2	1.4	1,971,904	11.3	2.5	2,692,634	13.1	3.5
本務職員	74,100,595	10.7	100.0	15,158,238	8.9	20.5	1,058,970	8.8	1.4	1,883,676	10.8	2.5	2,523,923	12.3	3.4
（うち所定福利費）	9,029,828	1.3	100.0	1,959,324	1.2	21.7	138,032	1.1	1.5	256,063	1.5	2.8	343,641	1.7	3.8
兼務職員	3,878,259	0.6	100.0	1,143,871	0.7	29.5	56,842	0.5	1.5	88,228	0.5	2.3	168,711	0.8	4.4
役員報酬支出	2,244,639	0.3	100.0	11,400	0.0	0.5	3,000	0.0	0.1	8,501	0.0	0.4	66,434	0.3	3.0
退職金支出	9,507,649	1.4	100.0	2,392,256	1.4	25.2	204,407	1.7	2.1	298,754	1.7	3.1	426,229	2.1	4.5
その他支出	3,226,341	0.5	100.0	6,357	0.0	0.2	0	0.0	0.0	14,347	0.1	0.4	22,936	0.1	0.7
教育研究（管理）経費支出	272,815,615	39.5	100.0	69,952,027	41.3	25.6	5,259,098	43.6	1.9	5,221,028	30.0	1.9	6,646,149	32.4	2.4
借入金等利息支出	1,663,888	0.2	100.0	94,331	0.1	5.7	7,369	0.1	0.4	59,106	0.3	3.6	60,758	0.3	3.7
借入金等返済支出	29,633,246	4.3	100.0	945,758	0.6	3.2	336,882	2.8	1.1	590,908	3.4	2.0	698,805	3.4	2.4
施設関係支出	52,064,936	7.5	100.0	18,936,653	11.2	36.4	872,350	7.2	1.7	1,250,996	7.2	2.4	1,248,837	6.1	2.4
土地支出	12,332,086	1.8	100.0	4,811,831	2.8	39.0	0	0.0	0.0	23,646	0.1	0.2	99,451	0.5	0.8
建物支出	27,374,616	4.0	100.0	8,575,718	5.1	31.3	291,162	2.4	1.1	1,194,016	6.9	4.4	915,774	4.5	3.3
構築物支出	750,986	0.1	100.0	93,883	0.1	12.5	4,908	0.0	0.7	17,580	0.1	2.3	59,657	0.3	7.9
その他支出	11,607,248	1.7	100.0	5,455,222	3.2	47.0	576,280	4.8	5.0	15,754	0.1	0.1	173,956	0.8	1.5
設備関係支出	17,292,517	2.5	100.0	3,508,896	2.1	20.3	233,746	1.9	1.4	545,616	3.1	3.2	525,988	2.6	3.0
教育研究用機器備品支出	11,929,899	1.7	100.0	3,016,403	1.8	25.3	200,118	1.7	1.7	413,102	2.4	3.5	385,744	1.9	3.2
図書支出	591,276	0.1	100.0	89,204	0.1	15.1	3,750	0.0	0.6	9,783	0.1	1.7	9,841	0.0	1.7
その他支出	4,771,342	0.7	100.0	403,290	0.2	8.5	29,878	0.2	0.6	122,731	0.7	2.6	130,403	0.6	2.7
計	690,555,660	100.0	100.0	169,442,826	100.0	24.5	12,074,869	100.0	1.7	17,403,751	100.0	2.5	20,505,516	100.0	3.0
収支差額（その他法人・個人のみ）	-1,324,243		100.0	0		0.0	0		0.0	0		0.0	0		0.0

（注）構造比率は専修学校部門合計を 100 としたものである。

令和3年度資金収支計算書（設置者別）
－専修学校部門－

（２－２）

（単位：千円）

区分	その他の法人			個人			専修学校法人		
学校数 専任教員数 / 学生生徒等数 専任職員数	447 校 4,940 人		60,054 人 1,439 人	69 校 417 人		6,121 人 132 人	1,246 校 17,461 人		312,983 人 7,989 人
科目	金額	構成比率(%)	趨勢構造比率	金額	構成比率(%)	趨勢構造比率	金額	構成比率(%)	趨勢構造比率
（収入の部）									
学生生徒等納付金収入	45,960,788	72.8	7.3	4,629,016	86.6	0.7	359,126,927	65.8	57.2
授業料収入	29,329,112	46.5	7.3	3,400,430	63.6	0.8	233,398,440	42.7	58.0
入学金収入	4,811,857	7.6	11.5	229,620	4.3	0.5	21,742,934	4.0	51.8
施設設備資金収入	5,252,488	8.3	6.1	489,642	9.2	0.6	47,960,832	8.8	55.6
施設等利用給付費収入	0	0.0	0.0	0	0.0	0.0	0	0.0	0.0
施設型給付費収入	0	0.0	0.0	0	0.0	0.0	0	0.0	0.0
その他収入	6,567,331	10.4	6.8	509,324	9.5	0.5	56,024,721	10.3	57.9
手数料収入	1,160,288	1.8	17.7	33,608	0.6	0.5	3,395,216	0.6	51.8
入学検定料収入	701,454	1.1	16.1	20,300	0.4	0.5	2,151,026	0.4	49.3
その他収入	458,834	0.7	20.9	13,308	0.2	0.6	1,244,189	0.2	56.6
寄付金収入	1,904,353	3.0	30.4	680	0.0	0.0	2,940,955	0.5	47.0
補助金収入	10,136,893	16.1	21.2	253,276	4.7	0.5	20,837,914	3.8	43.5
国庫補助金収入	1,058,157	1.7	32.4	17,933	0.3	0.5	1,742,926	0.3	53.4
地方公共団体補助金収入	9,078,736	14.4	20.3	235,342	4.4	0.5	19,094,989	3.5	42.8
授業料等減免費負担金収入	1,427,719	2.3	6.1	214,809	4.0	0.9	12,123,009	2.2	52.2
その他地方公共団体補助金収入	7,651,017	12.1	35.8	20,534	0.4	0.1	6,971,979	1.3	32.6
施設型給付費収入	0	0.0	0.0	0	0.0	0.0	0	0.0	0.0
資産売却収入	67,451	0.1	0.1	0	0.0	0.0	77,947,092	14.3	94.0
付随事業・収益事業収入	1,407,125	2.2	3.0	183,917	3.4	0.4	34,231,020	6.3	73.4
施設等利用給付費収入	0	0.0	0.0	0	0.0	0.0	0	0.0	0.0
その他付随事業等収入	1,407,125	2.2	3.0	183,917	3.4	0.4	34,231,020	6.3	73.4
受取利息・配当金収入	97,854	0.2	0.8	3,399	0.1	0.0	12,336,520	2.3	96.7
雑収入	1,661,424	2.6	7.5	119,214	2.2	0.5	13,695,491	2.5	62.1
借入金等収入	697,642	1.1	3.0	123,192	2.3	0.5	21,639,221	4.0	93.2
長期借入金収入	550,484	0.9	4.1	37,493	0.7	0.3	12,130,179	2.2	91.2
短期借入金収入	146,808	0.2	1.5	85,700	1.6	0.9	9,493,110	1.7	95.8
学校債収入	351	0.0	2.2	0	0.0	0.0	15,932	0.0	97.8
計	63,093,818	100.0	7.2	5,346,303	100.0	0.6	546,150,355	100.0	62.4

（注）構造比率は専修学校部門合計を100としたものである。

令和3年度資金収支計算書（設置者別）
―専修学校部門―

（2―2）　　　　（単位：千円）

区分	その他の法人			個人			専修学校法人		
学校数 専任教員数 / 学生生徒等数 専任職員数	447校 4,940人		60,054人 1,439人	69校 417人		6,121人 132人	1,246校 17,461人		312,983人 7,989人
科目	金額	構成比率(%)	趨勢構造比率	金額	構成比率(%)	趨勢構造比率	金額	構成比率(%)	趨勢構造比率
(支出の部)									
人件費支出	43,290,674	66.5	13.7	2,187,937	47.1	0.7	169,175,190	42.2	53.4
教員人件費支出	33,503,283	51.5	14.9	1,565,989	33.7	0.7	112,164,125	27.9	50.0
本務教員	29,816,626	45.8	15.6	1,296,624	27.9	0.7	93,900,770	23.4	49.2
(うち所定福利費)	3,524,854	5.4	15.0	152,891	3.3	0.7	11,149,070	2.8	47.5
兼務教員	3,686,657	5.7	11.0	269,365	5.8	0.8	18,263,355	4.6	54.7
職員人件費支出	7,058,779	10.8	9.1	383,436	8.2	0.5	48,454,180	12.1	62.1
本務職員	6,762,378	10.4	9.1	359,890	7.7	0.5	46,353,518	11.5	62.6
(うち所定福利費)	850,092	1.3	9.4	42,460	0.9	0.5	5,440,215	1.4	60.2
兼務職員	296,401	0.5	7.6	23,545	0.5	0.6	2,100,661	0.5	54.2
役員報酬支出	322,048	0.5	14.3	34,770	0.7	1.5	1,798,486	0.4	80.1
退職金支出	1,085,290	1.7	11.4	43,902	0.9	0.5	5,056,811	1.3	53.2
その他支出	1,321,273	2.0	41.0	159,840	3.4	5.0	1,701,587	0.4	52.7
教育研究（管理）経費支出	16,617,545	25.5	6.1	1,761,012	37.9	0.6	167,358,755	41.7	61.3
借入金等利息支出	179,156	0.3	10.8	44,561	1.0	2.7	1,218,606	0.3	73.2
借入金等返済支出	1,205,142	1.9	4.1	213,942	4.6	0.7	25,641,808	6.4	86.5
施設関係支出	1,728,718	2.7	3.3	298,927	6.4	0.6	27,728,454	6.9	53.3
土地支出	149,279	0.2	1.2	3,263	0.1	0.0	7,244,615	1.8	58.7
建物支出	689,787	1.1	2.5	58,636	1.3	0.2	15,649,523	3.9	57.2
構築物支出	101,794	0.2	13.6	14,664	0.3	2.0	458,501	0.1	61.1
その他支出	787,857	1.2	6.8	222,365	4.8	1.9	4,375,816	1.1	37.7
設備関係支出	2,093,573	3.2	12.1	143,177	3.1	0.8	10,241,521	2.6	59.2
教育研究用機器備品支出	893,726	1.4	7.5	61,649	1.3	0.5	6,959,157	1.7	58.3
図書支出	311,347	0.5	52.7	23,008	0.5	3.9	144,344	0.0	24.4
その他支出	888,501	1.4	18.6	58,520	1.3	1.2	3,138,020	0.8	65.8
計	65,114,807	100.0	9.4	4,649,557	100.0	0.7	401,364,334	100.0	58.1
収支差額（その他法人・個人のみ）	-2,020,990		152.6	696,747		-52.6	0		0.0

（注）構造比率は専修学校部門合計を100としたものである。

５　ヵ　年　連　続　財　務　比　率　表
ー専修学校部門ー

区分				２９年度	３０年度	令和元年度	２年度	３年度
学校数				1,933	1,981	1,861	1,869	1,862
学生生徒等数				486,258	505,975	488,104	496,333	509,212
専任教員数				28,514	29,339	27,430	27,335	27,907
専任職員数				11,694	11,806	11,151	11,158	11,687
分類		比率	算式（×100）	%	%	%	%	%
事業活動収支計算書	1	人件費比率	人件費 / 経常収入	42.9	41.7	41.2	40.6	39.2
	2	人件費依存率	人件費 / 学生生徒等納付金	50.4	49.2	48.4	47.9	47.1
	3	教育研究（管理）経費比率	教育研究（管理）経費 / 経常収入	45.2	44.3	44.0	44.7	44.7
	4	借入金等利息比率	借入金等利息 / 経常収入	0.3	0.3	0.3	0.2	0.2
	5	事業活動収支差額比率	基本金組入前当年度収支差額 / 事業活動収入	11.1	13.4	15.9	14.1	17.3
	6	基本金組入後収支比率	事業活動支出 / 事業活動収入－基本金組入額	96.4	93.7	93.6	93.0	92.9
	7	学生生徒等納付金比率	学生生徒等納付金 / 経常収入	85.2	84.8	85.2	84.7	83.2
	8	寄付金比率	寄付金 / 事業活動収入	0.9	1.3	1.7	0.7	0.7
	8-2	経常寄付金比率	教育活動収支の寄付金 / 経常収入	0.8	1.2	1.0	0.6	0.7
	9	補助金比率	補助金 / 事業活動収入	2.2	2.1	1.9	4.8	5.2
	9-2	経常補助金比率	経常費等補助金 / 経常収入	2.0	2.0	1.8	4.6	5.2
	10	基本金組入率	基本金組入額 / 事業活動収入	7.8	7.5	10.2	7.6	11.0
	11	減価償却額比率	減価償却額 / 経常支出	9.5	9.5	9.5	9.5	9.4
	12	経常収支差額比率	経常収支差額 / 経常収入	11.1	13.3	14.1	14.2	15.6
	13	教育活動収支差額比率	教育活動収支差額 / 教育活動収入計	10.4	12.4	13.1	13.8	14.1

（注）1.区分欄の数字は、上から順に学校数、学生生徒等数、専任教員数、専任職員数を表している。
2.寄付金＝教育活動収支の寄付金＋特別収支の寄付金
3.補助金＝経常費等補助金＋特別収支の補助金

令和3年度財務比率表（都道府県別）
－専修学校部門－

（4－1）

分類		比率	算式（×100）	合計	北海道	青森県	岩手県	宮城県	秋田県	山形県	福島県	茨城県	栃木県	群馬県	埼玉県	千葉県	東京都	神奈川県
		学校数		1,862	95	12	17	45	8	10	14	34	33	46	67	53	314	79
		学生生徒等数		509,212	20,753	1,000	2,891	14,999	748	1,079	1,873	4,965	6,277	8,935	16,618	16,684	133,776	22,611
		専任教員数		27,907	1,314	97	187	728	61	83	263	359	465	572	959	771	6,394	1,091
		専任職員数		11,687	529	21	74	242	23	27	75	113	146	200	343	386	3,426	474
	1	人件費比率	人件費 / 経常収入	% 39.2	% 42.6	% 54.9	% 47.3	% 35.0	% 50.0	% 47.2	% 58.0	% 42.5	% 42.9	% 42.3	% 40.8	% 40.7	% 37.1	% 39.7
	2	人件費依存率	人件費 / 学生生徒等納付金	47.1	51.3	68.2	53.8	41.7	67.6	56.0	65.1	49.9	57.5	48.4	53.7	49.2	45.3	51.3
	3	教育研究（管理）経費比率	教育研究（管理）経費 / 経常収入	44.7	54.1	45.8	47.1	51.0	52.0	47.1	42.0	39.0	35.7	40.0	41.0	36.4	46.9	37.6
事	4	借入金等利息比率	借入金等利息 / 経常収入	0.2	0.1	0.2	0.1	0.1	0.2	0.5	0.4	0.5	0.4	0.3	0.0	0.1	0.2	0.2
業	5	事業活動収支差額比率	基本金組入前当年度収支差額 / 事業活動収入	17.3	1.9	9.6	5.2	14.0	-2.2	5.4	-9.9	11.7	21.2	17.2	23.9	21.9	17.1	23.6
活	6	基本金組入後収支比率	事業活動支出 / 事業活動収入－基本金組入額	92.9	104.9	106.5	95.1	92.1	104.6	117.5	142.9	117.1	81.0	85.5	90.8	84.5	97.5	90.1
動	7	学生生徒等納付金比率	学生生徒等納付金 / 経常収入	83.2	83.0	80.5	87.9	84.0	73.9	84.3	89.1	85.1	74.5	87.3	76.1	82.6	81.9	77.3
収	8	寄付金比率	寄付金 / 事業活動収入	0.7	0.6	12.0	0.3	0.8	0.0	0.5	0.2	0.7	3.0	0.5	0.8	1.2	0.3	0.8
支	8-2	経常寄付金比率	教育活動収支の寄付金 / 経常収入	0.7	0.5	0.4	0.3	0.7	0.0	0.5	0.2	0.8	1.9	0.2	0.5	1.2	0.3	0.8
計	9	補助金比率	補助金 / 事業活動収入	5.2	9.4	9.4	4.3	5.9	16.0	9.6	5.2	4.9	4.5	6.1	3.1	4.4	3.0	7.4
算	9-2	経常補助金比率	経常費等補助金 / 経常収入	5.2	9.2	10.7	4.2	5.8	16.0	9.5	5.2	5.5	4.5	6.0	3.4	4.3	2.9	7.4
書	10	基本金組入率	基本金組入額 / 事業活動収入	11.0	6.5	15.0	0.3	6.6	2.3	19.5	23.0	24.6	2.7	3.1	16.2	7.7	15.0	15.2
	11	減価償却額比率	減価償却額 / 経常支出	9.4	10.8	7.9	10.0	10.3	9.8	15.0	9.1	9.0	11.9	9.4	8.5	9.6	9.8	9.5
	12	経常収支差額比率	経常収支差額 / 経常収入	15.6	3.2	-2.3	5.3	13.8	-2.2	5.2	-0.4	17.4	20.8	17.0	17.6	22.4	15.6	22.4
	13	教育活動収支差額比率	教育活動収支差額 / 教育活動収入計	14.1	3.1	-2.4	4.6	12.7	-2.4	5.4	-0.3	18.0	21.1	17.2	17.5	22.4	11.7	21.5

（注）1.区分欄の数字は、上から順に学校数、学生生徒等数、専任教員数、専任職員数を表している。
2.寄付金＝教育活動収支の寄付金＋特別収支の寄付金
3.補助金＝経常費等補助金＋特別収支の補助金

令和3年度財務比率表（都道府県別）

―専修学校部門―

（4－2）

分類	区	分		新潟県	富山県	石川県	福井県	山梨県	長野県	岐阜県	静岡県	愛知県	三重県	滋賀県	京都府	大阪府	兵庫県	奈良県
		学校数		24	10	24	11	9	29	16	68	121	16	5	34	145	56	8
		学生生徒等数		4,677	1,576	3,698	827	1,577	4,147	2,005	11,854	41,616	1,572	275	13,502	57,532	15,026	863
		専任教員数		349	127	258	82	97	306	164	721	1,991	136	27	594	2,765	838	79
			専任職員数	127	45	90	22	29	100	42	273	655	35	23	342	1,261	263	31
分類		比率	算式（×100）	%	%	%	%	%	%	%	%	%	%	%	%	%	%	%
事業活動収支計算書	1	人件費比率	人件費 / 経常収入	50.4	49.9	38.6	46.4	54.7	42.6	52.0	44.5	39.1	49.4	67.3	30.8	34.9	35.9	59.3
	2	人件費依存率	人件費 / 学生生徒等納付金	58.1	64.5	46.0	54.7	66.1	52.1	61.2	53.9	44.9	67.7	118.4	36.6	40.0	41.4	80.6
	3	教育研究（管理）経費比率	教育研究（管理）経費 / 経常収入	55.5	50.1	45.5	56.3	35.7	40.8	43.6	39.7	41.8	44.2	53.8	44.1	47.2	44.6	28.8
	4	借入金等利息比率	借入金等利息 / 経常収入	0.6	0.4	0.4	0.2	0.0	0.3	0.3	0.3	0.2	0.4	0.2	0.1	0.1	0.4	0.5
	5	事業活動収支差額比率	基本金組入前当年度収支差額 / 事業活動収入	-6.6	-2.4	18.4	-3.2	8.1	3.6	5.6	16.0	32.4	6.0	-21.3	25.3	17.2	20.6	5.2
	6	基本金組入後収支比率	事業活動支出 / 事業活動収入－基本金組入額	112.2	106.8	85.0	257.5	93.5	99.5	103.8	95.4	86.7	100.6	127.8	78.7	86.3	84.1	94.8
	7	学生生徒等納付金比率	学生生徒等納付金 / 経常収入	86.7	77.3	83.8	84.7	82.7	81.7	84.9	82.6	87.1	73.0	56.9	84.2	87.4	86.7	73.6
	8	寄付金比率	寄付金 / 事業活動収入	1.5	4.3	4.0	0.3	0.0	4.1	1.8	2.2	0.4	0.2	18.8	1.7	0.4	0.2	0.1
	8-2	経常寄付金比率	教育活動収支の寄付金 / 経常収入	1.5	4.3	0.7	0.3	0.0	4.1	1.6	2.3	0.4	0.2	18.8	1.5	0.3	0.3	0.1
	9	補助金比率	補助金 / 事業活動収入	4.6	8.6	5.9	8.7	13.8	5.5	7.5	6.3	5.3	4.6	0.7	5.5	6.1	5.8	5.5
	9-2	経常補助金比率	経常費等補助金 / 経常収入	4.6	8.5	5.9	8.4	13.8	5.5	7.5	6.5	6.0	4.6	0.7	5.4	6.1	5.9	5.5
	10	基本金組入率	基本金組入額 / 事業活動収入	5.0	4.1	4.0	59.9	1.7	3.1	9.0	12.0	22.0	6.5	5.1	5.0	4.1	5.5	0.0
	11	減価償却額比率	減価償却額 / 経常支出	10.4	16.4	11.2	10.1	10.6	9.7	9.8	9.4	10.5	6.4	13.4	12.0	7.6	8.9	4.3
	12	経常収支差額比率	経常収支差額 / 経常収入	-6.6	-2.6	15.5	-3.5	9.6	15.9	3.9	15.4	18.9	6.0	-21.4	25.0	17.6	18.9	5.2
	13	教育活動収支差額比率	教育活動収支差額 / 教育活動収入計	-6.1	-4.7	15.8	-3.0	9.4	16.0	3.1	15.5	18.6	6.3	-23.2	24.4	16.7	19.0	-1.2

（注）1.区分欄の数字は、上から順に学校数、学生生徒等数、専任教員数、専任職員数を表している。
2.寄付金＝教育活動収支の寄付金＋特別収支の寄付金
3.補助金＝経常費等補助金＋特別収支の補助金

令 和 3 年 度 財 務 比 率 表（都道府県別）

ー 専 修 学 校 部 門 ー

（4－3）

分類		比率	算式（×100）	和歌山県	鳥取県	島根県	岡山県	広島県	山口県	徳島県	香川県	愛媛県	高知県	福岡県	佐賀県	長崎県	熊本県	大分県
		学校数		10	11	14	31	44	20	4	14	20	14	109	15	14	30	31
		学生生徒等数		1,055	1,242	2,044	7,735	8,716	2,042	413	2,964	3,375	2,077	37,823	1,965	1,499	5,022	3,305
		専任教員数		79	119	186	473	519	189	30	225	263	196	1,797	155	125	328	295
		専任職員数		39	38	67	184	186	57	9	80	111	42	764	63	37	142	70
事業活動収支計算書	1	人件費比率	人件費 / 経常収入	% 53.2	% 54.4	% 45.1	% 47.6	% 42.0	% 47.9	% 41.6	% 44.3	% 35.0	% 69.1	% 35.5	% 56.2	% 56.3	% 46.6	% 57.1
	2	人件費依存率	人件費 / 学生生徒等納付金	63.5	74.5	60.7	55.2	49.7	62.1	55.4	50.0	42.7	83.0	41.8	69.3	66.5	55.0	66.3
	3	教育研究（管理）経費比率	教育研究（管理）経費 / 経常収入	48.5	40.6	49.8	42.9	43.0	35.5	41.2	38.9	43.5	39.2	46.2	36.7	46.6	40.5	39.4
	4	借入金等利息比率	借入金等利息 / 経常収入	0.4	0.6	1.4	0.6	0.2	0.1	0.0	0.1	0.0	0.8	0.1	0.3	0.3	0.3	0.6
	5	事業活動収支差額比率	基本金組入前当年度収支差額 / 事業活動収入	-2.1	5.4	0.1	8.3	14.8	17.5	16.1	18.2	21.6	-10.7	17.2	8.6	-3.7	4.9	3.3
	6	基本金組入後収支比率	事業活動支出 / 事業活動収入－基本金組入額	102.7	99.5	105.2	105.2	93.0	85.0	101.5	81.9	81.1	115.7	88.4	95.1	105.6	99.6	107.6
	7	学生生徒等納付金比率	学生生徒等納付金 / 経常収入	83.8	73.0	74.3	86.2	84.6	77.2	75.2	88.7	82.0	83.2	84.9	81.1	84.8	84.8	86.1
	8	寄付金比率	寄付金 / 事業活動収入	0.0	0.5	3.1	0.4	0.7	3.5	0.0	0.8	0.1	0.3	1.2	0.2	1.0	0.8	0.1
	8-2	経常寄付金比率	教育活動収支の寄付金 / 経常収入	0.0	0.5	3.1	0.4	0.6	3.5	0.0	0.8	0.1	0.3	1.2	0.1	1.0	0.7	0.1
	9	補助金比率	補助金 / 事業活動収入	5.9	8.2	12.4	6.7	5.5	4.0	8.1	6.9	8.7	8.6	5.8	13.7	4.7	6.1	5.2
	9-2	経常補助金比率	経常費等補助金 / 経常収入	5.9	7.7	12.4	6.6	5.5	2.8	8.1	5.1	8.7	8.6	5.7	11.8	4.7	6.1	5.1
	10	基本金組入率	基本金組入額 / 事業活動収入	0.5	4.9	5.0	12.9	8.4	2.9	17.3	0.1	3.2	4.3	6.3	3.8	1.8	4.6	10.1
	11	減価償却額比率	減価償却額 / 経常支出	9.1	7.2	11.1	11.1	10.3	8.8	8.0	7.9	5.0	9.0	7.7	6.8	7.5	7.0	8.1
	12	経常収支差額比率	経常収支差額 / 経常収入	-2.1	4.3	3.4	8.9	14.8	16.5	16.6	16.6	21.4	-9.1	17.9	6.4	-3.3	9.4	2.6
	13	教育活動収支差額比率	教育活動収支差額 / 教育活動収入計	-1.7	4.7	4.7	9.1	12.2	16.3	15.7	16.7	21.1	-8.9	17.0	5.9	-3.1	9.3	2.8

（注）1.区分欄の数字は、上から順に学校数、学生生徒等数、専任教員数、専任職員数を表している。
2.寄付金＝教育活動収支の寄付金＋特別収支の寄付金
3.補助金＝経常費等補助金＋特別収支の補助金

令 和 3 年 度 財 務 比 率 表（都道府県別）
― 専 修 学 校 部 門 ―

（4－4）

分類		比率	算式（×100）	宮崎県	鹿児島県	沖縄県
		学校数		22	21	35
		学生生徒等数		2,658	4,988	6,333
		専任教員数		228	400	422
			専任職員数	100	128	153
事業活動収支計算書	1	人件費比率	人件費 / 経常収入	% 56.9	% 54.6	% 42.9
	2	人件費依存率	人件費 / 学生生徒等納付金	72.3	64.5	54.0
	3	教育研究（管理）経費比率	教育研究（管理）経費 / 経常収入	40.0	38.0	45.4
	4	借入金等利息比率	借入金等利息 / 経常収入	0.2	0.8	0.4
	5	事業活動収支差額比率	基本金組入前当年度収支差額 / 事業活動収入	2.6	4.6	11.6
	6	基本金組入後収支比率	事業活動支出 / 事業活動収入－基本金組入額	99.3	101.2	95.1
	7	学生生徒等納付金比率	学生生徒等納付金 / 経常収入	78.8	84.6	79.4
	8	寄付金比率	寄付金 / 事業活動収入	0.4	0.2	1.4
	8-2	経常寄付金比率	教育活動収支の寄付金 / 経常収入	0.4	0.1	1.4
	9	補助金比率	補助金 / 事業活動収入	9.4	6.5	11.0
	9-2	経常補助金比率	経常費等補助金 / 経常収入	9.5	6.5	11.2
	10	基本金組入率	基本金組入額 / 事業活動収入	1.8	5.7	7.1
	11	減価償却額比率	減価償却額 / 経常支出	6.6	9.2	8.1
	12	経常収支差額比率	経常収支差額 / 経常収入	2.5	5.0	10.5
	13	教育活動収支差額比率	教育活動収支差額 / 教育活動収入計	2.8	5.5	10.6

（注）1.区分欄の数字は、上から順に学校数、学生生徒等数、専任教員数、専任職員数を表している。
2.寄付金＝教育活動収支の寄付金＋特別収支の寄付金
3.補助金＝経常費等補助金＋特別収支の補助金

4. 各 種 学 校 部 門

■事業活動収支計算書

■資金収支計算書

■財 務 比 率 表

5ヵ年連続事業活動収支計算書
―各種学校部門―

（教育活動収支及び教育活動外収支）

（単位：千円）

区分	29年度			30年度			令和元年度			2年度			3年度		
学校数／専任教員数　学生生徒等数／専任職員数	298校 4,710人		70,073人 2,058人	292校 4,668人		70,499人 2,114人	307校 4,769人		68,225人 2,172人	296校 4,944人		58,354人 2,125人	297校 4,658人		54,145人 2,099人
科目	金額	構成比率(%)	趨勢構造比率	金額	構成比率(%)	趨勢構造比率	金額	構成比率(%)	趨勢構造比率	金額	構成比率(%)	趨勢構造比率	金額	構成比率(%)	趨勢構造比率
（教育活動収支・収入の部）															
学生生徒等納付金	81,647,792	75.3	100.0	87,230,175	81.0	106.8	84,667,298	76.6	103.7	74,374,054	79.9	91.1	68,567,838	74.3	84.0
手数料	1,231,767	1.1	100.0	1,381,335	1.3	112.1	1,495,159	1.4	121.4	1,304,796	1.4	105.9	1,276,256	1.4	103.6
寄付金	2,452,812	2.3	100.0	1,949,336	1.8	79.5	3,047,927	2.8	124.3	2,551,359	2.7	104.0	2,707,650	2.9	110.4
経常費等補助金	1,306,502	1.2	100.0	1,328,102	1.2	101.7	1,338,820	1.2	102.5	1,303,045	1.4	99.7	1,261,504	1.4	96.6
付随事業収入	13,141,147	12.1	100.0	12,747,777	11.8	97.0	12,823,548	11.6	97.6	9,397,554	10.1	71.5	11,255,519	12.2	85.7
雑収入	1,397,192	1.3	100.0	1,496,063	1.4	107.1	1,621,953	1.5	116.1	1,958,540	2.1	140.2	2,122,947	2.3	151.9
教育活動収入計	101,177,212	93.3	100.0	106,132,789	98.5	104.9	104,994,704	95.0	103.8	90,889,348	97.6	89.8	87,191,714	94.5	86.2
（教育活動収支・支出の部）															
人件費	48,414,879	44.6	100.0	50,913,814	47.3	105.2	51,399,600	46.5	106.2	50,767,877	54.5	104.9	47,601,535	51.6	98.3
教育研究（管理）経費	35,458,922	32.7	100.0	35,436,443	32.9	99.9	36,482,011	33.0	102.9	32,365,043	34.8	91.3	33,346,360	36.2	94.0
（うち減価償却額）	5,771,416	5.3	100.0	5,627,620	5.2	97.5	5,875,303	5.3	101.8	6,135,704	6.6	106.3	6,605,262	7.2	114.4
徴収不能額等	127,195	0.1	100.0	60,808	0.1	47.8	183,619	0.2	144.4	117,407	0.1	92.3	138,681	0.2	109.0
教育活動支出計	84,000,996	77.4	100.0	86,411,064	80.2	102.9	88,065,230	79.7	104.8	83,250,326	89.4	99.1	81,086,576	87.9	96.5
（教育活動外収支・収入の部）															
受取利息・配当金	456,032	0.4	100.0	233,796	0.2	51.3	389,610	0.4	85.4	345,133	0.4	75.7	286,705	0.3	62.9
その他の教育活動外収入	402,434	0.4	100.0	421,359	0.4	104.7	452,441	0.4	112.4	471,897	0.5	117.3	409,579	0.4	101.8
教育活動外収入計	858,466	0.8	100.0	655,155	0.6	76.3	842,051	0.8	98.1	817,030	0.9	95.2	696,284	0.8	81.1
（教育活動外収支・支出の部）															
借入金等利息	269,227	0.2	100.0	237,242	0.2	88.1	275,441	0.2	102.3	296,376	0.3	110.1	256,077	0.3	95.1
その他の教育活動外支出	140,122	0.1	100.0	261,388	0.2	186.5	215,620	0.2	153.9	240,963	0.3	172.0	186,610	0.2	133.2
教育活動外支出計	409,349	0.4	100.0	498,630	0.5	121.8	491,062	0.4	120.0	537,340	0.6	131.3	442,687	0.5	108.1

(特別収支)

(単位：千円)

区分	29年度			30年度			令和元年度			2年度			3年度		
学校数 学生生徒等数 専任教員数 専任職員数	298校 4,710人	70,073人 2,058人		292校 4,668人	70,499人 2,114人		307校 4,769人	68,225人 2,172人		296校 4,944人	58,354人 2,125人		297校 4,658人	54,145人 2,099人	
科目	金額	構成比率(%)	趨勢構造比率	金額	構成比率(%)	趨勢構造比率	金額	構成比率(%)	趨勢構造比率	金額	構成比率(%)	趨勢構造比率	金額	構成比率(%)	趨勢構造比率
(特別収支・収入の部)															
資産売却差額	162,992	0.2	100.0	218,227	0.2	133.9	3,502,859	3.2	2,149.1	652,745	0.7	400.5	3,452,896	3.7	2,118.4
その他の特別収入	6,268,211	5.8	100.0	710,610	0.7	11.3	1,200,731	1.1	19.2	764,560	0.8	12.2	888,884	1.0	14.2
(うち寄付金)	927,168	0.9	100.0	438,142	0.4	47.3	370,412	0.3	40.0	346,866	0.4	37.4	208,259	0.2	22.5
(うち補助金)	13,029	0.0	100.0	115,648	0.1	887.6	393,384	0.4	3,019.4	79,583	0.1	610.8	146,462	0.2	1,124.2
特別収入計	6,431,203	5.9	100.0	928,837	0.9	14.4	4,703,589	4.3	73.1	1,417,305	1.5	22.0	4,341,780	4.7	67.5
(特別収支・支出の部)															
資産処分差額	217,406	0.2	100.0	253,369	0.2	116.5	1,646,763	1.5	757.5	728,443	0.8	335.1	2,010,522	2.2	924.8
その他の特別支出	363,619	0.3	100.0	311,353	0.3	85.6	3,547,644	3.2	975.6	462,308	0.5	127.1	1,084,073	1.2	298.1
特別支出計	581,025	0.5	100.0	564,723	0.5	97.2	5,194,407	4.7	894.0	1,190,751	1.3	204.9	3,094,595	3.4	532.6

基本金組入前当年度収支差額	23,475,511	21.6	100.0	20,242,365	18.8	86.2	16,789,645	15.2	71.5	8,145,265	8.7	34.7	7,605,920	8.2	32.4
経常収支差額	17,625,332	16.2	100.0	19,878,251	18.5	112.8	17,280,463	15.6	98.0	7,918,712	8.5	44.9	6,358,735	6.9	36.1
教育活動収支差額	17,176,216	15.8	100.0	19,721,725	18.3	114.8	16,929,474	15.3	98.6	7,639,021	8.2	44.5	6,105,138	6.6	35.5
教育活動外収支差額	449,116	0.4	100.0	156,526	0.1	34.9	350,989	0.3	78.2	279,690	0.3	62.3	253,597	0.3	56.5
特別収支差額	5,850,178	5.4	100.0	364,114	0.3	6.2	-490,818	-0.4	-8.4	226,554	0.2	3.9	1,247,185	1.4	21.3
基本金組入額合計	-12,501,362	-11.5	100.0	-7,079,747	-6.6	56.6	-6,214,979	-5.6	49.7	-13,114,669	-14.1	104.9	-7,506,242	-8.1	60.0
当年度収支差額	10,974,149	10.1	100.0	13,162,619	12.2	119.9	10,574,666	9.6	96.4	-4,969,403	-5.3	-45.3	99,678	0.1	0.9

(参考)

事業活動収入計	108,466,880	100.0	100.0	107,716,782	100.0	99.3	110,540,344	100.0	101.9	93,123,682	100.0	85.9	92,229,778	100.0	85.0
事業活動支出計	84,991,370	78.4	100.0	87,474,416	81.2	102.9	93,750,699	84.8	110.3	84,978,417	91.3	100.0	84,623,858	91.8	99.6

(注) 趨勢は29年度を100としたものである。

令 和 3 年 度 事 業 活 動 収 支 計 算 書（設置者別）
― 各 種 学 校 部 門 ―

（教育活動収支及び教育活動外収支）（２－１）　　　　（単位：千円）

区分	合計			大学法人			短期大学法人			高校・中等教育・小学校法人			幼稚園法人		
学校数 学生生徒等数 専任教員数 専任職員数	297 校 54,145 人 4,658 人 2,099 人			23 校 3,598 人 402 人 136 人			3 校 214 人 15 人 7 人			13 校 2,407 人 243 人 100 人			14 校 2,722 人 207 人 51 人		
科目	金額	構成比率(%)	趨勢構造比率	金額	構成比率(%)	趨勢構造比率	金額	構成比率(%)	趨勢構造比率	金額	構成比率(%)	趨勢構造比率	金額	構成比率(%)	趨勢構造比率
（教育活動収支・収入の部）															
学生生徒等納付金	68,567,838	74.3	100.0	6,688,908	91.5	9.8	132,870	93.0	0.2	3,237,181	88.6	4.7	1,839,397	82.7	2.7
手数料	1,276,256	1.4	100.0	71,219	1.0	5.6	466	0.3	0.0	106,075	2.9	8.3	41,509	1.9	3.3
寄付金	2,707,650	2.9	100.0	117,148	1.6	4.3	0	0.0	0.0	23,112	0.6	0.9	55,811	2.5	2.1
経常費等補助金	1,261,504	1.4	100.0	36,705	0.5	2.9	69	0.0	0.0	26,708	0.7	2.1	15,102	0.7	1.2
付随事業収入	11,255,519	12.2	100.0	217,711	3.0	1.9	2,045	1.4	0.0	60,372	1.7	0.5	176,760	7.9	1.6
雑収入	2,122,947	2.3	100.0	101,956	1.4	4.8	7,433	5.2	0.4	189,112	5.2	8.9	74,180	3.3	3.5
教育活動収入計	87,191,714	94.5	100.0	7,233,648	98.9	8.3	142,883	100.0	0.2	3,642,561	99.7	4.2	2,202,759	99.0	2.5
（教育活動収支・支出の部）															
人件費	47,601,535	51.6	100.0	5,298,309	72.5	11.1	157,732	110.4	0.3	2,208,490	60.5	4.6	1,598,815	71.9	3.4
教育研究（管理）経費	33,346,360	36.2	100.0	2,811,703	38.5	8.4	42,062	29.4	0.1	1,374,495	37.6	4.1	1,035,782	46.6	3.1
（うち減価償却額）	6,605,262	7.2	100.0	642,761	8.8	9.7	9,586	6.7	0.1	260,241	7.1	3.9	330,789	14.9	5.0
徴収不能額等	138,681	0.2	100.0	833	0.0	0.6	449	0.3	0.3	18,396	0.5	13.3	19,551	0.9	14.1
教育活動支出計	81,086,576	87.9	100.0	8,110,844	110.9	10.0	200,243	140.1	0.2	3,601,381	98.6	4.4	2,654,148	119.3	3.3
（教育活動外収支・収入の部）															
受取利息・配当金	286,705	0.3	100.0	24,066	0.3	8.4	4	0.0	0.0	7,734	0.2	2.7	9,150	0.4	3.2
その他の教育活動外収入	409,579	0.4	100.0	76	0.0	0.0	0	0.0	0.0	282	0.0	0.1	5,698	0.3	1.4
教育活動外収入計	696,284	0.8	100.0	24,142	0.3	3.5	4	0.0	0.0	8,015	0.2	1.2	14,848	0.7	2.1
（教育活動外収支・支出の部）															
借入金等利息	256,077	0.3	100.0	117	0.0	0.0	0	0.0	0.0	36,850	1.0	14.4	6,653	0.3	2.6
その他の教育活動外支出	186,610	0.2	100.0	0	0.0	0.0	0	0.0	0.0	0	0.0	0.0	0	0.0	0.0
教育活動外支出計	442,687	0.5	100.0	117	0.0	0.0	0	0.0	0.0	36,850	1.0	8.3	6,653	0.3	1.5

(特別収支)　(２－１)

(単位：千円)

区分	合計			大学法人			短期大学法人			高校・中等教育・小学校法人			幼稚園法人		
学校数 学生生徒等数 専任教員数 専任職員数	297 校 54,145 人 4,658 人 2,099 人			23 校 3,598 人 402 人 136 人			3 校 214 人 15 人 7 人			13 校 2,407 人 243 人 100 人			14 校 2,722 人 207 人 51 人		
科目	金額	構成比率(%)	趨勢構造比率	金額	構成比率(%)	趨勢構造比率	金額	構成比率(%)	趨勢構造比率	金額	構成比率(%)	趨勢構造比率	金額	構成比率(%)	趨勢構造比率
(特別収支・収入の部)															
資産売却差額	3,452,896	3.7	100.0	120	0.0	0.0	0	0.0	0.0	1,319	0.0	0.0	1,452	0.1	0.0
その他の特別収入	888,884	1.0	100.0	52,573	0.7	5.9	0	0.0	0.0	211	0.0	0.0	5,603	0.3	0.6
(うち寄付金)	208,259	0.2	100.0	44,986	0.6	21.6	0	0.0	0.0	0	0.0	0.0	5,603	0.3	2.7
(うち補助金)	146,462	0.2	100.0	5,473	0.1	3.7	0	0.0	0.0	0	0.0	0.0	0	0.0	0.0
特別収入計	4,341,780	4.7	100.0	52,693	0.7	1.2	0	0.0	0.0	1,531	0.0	0.0	7,055	0.3	0.2
(特別収支・支出の部)															
資産処分差額	2,010,522	2.2	100.0	22,637	0.3	1.1	1,481	1.0	0.1	342	0.0	0.0	638	0.0	0.0
その他の特別支出	1,084,073	1.2	100.0	778	0.0	0.1	0	0.0	0.0	512	0.0	0.0	12,616	0.6	1.2
特別支出計	3,094,595	3.4	100.0	23,415	0.3	0.8	1,481	1.0	0.0	854	0.0	0.0	13,254	0.6	0.4
基本金組入前当年度収支差額	7,605,920	8.2	100.0	-823,893	-11.3	-10.8	-58,837	-41.2	-0.8	13,023	0.4	0.2	-449,394	-20.2	-5.9
経常収支差額	6,358,735	6.9	100.0	-853,171	-11.7	-13.4	-57,357	-40.1	-0.9	12,346	0.3	0.2	-443,195	-19.9	-7.0
教育活動収支差額	6,105,138	6.6	100.0	-877,196	-12.0	-14.4	-57,360	-40.1	-0.9	41,180	1.1	0.7	-451,390	-20.3	-7.4
教育活動外収支差額	253,597	0.3	100.0	24,025	0.3	9.5	4	0.0	0.0	-28,834	-0.8	-11.4	8,195	0.4	3.2
特別収支差額	1,247,185	1.4	100.0	29,278	0.4	2.3	-1,481	-1.0	-0.1	677	0.0	0.1	-6,199	-0.3	-0.5
基本金組入額合計	-7,506,242	-8.1	100.0	-679,299	-9.3	9.0	-733	-0.5	0.0	-216,012	-5.9	2.9	-95,556	-4.3	1.3
当年度収支差額	99,678	0.1	100.0	-1,503,191	-20.6	-1,508.0	-59,570	-41.7	-59.8	-202,990	-5.6	-203.6	-544,949	-24.5	-546.7

(参考)

事業活動収入計	92,229,778	100.0	100.0	7,310,483	100.0	7.9	142,886	100.0	0.2	3,652,107	100.0	4.0	2,224,662	100.0	2.4
事業活動支出計	84,623,858	91.8	100.0	8,134,376	111.3	9.6	201,723	141.2	0.2	3,639,084	99.6	4.3	2,674,055	120.2	3.2

(注) 構造比率は各種学校部門合計を 100 としたものである。

令和３年度事業活動収支計算書（設置者別）
－各種学校部門－

（教育活動収支及び教育活動外収支）（２－２）　　（単位：千円）

区分	専修学校法人			各種学校法人		
学校数 / 専任教員数 ／ 学生生徒等数 / 専任職員数	57 校 / 598 人		16,043 人 / 619 人	187 校 / 3,193 人		29,161 人 / 1,186 人
科目	金額	構成比率(%)	趨勢構造比率	金額	構成比率(%)	趨勢構造比率
（教育活動収支・収入の部）						
学生生徒等納付金	21,222,866	68.5	31.0	35,446,616	74.0	51.7
手数料	39,483	0.1	3.1	1,017,504	2.1	79.7
寄付金	2,443	0.0	0.1	2,509,136	5.2	92.7
経常費等補助金	42,981	0.1	3.4	1,139,939	2.4	90.4
付随事業収入	9,065,189	29.3	80.5	1,733,441	3.6	15.4
雑収入	488,965	1.6	23.0	1,261,301	2.6	59.4
教育活動収入計	30,861,927	99.6	35.4	43,107,938	90.0	49.4
（教育活動収支・支出の部）						
人件費	12,099,068	39.0	25.4	26,239,121	54.8	55.1
教育研究（管理）経費	12,544,491	40.5	37.6	15,537,828	32.4	46.6
（うち減価償却額）	2,368,161	7.6	35.9	2,993,724	6.2	45.3
徴収不能額等	7,724	0.0	5.6	91,728	0.2	66.1
教育活動支出計	24,651,282	79.6	30.4	41,868,678	87.4	51.6

科目	専修学校法人 金額	構成比率(%)	趨勢構造比率	各種学校法人 金額	構成比率(%)	趨勢構造比率
（教育活動外収支・収入の部）						
受取利息・配当金	29,644	0.1	10.3	216,107	0.5	75.4
その他の教育活動外収入	64,834	0.2	15.8	338,689	0.7	82.7
教育活動外収入計	94,478	0.3	13.6	554,797	1.2	79.7
（教育活動外収支・支出の部）						
借入金等利息	24,005	0.1	9.4	188,453	0.4	73.6
その他の教育活動外支出	0	0.0	0.0	186,610	0.4	100.0
教育活動外支出計	24,005	0.1	5.4	375,062	0.8	84.7

(特別収支)　(２－２)　　(単位：千円)

区分	専修学校法人			各種学校法人		
学校数 / 学生生徒等数 専任教員数 / 専任職員数	57 校　16,043 人 598 人　619 人			187 校　29,161 人 3,193 人　1,186 人		
科目	金額	構成比率(%)	趨勢構造比率	金額	構成比率(%)	趨勢構造比率
(特別収支・収入の部)						
資産売却差額	2,481	0.0	0.1	3,447,524	7.2	99.8
その他の特別収入	28,312	0.1	3.2	802,185	1.7	90.2
(うち寄付金)	0	0.0	0.0	157,670	0.3	75.7
(うち補助金)	28,233	0.1	19.3	112,756	0.2	77.0
特別収入計	30,792	0.1	0.7	4,249,709	8.9	97.9
(特別収支・支出の部)						
資産処分差額	268,059	0.9	13.3	1,717,365	3.6	85.4
その他の特別支出	59,303	0.2	5.5	1,010,864	2.1	93.2
特別支出計	327,362	1.1	10.6	2,728,230	5.7	88.2

基本金組入前当年度収支差額	5,984,547	19.3	78.7	2,940,473	6.1	38.7
経常収支差額	6,281,117	20.3	98.8	1,418,994	3.0	22.3
教育活動収支差額	6,210,644	20.0	101.7	1,239,260	2.6	20.3
教育活動外収支差額	70,473	0.2	27.8	179,734	0.4	70.9
特別収支差額	-296,570	-1.0	-23.8	1,521,479	3.2	122.0
基本金組入額合計	-3,053,983	-9.9	40.7	-3,460,659	-7.2	46.1
当年度収支差額	2,930,564	9.5	2,940.0	-520,186	-1.1	-521.9

(参考)

事業活動収入計	30,987,197	100.0	33.6	47,912,443	100.0	51.9
事業活動支出計	25,002,650	80.7	29.5	44,971,970	93.9	53.1

(注) 構造比率は各種学校部門合計を 100 としたものである。

令和３年度事業活動収支計算書（都道府県別）
－各種学校部門－

（教育活動収支及び教育活動外収支）　（６－１）

（単位：千円）

区分	合計			北海道			宮城県			秋田・山形・福島県			茨城・栃木県		
学校数 学生生徒等数 専任教員数 専任職員数	297 校 54,145 人 4,658 人 2,099 人			11 校 1,835 人 116 人 78 人			7 校 606 人 57 人 24 人			3 校 66 人 9 人 9 人			5 校 400 人 68 人 14 人		
科目	金額	構成比率(%)	趨勢構造比率	金額	構成比率(%)	趨勢構造比率	金額	構成比率(%)	趨勢構造比率	金額	構成比率(%)	趨勢構造比率	金額	構成比率(%)	趨勢構造比率
（教育活動収支・収入の部）															
学生生徒等納付金	68,567,838	74.3	100.0	1,917,897	61.0	2.8	803,253	77.8	1.2	51,915	60.2	0.1	484,675	68.9	0.7
手数料	1,276,256	1.4	100.0	17,366	0.6	1.4	18,762	1.8	1.5	413	0.5	0.0	2,146	0.3	0.2
寄付金	2,707,650	2.9	100.0	57,115	1.8	2.1	15,365	1.5	0.6	0	0.0	0.0	88,137	12.5	3.3
経常費等補助金	1,261,504	1.4	100.0	23,538	0.7	1.9	23,368	2.3	1.9	976	1.1	0.1	18,453	2.6	1.5
付随事業収入	11,255,519	12.2	100.0	589,272	18.8	5.2	143,631	13.9	1.3	16,105	18.7	0.1	42,294	6.0	0.4
雑収入	2,122,947	2.3	100.0	79,446	2.5	3.7	26,849	2.6	1.3	16,854	19.5	0.8	64,048	9.1	3.0
教育活動収入計	87,191,714	94.5	100.0	2,684,633	85.4	3.1	1,031,227	99.9	1.2	86,263	100.0	0.1	699,753	99.5	0.8
（教育活動収支・支出の部）															
人件費	47,601,535	51.6	100.0	1,414,065	45.0	3.0	540,570	52.4	1.1	71,459	82.8	0.2	422,131	60.0	0.9
教育研究（管理）経費	33,346,360	36.2	100.0	1,054,312	33.6	3.2	428,287	41.5	1.3	80,666	93.5	0.2	346,645	49.3	1.0
（うち減価償却額）	6,605,262	7.2	100.0	193,453	6.2	2.9	82,468	8.0	1.2	13,794	16.0	0.2	79,825	11.4	1.2
徴収不能額等	138,681	0.2	100.0	2,018	0.1	1.5	50	0.0	0.0	0	0.0	0.0	2,050	0.3	1.5
教育活動支出計	81,086,576	87.9	100.0	2,470,395	78.6	3.0	968,907	93.9	1.2	152,125	176.3	0.2	770,826	109.6	1.0
（教育活動外収支・収入の部）															
受取利息・配当金	286,705	0.3	100.0	30,836	1.0	10.8	4	0.0	0.0	2	0.0	0.0	11	0.0	0.0
その他の教育活動外収入	409,579	0.4	100.0	483	0.0	0.1	342	0.0	0.1	0	0.0	0.0	0	0.0	0.0
教育活動外収入計	696,284	0.8	100.0	31,319	1.0	4.5	345	0.0	0.0	2	0.0	0.0	11	0.0	0.0
（教育活動外収支・支出の部）															
借入金等利息	256,077	0.3	100.0	4,481	0.1	1.7	431	0.0	0.2	247	0.3	0.1	3,563	0.5	1.4
その他の教育活動外支出	186,610	0.2	100.0	828	0.0	0.4	174	0.0	0.1	0	0.0	0.0	0	0.0	0.0
教育活動外支出計	442,687	0.5	100.0	5,309	0.2	1.2	604	0.1	0.1	247	0.3	0.1	3,563	0.5	0.8

（特別収支）（６－１）

（単位：千円）

区分	合計			北海道			宮城県			秋田・山形・福島県			茨城・栃木県		
学校数 学生生徒等数 専任教員数 専任職員数	297 校 54,145 人 4,658 人 2,099 人			11 校 1,835 人 116 人 78 人			7 校 606 人 57 人 24 人			3 校 66 人 9 人 9 人			5 校 400 人 68 人 14 人		
科目	金額	構成比率(%)	趨勢構造比率	金額	構成比率(%)	趨勢構造比率	金額	構成比率(%)	趨勢構造比率	金額	構成比率(%)	趨勢構造比率	金額	構成比率(%)	趨勢構造比率
（特別収支・収入の部）															
資産売却差額	3,452,896	3.7	100.0	229,802	7.3	6.7	0	0.0	0.0	0	0.0	0.0	0	0.0	0.0
その他の特別収入	888,884	1.0	100.0	196,477	6.3	22.1	815	0.1	0.1	0	0.0	0.0	3,317	0.5	0.4
（うち寄付金）	208,259	0.2	100.0	0	0.0	0.0	0	0.0	0.0	0	0.0	0.0	0	0.0	0.0
（うち補助金）	146,462	0.2	100.0	0	0.0	0.0	734	0.1	0.5	0	0.0	0.0	0	0.0	0.0
特別収入計	4,341,780	4.7	100.0	426,279	13.6	9.8	815	0.1	0.0	0	0.0	0.0	3,317	0.5	0.1
（特別収支・支出の部）															
資産処分差額	2,010,522	2.2	100.0	67,822	2.2	3.4	0	0.0	0.0	0	0.0	0.0	5,927	0.8	0.3
その他の特別支出	1,084,073	1.2	100.0	17,525	0.6	1.6	76	0.0	0.0	0	0.0	0.0	0	0.0	0.0
特別支出計	3,094,595	3.4	100.0	85,347	2.7	2.8	76	0.0	0.0	0	0.0	0.0	5,927	0.8	0.2

科目	金額	構成比率(%)	趨勢構造比率	金額	構成比率(%)	趨勢構造比率	金額	構成比率(%)	趨勢構造比率	金額	構成比率(%)	趨勢構造比率	金額	構成比率(%)	趨勢構造比率
基本金組入前当年度収支差額	7,605,920	8.2	100.0	581,181	18.5	7.6	62,801	6.1	0.8	-66,108	-76.6	-0.9	-77,235	-11.0	-1.0
経常収支差額	6,358,735	6.9	100.0	240,249	7.6	3.8	62,062	6.0	1.0	-66,108	-76.6	-1.0	-74,625	-10.6	-1.2
教育活動収支差額	6,105,138	6.6	100.0	214,238	6.8	3.5	62,321	6.0	1.0	-65,863	-76.4	-1.1	-71,073	-10.1	-1.2
教育活動外収支差額	253,597	0.3	100.0	26,011	0.8	10.3	-259	0.0	-0.1	-245	-0.3	-0.1	-3,552	-0.5	-1.4
特別収支差額	1,247,185	1.4	100.0	340,932	10.8	27.3	739	0.1	0.1	0	0.0	0.0	-2,610	-0.4	-0.2
基本金組入額合計	-7,506,242	-8.1	100.0	-117,214	-3.7	1.6	-91,510	-8.9	1.2	-61,697	-71.5	0.8	-21,766	-3.1	0.3
当年度収支差額	99,678	0.1	100.0	463,967	14.8	465.5	-28,710	-2.8	-28.8	-127,805	-148.2	-128.2	-99,001	-14.1	-99.3

（参考）

事業活動収入計	92,229,778	100.0	100.0	3,142,232	100.0	3.4	1,032,388	100.0	1.1	86,264	100.0	0.1	703,080	100.0	0.8
事業活動支出計	84,623,858	91.8	100.0	2,561,051	81.5	3.0	969,587	93.9	1.1	152,373	176.6	0.2	780,315	111.0	0.9

（注）構造比率は各種学校部門合計を 100 としたものである。

令和３年度事業活動収支計算書（都道府県別）
－各種学校部門－

（教育活動収支及び教育活動外収支）（６－２）

（単位：千円）

区分	群馬県			埼玉・千葉県			東京都			神奈川県			富山・石川県		
学校数 学生生徒等数 専任教員数 専任職員数	6校 504人 43人 5人			6校 674人 54人 26人			68校 16,148人 1,702人 612人			9校 2,907人 335人 106人			15校 2,860人 167人 69人		
科目	金額	構成比率(%)	趨勢構造比率	金額	構成比率(%)	趨勢構造比率	金額	構成比率(%)	趨勢構造比率	金額	構成比率(%)	趨勢構造比率	金額	構成比率(%)	趨勢構造比率
（教育活動収支・収入の部）															
学生生徒等納付金	187,381	78.1	0.3	378,182	74.8	0.6	21,532,309	84.1	31.4	4,857,674	56.8	7.1	2,252,068	81.8	3.3
手数料	793	0.3	0.1	5,280	1.0	0.4	175,653	0.7	13.8	27,063	0.3	2.1	299,418	10.9	23.5
寄付金	17,336	7.2	0.6	69,304	13.7	2.6	798,542	3.1	29.5	395,693	4.6	14.6	1,610	0.1	0.1
経常費等補助金	16,064	6.7	1.3	16,414	3.2	1.3	496,298	1.9	39.3	14,786	0.2	1.2	855	0.0	0.1
付随事業収入	8,135	3.4	0.1	18,218	3.6	0.2	1,315,775	5.1	11.7	148,900	1.7	1.3	59,131	2.1	0.5
雑収入	486	0.2	0.0	13,262	2.6	0.6	701,516	2.7	33.0	144,300	1.7	6.8	134,735	4.9	6.3
教育活動収入計	230,194	95.9	0.3	500,659	99.0	0.6	25,020,093	97.8	28.7	5,588,415	65.4	6.4	2,747,817	99.8	3.2
（教育活動収支・支出の部）															
人件費	154,358	64.3	0.3	351,727	69.5	0.7	15,280,030	59.7	32.1	3,682,002	43.1	7.7	1,575,580	57.2	3.3
教育研究（管理）経費	102,236	42.6	0.3	231,917	45.8	0.7	8,831,513	34.5	26.5	1,718,000	20.1	5.2	1,017,825	37.0	3.1
（うち減価償却額）	15,250	6.4	0.2	43,355	8.6	0.7	1,849,250	7.2	28.0	408,088	4.8	6.2	240,269	8.7	3.6
徴収不能額等	5,007	2.1	3.6	96	0.0	0.1	49,770	0.2	35.9	54,883	0.6	39.6	8	0.0	0.0
教育活動支出計	261,600	109.0	0.3	583,739	115.4	0.7	24,161,314	94.4	29.8	5,454,885	63.8	6.7	2,593,414	94.2	3.2
（教育活動外収支・収入の部）															
受取利息・配当金	0	0.0	0.0	463	0.1	0.2	178,306	0.7	62.2	351	0.0	0.1	1,036	0.0	0.4
その他の教育活動外収入	9,758	4.1	2.4	4,740	0.9	1.2	114,581	0.4	28.0	8,127	0.1	2.0	2,346	0.1	0.6
教育活動外収入計	9,758	4.1	1.4	5,203	1.0	0.7	292,887	1.1	42.1	8,478	0.1	1.2	3,382	0.1	0.5
（教育活動外収支・支出の部）															
借入金等利息	0	0.0	0.0	2,197	0.4	0.9	60,275	0.2	23.5	82,762	1.0	32.3	1,138	0.0	0.4
その他の教育活動外支出	0	0.0	0.0	0	0.0	0.0	20,600	0.1	11.0	0	0.0	0.0	1,238	0.0	0.7
教育活動外支出計	0	0.0	0.0	2,197	0.4	0.5	80,876	0.3	18.3	82,762	1.0	18.7	2,376	0.1	0.5

（特別収支）　（６－２）　　　　（単位：千円）

区分	群馬県			埼玉・千葉県			東京都			神奈川県			富山・石川県		
学校数 学生生徒等数 専任教員数 専任職員数	6 校 504 人 43 人 5 人			6 校 674 人 54 人 26 人			68 校 16,148 人 1,702 人 612 人			9 校 2,907 人 335 人 106 人			15 校 2,860 人 167 人 69 人		
科目	金額	構成比率(%)	趨勢構造比率	金額	構成比率(%)	趨勢構造比率	金額	構成比率(%)	趨勢構造比率	金額	構成比率(%)	趨勢構造比率	金額	構成比率(%)	趨勢構造比率
（特別収支・収入の部）															
資産売却差額	0	0.0	0.0	0	0.0	0.0	9,959	0.0	0.3	2,893,280	33.8	83.8	1,075	0.0	0.0
その他の特別収入	0	0.0	0.0	0	0.0	0.0	269,525	1.1	30.3	59,895	0.7	6.7	0	0.0	0.0
（うち寄付金）	0	0.0	0.0	0	0.0	0.0	147,587	0.6	70.9	41,928	0.5	20.1	0	0.0	0.0
（うち補助金）	0	0.0	0.0	0	0.0	0.0	44,148	0.2	30.1	0	0.0	0.0	0	0.0	0.0
特別収入計	0	0.0	0.0	0	0.0	0.0	279,484	1.1	6.4	2,953,176	34.5	68.0	1,075	0.0	0.0
（特別収支・支出の部）															
資産処分差額	0	0.0	0.0	0	0.0	0.0	140,736	0.5	7.0	926,644	10.8	46.1	48	0.0	0.0
その他の特別支出	2,018	0.8	0.2	0	0.0	0.0	70,312	0.3	6.5	13,086	0.2	1.2	10,396	0.4	1.0
特別支出計	2,018	0.8	0.1	0	0.0	0.0	211,048	0.8	6.8	939,730	11.0	30.4	10,444	0.4	0.3
基本金組入前当年度収支差額	-23,666	-9.9	-0.3	-80,074	-15.8	-1.1	1,139,227	4.5	15.0	2,072,692	24.2	27.3	146,041	5.3	1.9
経常収支差額	-21,648	-9.0	-0.3	-80,074	-15.8	-1.3	1,070,791	4.2	16.8	59,246	0.7	0.9	155,410	5.6	2.4
教育活動収支差額	-31,407	-13.1	-0.5	-83,080	-16.4	-1.4	858,779	3.4	14.1	133,530	1.6	2.2	154,403	5.6	2.5
教育活動外収支差額	9,758	4.1	3.8	3,006	0.6	1.2	212,012	0.8	83.6	-74,284	-0.9	-29.3	1,007	0.0	0.4
特別収支差額	-2,018	-0.8	-0.2	0	0.0	0.0	68,436	0.3	5.5	2,013,446	23.5	161.4	-9,369	-0.3	-0.8
基本金組入額合計	-13,626	-5.7	0.2	-17,841	-3.5	0.2	-1,752,580	-6.8	23.3	-861,796	-10.1	11.5	-5,081	-0.2	0.1
当年度収支差額	-37,292	-15.5	-37.4	-97,915	-19.4	-98.2	-613,353	-2.4	-615.3	1,210,896	14.2	1,214.8	140,960	5.1	141.4

（参考）

事業活動収入計	239,952	100.0	0.3	505,863	100.0	0.5	25,592,464	100.0	27.7	8,550,069	100.0	9.3	2,752,275	100.0	3.0
事業活動支出計	263,618	109.9	0.3	585,937	115.8	0.7	24,453,237	95.5	28.9	6,477,377	75.8	7.7	2,606,234	94.7	3.1

（注）構造比率は各種学校部門合計を 100 としたものである。

令 和 3 年 度 事 業 活 動 収 支 計 算 書（都道府県別）
ー 各 種 学 校 部 門 ー

（教育活動収支及び教育活動外収支）　（6 ー 3）

（単位：千円）

区　分	福井県			山梨・長野県			岐阜県			静岡県			愛知県		
学校数　学生生徒等数 専任教員数　専任職員数	8 校 175 人	1,448 人 93 人		3 校 30 人	310 人 15 人		5 校 37 人	500 人 22 人		9 校 55 人	619 人 34 人		14 校 259 人	4,845 人 200 人	
科　目	金額	構成比率(%)	趨勢構造比率	金額	構成比率(%)	趨勢構造比率	金額	構成比率(%)	趨勢構造比率	金額	構成比率(%)	趨勢構造比率	金額	構成比率(%)	趨勢構造比率
（教育活動収支・収入の部）															
学生生徒等納付金	2,159,908	90.0	3.2	231,217	59.0	0.3	586,877	73.8	0.9	308,442	71.2	0.4	8,272,153	74.5	12.1
手数料	216,802	9.0	17.0	4,927	1.3	0.4	2,935	0.4	0.2	12,698	2.9	1.0	84,272	0.8	6.6
寄付金	0	0.0	0.0	29,699	7.6	1.1	21,982	2.8	0.8	23,597	5.4	0.9	96,156	0.9	3.6
経常費等補助金	0	0.0	0.0	5,218	1.3	0.4	13,570	1.7	1.1	18,058	4.2	1.4	63,827	0.6	5.1
付随事業収入	0	0.0	0.0	32,447	8.3	0.3	163,876	20.6	1.5	49,765	11.5	0.4	2,242,171	20.2	19.9
雑収入	23,183	1.0	1.1	83,432	21.3	3.9	5,641	0.7	0.3	18,953	4.4	0.9	92,520	0.8	4.4
教育活動収入計	2,399,893	100.0	2.8	386,938	98.7	0.4	794,881	100.0	0.9	431,513	99.6	0.5	10,851,098	97.7	12.4
（教育活動収支・支出の部）															
人件費	1,367,701	57.0	2.9	302,055	77.1	0.6	382,917	48.2	0.8	444,387	102.6	0.9	4,623,722	41.6	9.7
教育研究（管理）経費	832,182	34.7	2.5	180,366	46.0	0.5	282,631	35.6	0.8	259,804	60.0	0.8	4,965,393	44.7	14.9
（うち減価償却額）	70,070	2.9	1.1	49,070	12.5	0.7	44,409	5.6	0.7	87,942	20.3	1.3	1,069,936	9.6	16.2
徴収不能額等	0	0.0	0.0	797	0.2	0.6	922	0.1	0.7	0	0.0	0.0	1,381	0.0	1.0
教育活動支出計	2,199,882	91.7	2.7	483,218	123.3	0.6	666,470	83.8	0.8	704,191	162.6	0.9	9,590,495	86.3	11.8
（教育活動外収支・収入の部）															
受取利息・配当金	2	0.0	0.0	23	0.0	0.0	1	0.0	0.0	42	0.0	0.0	1,287	0.0	0.4
その他の教育活動外収入	0	0.0	0.0	5,000	1.3	1.2	0	0.0	0.0	1,203	0.3	0.3	1,240	0.0	0.3
教育活動外収入計	2	0.0	0.0	5,023	1.3	0.7	1	0.0	0.0	1,245	0.3	0.2	2,527	0.0	0.4
（教育活動外収支・支出の部）															
借入金等利息	0	0.0	0.0	946	0.2	0.4	9,135	1.1	3.6	488	0.1	0.2	7,768	0.1	3.0
その他の教育活動外支出	567	0.0	0.3	0	0.0	0.0	0	0.0	0.0	1,610	0.4	0.9	80,770	0.7	43.3
教育活動外支出計	567	0.0	0.1	946	0.2	0.2	9,135	1.1	2.1	2,099	0.5	0.5	88,538	0.8	20.0

(特別収支)　(６－３)

(単位：千円)

区分	福井県			山梨・長野県			岐阜県			静岡県			愛知県		
学校数 学生生徒等数 専任教員数 専任職員数	8 校 175 人		1,448 人 93 人	3 校 30 人		310 人 15 人	5 校 37 人		500 人 22 人	9 校 55 人		619 人 34 人	14 校 259 人		4,845 人 200 人
科目	金額	構成比率(%)	趨勢構造比率	金額	構成比率(%)	趨勢構造比率	金額	構成比率(%)	趨勢構造比率	金額	構成比率(%)	趨勢構造比率	金額	構成比率(%)	趨勢構造比率
(特別収支・収入の部)															
資産売却差額	155	0.0	0.0	0	0.0	0.0	5	0.0	0.0	16	0.0	0.0	161,319	1.5	4.7
その他の特別収入	0	0.0	0.0	59	0.0	0.0	0	0.0	0.0	300	0.1	0.0	95,640	0.9	10.8
(うち寄付金)	0	0.0	0.0	0	0.0	0.0	0	0.0	0.0	0	0.0	0.0	0	0.0	0.0
(うち補助金)	0	0.0	0.0	0	0.0	0.0	0	0.0	0.0	0	0.0	0.0	95,640	0.9	65.3
特別収入計	155	0.0	0.0	59	0.0	0.0	5	0.0	0.0	316	0.1	0.0	256,959	2.3	5.9
(特別収支・支出の部)															
資産処分差額	295	0.0	0.0	0	0.0	0.0	1,319	0.2	0.1	71	0.0	0.0	412,019	3.7	20.5
その他の特別支出	24,038	1.0	2.2	0	0.0	0.0	0	0.0	0.0	0	0.0	0.0	0	0.0	0.0
特別支出計	24,334	1.0	0.8	0	0.0	0.0	1,319	0.2	0.0	71	0.0	0.0	412,019	3.7	13.3

基本金組入前当年度収支差額	175,267	7.3	2.3	-92,145	-23.5	-1.2	117,963	14.8	1.6	-273,287	-63.1	-3.6	1,019,531	9.2	13.4
経常収支差額	199,446	8.3	3.1	-92,204	-23.5	-1.5	119,277	15.0	1.9	-273,532	-63.2	-4.3	1,174,591	10.6	18.5
教育活動収支差額	200,010	8.3	3.3	-96,280	-24.6	-1.6	128,411	16.2	2.1	-272,678	-63.0	-4.5	1,260,602	11.3	20.6
教育活動外収支差額	-564	0.0	-0.2	4,076	1.0	1.6	-9,134	-1.1	-3.6	-854	-0.2	-0.3	-86,011	-0.8	-33.9
特別収支差額	-24,179	-1.0	-1.9	59	0.0	0.0	-1,314	-0.2	-0.1	245	0.1	0.0	-155,060	-1.4	-12.4
基本金組入額合計	0	0.0	0.0	-76,739	-19.6	1.0	-2,213	-0.3	0.0	-25,018	-5.8	0.3	-2,542,592	-22.9	33.9
当年度収支差額	175,267	7.3	175.8	-168,883	-43.1	-169.4	115,750	14.6	116.1	-298,305	-68.9	-299.3	-1,523,061	-13.7	-1,528.0

(参考)

事業活動収入計	2,400,049	100.0	2.6	392,020	100.0	0.4	794,887	100.0	0.9	433,074	100.0	0.5	11,110,584	100.0	12.0
事業活動支出計	2,224,783	92.7	2.6	484,164	123.5	0.6	676,924	85.2	0.8	706,361	163.1	0.8	10,091,053	90.8	11.9

(注) 構造比率は各種学校部門合計を 100 としたものである。

令和3年度事業活動収支計算書（都道府県別）
－各種学校部門－

（教育活動収支及び教育活動外収支）（6－4）

（単位：千円）

区分	三重県			京都府			大阪府			兵庫県			奈良県		
学校数 専任教員数 / 学生生徒等数 専任職員数	3校 15人		123人 4人	16校 150人		2,055人 104人	27校 252人		6,515人 255人	25校 419人		4,298人 121人	3校 4人		83人 4人
科目	金額	構成比率(%)	趨勢構造比率	金額	構成比率(%)	趨勢構造比率	金額	構成比率(%)	趨勢構造比率	金額	構成比率(%)	趨勢構造比率	金額	構成比率(%)	趨勢構造比率
（教育活動収支・収入の部）															
学生生徒等納付金	100,159	82.6	0.1	2,518,385	70.5	3.7	7,539,649	63.5	11.0	6,115,394	71.5	8.9	23,064	47.2	0.0
手数料	110	0.1	0.0	26,576	0.7	2.1	40,128	0.3	3.1	126,471	1.5	9.9	175	0.4	0.0
寄付金	2,265	1.9	0.1	21,894	0.6	0.8	205,856	1.7	7.6	601,799	7.0	22.2	2,000	4.1	0.1
経常費等補助金	5,110	4.2	0.4	6,339	0.2	0.5	74,589	0.6	5.9	344,550	4.0	27.3	21,687	44.4	1.7
付随事業収入	241	0.2	0.0	777,221	21.8	6.9	3,625,525	30.6	32.2	885,084	10.3	7.9	1,409	2.9	0.0
雑収入	8,648	7.1	0.4	107,442	3.0	5.1	99,473	0.8	4.7	171,029	2.0	8.1	0	0.0	0.0
教育活動収入計	116,534	96.1	0.1	3,457,858	96.8	4.0	11,585,220	97.6	13.3	8,244,327	96.4	9.5	48,335	99.0	0.1
（教育活動収支・支出の部）															
人件費	91,914	75.8	0.2	1,825,058	51.1	3.8	5,036,892	42.4	10.6	4,493,977	52.5	9.4	39,992	81.9	0.1
教育研究（管理）経費	40,932	33.8	0.1	1,200,428	33.6	3.6	4,425,722	37.3	13.3	3,046,326	35.6	9.1	14,547	29.8	0.0
（うち減価償却額）	6,306	5.2	0.1	216,916	6.1	3.3	779,897	6.6	11.8	724,515	8.5	11.0	939	1.9	0.0
徴収不能額等	0	0.0	0.0	476	0.0	0.3	7,287	0.1	5.3	8,590	0.1	6.2	0	0.0	0.0
教育活動支出計	132,845	109.6	0.2	3,025,962	84.7	3.7	9,469,901	79.8	11.7	7,548,893	88.3	9.3	54,539	111.7	0.1
（教育活動外収支・収入の部）															
受取利息・配当金	1	0.0	0.0	5,176	0.1	1.8	6,594	0.1	2.3	54,699	0.6	19.1	0	0.0	0.0
その他の教育活動外収入	4,066	3.4	1.0	93,826	2.6	22.9	65,460	0.6	16.0	74,367	0.9	18.2	490	1.0	0.1
教育活動外収入計	4,067	3.4	0.6	99,002	2.8	14.2	72,055	0.6	10.3	129,066	1.5	18.5	491	1.0	0.1
（教育活動外収支・支出の部）															
借入金等利息	4,239	3.5	1.7	22,767	0.6	8.9	128	0.0	0.1	9,399	0.1	3.7	59	0.1	0.0
その他の教育活動外支出	0	0.0	0.0	24,365	0.7	13.1	0	0.0	0.0	33,187	0.4	17.8	6,796	13.9	3.6
教育活動外支出計	4,239	3.5	1.0	47,133	1.3	10.6	128	0.0	0.0	42,586	0.5	9.6	6,855	14.0	1.5

（特別収支）（６－４）

（単位：千円）

区分	三重県			京都府			大阪府			兵庫県			奈良県		
学校数 専任教員数 / 学生生徒等数 専任職員数	3 校 15 人		123 人 4 人	16 校 150 人		2,055 人 104 人	27 校 252 人		6,515 人 255 人	25 校 419 人		4,298 人 121 人	3 校 4 人		83 人 4 人
科目	金額	構成比率(%)	趨勢構造比率	金額	構成比率(%)	趨勢構造比率	金額	構成比率(%)	趨勢構造比率	金額	構成比率(%)	趨勢構造比率	金額	構成比率(%)	趨勢構造比率
（特別収支・収入の部）															
資産売却差額	600	0.5	0.0	500	0.0	0.0	1,342	0.0	0.0	151,456	1.8	4.4	0	0.0	0.0
その他の特別収入	0	0.0	0.0	13,197	0.4	1.5	207,728	1.8	23.4	28,853	0.3	3.2	0	0.0	0.0
（うち寄付金）	0	0.0	0.0	13,170	0.4	6.3	74	0.0	0.0	5,500	0.1	2.6	0	0.0	0.0
（うち補助金）	0	0.0	0.0	0	0.0	0.0	0	0.0	0.0	1,267	0.0	0.9	0	0.0	0.0
特別収入計	600	0.5	0.0	13,697	0.4	0.3	209,070	1.8	4.8	180,309	2.1	4.2	0	0.0	0.0
（特別収支・支出の部）															
資産処分差額	0	0.0	0.0	2,157	0.1	0.1	25,402	0.2	1.3	343,169	4.0	17.1	0	0.0	0.0
その他の特別支出	0	0.0	0.0	778	0.0	0.1	974	0.0	0.1	645	0.0	0.1	0	0.0	0.0
特別支出計	0	0.0	0.0	2,935	0.1	0.1	26,376	0.2	0.9	343,814	4.0	11.1	0	0.0	0.0
基本金組入前当年度収支差額	-15,883	-13.1	-0.2	494,528	13.9	6.5	2,369,939	20.0	31.2	618,410	7.2	8.1	-12,569	-25.7	-0.2
経常収支差額	-16,483	-13.6	-0.3	483,766	13.5	7.6	2,187,245	18.4	34.4	781,914	9.1	12.3	-12,569	-25.7	-0.2
教育活動収支差額	-16,311	-13.5	-0.3	431,896	12.1	7.1	2,115,319	17.8	34.6	695,435	8.1	11.4	-6,204	-12.7	-0.1
教育活動外収支差額	-171	-0.1	-0.1	51,869	1.5	20.5	71,926	0.6	28.4	86,480	1.0	34.1	-6,364	-13.0	-2.5
特別収支差額	600	0.5	0.0	10,762	0.3	0.9	182,694	1.5	14.6	-163,505	-1.9	-13.1	0	0.0	0.0
基本金組入額合計	0	0.0	0.0	-97,778	-2.7	1.3	-691,065	-5.8	9.2	-387,226	-4.5	5.2	-12,735	-26.1	0.2
当年度収支差額	-15,883	-13.1	-15.9	396,750	11.1	398.0	1,678,875	14.1	1,684.3	231,184	2.7	231.9	-25,303	-51.8	-25.4

（参考）

事業活動収入計	121,201	100.0	0.1	3,570,558	100.0	3.9	11,866,344	100.0	12.9	8,553,703	100.0	9.3	48,825	100.0	0.1
事業活動支出計	137,084	113.1	0.2	3,076,030	86.1	3.6	9,496,405	80.0	11.2	7,935,293	92.8	9.4	61,394	125.7	0.1

（注）構造比率は各種学校部門合計を 100 としたものである。

令 和 3 年 度 事 業 活 動 収 支 計 算 書（都道府県別）
－ 各 種 学 校 部 門 －

（教育活動収支及び教育活動外収支）（6 － 5）　　（単位：千円）

区分	鳥取県			島根県			岡山県			広島県			山口・高知県		
学校数 学生生徒等数 専任教員数 専任職員数	8 校 208 人		2,243 人 98 人	4 校 33 人		370 人 11 人	5 校 51 人		670 人 26 人	8 校 117 人		1,213 人 60 人	6 校 65 人		447 人 12 人
科目	金額	構成比率(%)	趨勢構造比率	金額	構成比率(%)	趨勢構造比率	金額	構成比率(%)	趨勢構造比率	金額	構成比率(%)	趨勢構造比率	金額	構成比率(%)	趨勢構造比率
（教育活動収支・収入の部）															
学生生徒等納付金	2,582,590	89.1	3.8	403,589	90.6	0.6	495,571	74.5	0.7	1,687,674	63.4	2.5	572,682	81.2	0.8
手数料	164,560	5.7	12.9	2,465	0.6	0.2	2,066	0.3	0.2	3,203	0.1	0.3	21,544	3.1	1.7
寄付金	0	0.0	0.0	0	0.0	0.0	85,730	12.9	3.2	33,028	1.2	1.2	37,952	5.4	1.4
経常費等補助金	24,163	0.8	1.9	0	0.0	0.0	3,720	0.6	0.3	39,591	1.5	3.1	0	0.0	0.0
付随事業収入	62,910	2.2	0.6	3,305	0.7	0.0	12,861	1.9	0.1	879,459	33.1	7.8	43,585	6.2	0.4
雑収入	60,161	2.1	2.8	33,119	7.4	1.6	43,218	6.5	2.0	17,347	0.7	0.8	27,773	3.9	1.3
教育活動収入計	2,894,384	99.8	3.3	442,479	99.3	0.5	643,167	96.7	0.7	2,660,302	100.0	3.1	703,535	99.7	0.8
（教育活動収支・支出の部）															
人件費	1,344,833	46.4	2.8	252,095	56.6	0.5	328,467	49.4	0.7	1,257,476	47.3	2.6	402,745	57.1	0.8
教育研究（管理）経費	1,417,897	48.9	4.3	136,198	30.6	0.4	245,496	36.9	0.7	982,854	36.9	2.9	286,698	40.6	0.9
（うち減価償却額）	137,958	4.8	2.1	14,153	3.2	0.2	34,896	5.2	0.5	221,505	8.3	3.4	54,709	7.8	0.8
徴収不能額等	0	0.0	0.0	0	0.0	0.0	1,315	0.2	0.9	546	0.0	0.4	0	0.0	0.0
教育活動支出計	2,762,731	95.3	3.4	388,292	87.2	0.5	575,278	86.5	0.7	2,240,876	84.2	2.8	689,443	97.7	0.9
（教育活動外収支・収入の部）															
受取利息・配当金	3,634	0.1	1.3	1,687	0.4	0.6	1,123	0.2	0.4	558	0.0	0.2	50	0.0	0.0
その他の教育活動外収入	282	0.0	0.1	1,000	0.2	0.2	20,855	3.1	5.1	0	0.0	0.0	0	0.0	0.0
教育活動外収入計	3,915	0.1	0.6	2,687	0.6	0.4	21,978	3.3	3.2	558	0.0	0.1	50	0.0	0.0
（教育活動外収支・支出の部）															
借入金等利息	25,925	0.9	10.1	961	0.2	0.4	2,974	0.4	1.2	1,117	0.0	0.4	4,763	0.7	1.9
その他の教育活動外支出	15,865	0.5	8.5	0	0.0	0.0	0	0.0	0.0	0	0.0	0.0	0	0.0	0.0
教育活動外支出計	41,790	1.4	9.4	961	0.2	0.2	2,974	0.4	0.7	1,117	0.0	0.3	4,763	0.7	1.1

(特別収支)　(6－5)

(単位：千円)

区分	鳥取県			島根県			岡山県			広島県			山口・高知県		
学校数 学生生徒等数 専任教員数 専任職員数	8校 208人		2,243人 98人	4校 33人		370人 11人	5校 51人		670人 26人	8校 117人		1,213人 60人	6校 65人		447人 12人
科目	金額	構成比率(%)	趨勢構造比率	金額	構成比率(%)	趨勢構造比率	金額	構成比率(%)	趨勢構造比率	金額	構成比率(%)	趨勢構造比率	金額	構成比率(%)	趨勢構造比率
(特別収支・収入の部)															
資産売却差額	754	0.0	0.0	198	0.0	0.0	0	0.0	0.0	0	0.0	0.0	120	0.0	0.0
その他の特別収入	63	0.0	0.0	17	0.0	0.0	120	0.0	0.0	79	0.0	0.0	1,994	0.3	0.2
(うち寄付金)	0	0.0	0.0	0	0.0	0.0	0	0.0	0.0	0	0.0	0.0	0	0.0	0.0
(うち補助金)	63	0.0	0.0	0	0.0	0.0	0	0.0	0.0	0	0.0	0.0	0	0.0	0.0
特別収入計	817	0.0	0.0	215	0.0	0.0	120	0.0	0.0	79	0.0	0.0	2,115	0.3	0.0
(特別収支・支出の部)															
資産処分差額	3,613	0.1	0.2	4,311	1.0	0.2	52	0.0	0.0	1,593	0.1	0.1	73,468	10.4	3.7
その他の特別支出	36,009	1.2	3.3	32,919	7.4	3.0	7,274	1.1	0.7	551,756	20.7	50.9	315,491	44.7	29.1
特別支出計	39,622	1.4	1.3	37,230	8.4	1.2	7,326	1.1	0.2	553,349	20.8	17.9	388,958	55.1	12.6
基本金組入前当年度収支差額	54,974	1.9	0.7	18,897	4.2	0.2	79,687	12.0	1.0	-134,403	-5.1	-1.8	-377,464	-53.5	-5.0
経常収支差額	93,779	3.2	1.5	55,913	12.6	0.9	86,893	13.1	1.4	418,867	15.7	6.6	9,380	1.3	0.1
教育活動収支差額	131,653	4.5	2.2	54,186	12.2	0.9	67,889	10.2	1.1	419,426	15.8	6.9	14,093	2.0	0.2
教育活動外収支差額	-37,874	-1.3	-14.9	1,727	0.4	0.7	19,004	2.9	7.5	-559	0.0	-0.2	-4,713	-0.7	-1.9
特別収支差額	-38,805	-1.3	-3.1	-37,016	-8.3	-3.0	-7,206	-1.1	-0.6	-553,271	-20.8	-44.4	-386,844	-54.8	-31.0
基本金組入額合計	-529,914	-18.3	7.1	-33,807	-7.6	0.5	-4,672	-0.7	0.1	-47,387	-1.8	0.6	-14,826	-2.1	0.2
当年度収支差額	-474,941	-16.4	-476.5	-14,910	-3.3	-15.0	75,015	11.3	75.3	-181,790	-6.8	-182.4	-392,291	-55.6	-393.6

(参考)

事業活動収入計	2,899,116	100.0	3.1	445,381	100.0	0.5	665,265	100.0	0.7	2,660,938	100.0	2.9	705,700	100.0	0.8
事業活動支出計	2,844,142	98.1	3.4	426,484	95.8	0.5	585,578	88.0	0.7	2,795,341	105.1	3.3	1,083,164	153.5	1.3

(注) 構造比率は各種学校部門合計を100としたものである。

令和3年度事業活動収支計算書（都道府県別）
―各種学校部門―

（教育活動収支及び教育活動外収支）（6－6）　　（単位：千円）

区分	福岡県			佐賀・長崎・熊本県			大分県			沖縄県		
学校数 専任教員数 ・ 学生生徒等数 専任職員数	11校 146人		1,526人 48人	5校 26人		257人 14人	3校 13人		112人 6人	4校 52人		511人 29人
科目	金額	構成比率(%)	趨勢構造比率	金額	構成比率(%)	趨勢構造比率	金額	構成比率(%)	趨勢構造比率	金額	構成比率(%)	趨勢構造比率
（教育活動収支・収入の部）												
学生生徒等納付金	1,716,250	85.9	2.5	185,178	73.6	0.3	70,913	89.8	0.1	532,791	84.8	0.8
手数料	11,947	0.6	0.9	5,491	2.2	0.4	803	1.0	0.1	2,191	0.3	0.2
寄付金	98,293	4.9	3.6	2,745	1.1	0.1	0	0.0	0.0	1,553	0.2	0.1
経常費等補助金	13,434	0.7	1.1	13,489	5.4	1.1	0	0.0	0.0	3,409	0.5	0.3
付随事業収入	53,567	2.7	0.5	25,935	10.3	0.2	1,102	1.4	0.0	53,595	8.5	0.5
雑収入	97,920	4.9	4.6	18,736	7.4	0.9	6,090	7.7	0.3	26,763	4.3	1.3
教育活動収入計	1,991,411	99.6	2.3	251,575	100.0	0.3	78,908	100.0	0.1	620,303	98.7	0.7
（教育活動収支・支出の部）												
人件費	1,282,785	64.2	2.7	208,094	82.7	0.4	80,082	101.5	0.2	344,423	54.8	0.7
教育研究（管理）経費	756,819	37.9	2.3	121,341	48.2	0.4	47,979	60.8	0.1	291,346	46.4	0.9
（うち減価償却額）	97,721	4.9	1.5	10,187	4.0	0.2	7,089	9.0	0.1	51,293	8.2	0.8
徴収不能額等	3,480	0.2	2.5	0	0.0	0.0	0	0.0	0.0	5	0.0	0.0
教育活動支出計	2,043,084	102.2	2.5	329,435	130.9	0.4	128,061	162.3	0.2	635,774	101.2	0.8

（教育活動外収支・収入の部）												
受取利息・配当金	497	0.0	0.2	7	0.0	0.0	20	0.0	0.0	293	0.0	0.1
その他の教育活動外収入	0	0.0	0.0	0	0.0	0.0	0	0.0	0.0	1,414	0.2	0.3
教育活動外収入計	497	0.0	0.1	7	0.0	0.0	20	0.0	0.0	1,707	0.3	0.2
（教育活動外収支・支出の部）												
借入金等利息	4,635	0.2	1.8	3,350	1.3	1.3	1,000	1.3	0.4	1,331	0.2	0.5
その他の教育活動外支出	0	0.0	0.0	0	0.0	0.0	0	0.0	0.0	610	0.1	0.3
教育活動外支出計	4,635	0.2	1.0	3,350	1.3	0.8	1,000	1.3	0.2	1,941	0.3	0.4

（特別収支）（６－６）

（単位：千円）

区分	福岡県			佐賀・長崎・熊本県			大分県			沖縄県		
学校数 学生生徒等数 専任教員数 専任職員数	11 校 146 人		1,526 人 48 人	5 校 26 人		257 人 14 人	3 校 13 人		112 人 6 人	4 校 52 人		511 人 29 人
科目	金額	構成比率(%)	趨勢構造比率	金額	構成比率(%)	趨勢構造比率	金額	構成比率(%)	趨勢構造比率	金額	構成比率(%)	趨勢構造比率
（特別収支・収入の部）												
資産売却差額	1,186	0.1	0.0	0	0.0	0.0	0	0.0	0.0	1,129	0.2	0.0
その他の特別収入	5,709	0.3	0.6	0	0.0	0.0	0	0.0	0.0	5,096	0.8	0.6
（うち寄付金）	0	0.0	0.0	0	0.0	0.0	0	0.0	0.0	0	0.0	0.0
（うち補助金）	4,610	0.2	3.1	0	0.0	0.0	0	0.0	0.0	0	0.0	0.0
特別収入計	6,894	0.3	0.2	0	0.0	0.0	0	0.0	0.0	6,225	1.0	0.1
（特別収支・支出の部）												
資産処分差額	334	0.0	0.0	0	0.0	0.0	0	0.0	0.0	1,541	0.2	0.1
その他の特別支出	30	0.0	0.0	0	0.0	0.0	0	0.0	0.0	748	0.1	0.1
特別支出計	364	0.0	0.0	0	0.0	0.0	0	0.0	0.0	2,288	0.4	0.1

区分	福岡県 金額	構成比率(%)	趨勢構造比率	佐賀・長崎・熊本県 金額	構成比率(%)	趨勢構造比率	大分県 金額	構成比率(%)	趨勢構造比率	沖縄県 金額	構成比率(%)	趨勢構造比率
基本金組入前当年度収支差額	-49,281	-2.5	-0.6	-81,203	-32.3	-1.1	-50,133	-63.5	-0.7	-11,768	-1.9	-0.2
経常収支差額	-55,811	-2.8	-0.9	-81,203	-32.3	-1.3	-50,133	-63.5	-0.8	-15,705	-2.5	-0.2
教育活動収支差額	-51,673	-2.6	-0.8	-77,860	-30.9	-1.3	-49,153	-62.3	-0.8	-15,471	-2.5	-0.3
教育活動外収支差額	-4,138	-0.2	-1.6	-3,343	-1.3	-1.3	-980	-1.2	-0.4	-234	0.0	-0.1
特別収支差額	6,530	0.3	0.5	0	0.0	0.0	0	0.0	0.0	3,937	0.6	0.3
基本金組入額合計	-48,502	-2.4	0.6	-5,279	-2.1	0.1	-1,331	-1.7	0.0	-42,046	-6.7	0.6
当年度収支差額	-97,783	-4.9	-98.1	-86,481	-34.4	-86.8	-51,464	-65.2	-51.6	-53,814	-8.6	-54.0

（参考）

区分	福岡県 金額	構成比率(%)	趨勢構造比率	佐賀・長崎・熊本県 金額	構成比率(%)	趨勢構造比率	大分県 金額	構成比率(%)	趨勢構造比率	沖縄県 金額	構成比率(%)	趨勢構造比率
事業活動収入計	1,998,802	100.0	2.2	251,582	100.0	0.3	78,928	100.0	0.1	628,235	100.0	0.7
事業活動支出計	2,048,083	102.5	2.4	332,785	132.3	0.4	129,061	163.5	0.2	640,003	101.9	0.8

（注）構造比率は各種学校部門合計を 100 としたものである。

５ ヵ 年 連 続 資 金 収 支 計 算 書
－ 各 種 学 校 部 門 －

（単位：千円）

区分	29年度			30年度			令和元年度			2年度			3年度		
学校数 専任教員数 / 学生生徒等数 専任職員数	630 校 6,804 人	97,701 人 2,793 人		605 校 6,693 人	96,254 人 2,836 人		600 校 6,646 人	91,500 人 2,815 人		580 校 6,662 人	78,733 人 2,731 人		559 校 6,446 人	75,410 人 2,720 人	
科目	金額	構成比率(%)	趨勢構造比率	金額	構成比率(%)	趨勢構造比率	金額	構成比率(%)	趨勢構造比率	金額	構成比率(%)	趨勢構造比率	金額	構成比率(%)	趨勢構造比率
（収入の部）															
学生生徒等納付金収入	100,705,797	75.8	100.0	107,096,938	76.1	106.3	102,127,820	73.8	101.4	92,719,111	69.0	92.1	86,727,702	70.7	86.1
授業料収入	87,690,979	66.0	100.0	93,558,714	66.5	106.7	89,259,761	64.5	101.8	80,366,101	59.8	91.6	74,687,595	60.9	85.2
入学金収入	5,675,511	4.3	100.0	6,181,003	4.4	108.9	5,283,817	3.8	93.1	4,710,266	3.5	83.0	4,559,627	3.7	80.3
施設設備資金収入	2,896,137	2.2	100.0	2,804,103	2.0	96.8	2,680,127	1.9	92.5	2,370,103	1.8	81.8	2,255,948	1.8	77.9
施設等利用給付費収入	－	***.*	***.*	－	***.*	***.*	－	***.*	***.*	0	0.0	***.*	0	0.0	***.*
施設型給付費収入	－	***.*	***.*	－	***.*	***.*	－	***.*	***.*	0	0.0	***.*	0	0.0	***.*
その他収入	4,443,169	3.3	100.0	4,553,119	3.2	102.5	4,904,114	3.5	110.4	5,272,640	3.9	118.7	5,224,532	4.3	117.6
手数料収入	1,606,079	1.2	100.0	1,733,008	1.2	107.9	1,861,215	1.3	115.9	1,607,773	1.2	100.1	1,588,493	1.3	98.9
入学検定料収入	792,767	0.6	100.0	767,903	0.5	96.9	854,702	0.6	107.8	647,571	0.5	81.7	725,019	0.6	91.5
その他収入	813,312	0.6	100.0	965,105	0.7	118.7	1,006,514	0.7	123.8	960,201	0.7	118.1	863,474	0.7	106.2
寄付金収入	3,528,207	2.7	100.0	3,200,702	2.3	90.7	4,142,460	3.0	117.4	3,700,422	2.8	104.9	3,544,845	2.9	100.5
補助金収入	2,668,755	2.0	100.0	2,588,724	1.8	97.0	2,898,916	2.1	108.6	2,562,964	1.9	96.0	2,524,290	2.1	94.6
国庫補助金収入	798,821	0.6	100.0	731,059	0.5	91.5	750,114	0.5	93.9	660,813	0.5	82.7	714,109	0.6	89.4
地方公共団体補助金収入	1,865,403	1.4	100.0	1,857,361	1.3	99.6	2,148,802	1.6	115.2	1,902,151	1.4	102.0	1,810,181	1.5	97.0
授業料等減免費負担金収入	－	***.*	***.*	－	***.*	***.*	－	***.*	***.*	0	0.0	***.*	0	0.0	***.*
その他地方公共団体補助金収入	－	***.*	***.*	－	***.*	***.*	－	***.*	***.*	1,902,151	1.4	***.*	1,810,181	1.5	***.*
施設型給付費収入	4,531	0.0	100.0	304	0.0	6.7	0	0.0	0.0	0	0.0	0.0	0	0.0	0.0
資産売却収入	3,122,903	2.4	100.0	1,111,199	0.8	35.6	6,384,211	4.6	204.4	4,964,063	3.7	159.0	8,276,433	6.7	265.0
付随事業・収益事業収入	14,189,389	10.7	100.0	14,840,515	10.5	104.6	13,626,897	9.8	96.0	11,382,949	8.5	80.2	13,127,647	10.7	92.5
施設等利用給付費収入	－	***.*	***.*	－	***.*	***.*	－	***.*	***.*	0	0.0	***.*	0	0.0	***.*
その他付随事業等収入	－	***.*	***.*	－	***.*	***.*	－	***.*	***.*	11,382,949	8.5	***.*	13,127,647	10.7	***.*
受取利息・配当金収入	494,168	0.4	100.0	285,950	0.2	57.9	426,478	0.3	86.3	391,518	0.3	79.2	339,052	0.3	68.6
雑収入	1,954,896	1.5	100.0	2,061,711	1.5	105.5	2,118,403	1.5	108.4	2,661,419	2.0	136.1	2,359,483	1.9	120.7
借入金等収入	4,505,608	3.4	100.0	7,815,680	5.6	173.5	4,881,429	3.5	108.3	14,468,222	10.8	321.1	4,184,236	3.4	92.9
長期借入金収入	3,361,656	2.5	100.0	6,522,085	4.6	194.0	3,074,311	2.2	91.5	13,422,482	10.0	399.3	1,966,860	1.6	58.5
短期借入金収入	1,085,952	0.8	100.0	1,241,095	0.9	114.3	1,754,618	1.3	161.6	982,589	0.7	90.5	2,150,876	1.8	198.1
学校債収入	58,000	0.0	100.0	52,500	0.0	90.5	52,500	0.0	90.5	63,151	0.0	108.9	66,500	0.1	114.7
計	132,775,801	100.0	100.0	140,734,427	100.0	106.0	138,467,829	100.0	104.3	134,458,440	100.0	101.3	122,672,181	100.0	92.4

（注）趨勢は２９年度を100としたものである。

５ヵ年連続資金収支計算書
―各種学校部門―

(単位：千円)

区分	２９年度			３０年度			令和元年度			２年度			３年度		
学校数 学生生徒等数 専任教員数 専任職員数	630校 6,804人		97,701人 2,793人	605校 6,693人		96,254人 2,836人	600校 6,646人		91,500人 2,815人	580校 6,662人		78,733人 2,731人	559校 6,446人		75,410人 2,720人
科目	金額	構成比率(%)	趨勢構造比率	金額	構成比率(%)	趨勢構造比率	金額	構成比率(%)	趨勢構造比率	金額	構成比率(%)	趨勢構造比率	金額	構成比率(%)	趨勢構造比率
(支出の部)															
人件費支出	62,355,351	56.1	100.0	65,501,238	54.9	105.0	64,356,214	54.9	103.2	64,512,779	53.1	103.5	60,957,360	52.9	97.8
教員人件費支出	44,397,049	39.9	100.0	46,293,736	38.8	104.3	44,846,023	38.2	101.0	44,173,768	36.3	99.5	41,906,446	36.3	94.4
本務教員	39,425,371	35.5	100.0	41,263,820	34.6	104.7	40,306,632	34.4	102.2	40,425,952	33.3	102.5	38,490,526	33.4	97.6
（うち所定福利費）	3,588,610	3.2	100.0	3,656,387	3.1	101.9	4,025,137	3.4	112.2	3,721,514	3.1	103.7	3,936,665	3.4	109.7
兼務教員	4,971,678	4.5	100.0	5,029,917	4.2	101.2	4,539,391	3.9	91.3	3,747,816	3.1	75.4	3,415,919	3.0	68.7
職員人件費支出	14,969,252	13.5	100.0	15,531,886	13.0	103.8	15,940,315	13.6	106.5	16,069,648	13.2	107.4	15,592,261	13.5	104.2
本務職員	14,066,007	12.7	100.0	14,650,357	12.3	104.2	15,047,731	12.8	107.0	15,209,571	12.5	108.1	14,593,312	12.7	103.7
（うち所定福利費）	1,585,766	1.4	100.0	1,618,527	1.4	102.1	1,683,870	1.4	106.2	1,676,511	1.4	105.7	1,663,544	1.4	104.9
兼務職員	903,245	0.8	100.0	881,529	0.7	97.6	892,583	0.8	98.8	860,077	0.7	95.2	998,949	0.9	110.6
役員報酬支出	967,810	0.9	100.0	1,044,660	0.9	107.9	1,069,478	0.9	110.5	1,079,113	0.9	111.5	976,778	0.8	100.9
退職金支出	901,372	0.8	100.0	1,185,996	1.0	131.6	1,154,659	1.0	128.1	1,236,015	1.0	137.1	1,022,229	0.9	113.4
その他支出	1,119,868	1.0	100.0	1,444,960	1.2	129.0	1,345,740	1.1	120.2	1,954,235	1.6	174.5	1,459,646	1.3	130.3
教育研究（管理）経費支出	34,852,241	31.4	100.0	35,073,437	29.4	100.6	35,100,207	29.9	100.7	31,081,921	25.6	89.2	30,768,109	26.7	88.3
借入金等利息支出	333,996	0.3	100.0	294,897	0.2	88.3	297,382	0.3	89.0	350,899	0.3	105.1	320,203	0.3	95.9
借入金等返済支出	3,891,388	3.5	100.0	3,729,582	3.1	95.8	4,287,285	3.7	110.2	3,651,095	3.0	93.8	7,875,628	6.8	202.4
施設関係支出	6,693,405	6.0	100.0	11,901,993	10.0	177.8	10,816,813	9.2	161.6	19,090,806	15.7	285.2	12,668,443	11.0	189.3
土地支出	1,155,269	1.0	100.0	5,352,811	4.5	463.3	881,999	0.8	76.3	1,598,738	1.3	138.4	244,897	0.2	21.2
建物支出	2,690,596	2.4	100.0	2,836,550	2.4	105.4	2,957,878	2.5	109.9	9,350,985	7.7	347.5	10,150,100	8.8	377.2
構築物支出	326,293	0.3	100.0	507,196	0.4	155.4	423,054	0.4	129.7	503,665	0.4	154.4	938,894	0.8	287.7
その他支出	2,521,248	2.3	100.0	3,205,437	2.7	127.1	6,553,882	5.6	259.9	7,637,418	6.3	302.9	1,334,552	1.2	52.9
設備関係支出	3,009,859	2.7	100.0	2,737,384	2.3	90.9	2,447,841	2.1	81.3	2,871,872	2.4	95.4	2,701,581	2.3	89.8
教育研究用機器備品支出	1,013,905	0.9	100.0	895,178	0.8	88.3	955,198	0.8	94.2	1,208,975	1.0	119.2	1,303,631	1.1	128.6
図書支出	170,470	0.2	100.0	166,699	0.1	97.8	173,779	0.1	101.9	116,780	0.1	68.5	127,039	0.1	74.5
その他支出	1,825,484	1.6	100.0	1,675,508	1.4	91.8	1,318,864	1.1	72.2	1,546,117	1.3	84.7	1,270,912	1.1	69.6
計	111,136,240	100.0	100.0	119,238,531	100.0	107.3	117,305,742	100.0	105.6	121,559,371	100.0	109.4	115,291,323	100.0	103.7
収支差額 （その他法人・個人のみ）	1,724,708		100.0	1,660,555		96.3	1,279,559		74.2	2,166,256		125.6	1,805,428		104.7

(注) 趨勢は２９年度を100としたものである。

令　和　３　年　度　資　金　収　支　計　算　書（設置者別）
ー 各 種 学 校 部 門 ー

（２－１）　　　　　　　　　　　　　　　　　　　　（単位：千円）

区分	合計			大学法人			短期大学法人			高校・中等教育・小学校法人			幼稚園法人		
学校数 専任教員数 / 学生生徒等数 専任職員数	559 校 6,446 人		75,410 人 2,720 人	23 校 402 人		3,598 人 136 人	3 校 15 人		214 人 7 人	13 校 243 人		2,407 人 100 人	14 校 207 人		2,722 人 51 人
科目	金額	構成比率(%)	趨勢構造比率	金額	構成比率(%)	趨勢構造比率	金額	構成比率(%)	趨勢構造比率	金額	構成比率(%)	趨勢構造比率	金額	構成比率(%)	趨勢構造比率
(収入の部)															
学生生徒等納付金収入	86,727,702	70.7	100.0	6,688,908	91.1	7.7	132,870	93.0	0.2	3,237,181	88.7	3.7	1,839,397	72.8	2.1
授業料収入	74,687,595	60.9	100.0	5,769,704	78.6	7.7	122,104	85.5	0.2	2,642,944	72.4	3.5	1,620,291	64.1	2.2
入学金収入	4,559,627	3.7	100.0	222,289	3.0	4.9	4,110	2.9	0.1	302,066	8.3	6.6	142,313	5.6	3.1
施設設備資金収入	2,255,948	1.8	100.0	226,443	3.1	10.0	750	0.5	0.0	153,670	4.2	6.8	41,886	1.7	1.9
施設等利用給付費収入	0	0.0	100.0	0	0.0	0.0	0	0.0	0.0	0	0.0	0.0	0	0.0	0.0
施設型給付費収入	0	0.0	100.0	0	0.0	0.0	0	0.0	0.0	0	0.0	0.0	0	0.0	0.0
その他収入	5,224,532	4.3	100.0	470,472	6.4	9.0	5,906	4.1	0.1	138,501	3.8	2.7	34,907	1.4	0.7
手数料収入	1,588,493	1.3	100.0	71,219	1.0	4.5	466	0.3	0.0	106,075	2.9	6.7	41,509	1.6	2.6
入学検定料収入	725,019	0.6	100.0	40,463	0.6	5.6	450	0.3	0.1	34,366	0.9	4.7	38,007	1.5	5.2
その他収入	863,474	0.7	100.0	30,756	0.4	3.6	16	0.0	0.0	71,710	2.0	8.3	3,502	0.1	0.4
寄付金収入	3,544,845	2.9	100.0	161,934	2.2	4.6	0	0.0	0.0	22,995	0.6	0.6	59,476	2.4	1.7
補助金収入	2,524,290	2.1	100.0	42,178	0.6	1.7	69	0.0	0.0	26,708	0.7	1.1	15,102	0.6	0.6
国庫補助金収入	714,109	0.6	100.0	1,634	0.0	0.2	0	0.0	0.0	675	0.0	0.1	1,147	0.0	0.2
地方公共団体補助金収入	1,810,181	1.5	100.0	40,544	0.6	2.2	69	0.0	0.0	26,033	0.7	1.4	13,955	0.6	0.8
授業料等減免費負担金収入	0	0.0	100.0	0	0.0	0.0	0	0.0	0.0	0	0.0	0.0	0	0.0	0.0
その他地方公共団体補助金収入	1,810,181	1.5	100.0	40,544	0.6	2.2	69	0.0	0.0	26,033	0.7	1.4	13,955	0.6	0.8
施設型給付費収入	0	0.0	100.0	0	0.0	0.0	0	0.0	0.0	0	0.0	0.0	0	0.0	0.0
資産売却収入	8,276,433	6.7	100.0	34,668	0.5	0.4	0	0.0	0.0	1,455	0.0	0.0	103,841	4.1	1.3
付随事業・収益事業収入	13,127,647	10.7	100.0	217,711	3.0	1.7	2,045	1.4	0.0	60,654	1.7	0.5	182,341	7.2	1.4
施設等利用給付費収入	0	0.0	100.0	0	0.0	0.0	0	0.0	0.0	0	0.0	0.0	0	0.0	0.0
その他付随事業等収入	13,127,647	10.7	100.0	217,711	3.0	1.7	2,045	1.4	0.0	60,654	1.7	0.5	182,341	7.2	1.4
受取利息・配当金収入	339,052	0.3	100.0	24,066	0.3	7.1	4	0.0	0.0	7,734	0.2	2.3	9,150	0.4	2.7
雑収入	2,359,483	1.9	100.0	104,062	1.4	4.4	7,433	5.2	0.3	186,780	5.1	7.9	73,441	2.9	3.1
借入金等収入	4,184,236	3.4	100.0	0	0.0	0.0	0	0.0	0.0	0	0.0	0.0	203,992	8.1	4.9
長期借入金収入	1,966,860	1.6	100.0	0	0.0	0.0	0	0.0	0.0	0	0.0	0.0	180,000	7.1	9.2
短期借入金収入	2,150,876	1.8	100.0	0	0.0	0.0	0	0.0	0.0	0	0.0	0.0	23,992	0.9	1.1
学校債収入	66,500	0.1	100.0	0	0.0	0.0	0	0.0	0.0	0	0.0	0.0	0	0.0	0.0
計	122,672,181	100.0	100.0	7,344,746	100.0	6.0	142,886	100.0	0.1	3,649,582	100.0	3.0	2,528,249	100.0	2.1

(注) 構造比率は各種学校部門合計を 100 としたものである。

令和3年度資金収支計算書（設置者別）
－各種学校部門－

（2－1）　　　　　　　　　　　　　　　　　　　　　　　　　　　　　　　（単位：千円）

区　分	合計			大学法人			短期大学法人			高校・中等教育・小学校法人			幼稚園法人		
学校数　学生生徒等数 専任教員数　専任職員数	559 校　75,410 人 6,446 人　2,720 人			23 校　3,598 人 402 人　136 人			3 校　214 人 15 人　7 人			13 校　2,407 人 243 人　100 人			14 校　2,722 人 207 人　51 人		
科　目	金　額	構成比率(%)	趨勢構造比率	金　額	構成比率(%)	趨勢構造比率	金　額	構成比率(%)	趨勢構造比率	金　額	構成比率(%)	趨勢構造比率	金　額	構成比率(%)	趨勢構造比率
（支出の部）															
人件費支出	60,957,360	52.9	100.0	5,260,141	68.2	8.6	160,317	82.3	0.3	2,189,502	60.8	3.6	1,593,630	65.2	2.6
教員人件費支出	41,906,446	36.3	100.0	3,898,529	50.5	9.3	111,512	57.3	0.3	1,516,905	42.1	3.6	1,285,636	52.6	3.1
本務教員	38,490,526	33.4	100.0	3,442,120	44.6	8.9	86,364	44.4	0.2	1,420,726	39.4	3.7	1,153,413	47.2	3.0
（うち所定福利費）	3,936,665	3.4	100.0	328,792	4.3	8.4	11,071	5.7	0.3	157,717	4.4	4.0	139,252	5.7	3.5
兼務教員	3,415,919	3.0	100.0	456,409	5.9	13.4	25,149	12.9	0.7	96,179	2.7	2.8	132,223	5.4	3.9
職員人件費支出	15,592,261	13.5	100.0	1,212,064	15.7	7.8	39,626	20.4	0.3	502,465	13.9	3.2	260,746	10.7	1.7
本務職員	14,593,312	12.7	100.0	1,068,162	13.8	7.3	39,626	20.4	0.3	486,400	13.5	3.3	237,110	9.7	1.6
（うち所定福利費）	1,663,544	1.4	100.0	130,705	1.7	7.9	2,769	1.4	0.2	66,104	1.8	4.0	27,099	1.1	1.6
兼務職員	998,949	0.9	100.0	143,902	1.9	14.4	0	0.0	0.0	16,064	0.4	1.6	23,636	1.0	2.4
役員報酬支出	976,778	0.8	100.0	0	0.0	0.0	0	0.0	0.0	52,061	1.4	5.3	10,744	0.4	1.1
退職金支出	1,022,229	0.9	100.0	149,547	1.9	14.6	9,179	4.7	0.9	99,865	2.8	9.8	36,504	1.5	3.6
その他支出	1,459,646	1.3	100.0	0	0.0	0.0	0	0.0	0.0	18,207	0.5	1.2	0	0.0	0.0
教育研究（管理）経費支出	30,768,109	26.7	100.0	2,165,053	28.1	7.0	32,755	16.8	0.1	1,117,024	31.0	3.6	691,389	28.3	2.2
借入金等利息支出	320,203	0.3	100.0	117	0.0	0.0	0	0.0	0.0	36,850	1.0	11.5	6,653	0.3	2.1
借入金等返済支出	7,875,628	6.8	100.0	4,314	0.1	0.1	0	0.0	0.0	129,500	3.6	1.6	25,438	1.0	0.3
施設関係支出	12,668,443	11.0	100.0	126,127	1.6	1.0	0	0.0	0.0	90,448	2.5	0.7	71,511	2.9	0.6
土地支出	244,897	0.2	100.0	0	0.0	0.0	0	0.0	0.0	63,000	1.7	25.7	14,920	0.6	6.1
建物支出	10,150,100	8.8	100.0	112,477	1.5	1.1	0	0.0	0.0	24,018	0.7	0.2	51,371	2.1	0.5
構築物支出	938,894	0.8	100.0	13,299	0.2	1.4	0	0.0	0.0	0	0.0	0.0	916	0.0	0.1
その他支出	1,334,552	1.2	100.0	350	0.0	0.0	0	0.0	0.0	3,430	0.1	0.3	4,304	0.2	0.3
設備関係支出	2,701,581	2.3	100.0	160,275	2.1	5.9	1,609	0.8	0.1	39,170	1.1	1.4	56,905	2.3	2.1
教育研究用機器備品支出	1,303,631	1.1	100.0	128,034	1.7	9.8	1,331	0.7	0.1	13,254	0.4	1.0	42,740	1.7	3.3
図書支出	127,039	0.1	100.0	6,828	0.1	5.4	99	0.1	0.1	1,674	0.0	1.3	702	0.0	0.6
その他支出	1,270,912	1.1	100.0	25,413	0.3	2.0	179	0.1	0.0	24,242	0.7	1.9	13,463	0.6	1.1
計	115,291,323	100.0	100.0	7,716,026	100.0	6.7	194,681	100.0	0.2	3,602,494	100.0	3.1	2,445,527	100.0	2.1
収支差額（その他法人・個人のみ）	1,805,428		100.0	0		0.0	0		0.0	0		0.0	0		0.0

（注）構造比率は各種学校部門合計を100としたものである。

令和３年度資金収支計算書（設置者別）
―各種学校部門―

（２－２）　　　　　　　　　　　　　　　　　　　　　　　　　　　　　　（単位：千円）

区分	その他の法人			個人			専修学校法人			各種学校法人		
学校数 専任教員数 / 学生生徒等数 専任職員数	141 校 1,200 人		12,646 人 413 人	121 校 588 人		8,619 人 208 人	57 校 598 人		16,043 人 619 人	187 校 3,193 人		29,161 人 1,186 人
科目	金額	構成比率(%)	趨勢構造比率	金額	構成比率(%)	趨勢構造比率	金額	構成比率(%)	趨勢構造比率	金額	構成比率(%)	趨勢構造比率
(収入の部)												
学生生徒等納付金収入	11,276,954	74.9	13.0	6,852,783	89.1	7.9	21,211,956	67.6	24.5	35,487,653	64.7	40.9
授業料収入	8,480,118	56.3	11.4	5,265,281	68.5	7.0	20,402,771	65.0	27.3	30,384,380	55.4	40.7
入学金収入	873,595	5.8	19.2	713,067	9.3	15.6	527,184	1.7	11.6	1,775,003	3.2	38.9
施設設備資金収入	319,432	2.1	14.2	12,402	0.2	0.5	81,215	0.3	3.6	1,420,150	2.6	63.0
施設等利用給付費収入	0	0.0	0.0	0	0.0	0.0	0	0.0	0.0	0	0.0	0.0
施設型給付費収入	0	0.0	0.0	0	0.0	0.0	0	0.0	0.0	0	0.0	0.0
その他収入	1,603,808	10.6	30.7	862,033	11.2	16.5	200,786	0.6	3.8	1,908,119	3.5	36.5
手数料収入	176,206	1.2	11.1	132,760	1.7	8.4	39,483	0.1	2.5	1,020,774	1.9	64.3
入学検定料収入	118,689	0.8	16.4	60,628	0.8	8.4	28,861	0.1	4.0	403,555	0.7	55.7
その他収入	57,517	0.4	6.7	72,132	0.9	8.4	10,622	0.0	1.2	617,219	1.1	71.5
寄付金収入	634,712	4.2	17.9	660	0.0	0.0	2,443	0.0	0.1	2,662,625	4.9	75.1
補助金収入	1,070,585	7.1	42.4	45,707	0.6	1.8	71,214	0.2	2.8	1,252,726	2.3	49.6
国庫補助金収入	175,443	1.2	24.6	29,852	0.4	4.2	17,204	0.1	2.4	488,155	0.9	68.4
地方公共団体補助金収入	895,143	5.9	49.5	15,856	0.2	0.9	54,010	0.2	3.0	764,571	1.4	42.2
授業料等減免費負担金収入	0	0.0	0.0	0	0.0	0.0	0	0.0	0.0	0	0.0	0.0
その他地方公共団体補助金収入	895,143	5.9	49.5	15,856	0.2	0.9	54,010	0.2	3.0	764,571	1.4	42.2
施設型給付費収入	0	0.0	0.0	0	0.0	0.0	0	0.0	0.0	0	0.0	0.0
資産売却収入	65,851	0.4	0.8	680	0.0	0.0	75,317	0.2	0.9	7,994,622	14.6	96.6
付随事業・収益事業収入	1,374,471	9.1	10.5	141,179	1.8	1.1	9,129,710	29.1	69.5	2,019,537	3.7	15.4
施設等利用給付費収入	0	0.0	0.0	0	0.0	0.0	0	0.0	0.0	0	0.0	0.0
その他付随事業等収入	1,374,471	9.1	10.5	141,179	1.8	1.1	9,129,710	29.1	69.5	2,019,537	3.7	15.4
受取利息・配当金収入	10,667	0.1	3.1	41,677	0.5	12.3	29,644	0.1	8.7	216,111	0.4	63.7
雑収入	298,082	2.0	12.6	212,632	2.8	9.0	473,841	1.5	20.1	1,003,212	1.8	42.5
借入金等収入	152,408	1.0	3.6	259,644	3.4	6.2	360,863	1.1	8.6	3,207,330	5.8	76.7
長期借入金収入	15,000	0.1	0.8	219,532	2.9	11.2	219,554	0.7	11.2	1,332,775	2.4	67.8
短期借入金収入	137,408	0.9	6.4	40,112	0.5	1.9	141,310	0.5	6.6	1,808,055	3.3	84.1
学校債収入	0	0.0	0.0	0	0.0	0.0	0	0.0	0.0	66,500	0.1	100.0
計	15,059,936	100.0	12.3	7,687,722	100.0	6.3	31,394,471	100.0	25.6	54,864,589	100.0	44.7

（注）構造比率は各種学校部門合計を 100 としたものである。

令和３年度資金収支計算書（設置者別）
－各種学校部門－

（２－２）　　　　　　　　　　　　　　　　　　　　　　　　（単位：千円）

区分	その他の法人			個人			専修学校法人			各種学校法人		
学校数 学生生徒等数 専任教員数 専任職員数	141 校 12,646 人 1,200 人 413 人			121 校 8,619 人 588 人 208 人			57 校 16,043 人 598 人 619 人			187 校 29,161 人 3,193 人 1,186 人		
科目	金額	構成比率(%)	趨勢構造比率	金額	構成比率(%)	趨勢構造比率	金額	構成比率(%)	趨勢構造比率	金額	構成比率(%)	趨勢構造比率
（支出の部）												
人件費支出	9,394,064	65.6	15.4	3,960,065	59.7	6.5	12,144,153	44.9	19.9	26,255,487	49.2	43.1
教員人件費支出	6,351,024	44.4	15.2	2,747,946	41.4	6.6	6,775,798	25.1	16.2	19,219,094	36.0	45.9
本務教員	5,842,201	40.8	15.2	2,652,468	40.0	6.9	5,552,543	20.5	14.4	18,340,691	34.4	47.6
（うち所定福利費）	628,144	4.4	16.0	250,368	3.8	6.4	485,422	1.8	12.3	1,935,898	3.6	49.2
兼務教員	508,823	3.6	14.9	95,479	1.4	2.8	1,223,256	4.5	35.8	878,403	1.6	25.7
職員人件費支出	1,586,122	11.1	10.2	749,284	11.3	4.8	5,123,959	19.0	32.9	6,117,996	11.5	39.2
本務職員	1,515,583	10.6	10.4	744,873	11.2	5.1	4,836,025	17.9	33.1	5,665,532	10.6	38.8
（うち所定福利費）	165,983	1.2	10.0	65,699	1.0	3.9	535,161	2.0	32.2	670,024	1.3	40.3
兼務職員	70,538	0.5	7.1	4,411	0.1	0.4	287,934	1.1	28.8	452,464	0.8	45.3
役員報酬支出	351,811	2.5	36.0	180,121	2.7	18.4	61,166	0.2	6.3	320,875	0.6	32.9
退職金支出	175,057	1.2	17.1	73,557	1.1	7.2	50,732	0.2	5.0	427,787	0.8	41.8
その他支出	930,050	6.5	63.7	209,156	3.2	14.3	132,498	0.5	9.1	169,734	0.3	11.6
教育研究（管理）経費支出	3,174,344	22.2	10.3	1,287,784	19.4	4.2	9,948,931	36.8	32.3	12,350,830	23.1	40.1
借入金等利息支出	15,516	0.1	4.8	48,324	0.7	15.1	24,005	0.1	7.5	188,738	0.4	58.9
借入金等返済支出	251,019	1.8	3.2	494,767	7.5	6.3	349,913	1.3	4.4	6,620,677	12.4	84.1
施設関係支出	625,462	4.4	4.9	604,138	9.1	4.8	4,192,619	15.5	33.1	6,958,138	13.0	54.9
土地支出	60,250	0.4	24.6	81,067	1.2	33.1	11,000	0.0	4.5	14,661	0.0	6.0
建物支出	111,885	0.8	1.1	279,765	4.2	2.8	4,158,854	15.4	41.0	5,411,730	10.1	53.3
構築物支出	15,087	0.1	1.6	54,921	0.8	5.8	10,475	0.0	1.1	844,196	1.6	89.9
その他支出	438,240	3.1	32.8	188,385	2.8	14.1	12,290	0.0	0.9	687,552	1.3	51.5
設備関係支出	851,443	5.9	31.5	235,305	3.5	8.7	376,467	1.4	13.9	980,408	1.8	36.3
教育研究用機器備品支出	137,479	1.0	10.5	55,829	0.8	4.3	308,911	1.1	23.7	616,051	1.2	47.3
図書支出	38,332	0.3	30.2	42,513	0.6	33.5	10,393	0.0	8.2	26,499	0.0	20.9
その他支出	675,632	4.7	53.2	136,963	2.1	10.8	57,163	0.2	4.5	337,858	0.6	26.6
計	14,311,847	100.0	12.4	6,630,382	100.0	5.8	27,036,088	100.0	23.5	53,354,278	100.0	46.3
収支差額 （その他法人・個人のみ）	748,089		41.4	1,057,339		58.6	0		0.0	0		0.0

（注）構造比率は各種学校部門合計を 100 としたものである。

５　ヵ　年　連　続　財　務　比　率　表
ー 各 種 学 校 部 門 ー

分類		比率	算式（×100）	２９年度	３０年度	令和元年度	２年度	３年度
		学校数		298	292	307	296	297
		学生生徒等数		70,073	70,499	68,225	58,354	54,145
		専任教員数		4,710	4,668	4,769	4,944	4,658
		専任職員数		2,058	2,114	2,172	2,125	2,099
事業活動収支計算書	1	人件費比率	人件費 / 経常収入	% 47.4	% 47.7	% 48.6	% 55.4	% 54.2
	2	人件費依存率	人件費 / 学生生徒等納付金	59.3	58.4	60.7	68.3	69.4
	3	教育研究（管理）経費比率	教育研究（管理）経費 / 経常収入	34.8	33.2	34.5	35.3	37.9
	4	借入金等利息比率	借入金等利息 / 経常収入	0.3	0.2	0.3	0.3	0.3
	5	事業活動収支差額比率	基本金組入前当年度収支差額 / 事業活動収入	21.6	18.8	15.2	8.7	8.2
	6	基本金組入後収支比率	事業活動支出 / 事業活動収入－基本金組入額	88.6	86.9	89.9	106.2	99.9
	7	学生生徒等納付金比率	学生生徒等納付金 / 経常収入	80.0	81.7	80.0	81.1	78.0
	8	寄付金比率	寄付金 / 事業活動収入	3.1	2.2	3.1	3.1	3.2
	8-2	経常寄付金比率	教育活動収支の寄付金 / 経常収入	2.4	1.8	2.9	2.8	3.1
	9	補助金比率	補助金 / 事業活動収入	1.2	1.3	1.6	1.5	1.5
	9-2	経常補助金比率	経常費等補助金 / 経常収入	1.3	1.2	1.3	1.4	1.4
	10	基本金組入率	基本金組入額 / 事業活動収入	11.5	6.6	5.6	14.1	8.1
	11	減価償却額比率	減価償却額 / 経常支出	6.8	6.5	6.6	7.3	8.1
	12	経常収支差額比率	経常収支差額 / 経常収入	17.3	18.6	16.3	8.6	7.2
	13	教育活動収支差額比率	教育活動収支差額 / 教育活動収入計	17.0	18.6	16.1	8.4	7.0

（注）1.区分欄の数字は、上から順に学校数、学生生徒等数、専任教員数、専任職員数を表している。
2.寄付金＝教育活動収支の寄付金＋特別収支の寄付金
3.補助金＝経常費等補助金＋特別収支の補助金

令 和 3 年 度 財 務 比 率 表（都道府県別）

ー 各 種 学 校 部 門 ー

（2－1）

分類		区分 比率	算式（×100）	合計	北海道	宮城県	秋田・山形・福島県	茨城・栃木県	群馬県	埼玉・千葉県	東京都	神奈川県	富山・石川県	福井県	山梨・長野県	岐阜県	静岡県	愛知県
		学校数		297	11	7	3	5	6	6	68	9	15	8	3	5	9	14
		学生生徒等数		54,145	1,835	606	66	400	504	674	16,148	2,907	2,860	1,448	310	500	619	4,845
		専任教員数		4,658	116	57	9	68	43	54	1,702	335	167	175	30	37	55	259
		専任職員数		2,099	78	24	9	14	5	26	612	106	69	93	15	22	34	200
事業活動収支計算書	1	人件費比率	人件費 / 経常収入	% 54.2	% 52.1	% 52.4	% 82.8	% 60.3	% 64.3	% 69.5	% 60.4	% 65.8	% 57.3	% 57.0	% 77.1	% 48.2	% 102.7	% 42.6
	2	人件費依存率	人件費 / 学生生徒等納付金	69.4	73.7	67.3	137.6	87.1	82.4	93.0	71.0	75.8	70.0	63.3	130.6	65.2	144.1	55.9
	3	教育研究（管理）経費比率	教育研究（管理）経費 / 経常収入	37.9	38.8	41.5	93.5	49.5	42.6	45.8	34.9	30.7	37.0	34.7	46.0	35.6	60.0	45.7
	4	借入金等利息比率	借入金等利息 / 経常収入	0.3	0.2	0.0	0.3	0.5	0.0	0.4	0.2	1.5	0.0	0.0	0.2	1.1	0.1	0.1
	5	事業活動収支差額比率	基本金組入前当年度収支差額 / 事業活動収入	8.2	18.5	6.1	-76.6	-11.0	-9.9	-15.8	4.5	24.2	5.3	7.3	-23.5	14.8	-63.1	9.2
	6	基本金組入後収支比率	事業活動支出 / 事業活動収入－基本金組入額	99.9	84.7	103.1	620.2	114.5	116.5	120.1	102.6	84.3	94.9	92.7	153.6	85.4	173.1	117.8
	7	学生生徒等納付金比率	学生生徒等納付金 / 経常収入	78.0	70.6	77.9	60.2	69.3	78.1	74.8	85.1	86.8	81.9	90.0	59.0	73.8	71.3	76.2
	8	寄付金比率	寄付金 / 事業活動収入	3.2	1.8	1.5	0.0	12.5	7.2	13.7	3.7	5.1	0.1	0.0	7.6	2.8	5.4	0.9
	8-2	経常寄付金比率	教育活動収支の寄付金 / 経常収入	3.1	2.1	1.5	0.0	12.6	7.2	13.7	3.2	7.1	0.1	0.0	7.6	2.8	5.5	0.9
	9	補助金比率	補助金 / 事業活動収入	1.5	0.7	2.3	1.1	2.6	6.7	3.2	2.1	0.2	0.0	0.0	1.3	1.7	4.2	1.4
	9-2	経常補助金比率	経常費等補助金 / 経常収入	1.4	0.9	2.3	1.1	2.6	6.7	3.2	2.0	0.3	0.0	0.0	1.3	1.7	4.2	0.6
	10	基本金組入率	基本金組入額 / 事業活動収入	8.1	3.7	8.9	71.5	3.1	5.7	3.5	6.8	10.1	0.2	0.0	19.6	0.3	5.8	22.9
	11	減価償却額比率	減価償却額 / 経常支出	8.1	7.8	8.5	9.1	10.3	5.8	7.4	7.6	7.4	9.3	3.2	10.1	6.6	12.5	11.1
	12	経常収支差額比率	経常収支差額 / 経常収入	7.2	8.8	6.0	-76.6	-10.7	-9.0	-15.8	4.2	1.1	5.6	8.3	-23.5	15.0	-63.2	10.8
	13	教育活動収支差額比率	教育活動収支差額 / 教育活動収入計	7.0	8.0	6.0	-76.4	-10.2	-13.6	-16.6	3.4	2.4	5.6	8.3	-24.9	16.2	-63.2	11.6

（注）1.区分欄の数字は、上から順に学校数、学生生徒等数、専任教員数、専任職員数を表している。
2.寄付金＝教育活動収支の寄付金＋特別収支の寄付金
3.補助金＝経常費等補助金＋特別収支の補助金

令和３年度財務比率表（都道府県別）
－各種学校部門－

（２－２）

分類		比率	算式（×100）	三重県	京都府	大阪府	兵庫県	奈良県	鳥取県	島根県	岡山県	広島県	山口・高知県	福岡県	佐賀・長崎・熊本県	大分県	沖縄県
		学校数		3	16	27	25	3	8	4	5	8	6	11	5	3	4
		学生生徒等数		123	2,055	6,515	4,298	83	2,243	370	670	1,213	447	1,526	257	112	511
		専任教員数		15	150	252	419	4	208	33	51	117	65	146	26	13	52
		専任職員数		4	104	255	121	4	98	11	26	60	12	48	14	6	29
事業活動収支計算書	1	人件費比率	人件費 / 経常収入	% 76.2	% 51.3	% 43.2	% 53.7	% 81.9	% 46.4	% 56.6	% 49.4	% 47.3	% 57.2	% 64.4	% 82.7	% 101.5	% 55.4
	2	人件費依存率	人件費 / 学生生徒等納付金	91.8	72.5	66.8	73.5	173.4	52.1	62.5	66.3	74.5	70.3	74.7	112.4	112.9	64.6
	3	教育研究（管理）経費比率	教育研究（管理）経費 / 経常収入	33.9	33.7	38.0	36.4	29.8	48.9	30.6	36.9	36.9	40.7	38.0	48.2	60.8	46.8
	4	借入金等利息比率	借入金等利息 / 経常収入	3.5	0.6	0.0	0.1	0.1	0.9	0.2	0.4	0.0	0.7	0.2	1.3	1.3	0.2
	5	事業活動収支差額比率	基本金組入前当年度収支差額 / 事業活動収入	-13.1	13.9	20.0	7.2	-25.7	1.9	4.2	12.0	-5.1	-53.5	-2.5	-32.3	-63.5	-1.9
	6	基本金組入後収支比率	事業活動支出 / 事業活動収入－基本金組入額	113.1	88.6	85.0	97.2	170.1	120.0	103.6	88.6	107.0	156.8	105.0	135.1	166.3	109.2
	7	学生生徒等納付金比率	学生生徒等納付金 / 経常収入	83.0	70.8	64.7	73.0	47.2	89.1	90.7	74.5	63.4	81.4	86.2	73.6	89.8	85.7
	8	寄付金比率	寄付金 / 事業活動収入	1.9	1.0	1.7	7.1	4.1	0.0	0.0	12.9	1.2	5.4	4.9	1.1	0.0	0.2
	8-2	経常寄付金比率	教育活動収支の寄付金 / 経常収入	1.9	0.6	1.8	7.2	4.1	0.0	0.0	12.9	1.2	5.4	4.9	1.1	0.0	0.2
	9	補助金比率	補助金 / 事業活動収入	4.2	0.2	0.6	4.0	44.4	0.8	0.0	0.6	1.5	0.0	0.9	5.4	0.0	0.5
	9-2	経常補助金比率	経常費等補助金 / 経常収入	4.2	0.2	0.6	4.1	44.4	0.8	0.0	0.6	1.5	0.0	0.7	5.4	0.0	0.5
	10	基本金組入率	基本金組入額 / 事業活動収入	0.0	2.7	5.8	4.5	26.1	18.3	7.6	0.7	1.8	2.1	2.4	2.1	1.7	6.7
	11	減価償却額比率	減価償却額 / 経常支出	4.6	7.1	8.2	9.5	1.5	4.9	3.6	6.0	9.9	7.9	4.8	3.1	5.5	8.0
	12	経常収支差額比率	経常収支差額 / 経常収入	-13.7	13.6	18.8	9.3	-25.7	3.2	12.6	13.1	15.7	1.3	-2.8	-32.3	-63.5	-2.5
	13	教育活動収支差額比率	教育活動収支差額 / 教育活動収入計	-14.0	12.5	18.3	8.4	-12.8	4.5	12.2	10.6	15.8	2.0	-2.6	-30.9	-62.3	-2.5

（注）1.区分欄の数字は、上から順に学校数、学生生徒等数、専任教員数、専任職員数を表している。
2.寄付金＝教育活動収支の寄付金＋特別収支の寄付金
3.補助金＝経常費等補助金＋特別収支の補助金

日本私立学校振興・共済事業団

融資のご案内

私学事業団では、私立学校の施設・設備の整備事業に対して融資を行っています。
整備計画に事業団融資の活用を、ぜひご検討ください！

対象事業

校舎、園舎、体育館、クラブハウス、講堂、図書館、遊戯室、寄宿舎、研究所　等	の 建築・改修
校地、園地、運動場用地、寄宿舎用地　等	の 購入・造成
機器備品、大型設備、スクールバス　等	の 購入

など

私学事業団融資の特徴

長　期

低　利

固　定

固定金利20年間の借入が可能！

- ✓ 国の財政融資資金や私学共済の年金積立金を原資としている事業団ならではの**長期にわたる低利・固定金利**
- ✓ 国の補助制度と連携した優遇融資、大規模災害時には借入期間最長２５年、５年無利子の復旧支援融資を実施

元金均等返済

- ✓ 元利均等返済と比べ元金残高が早く減少するため、同じ金利であっても**返済総額は少額**

非課税

本来発生するコストの削減！

- ✓ 抵当権設定登記時に必要な**登録免許税（融資額の4/1000）**が事業団融資だと必要なし

お問い合わせ

融資部 融資課　03（3230）7862～7867　yushi@shigaku.go.jp

私学　融資　検索

最新の金利などは
私学事業団ホームページにてご覧いただけます

令和４年度版

今日の私学財政

専修学校・各種学校 編

令和５年８月　発行

定　　価　本体 1,819 円＋税

編集・発行　日本私立学校振興・共済事業団
私学経営情報センター　私学情報室

印 刷 者　株式会社ハップ

発 売 所　**特定非営利活動法人**
学校経理研究会

〒102-0074
東京都千代田区九段南 4－6－1－203
電話 03－3239－7903　FAX 03－3239－7904

ISBN978-4-908714-48-1 c3034　　Printed in Japan　　無断転載禁止
落丁・乱丁本はお取替えいたします。